Bildquellen:

AKG, Berlin: 19/1, 54/1 (Turchi Alessandro), 63/1 (Patinier Joachim/Ausschnitt), 102/1, 126/1 (Anthonius van Dyck)
Almdudler-Limonade, A & S, Klein, Wien: 196/10
Amt der NÖ Landesregierung - Archäologischer Park Carnuntum: 66/1
Amt der OÖ Landesregierung: Unser Oberösterreich Nr. 2/2004: 127/1
Archäologischer Park Carnuntum, Petronell-Carnuntum: 14/1 (Petrenko Diana)
ars edition, München, 1992: Meine ersten Wörter und Sätze LATEIN: 167/1
Art Lys, Versailles, 1998: Ihr Besuch im LOUVRE: 146/1 (Canova Antonio)
Art Lys, Versailles, 2000: Mettais/LOUVRE 7 jahrhunderte malerei: 130/1 (Boucher Francois), 147/1 (Gérard Francois)
Artemis Verlags-AG, Zürich, 1973: Max et Moritz: 167/5
AS Roma: 31/1
Bene: 196/19
Buchgemeinschaft Donauland, 1992: Oiphant/Atlas der alten Welt: 123/1, 123/2
C.C. Buchners Verlag, Bamberg, 2000: Fink, Maier/Cursus Brevis: 159/1 (Ausschnitt)
Cinetext: 23/1, 74/1, 95/1, 98/1, 111/1, 114/1
Cornelsen Verlag, Berlin, 1997: Krefeld/RES ROMANAE: 11/1 (Langkafel Skip G., Berlin), 142/1 (Krefeld H., Rheine)
Cornelsen Verlag, Berlin, 2002: Krefeld/HELLENIKA: 107/1
Delta Verlag Ges.mbH., Stuttgart, 1980: Goscinny, Uderzo/Asterix et Cleopatra: 42/1 (Uderzo)
Delta Verlag Ges.mbH., Stuttgart, 1987: Goscinny, Uderzo/Asterix in Hispania: 167/2 (Uderzo)
Delta Verlag Ges.mbH., Stuttgart, 1996: Goscinny, Uderzo/Asterix der Gallier: 79/2 (Uderzo)
DIANA: 196/16
Dr. Oetker, Bielefeld: 196/4
Dumont Reiseverlag, Köln, 2002: Bötig, Steinhoff/Mykonos - Paros - Naxos: 131/1
Ehapa Verlag Ges.mbH., Stuttgart, 1973: Goscinny, Uderzo/Streit um Asterix: 83/1 (Uderzo)
Europäische Zentralbank: 143/1 (Suk Susanne, Linz), 143/2 (Suk Susanne, Linz), 143/3 (Susanne Suk, Linz)
Falanga Edizioni Pompeiane, Pompei: 43/1
Felix Austria GmbH, Mattersburg: 196/11
Gasthaus Bacchus, Vöcklamarkt: 55/1
Gerstenberg Verlag, Hildesheim, 1999: James/Das alte Rom: 14/4, 15/2
Gerstenberg Verlag, Hildesheim, 2000: Brookfield/Schrift: 14/2 (Pordes Laurence), 14/3 (Pordes Laurence), 15/1
Gruner + Jahr AG & Co, Hamburg, 2001: GEO Epoche Nr. 5: Das Römische Imperium: 70/1 (Gérômes Jean-Léon), 82/1
Gruner + Jahr AG & Co, München, 2002: P.M. History Krieg gegen Rom: 46/1 (Motte Henri/Ausschnitt), 139/1
Gruner + Jahr AG & Co, München, 2002: P.M. Perspektive Heft 69: 22/1, 135/2
HARIBO GmbH & Co. KG, Bonn: 196/6
Impressions Combier Macon: 79/1
imprimatur Druck- und Verlagsges.mbH., Bergisch-Gladbach, 1976: Die berühmtesten Gemälde der Welt: 90/1 (Botticelli Sandro/Ausschnitt)
Karl Müller Verlag, Erlangen, 1996: Liberati, Bourbon/ROM Weltreich der Antike: U1/1 (Veggi Giulio), 26/1, 110/1, 135/1 (de Luca Araldo)
Kautzky Wolfram, Wien: 18/1, 40/1, 51/1 (Ausschnitt), 71/1 (Ausschnitt), 78/1, 87/1, 91/1 (Ausschnitt), 118/1 (Ausschnitt), 150/1, 151/1, 154/1, 155/1
Könemann Verlagsgesellschaft mbH, Köln, 1999: ROM Kunst & Architektur: 30/1 (De Luca Araldo), 115/1 (Simeone Giovanni/Archivio Sime)
Kunsthistorisches Museum, Wien, 1994: 86/1 (Cagnacci Guido/Ausschnitt)
Kurier Nr. 166: 17. Juni 2004: 50/1 (Dasio Maximilian)
Kwizda Pharma: 196/8
Lever Fabergé Austria, Wien: 196/3
LIBRO Handelsgesellschaft mbH.: 196/1
Masterfood Veghel B.V. Holland: 196/5
Musei Capitolini, Roma: 158/1
Palazzo Dei Conservatori: 122/1
PEDA-Kunstführer Nr. 500, 1995: Ephesos: 162/1
Philipp Reclam jun. GmbH & Co., Stuttgart, 1992: Cantate Latine: 167/7
Prospekt: Audi Service Sommer 2004: 196/9
Prospekt: Merkur Markt: 196/18
Rheinisches Landesmuseum, Trier: 10/1
Rohr Christian, Salzburg: 27/1
Stock Vital GmbH & Co KG, Fuschl am See: 196/2
Suk Susanne, Linz: 103/1
Tomus Verlag GmbH, München, 1993: Ettenhuber, Grimmer/Latein: 167/8
Ueberreuter Verlag, Wien, 2002: Das NEWS Jahrzehnt - 10 Jahre Österreich: 196/7 (Beiersdorf)
VERITAS-VERLAG, Linz: 167/4, 196/12 (Suk Susanne Linz), 196/13 (Suk Susanne, Linz), 196/14 (Suk Susanne Linz), 196/15 (Suk Susanne Linz)
VISA: 196/17
Vito von Eichborn GmbH & Co. Verlag KG, Frankfurt, 1990: NON PLUS ULTRA: 167/6
VS Verlagshaus Stuttgart GmbH, 1999: Höhlenmenschen, Krieger und Pharaonen: 59/1 (Ricciarini Luisa, Mailand)
Walt Disney Productions, 1984: DONALDUS ANAS atque nox Saraceni: 167/3

Textquellen:

103: Vergil (Übers. Wilhelm Plankl); Aeneis: Verlag Philipp Reclam jun., Ditzingen S. 36
111: Sueton; Nero 31: Übers. aus: Helmut Vretska, Ursula Königshofer Latein in unserer Welt. Tacitus und Plinius. Braumüller, Wien 1992 S. 52 f
135: Seneca: Zit. nach: Reinhard Pleticha/Otto Schönberger (Hrsg.). Die Römer. Gondrom Verlag, Bindlach 1992 S. 163
147: Heinrich Heine; Psyche: Romanzen 15
151: Friedrich Schiller; Bürgschaft

Dieses Schulbuch wurde auf Grundlage eines zielorientierten Lehrplans verfasst. Konkretisierung, Gewichtung und Umsetzung der Inhalte erfolgen durch die Lehrerinnen und Lehrer.

Liebe Schülerin, lieber Schüler,

du bekommst dieses Schulbuch von der Republik Österreich für deine Ausbildung. Bücher helfen nicht nur beim Lernen, sondern sind auch Freunde fürs Leben.

Mit Bescheid des Bundesministeriums für Bildung, Wissenschaft und Kultur, GZ 44.928/3-V/9/04, gemäß den Lehrplänen 2004 als für den Unterrichtsgebrauch an allgemein bildenden höheren Schulen für die 5. und 6. Klasse im Unterrichtsgegenstand Latein geeignet erklärt.

Schulbuchnummer: **120151**

© VERITAS VERLAG, Linz.
Alle Rechte vorbehalten, insbesondere das Recht der Verbreitung (auch durch Film, Fernsehen, Internet, fotomechanische Wiedergabe, Bild-, Ton- und Datenträger jeder Art) oder der auszugsweise Nachdruck,
2. Auflage (2005)
Gedruckt in Österreich
Lektorat: Barbara Strobl, Linz
Herstellung: Germana Kolmhofer, Hartkirchen
Bildredaktion: Susanne Suk, Linz
Umschlaggestaltung und Layout: Germana Kolmhofer, Hartkirchen
Repro: C&P, Linz
Satz: GraphicWorks, Grieskirchen
Druck, Bindung: Friedrich VDV, Linz
Schulbuchvergütung/Bildrechte: © VBK/Wien

ISBN 3-7058-6683-4

 Dieses Werk ist für den Schul- und Unterrichtsgebrauch bestimmt. Es darf gemäß §42(3) des Urheberrechtsgesetzes auch für den eigenen Unterrichtsgebrauch nicht vervielfältigt werden.

Wolfram Kautzky
Oliver Hissek

Medias In Res!

Latein für den Anfangsunterricht

Illustrationen:
Alois Jesner

VERITAS

www.veritas.at

INHALTSVERZEICHNIS

Lektion	Grammatik	Kulturkunde	Seite
Römischer Alltag			
1 De schola	a- und o-Deklination: Nominativ, a- und e-Konjugation: 3. Person	Schule bei den Römern	10
2 Quid grammaticus docet?	a- und o-Deklination: Akkusativ, Substantiva und Adjektiva auf *-er*	Antike Schreibmaterialien	14
3 Quam pulchra Roma est!	a- und e-Konjugation: alle Personen und Imperativ; Vokativ	Forum Romanum; Römisches Theater	18
4 De spectaculis	a- und o-Deklination: alle Fälle; Präpositionen beim Ablativ	Gladiatorenspiele; Amphitheater	22
5 De thermis	Personal- und Possessivpronomen; Infinitiv Präsens; *in* und *sub*	Thermen, Aquädukte	26
Repetitiones 1–5			170
Die römische Frühzeit			
6 De Romulo et Remo	*esse* und *posse*; Dativus possessivus, Ablativus instrumenti	Gründung Roms	30
7 De Romanis et Sabinis	i-, Misch- und konsonantische Konjugation	Römische Frühzeit	34
8 De Lucretia	Numeralia; Ablativus temporis; Akkusativ der Zeitstrecke	Römische Verfassung	38
9 Quem Romani maxime timent?	3. Deklination: Konsonantenstämme; *quis, quid*	Gallier	42
10 De Hannibale	3. Deklination: Misch- und i-Stämme; Ablativus separationis, Ablativus qualitatis	Punische Kriege	46
Repetitiones 6–10			172
Aus der griechischen Mythologie I			
11 Quis Iovem non amat?	*is* und *idem*; Genetivus qualitatis; Genetivus partitivus	Europa; Merkur	50
12 De Minotauro	*qui, quae, quod*; Relativsätze	Ägeus; Ariadne	54
13 De Daedalo et Icaro	e- und u-Deklination; Genetivus obiectivus	Dädalus; Minoische Kultur	58
14 De Tartaro	Perfekt; *hic, haec, hoc*	Antike Unterweltsvorstellungen	62
15 De Orpheo et Eurydice	Imperfekt; *ille* und *ipse*	Musik bei Griechen und Römern	66
Repetitiones 11–15			174
Die römische Republik			
16 De Spartaco	Adjektiva der 3. Deklination; Apposition, Prädikativum	Sklaven	70
17 De Cicerone	*ire* und *ferre*; Städtenamen; Neutrum Plural bei Pronomina	„Das Leben des Brian"	74
18 Caesar Gallos superat	Komparativ; Ablativus comparationis; Relativer Anschluss	Gallischer Krieg	78
19 De Caesaris morte	Superlativ; Unregelmäßige Steigerung	G. Julius Cäsar	82
20 De Cleopatra	Plusquamperfekt; Dativus finalis	Cleopatra, Marcus Antonius	86
Repetitiones 16–20			176

Lektion	Grammatik	Kulturkunde	Seite
Der trojanische Krieg			
21 De Paridis iudicio	Futur, Futur exakt	Venus, Amor	90
22 De ira Achillis	Adverbia, Steigerung der Adverbia; Doppelter Akkusativ	Homer	94
23 De equo Troiano	Partizip Perfekt passiv; Perfekt, Plusquamperfekt und Futur exakt passiv	Troja, Danaergeschenk	98
24 De Cassandra	*velle* und *nolle;* Verbot mit *noli(te)*	Kassandra, Laokoon	102
25 De Ulixe	Infinitiv Perfekt aktiv und passiv; ACI	Odyssee	106
Repetitiones 21–25			178
Die römische Kaiserzeit und das Christentum			
26 De incendio Romae	Präsens, Futur und Imperfekt passiv	Julisch-Claudische Kaiser	110
27 De martyrio sancti Petri	Infinitiv Präsens passiv; NCI	„Quo vadis?", Via Appia	114
28 De Marco Aurelio	Partizip Präsens aktiv; Participium Coniunctum	Mark Aurel; Österreich zur Römerzeit	118
29 De Constantino victore	Ablativus absolutus	Christenverfolgungen; Kaiser Konstantin	122
30 De beneficio sancti Martini	Deponentia, Pronominale Deklination; Dativus commodi	hl. Martin, hl. Florian, hl. Severin	126
Repetitiones 26–30			180
Aus der griechischen Mythologie II			
31 De ira Dianae	Partizip Futur, Semideponentia	Diana, Delos	130
32 De Callistone	Konjunktiv Präsens; Konjunktiv Präsens im Hauptsatz	Rolle der Frau bei den Römern	134
33 De Herone et Leandro	Konjunktiv Imperfekt; Konjunktiv Imperfekt im Hauptsatz	Seefahrt bei den Römern	138
34 De Mida rege	Konjunktiv Plusquamperfekt; Konjunktiv Plusquamperfekt im Hauptsatz; Konditionalsätze	Römisches Geld	142
35 De Amore et Psyche	Konjunktiv Perfekt; Konjunktiv Perfekt im Hauptsatz	Amor und Psyche	146
Repetitiones 31–35			182
Anekdoten von der Antike bis zur Gegenwart			
36 De Dionysio tyranno	*ut-* und *cum-*Sätze	Dionysios	150
37 De Croeso rege	Consecutio temporum; Indirekte Frage	Orakel von Delphi	154
38 De Graecis claris	Gerundium; „Unterstreichmethode"	Sokrates, Diogenes, Archimedes	158
39 De vidua et milite	Attributives Gerundiv; „Einrückmethode"	Ephesos, Die sieben Weltwunder	162
40 Lingua Latina adhuc vivit!	Prädikatives Gerundiv	Geschichte der lateinischen Sprache	166
Repetitiones 36–40			184

ANHANG

Stammformen 1–13 ... 186 • Stammformen 1–22 ... 187 • Vocabularium ... 189 •
Die olympischen Götter ... 195 • Latein in der Werbung ... 196

Salve, discipula! Salve, discipule!

Dieses Lateinlehrbuch trägt den Titel *Medias in res!*, was so viel heißt wie „Mitten hinein in die Dinge!" – oder noch kürzer gesagt: „Los geht's!".

Gemeint ist damit: Dieses Buch möchte dir in den dafür vorgesehenen eineinhalb Jahren die lateinische Sprache so kompakt wie möglich, aber zugleich so ausführlich wie nötig vermitteln. Mit anderen Worten heißt das: Die wichtigen Punkte der lateinischen Grammatik werden ausführlich behandelt und öfters wiederholt, auf weniger Wichtiges wurde nach der Devise „weniger ist mehr" verzichtet.

Damit du im Buch jederzeit den Überblick hast, ist jedes der 40 Kapitel nach dem „Vier-Seiten-Prinzip" aufgebaut:

1. Seite: **Lektionstext**
2. Seite: **Vokabel** (*vocabularium*) + Zusatzinfos (Lerntipps, Sprichwörter, Latein im Alltag)
   (Im unteren Abschnitt dieser beiden Seiten findest du, sozusagen als „Lektions-Schmankerln", die interessantesten Infos über das Leben der Griechen und Römer.)
3. Seite: **Grammatik**-Erklärungen (*grammatica*)
4. Seite: **Übungen** (*exercitationes*)

Nach jeweils fünf Kapiteln gibt es im hinteren Teil des Buches **zusammenfassende Übungen** (*repetitiones*), die du dir speziell vor Wiederholungen oder Schularbeiten zu Gemüte führen solltest. Besonders anspruchsvolle Übungen erkennst du an diesem Symbol: 🦉. (Die Eule galt bei den alten Griechen als Symbol der Weisheit!)

Fünf Kapitel bilden jeweils auch eine inhaltliche Einheit (an der „Kapitelfarbe" leicht zu erkennen): So erfährst du abwechselnd etwas vom römischen Alltag, von antiken Sagengestalten und (in chronologischer Anordnung) von römischer Geschichte (siehe Inhaltsverzeichnis). Besonderer Wert wurde bei den Lektionstexten darauf gelegt, dass du dich nicht mit ausgefallenen Themen herumschlagen musst, sondern einen Überblick über die bekanntesten Persönlichkeiten, Sagen und kulturellen Highlights der alten Römer (und Griechen!) bekommst.

Am Ende von *Medias in res!* befindet sich der komplette **Vokabelindex**, mit dessen Hilfe du ein Vokabel, das du (ausnahmsweise) vergessen hast, schnell aufspüren kannst.

Noch ein Tipp zum Abschluss: Passend zum Lehrbuch gibt es das praktische Grammatikheft **Mediam in grammaticam!**, in dem du alle Formentabellen sowie die gesamte Satzlehre (Syntax) zusammengefasst auf einen Blick findest.

Multum gaudii beim Erlernen der lateinischen Sprache wünschen dir

    Wolfram Kautzky & Oliver Hissek

Und nun geht's *Medias in res!*

SECHS FRAGEN – SECHS ANTWORTEN

Warum heißt die Sprache der alten Römer „Latein" und nicht „Römisch"?

Die lateinische Sprache hat ihren Namen vom Stamm der Latiner. Diese wohnten in Latium, der Landschaft rings um die spätere Stadt Rom, und bildeten sozusagen die „Keimzelle" der Römer. Noch heute heißt diese Provinz *Lazio* – wie auch der Name der Fußballmannschaft *Lazio Roma* zeigt.

Verwendeten die Römer dieselben Buchstaben wie wir?

Großteils ja: Im lateinischen Alphabet (das aus dem griechischen entstanden ist) fehlen gegenüber dem deutschen nur die Buchstaben J, K und W (Y und Z kommen nur in griechischen Fremd- und Lehnwörtern vor). Außerdem gibt es im Lateinischen keine Umlaute (Ä wird AE geschrieben, Ö als OE).

Wie spricht man lateinische Wörter aus?

Praktischerweise so, wie sie geschrieben sind. Nur bei C gibt es zwei unterschiedliche Varianten:

- Aussprache **immer als K**: *circus* → sprich Kirkus, *Caesar* → sprich Käsar. Diese Aussprache war die „klassische", wurde also zur Zeit Cäsars (pardon: Käsars) und Ciceros (pardon: Kikeros) verwendet.
- Aussprache als **K vor dunklen Vokalen** (a, o, u), aber als **Z vor hellen Vokalen** (e, i): *circus* → sprich Zirkus, *Caesar* → sprich Zäsar. Diese Variante setzte sich in der Spätantike (ab dem 4. Jh. n. Chr.) durch.

Wie du das C aussprichst, ist also keine Frage von richtig oder falsch, sondern von „klassisch" oder „spätantik"!

Gibt es im Lateinischen Akzente?

Nein. Lateinische Wörter sind entweder auf der vorletzten oder drittletzten Silbe betont – meistens wirst du das gefühlsmäßig richtig machen (z. B. heißt es *família* und nicht *familía* – was irgendwie logisch ist, nicht?). Wenn die Betonung nicht von vornherein klar ist (vor allem bei der Nennform von Zeitwörtern), findest du im Vocabularium einen Akzent auf der betonten Silbe.
Übrigens: Die Römer verwendeten lange Zeit nur Großbuchstaben und verzichteten überhaupt auf Satzzeichen (was wir natürlich nicht tun!).

Wie viele Fälle gibt es im Lateinischen?

Sechs. Ihre Namen solltest du dir, falls sie dir noch nicht bekannt sind, gut merken: Nominativ (1.F.), Genetiv (2.F.), Dativ (3.F.), Akkusativ (4.F.), Vokativ (5.F.), Ablativ (6.F.). Mehr über die einzelnen Fälle erfährst du in den folgenden Lektionen.

Wird Latein heute noch gesprochen?

Auch wenn du es kaum glauben wirst: ja! Seit mehreren Jahren strahlt der Finnische Rundfunk, sowie neuerdings auch Radio Bremen, mehrmals wöchentlich Weltnachrichten in lateinischer Sprache aus – du lernst also keinesfalls eine tote Sprache! (Mehr über das Fortleben von Latein findest du in Lec. 40.)

(FREMD)SPRACHEN-„BASICS"

In diesem Buch werden dir immer wieder Fachausdrücke unterkommen, die du nicht nur beim Erlernen von Latein, sondern auch in jeder anderen (Fremd)Sprache unbedingt brauchst. Die allerwichtigsten dieser Termini (Fachbegriffe) solltest du dir bereits hier am Anfang dieses Buches fest einprägen!

? Schaffst du es, den folgenden 20 Begriffen die richtige Übersetzung zuzuordnen?

LATEINISCH	DEUTSCH	BEISPIEL
Adjektiv		der schöne Vogel …
Adverb		der Vogel singt schön
Aktiv		ich küsse, er liest, wir singen …
Deklination		das Buch, des Buches, dem Buch …
Imperativ		komm!, gebt! …
Imperfekt		ich küsste, ich sah, ich kam …
Indikativ		ich bin, er hat …
Infinitiv		zu sehen, gesehen zu haben …
Konjugation		ich bin / du bist / er ist …
Konjunktion		und, aber; als, weil …
Konjunktiv		ich sei, er habe …
Objekt		ich küsse das Mädchen
Partizip		sehend, gesehen …
Passiv		ich werde geküsst, du wirst gesehen
Prädikat		ich küsse das Mädchen
Präposition		in, auf, bei, zu, an …
Pronomen		ich, du, jener …
Subjekt		ich küsse das Mädchen …
Substantiv (Nomen)		das Haus, die Frau …
Verb		küssen – küsste – geküsst

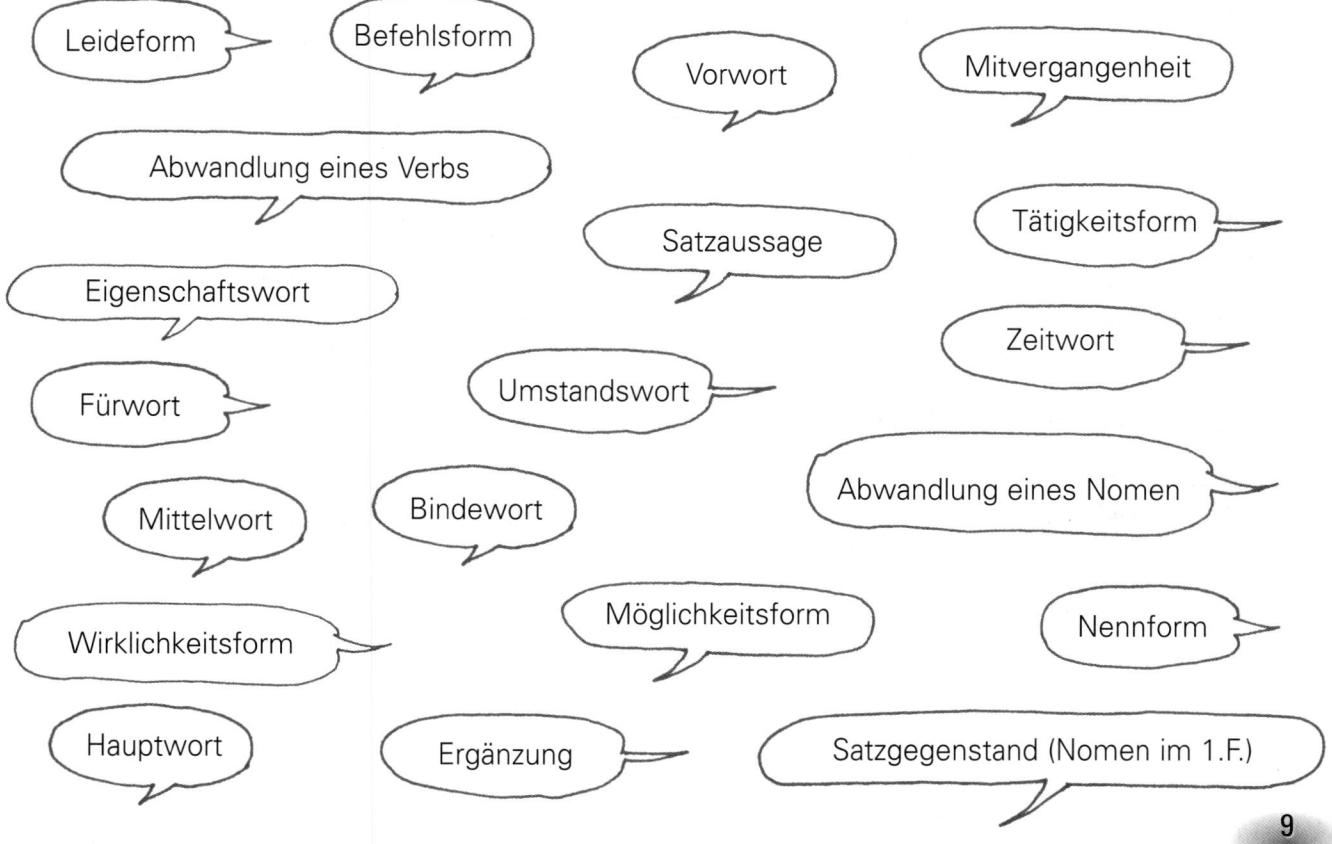

Leideform · Befehlsform · Vorwort · Mitvergangenheit · Abwandlung eines Verbs · Eigenschaftswort · Satzaussage · Tätigkeitsform · Fürwort · Umstandswort · Zeitwort · Mittelwort · Bindewort · Abwandlung eines Nomen · Wirklichkeitsform · Möglichkeitsform · Nennform · Hauptwort · Ergänzung · Satzgegenstand (Nomen im 1.F.)

DE¹ SCHOLA

Claudia, eine römische Schülerin, zeigt uns ihren allerliebsten Aufenthaltsort, ihre Klasse …:

Hic sedet Iulia. Iulia **amica mea est**. Iulia **discipula bona** est. Amicae meae **semper** discipulae bonae **sunt**. Hic Quintus **et** Gaius sedent. Gaius **amicus** meus est. Gaius et Quintus amici boni, **sed discipuli mali** sunt. Quintus semper **laetus** est et **saepe ridet**. **Cur nunc** laetus **non** est? – **Pensum magnum** est. **Itaque** discipuli non **gaudent**. Pensa saepe magna sunt. Itaque discipuli **diu laborant**. Quintus non **libenter** laborat.
Grammaticus² severus³ est. Saepe **interrogat**, discipuli **respondent**. Quintus non libenter respondet: Saepe falso⁴ respondet. **Tum** discipuli et discipulae rident, grammaticus **clamat**. Itaque Quintus saepe non respondet. Sed Iulia, discipula bona, libenter respondet. Grammaticus tum non clamat, sed **laudat**.

Interpretationes:

a) Cur Quintus laetus non est?
b) Cur Quintus non libenter respondet?
c) Cur grammaticus clamat?

1 **de**: „über"
2 **grammaticus**: „Grammaticus", „Sprachlehrer"
3 **severus**,-a,-um: „streng"
4 **falso** (Adv.): „falsch"

PROVERBIUM

NON SCHOLAE, SED VITAE DISCIMUS „Nicht für die Schule, sondern für das Leben lernen wir": Dieses bekannte Zitat geht auf den römischen Autor Seneca zurück, wird aber eigentlich verkehrt zitiert.
Er kritisiert nämlich die Tatsache, dass in der Redeschule zu viel Unnötiges gelehrt wird, mit den Worten „Non vitae, sed scholae discimus" (= „Nicht für das Leben, sondern für die Schule lernen wir").

DE ROMANIS

Schule bei den Römern

Im Unterschied zu heute gab es bei den Römern kein staatliches Schulsystem und daher auch **keine Schulpflicht**. Trotzdem besuchten die meisten Buben und Mädchen zumindest die (private) Grundschule. Auch Sklaven konnten meist lesen und schreiben. Die Zahl der Analphabeten war also deutlich geringer als im Mittelalter.

Die Ausbildung erfolgte – ähnlich wie heute – in drei Stufen:

Der in der Mitte sitzende Grammaticus hält seinen Leseunterricht ab.

a) **Grundschule** (*ludus*, 7 bis 12 Jahre): Beim *magister ludi* (oder *litterator*) lernte man zunächst Lesen und Schreiben. Der Unterricht begann vor Sonnenaufgang und dauerte (mit Mittagspause) bis zum späten Nachmittag. Da der Staat keine Schulgebäude zur Verfügung stellte, wurde in zentral gelegenen Privaträumen unterrichtet. Schulbänke waren überflüssig, da die Schülerinnen

VOCABULARIUM

schola	Schule	engl. Schule =
hic	hier	
sedet	er/sie/es sitzt	vgl. Sediment, Re-sidenz
amica	Freundin	frz. amie, ital. amica
meus,-a,-um	mein	
est	er/sie/es ist	frz. est, ital. è
discipula	Schülerin	
bonus,-a,-um	gut	vgl. Bona-Öl!
semper	immer	vgl. Semperit = Es/Er geht immer
sunt	sie sind	
et	und	
amicus	Freund	frz. ami, ital. amico
sed	aber; sondern	
discipulus	Schüler	
malus,-a,-um	schlecht	Bonus-Malus-System =
laetus,-a,-um	froh	
saepe	oft	
ridet	er/sie/es lacht	frz. rire, ital. ridere
cur?	warum?	
nunc	jetzt, nun	
non	nicht	
pensum	Aufgabe	
magnus,-a,-um	groß	vgl. Magnum (Eis, Waffe)
itaque	deshalb, daher	
gaudet	er/sie/es freut sich	
diu	lange	
laborat	er/sie/es arbeitet	vgl. engl. lab(o)ur
libenter	gern	
interrogat	er/sie/es fragt	engl. interrogation mark =
respondet	er/sie/es antwortet	vgl. kor-respon-dieren
tum	dann, damals	
clamat	er/sie/es ruft, schreit	vgl. re-klamieren
laudat	er/sie/es lobt	Laudatio =

und Schüler ihre Schreibtafeln (Wachstafeln) auf den Knien halten mussten. Auf Zucht und Ordnung wurde großer Wert gelegt. (Der Dichter Horaz bezeichnet seinen Lehrer Orbilius als *plagosus* = „Schlägerich".)

b) Literaturschule (12 bis 16 Jahre): Hier stand die Lektüre römischer und griechischer Autoren (z.B. Cicero, Vergil, Horaz bzw. Homer) auf dem Programm. Ihre Texte wurden laut gelesen, auswendig gelernt, interpretiert und grammatikalisch analysiert (daher der Name *grammaticus* für den Literaturschullehrer).

Andere Zeiten, andere Sitten: Schulszene auf einem Wandgemälde aus Herculaneum

c) Redeschule (ab 16 Jahren): Sie bildete die Voraussetzung für alle, die den Beruf des Politikers oder Juristen ergreifen wollten. Der *rhetor* (Redelehrer), der die Redekunst in Theorie und Praxis unterrichtete, genoss höheres soziales Ansehen als die übrigen Lehrer. Ab der Kaiserzeit gab es auch staatlich besoldete Rhetorik-Lehrer.
Viele Römer (z.B. Cäsar, Cicero) schlossen ihre Ausbildung mit **Studienreisen nach Griechenland** (Athen, Rhodos etc.) ab, wo sie sich in Rhetorik und Philosophie den letzten Feinschliff holten.

GRAMMATICA

ALLGEMEINES

Es gibt im Lateinischen **keine Artikel**:

> *discipulus* = **der/ein** Schüler
> *discipula* = **die/eine** Schülerin

Persönliche Fürwörter werden oft nicht geschrieben:

> *sedet* = **er/sie/es** sitzt
> *sedent* = **sie** sitzen

TIPP: Die wichtigsten Informationen stecken also in der lateinischen **Wortendung**!

SUBSTANTIVA

Lateinische Substantiva werden nach ihrer Nominativendung in verschiedene **Deklinationsklassen** eingeteilt. Praktischerweise kannst du aus der Deklinationsklasse meistens das **Geschlecht** des Wortes ableiten:

	a-Deklination	o-Deklination	
	feminin (f.)	maskulin (m.)	neutrum (n.)
Sg. 1.F.	am*ic*a die Freundin	amic**us** der Freund	pens**um** die Aufgabe
Pl. 1.F.	amic**ae** die Freundinnen	amic**i** die Freunde	pens**a** die Aufgaben

NOTA BENE!

Die Endung **-a** ist leider doppeldeutig:
▸ *amica* → 1. Fall Sg. feminin
▸ *pensa* → 1. Fall Pl. eines neutralen Wortes (1. F. Sg.: *pensum*!)

TIPP: Du solltest dir also den 1.F. Sg. (= die Form, die im Vocabularium steht) gut einprägen!

ADJEKTIVA

Lateinische Adjektiva passen sich an die Substantiva, auf die sie sich beziehen, in **Fall, Zahl** und **Geschlecht** an:

> *discipul**us** bon**us*** der gute Schüler
> *discipul**a** bon**a*** die gute Schülerin
> *pens**um** magn**um*** die große Aufgabe

Adjektiva werden daher im Vokabelverzeichnis immer mit **drei Endungen** angegeben: *magnus,-a,-um* (= *magnus 3*)

	maskulin (m.)	feminin (f.)	neutrum (n.)
Sg. 1.F.	magn**us**	magn**a**	magn**um**
Pl. 1.F.	magn**i**	magn**ae**	magn**a**

VERBA

Lateinische Verba bestehen aus **Stamm und Endung** (z.B. *ama-t, sede-t*). Der Endlaut des Stammes bestimmt, zu welcher **Konjugationsklasse** das Verbum gehört:

▸ Stamm auf **-a** → **a-Konjugation**
▸ Stamm auf **-e** → **e-Konjugation**

Die Endung für die **3.P. Sg.** lautet **-t**, jene für die **3.P. Pl. -nt**:

	a-Konjugation	e-Konjugation
Sg. 3.P.	am**a-t** er/sie/es liebt	sed**e-t** er/sie/es sitzt
Pl. 3.P.	am**a-nt** sie lieben	sed**e-nt** sie sitzen

EXERCITATIONES

I. Ergänze die fehlenden Endungen und übersetze:

1. Pensum magn.......... est.
2. Gaius discipul.......... bon.......... non est.
3. Amici laet.......... sunt.
4. Iulia amic.......... me.......... est.
5. Claudia et Iulia discipul.......... bon.......... sunt.
6. Cur Iulia laet.......... non est?

II. Stelle die angegebenen Adjektiva zu den (auch inhaltlich!) passenden Substantiva und übersetze:

boni – meus – laeta – bonae – magna

1. Claudia ....
2. amicae ....
3. discipuli ....
4. pensa ....
5. amicus ....

III. Ergänze die richtigen Endungen der Prädikate und übersetze:

1. Cur discipulae non respond.........?
2. Hic amica mea sed..........
3. Quintus et Gaius non libenter labor..........
4. Cur amici semper rid.........?
5. Quintus et amicae non gaud.........

IV. Setze in den Plural bzw. Singular:

1. Amicus meus laetus est.
2. Discipuli nunc gaudent.
3. Amica mea saepe ridet.
4. Pensa magna sunt.
5. Discipulus bonus libenter respondet.

V. Welches Wort passt nicht zu den anderen? Warum?

1. ❏ magna   2. ❏ libenter   3. ❏ pensa
    ❏ bona   ❏ est   ❏ amicae
    ❏ schola   ❏ sedet   ❏ schola
    ❏ laeta   ❏ rident   ❏ discipuli

4. ❏ amica   5. ❏ laeti   6. ❏ hic
    ❏ discipula   ❏ amici   ❏ diu
    ❏ pensa   ❏ boni   ❏ est
    ❏ schola   ❏ mali   ❏ tum

VI. Verbinde die Satzhälften und übersetze:

1. Quintus et Gaius ...   a) saepe laudat.
2. Pensa semper ...   b) laeta est.
3. Grammaticus¹...   c) magna sunt.
4. Amica mea ...   d) saepe rident.
5. Discipuli boni ...   e) amici boni sunt.
6. Iulia et amica ...   f) diu laborant.

1 **grammaticus**: „Grammaticus", „Sprachlehrer"

VII. Übersetze ins Lateinische:

1. Hier ist meine Freundin.
2. Quintus und Gaius sind meine Freunde.
3. Die Freundinnen sind immer froh.
4. Die guten Schülerinnen und Schüler freuen sich.

VIII. Setze die angegebenen Wörter an passender Stelle ein und übersetze:

bonae – clamat – discipulae – discipulus – laborant – libenter – magna – magnum

Iulia et Claudia saepe diu ....

Itaque .... bonae sunt. Quintus

.... malus est. Non .... laborat. Saepe ....:

„Cur pensum .... est?" Tum Iulia et Claudia, amicae ...., rident:

„Pensa .... non sunt, sed nonnulli¹ discipuli stulti² sunt."

1 **nonnulli,-ae,-a** (Pl.): „einige"; 2 **stultus,-a,-um**: „dumm"

2 QUID GRAMMATICUS DOCET?

Wieder sind wir in Claudias Klasse. Die Schülerinnen und Schüler warten voller Begeisterung auf ihren Lehrer.

Ubi est grammaticus? Discipuli grammaticum **iam** diu **exspectant**. Nunc grammaticus **intrat** et clamat: „**Salvete**, discipuli!", et discipuli respondent: „Salve, **magister**!" Grammaticus magister bonus est. Itaque discipuli magistrum **amant**. Grammaticus **non solum linguam Latinam, sed etiam** linguam **Graecam** docet. Linguam Graecam amat. Saepe clamat: „**Quam pulchra** est lingua Graeca et quam pulchra sunt **verba** Graeca!" Sed discipuli linguam Graecam non amant. **Secum cogitant**: „Lingua Graeca non est pulchra, sed horrenda¹!" Quid magister nunc discipulos docet? **Pueri** et **puellae** gaudent, **quod** magister linguam Latinam docet. Magister interrogat: „**Quis** pensum secum non **habet**?" Quintus pensum secum non habet, sed non respondet, quod Iuliam, puellam pulchram, **spectat**. „Ubi sunt **oculi tui** et ubi est pensum tuum?", magister Quintum interrogat. Clamat: „Pueri semper

pensa secum non habent et semper id unum² cogitant!" Claudia et Iulia rident, quod magister Quintum **monet**. Sed magister etiam puellas monet: „Et puellae semper rident!" Magister **iratus** nunc verba Graeca docet.

1 **horrendus,-a,-um**: „schrecklich"
2 **id unum**: „nur an das eine"

Interpretationes:

a) Cur discipuli magistrum amant?
b) Quis pensum secum non habet?
c) Cur magister puellas monet?

DE ROMANIS

Antike Schreibmaterialien

Die Römer kannten noch kein Papier. Sie hatten folgende Schreibmaterialien zur Auswahl:

a) Wachstäfelchen:
Holzrahmen mit einer Wachsschicht, in die man mit einem Griffel (*stilus*) Buchstaben einritzte. Wendete man den Griffel, konnte man das Wachs mit dem abgeflachten Griffelende wieder glatt streichen. Für Anfänger praktisch waren Täfelchen, auf denen unter der Wachsschicht die Buchstaben vorgezeichnet waren.

Wachstafel

Stilus (Griffel)

Tintenfass

Calamus (Schreibrohr)

VOCABULARIUM

quid?	was?	
docet	er/sie/es lehrt	vgl. Dozent =
ubi?	wo?	
iam	schon	
exspectat	er/sie/es erwartet	engl. „erwarten" =
intrat	er/sie/es tritt ein, betritt	frz. entrer, ital. entrare
salve!/salvete!	sei/seid gegrüßt!	ital. salve
magister	Lehrer	vgl. Maestro =
amat	er/sie/es liebt	frz. aimer, ital. amare
non solum – sed etiam	nicht nur – sondern auch	
etiam	auch, sogar	
lingua	Zunge; Sprache	engl.: language, frz. langue, ital. lingua
Latinus,-a,-um	lateinisch	
Graecus,-a,-um	griechisch	vgl. engl. Griechenland =
quam	wie	
pulcher,-chra,-chrum	schön	
verbum	Wort	vgl. verbal =
secum	mit sich, bei sich	
cogitat	er/sie/es denkt	
puer	Bub	
puella	Mädchen	
quod	weil	
quis?	wer?	
habet	er/sie/es hat	engl. have, frz. avoir, ital. avere
spectat	er/sie/es schaut an, betrachtet	engl. spectator =
oculus	Auge	vgl. Mon-okel
tuus,-a,-um	dein	
monet	er/sie/es (er)mahnt	
iratus,-a,-um	erzürnt, zornig	

LATEIN IM ALLTAG

BARBARISCH (von griech. „barbaros" = „stammelnd", „unverständlich sprechend"): Das lateinische Adjektiv *barbarus,-a,-um* war ursprünglich nicht abschätzig gemeint, sondern bedeutete „ausländisch", „fremd". Als *barbarus* galt für die zweisprachigen Römer jeder, der nicht Latein und Griechisch konnte, z.B. die Germanen und andere „unzivilisierte" Völker. Daraus entwickelte sich die bei uns geläufige Bedeutung „roh", „ungesittet".

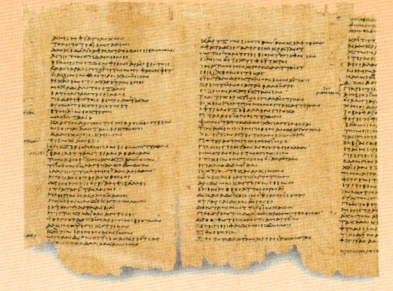

Papyrusrolle mit griechischem Text. Die Rolle ist fast 4 m lang.

b) Papyrus:
Aus dem Mark der in Ägypten wachsenden Papyrusstaude gewonnen. Mehrere Streifen Papyrus wurden zusammengeklebt, sodass daraus Rollen entstanden. Nachteil: teuer und wasserempfindlich. (Die Wiener Nationalbibliothek besitzt übrigens eine der größten Papyrussammlungen der Welt!)

c) Pergament:
Geglättete Tierhaut. Wurde als billigeres Konkurrenzprodukt zu Papyrus in der kleinasiatischen Stadt Pergamon „erfunden" und bald zum Exportschlager. Vorteile: Im Gegensatz zum Papyrus wasserunempfindlich und auf beiden Seiten beschreibbar. Dem Pergament verdanken wir die Urform unseres Taschenbuches: Die Blätter wurden gefaltet und am Rand zusammengenäht. Auf Pergament schrieb man wie auf Papyrus mit einem zugespitzten Schreibrohr (*calamus*) und schwarzer Tinte, die aus Ruß, Klebstoff und Wasser hergestellt wurde.

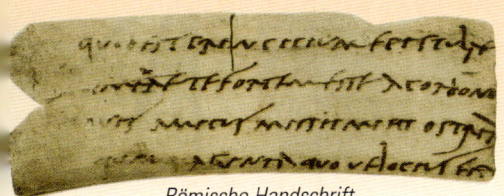

Römische Handschrift

GRAMMATICA

WÖRTER AUF -ER

Unter den männlichen **Substantiva** der o-Deklination gibt es nicht nur solche auf *-us*, sondern auch einige auf *-er*:

*magist-**er*** = der Lehrer
*pu-**er*** = der Bub

Auch unter den **Adjektiva** haben einige in der männlichen Form *-er* statt *-us*:

*pulch**er*** (m.), *pulch**ra*** (f.), *pulch**rum*** (n.)

AKKUSATIV

Der Akkusativ hat folgendes „Erkennungszeichen":
Sg. → **-m**
Pl. → **-s** (m. + f.) bzw. **-a** (n.)

Nach dem Akkusativ fragt man mit „WEN?" oder „WAS?":
Quintus Iuliam spectat. = Quintus betrachtet Julia.
(WEN betrachtet er?)

		a-Dekl.	o-Deklination		
		feminin	maskulin		neutrum
Sg.	1.F.	amic**a** ↓	amic**us** ↓	magist**er** ↓	puer ↓	pens**um** ↓
	4.F.	amic**am**	amic**um**	magistr**um**	puer**um**	pens**um**
Pl.	1.F.	amic**ae** ↓	amic**i** ↓	magistr**i** ↓	puer**i** ↓	pens**a** ↓
	4.F.	amic**as**	amic**os**	magistr**os**	puer**os**	pens**a**

> **NOTA BENE!**
>
> Die Endung *-um* kann **Akkusativ** Sg. sein, bei neutralen Wörtern aber auch **Nominativ** Sg.:
>
> ▸ *amicum* → 4. F. von *amicus* = „den Freund"
> ▸ *pensum* → 1. F. von *pensum* = „die Aufgabe"
>   (z.B.: macht mir großen Spaß)
>   → 4. F. von *pensum* = „die Aufgabe"
>   (z.B.: mache ich nicht)
>
> Bei **neutralen** Wörtern sind **Nominativ** und **Akkusativ** immer **gleich**! Nom. und Akk. Plural enden bei allen Neutra auf *-a*.

ADJEKTIVA

Die Adjektiva haben im Akkusativ dieselben Endungen wie die Substantiva:

		m.	f.	n.
Sg.	1.F.	bon**us** ↓	bon**a** ↓	bon**um** ↓
	4.F.	bon**um**	bon**am**	bon**um**
Pl.	1.F.	bon**i** ↓	bon**ae** ↓	bon**a** ↓
	4.F.	bon**os**	bon**as**	bon**a**

Ebenso dekliniert:
1. F.: *pulcher, pulchra, pulchrum*
   ↓
4. F.: *pulchrum, pulchram, pulchrum* (etc.)

Amicum bonum habet!

16

EXERCITATIONES

I. Setze in den Akkusativ:

1. puella pulchra ....
2. magister laetus ....
3. amicae bonae ....
4. pensa magna ....
5. oculus pulcher ....
6. discipuli mali ....

II. Setze alle Satzglieder in den Plural bzw. Singular und übersetze die neuen Sätze:

1. Magister iratus puerum exspectat.
2. Cur amica irata est?
3. Magister discipulam bonam laudat.
4. Ubi sunt amici tui?
5. Pueri puellas pulchras spectant.

III. Ergänze die fehlenden Endungen und übersetze:

1. Quam pulchr......... sunt oculi tu.........!
2. Magister lingu......... Graec......... docet.
3. Magist......... semper discipulos mal......... interrogant.
4. Cur Quint......... semper amicam tu......... spectat?
5. Puer......... laeti Claudi......... exspectant.
6. Cur magist......... Quintum non laudat?

IV. Übersetze ins Lateinische:

1. Quintus schaut gerne schöne Mädchen an.
2. Er liebt Julia.
3. Aber Julia schaut den Buben nicht an.
4. Daher denkt Quintus:
5. „Auch Claudia ist ein schönes Mädchen!"

V. Bilde mit den angegebenen Subjekten bzw. Objekten vollständige Sätze und übersetze:

1. ... pulchra est.   a) magister
2. Quintus ... interrogat.   b) discipulos bonos
3. ... semper laetus est.   c) Quintus et Gaius
4. .... irati sunt.   d) puellae
5. ... amicam exspectant.   e) verba Latina
6. ... pulchra sunt.   f) amica mea
7. Magister ... laudat.   g) puerum

VI. Welches Wort passt nicht zu den anderen? Warum?

1. ❏ magister   2. ❏ puerum   3. ❏ oculus
   ❏ oculum   ❏ amicum   ❏ iratus
   ❏ schola   ❏ pensum   ❏ Latinus
   ❏ amicus   ❏ magistrum   ❏ laetus

4. ❏ bonum   5. ❏ lingua   6. ❏ pensa
   ❏ laetum   ❏ puella   ❏ pueri
   ❏ secum   ❏ verba   ❏ amicae
   ❏ pulchrum   ❏ schola   ❏ lingua

VII. Pueri laeti sunt

Iam diu magister, quod linguam Graecam amat, laetus verba Graeca docet. Quintus et Gaius, discipuli mali, linguam Graecam non amant. Itaque non magistrum spectant, sed puellas. Laeti sunt et saepe rident.
Sed magister laetus non est. Iratus clamat et pueros monet. Etiam Claudia et Iulia, quod pensum magnum exspectant, iratae sunt. Secum cogitant: „Cur pueri semper rident?"
Magister nunc pensum magnum dat¹. Itaque non solum pueri, sed etiam puellae diu laborant.

¹ **dat**: „er gibt"

Quam pulchra Roma est!

*Quintus und Gaius haben Besuch aus Griechenland bekommen:
Ihre Freunde Alexander und Lydia wollen Roms Sehenswürdigkeiten kennen lernen.*

Quintus et Gaius et amici **per vias** pulchras **ambulant**. **Multa aedificia** pulchra **vident**.
Quintus Gaius**que** aedificia **clara monstrant**:
Quintus: „Videte, amici! Hic est amphitheatrum[1], ubi saepe **spectacula** pulchra videmus."
Alexander: „Quam magnum amphitheatrum est! Vide, Lydia, **ibi** multae **statuae** sunt!"
Lydia: „Statuas video. Quinte, cur ibi statuae sunt?"
Quintus: „Statuae **viros** claros monstrant."
Alexander: „Gai, habetis**ne** etiam theatrum[2]?"
Gaius: „**Certe** non solum amphitheatrum, sed etiam theatrum habemus."
Quintus: „Nunc **forum Romanum** intramus. Spectate **templa** pulchra!"
Lydia: „Quam multa templa hic sunt! Quinte, cur **tam** multa templa habetis?"
Quintus: „Hic multa templa sunt, quod multos **deos** habemus."
Gaius: „Etiam multas **deas** habemus. Sed multa aedificia templa non sunt. Ibi est curia[3], **ante** curiam basilicam[4] vides."

Alexander: „Et quid est **post** curiam?"
Quintus: „Post curiam puella pulchra est."
Alexander: „Dixi[5]: *quid* est, non *quis* est post curiam!"
Gaius: „Post curiam carcer[6] est."
Nunc amici aedificia pulchra diu spectant, **solum** Quintus **ad** curiam ambulat.

Interpretationes:

a) Habentne Romani etiam theatrum?
b) Cur Romani tam multa templa habent?
c) Quis est post curiam?

1 **amphitheatrum**: „Amphitheater"
2 **theatrum**: „Theater"
3 **curia**: „Rathaus"
4 **basilica**: „Basilika" (Markt- und Gerichtshalle)
5 **dixi**: „ich habe gesagt"
6 **carcer**: „Gefängnis", „Kerker"

De Romanis

Forum Romanum

Das Forum Romanum war ursprünglich der Marktplatz Roms und entwickelte sich im Laufe der Zeit zum politischen und gesellschaftlichen Zentrum. Dort befanden sich die wichtigsten öffentlichen Gebäude Roms: Rednertribüne (Rostra), Tempel, Markthallen (Basiliken), Statuen, Ehrensäulen, Triumphbögen sowie die **Curia** (Rathaus): Sie sticht heute insofern aus den übrigen Gebäuden heraus, als sie noch vollständig erhalten ist. (Ihr Name lebt übrigens

Curia – das besterhaltene Gebäude des Forums

in der obersten Behörde des Vatikans, der päpstlichen Kurie, weiter.) Auf dem Forum befindet sich auch das Grab Cäsars, an dem auch heute noch „CäsarianerInnen" Blumen deponieren. Neben dem Forum Romanum entstanden in der Kaiserzeit weitere Foren, die in erster Linie Repräsentationszwecken dienten, z.B. das Augustus-Forum und das Trajans-Forum.

Theater

Die Bauform des Theaters übernahmen die Römer von den Griechen. Wenngleich die Spiele in den Amphitheatern noch um einiges populärer

Vocabularium

Roma	Rom	
per (Präp. + Akk.)	durch	
via	Weg, Straße	Viadukt =
ambulo,-as	gehen, spazieren	vgl. Ambulanz (siehe unten)
multi,-ae,-a (Pl.)	viele	vgl. Multivitaminsaft
multum (n. Sg.)	viel	ital. molto
aedificium	Gebäude	
video,-es	sehen	vgl. Videorekorder
-que	und	Quintus Gaiusque = Quintus et Gaius
clarus,-a,-um	berühmt	Clara =
monstro,-as	zeigen	vgl. Monstranz
spectaculum	Schauspiel	vgl. Spektakel
ibi	dort	
statua	Statue	
vir	Mann	Triumvirat =
-ne	Fragepartikel (unübersetzt)	z. B. videsne? = siehst du?
certe	sicherlich	engl. „sicherlich" =
forum	Forum (Marktplatz)	
Romanus,-a,-um	römisch	engl. Roman
templum	Tempel	frz. temple, ital. tempio
tam	so	
deus	Gott	frz. dieu, ital. dio
dea	Göttin	frz. déesse, ital. dea
ante (Präp. + Akk.)	vor	
post (Präp. + Akk.)	nach; hinter	
solum (Adv.)	nur	frz. seulement, ital. solo
ad (Präp. + Akk.)	zu, an, bei	

VOKABELLERN-TIPP

Besser 3 x 10 Minuten als 1 x 30 Minuten!
Lernpsychologen haben festgestellt: Wer öfter in kurzen Einheiten lernt, behält den Stoff besser als der, der ein Mal lang büffelt! Übrigens: Auch Vergessen gehört zum Lernen! Wenn du den Stoff erst dann wiederholst, wenn du ihn schon wieder teilweise vergessen hast, merkst du ihn dir nachher umso länger!

LATEIN IM ALLTAG

AMBULATORIUM
Ein Ambulatorium ist, ebenso wie eine Spitalsambulanz, eine ärztliche Beratungsstelle für Patientinnen und Patienten, die nicht stationär (*sto,-as* = „stehen") aufgenommen werden, sondern nach der Behandlung wieder nach Hause gehen (= *ambulo,-as*) können.

? Wie lautet das englische Wort für „Rettungsfahrzeug"?

waren (siehe Seite 22), fassten auch die römischen Theater erstaunlich viele Zuschauer. (So hatte der erste steinerne Theaterbau in Rom, das Theater des Pompeius, 10 000 Plätze – vgl. die Wiener Oper: 1 700 Plätze.) Im Gegensatz zu den Griechen zogen die Römer Lustspiele (Komödien) den Tragödien vor. Auch jede größere Provinzstadt gönnte sich ein eigenes Theater – besonders gut erhalten ist z. B. das römische Theater in Orange (Südfrankreich).

Das römische Theater in Arausio (Orange), 2. Jh. n. Chr.

GRAMMATICA

KONJUGATION

Da im Lateinischen nur selten persönliche Fürwörter geschrieben werden, sagt die **Endung** aus, um welche Person es sich handelt. Die folgenden Endungen gelten für alle Konjugationen im **Präsensstamm** (= Präsens, Futur, Imperfekt):

	Sg.		Pl.
1.P.	-o* (→ ich)	1.P.	-mus (→ wir)
2.P.	-s (→ du)	2.P.	-tis (→ ihr)
3.P.	-t (→ er/sie/es)	3.P.	-nt (→ sie)

*) bei einigen Zeiten und Verben auch **-m** (vgl. Seite 32, 68, 92, 136)

Durch das Anfügen dieser Endungen an den **Stamm** ergeben sich für das **Präsens** folgende Konjugationsmuster:

		a-Konjugation		e-Konjugation	
Sg.	1.P.	am**o***	ich liebe	mon**e**-o	ich mahne
	2.P.	am**a**-s	du liebst	mon**e**-s	du mahnst
	3.P.	am**a**-t	er/sie liebt	mon**e**-t	er/sie mahnt
Pl.	1.P.	am**a**-mus	wir lieben	mon**e**-mus	wir mahnen
	2.P.	am**a**-tis	ihr liebt	mon**e**-tis	ihr mahnt
	3.P.	am**a**-nt	sie lieben	mon**e**-nt	sie mahnen

*) entstanden aus *ama-o*

IMPERATIV

Der Imperativ ist die Befehlsform. Sie besteht im **Singular** aus dem reinen Stamm, im **Plural** aus dem Stamm + **-te**:

	a-Konjugation	e-Konjugation
Sg.	spect**a**! schau!	respond**e**! antworte!
Pl.	spect**a-te**! schaut!	respond**e-te**! antwortet!

VOKATIV

Im Lateinischen gibt es einen eigenen Fall für die **direkte Anrede**: den Vokativ („Ruf-Fall"). Er sieht in der Regel aus **wie der Nominativ**.

     *Specta, amic**a**!* = Schau, Freundin!
     *Spectate, amic**i**!* = Schaut, Freunde!

Ausnahmen:
▸ Maskuline Wörter der o-Deklination auf **-us** → Vokativ auf **-e** (z.B.: *amic**e**!* = „Freund!")
▸ Substantiva auf **-ius** → Vokativ auf **-i** (z.B.: *Ga**i**!* = „Gaius!")

TIPP: Einen Vokativ erkennst du am Beistrich davor und/oder am Ruf- bzw. Fragezeichen danach!

Exercitationes

I. Forme die Aussagesätze zu Befehlen um und übersetze:

Bsp.: Iulia intrat. – Intra, Iulia!

1. Alexander et Quintus laborant.
2. Marcus respondet.
3. Discipuli forum spectant.
4. Gaius amicos exspectat.

II. Ergänze die Endungen und übersetze:

1. Quintus Marcum interrogat:
   „Quid ibi vid.........., Marc..........?"
2. Discipuli magistrum interrogant:
   „Quid nunc doces, magist..........?"
3. Magister Claudiam Quintumque interrogat:
   „Cur rid.........., Claud.......... et Quint..........?"
4. Claudia pueros interrogat:
   „Cur gaud.........., puer..........?"
5. Puellae Gaium interrogant:
   „Quis ibi sed.........., Ga..........?"

III. Setze in den folgenden Sätzen alle Satzglieder in den Plural bzw. den Singular:

1. Puer puellam pulchram amat.
2. Ante templum statuam magnam video.
3. Videte, ibi templa clara sunt!
4. Iam diu pueros exspectamus.
5. Interroga magistrum!

IV. Ordne die Nebensätze den passenden Hauptsätzen zu und übersetze:

1. Magister iratus est, ...
2. Puellae saepe rident, ...
3. Puellae per forum ambulant, ...
4. Amici amphitheatrum intrant, ...
5. Quintus saepe pensum secum non habet, ...
6. Nunc Gaius scholam intrat, ...

a) quod laetae sunt. b) quod pueri clamant. c) ubi multa templa sunt. d) quod non libenter laborat. e) ubi amici iam diu laborant. f) ubi spectacula clara spectant.

V. Übersetze ins Lateinische:

1. Quintus sitzt vor der Schule.
2. Gaius sieht den Freund und fragt:
3. „Warum sitzt du hier, Quintus?"
4. „Ich erwarte Julia.
5. Nach der Schule spazieren wir zum Forum."
6. Jetzt lacht der Freund:
7. „Julia und Alexander spazieren schon lang durch die Straßen."

VI. Was machen die Schülerinnen und Schüler in der Schule? Die Buchstaben sind leider durcheinander geraten.

1. nsedte: ....
2. garinteront: ....
3. itancogt: ....
4. derint: ....
5. manclat: ....

VII. Setze die angegebenen Prädikate richtig ein und übersetze:

ambulant – ambulat – clamat – est – exspectat – exspecto – salvete – spectamus – vide – videt

Quintus per forum .... Tum Claudiam Iuliamque .... Quintus: „............................., puellae! Spectatisne hic templa clara?" Claudia: „Templa non ...., sed Iulia amicas ...." Quintus: „Libenter vobiscum[1] amicas ....! Suntne pulchrae?" Iulia: „Cur non laboras? Pensum magnum habemus!"

Quintus: „Pensum magnum non .... Itaque hic ambulo."

Claudia: „............................., Iulia! Ibi amicas tuas video." Quintus et Claudia et Iulia ad amicas .... Puer nunc puellas spectat; tum ....: „Quam libenter vobiscum[1] maneo[2]!"

[1] **vobiscum**: „mit euch"; [2] **maneo**: „ich bleibe"

DE SPECTACULIS

Die Freunde statten nun auch dem Amphitheater einen Besuch ab.

Gaius Alexandro et Lydiae spectacula monstrat. Itaque **cum** amicis, sed **sine** Quinto, qui[1] **adhuc**[2] post curiam est, amphitheatrum[3] intrat, ubi iam multi viri et **feminae** sunt. Spectacula clara exspectant. Nunc gladiatores[4] et bestiae[5] magnae intrant. Magnum est **gaudium** virorum feminarumque. Gaius amicis **narrat**: „Romani magnam **copiam** bestiarum **e terris alienis** apportant[6]." Gladiatores nunc cum bestiis **pugnant**. Sed non solum cum bestiis pugnant, sed etiam bestias **necant**. Romani gaudent clamantque, sed Lydiae spectaculum non **placet**: „Cur gladiatores bestias pulchras necant?" Gaius puellae non respondet, quod nunc gladiatores **novi** intrant. Alexander interrogat: „Cur **alius** gladiator **gladium** habet, sed **alius** sine gladio pugnat?" Gaius respondet: „Retiarius[7] est. Non gladium, sed reticulum[8] habet." Diu pugnant, **postremo** gladiator retiarium **superat**, sed non necat. Gaius narrat: „Si bene pugnant, Caesar[9] viris **vitam donat**. – Videte! Ibi captivi[10] intrant. Nunc **pro** vita **sua** pugnant. Spectaculum

pulchrum non est." Itaque amici **ab** amphitheatro ad forum ambulant, ubi etiam Quintum vident. Interrogant: „Salve, Quinte! Cur hic sedes **neque** spectacula vidisti[11]?" Quintus respondet: „Salvete, amici! Alius alia gaudia habet!"

Interpretationes:

a) Cur Lydiae spectacula non placent?
b) Quis sine gladio pugnat?
c) Cur gladiator retiarium non necat?

1 **qui**: „der", „welcher"
2 **adhuc**: „noch (immer)"
3 **amphitheatrum**,-i n.: „Amphitheater"
4 **gladiatores**: Pl. von gladiator: „Gladiator" („Schwertkämpfer")
5 **bestia**,-ae f.: „(wildes) Tier"
6 **apporto**,-as: „herbeischaffen"
7 **retiarius**,-i m.: „Retiarius" („Netzkämpfer")
8 **reticulum**,-i n.: „Netz"
9 **Caesar**: „Kaiser"
10 **captivus**,-i m.: „Gefangener"
11 **vidisti**: „du hast gesehen"

DE ROMANIS

Gladiatorenspiele

Nicht die Römer waren die Erfinder dieser „Sportart", sondern die Etrusker, die im 6. Jh. v. Chr. in Rom regiert hatten: Gemäß ihrer Religion wollten sie die Seelen ihrer Gefallenen durch das Blut von Kriegsgefangenen versöhnen. Diese Leichenspiele wurden von Kriegsgefangenen mit dem Schwert (*gladius*) ausgetragen. Die Römer übernahmen diesen Brauch, machten daraus aber im Laufe der Zeit ein Spektakel, das nur mehr der Unterhaltung des Volkes

diente. Der Eintritt zu den *ludi* war in der Regel frei, als Veranstalter traten hohe Beamte (Konsuln, Prätoren, Ädilen), später die Kaiser auf, die sich durch prächtige Spiele Popularität erhofften. Gladiatorenspiele wurden – trotz der Herrschaft christlicher Kaiser! – bis ins 5. Jh. n. Chr., also fast bis zum Ende des weströmischen Reiches, veranstaltet.

Gladiator im Kampf mit einem Leoparden (Mosaik aus Rom)

Vocabularium

de (Präp. + Abl.)	von (… herab); über	
cum (Präp. + Abl.)	mit	ital. con
sine (Präp. + Abl.)	ohne	
femina, feminae* f.	Frau	vgl. feminin =
gaudium, gaudii n.	Freude	a Mordsgaudi =
narro,-as	erzählen	engl. narrator =
copia, copiae f.	Menge, Vorrat	vgl. Kopie
e / ex (Präp. + Abl.)	aus, von	(siehe Grammatica)
terra, terrae f.	Land; Erde	vgl. Terrarium, Terrasse, Parterre
alienus,-a,-um	fremd	vgl. Aliens =
pugno,-as	kämpfen	
neco,-as	töten	
placeo,-es	gefallen	frz. plaire, ital. piacere
novus,-a,-um	neu	vgl. Novität =
alius,-a,-ud	ein anderer	
alius – alius	der eine – der andere	
gladius, gladii m.	Schwert	vgl. Gladiator =
postremo	schließlich	
supero,-as	besiegen, übertreffen	
si	wenn	
bene (Adv.)	gut	frz. bien, ital. bene
vita, vitae f.	Leben	vgl. Vitamine; vital =
dono,-as	schenken	
pro (Präp. + Abl.)	für	Pro und Kontra =
suus,-a,-um	sein, ihr	
a / ab (Präp. + Abl.)	von	(siehe Grammatica)
prae (Präp. + Abl.)	vor	vgl. Präposition =
neque (= nec)	und nicht	

* Von nun an werden bei allen Substantiva zusätzlich zum Nominativ auch der Genetiv und das Geschlecht angegeben.

Latein im Alltag

PRAE

Diese **Vor**-silbe (**Prä**-position!) mit der Bedeutung „vor" wird dir in vielen Fremdwörtern begegnen: **Prä**ludium = „**Vor**spiel", **prä**parieren = „**vor**bereiten", **prä**historisch = „**vor**geschichtlich", **Prä**vention = „**Vor**beugung".

 Worum könnte es sich bei einer Präambel handeln? Um a) ein Verkehrszeichen, b) eine Einleitung, c) eine geometrische Figur?

Amphitheater

Das Amphitheatrum Flavium („Kolosseum") in Rom

Typisch ist die elliptische Form der Arena, um die – anders als im Theater – die Sitzreihen rundherum (griech. *amphi*) angeordnet sind. Ursprünglich wurden A. aus Holz, erst in der Kaiserzeit aus Stein gebaut. Das berühmteste A. ist das *Amphitheatrum Flavium* in Rom, bekannter als „Kolosseum". Diesen Namen erhielt es im Mittelalter, und zwar wegen einer Kolossalstatue Neros, die in der Nähe aufgestellt war. Es wurde im Jahr 80 n. Chr. mit 100-tägigen Spielen eröffnet. Bei diesen Spielen sollen 9000 Gladiatoren gekämpft haben und 11000 Tiere getötet worden sein. Das Kolosseum war 60 m hoch, fasste 50000 Zuschauer und konnte zum Schutz vor der Sonne mit einem riesigen Segel überspannt werden. Fast jede größere Stadt im Römischen Reich verfügte über ein oder auch mehrere Amphitheater (so gab es z. B. in Carnuntum je eines für die Soldaten und die Zivilbevölkerung).

GRAMMATICA

SUBSTANTIVA DER A-/O-DEKLINATION

		a-Dekl.	o-Deklination			
	FRAGE	feminin	maskulin			neutrum
Sg. 1	Wer?/Was?	amica	amicus	magister	puer	templum
2	Wessen?	amicae	amici	magistri	pueri	templi
3	Wem?	amicae	amico	magistro	puero	templo
4	Wen?/Was?	amicam	amicum	magistrum	puerum	templum
5	(Anrede)	amica!	amice!	magister!	puer!	templum!
6	*)	amica	amico	magistro	puero	templo
Pl. 1	Wer?	amicae	amici	magistri	pueri	templa
2	Wessen?	amicarum	amicorum	magistrorum	puerorum	templorum
3	Wem?	amicis	amicis	magistris	pueris	templis
4	Wen?/Was?	amicas	amicos	magistros	pueros	templa
5	(Anrede)	amicae!	amici!	magistri!	pueri!	templa!
6	*)	amicis	amicis	magistris	pueris	templis

*) Der 6. Fall (Ablativ) steht nach bestimmten **Präpositionen** (siehe unten) und auf bestimmte **Fragen** (siehe Seite 32).

Da manche Endungen mehrere unterschiedliche Fälle bezeichnen (z.B. *-ae* = 2. + 3. Fall Sg., 1. + 5. Fall Plural), musst du beim Übersetzen nach den Fällen **fragen**:

> *Quintus Lydiae forum monstrat.*
> = Quintus (Wer? → 1.F.) zeigt Lydia (Wem? → 3.F.) das Forum (Wen?/Was? → 4.F.).

ADJEKTIVA DER A-/O-DEKLINATION

Analog zu *amicus, amica* und *templum* wandeln auch Adjektiva wie *bonus, bona, bonum* (= *bonus 3*) ab:

	Singular			Plural		
	m.	f.	n.	m.	f.	n.
1	bonus	bona	bonum	boni	bonae	bona
2	boni	bonae	boni	bonorum	bonarum	bonorum
3	bono	bonae	bono	bonis	bonis	bonis
4	bonum	bonam	bonum	bonos	bonas	bona
5	bone	bona	bonum	boni	bonae	bona
6	bono	bona	bono	bonis	bonis	bonis

Genauso deklinieren **Adjektiva auf -er**: 1.F. *pulcher, pulchra, pulchrum*, 2.F. *pulchri, pulchrae, pulchri* etc. (5.F. Sg. m. *pulcher!*)

VORWÖRTER (Präpositionen)

A) Präpositionen mit **Ablativ**:

a / ab* = „von"   *cum* = „mit"
e / ex* = „aus", „von"   *sine* = „ohne"
de = „von (… herab)"; „über"   *pro* = „für"
    prae = „vor"

B) Präpositionen mit **Akkusativ**:

Nach allen anderen Präpositionen steht der Akkusativ – z.B. nach *ante* („vor"), *post* („hinter"), *ad* („zu", „an", bei"), *per* („durch").

*) *ab* und *ex* stehen vor Vokalen (Selbstlauten): z. B.: *ex (ab) amphitheatro*
a und *e* stehen vor Konsonanten (Mitlauten): z. B. *e (a) templo*

EXERCITATIONES

I. Bestimme die Fälle der fett gedruckten Wörter:

Heute will Markus **die Freundin** (.........) besuchen. Soll er **der Freundin** (.........) **Blumen** (.........) mitbringen? Sicher würden auch **den Eltern** (.........) **der Freundin** (.........) **Blumen** (.........) gefallen. Und **die kleinen Brüder** (.........) erwarten bestimmt auch **Geschenke** (.........). Vielleicht sollte lieber die **Freundin** (.........) **Markus** (.........) besuchen?

II. Bestimme Fall, Zahl und Geschlecht und übersetze: (Vokative brauchst du nicht anzugeben, bei Ablativen denke dir die Präposition „a(b)" davor!)

1. aedificia: ....
   ....
2. puellae: ....
   ....
3. oculi: ....
   ....
4. magistro: ....
   ....
5. templum: ....
   ....

III. Ergänze die Endungen der Objekte! Schreibe dazu, ob es sich um Dativ- oder Akkusativobjekte handelt!

1. Puellae Quinto pens......... su......... non monstrant.
2. Discipuli mali saepe magist......... non respondent.
3. Quid puell......... donatis, amici?
4. Magister discipul......... de terris alienis narrat.
5. Spectacula mult......... vir......... et femin......... placent.
6. Quintus amic......... Graec......... nunc for......... et viam pulchr......... monstrat.

IV. Verbinde die Satzhälften und übersetze:

1. Gaius ante …   a) deis Graecis narrat.
2. Puellae per …   b) amica ridet.
3. Claudia cum …   c) scholam diu laborant.
4. Magister de …   d) vias ambulant.
5. Quintus de …   e) templum sedet.
6. Discipuli post … g) puellis pulchris cogitat.
7. Iulia pro …   h) Quinto respondet.

V. Setze die angegebenen Namen ein und übersetze:

Alexandro – Gai – Iuliae – Quinte – Quinti – Quintum – Quintus

Alexander, puer Graecus, cum Quinto et puellis per forum ambulat. Iulia .... interrogat: „Gaium non video. Ubi est?" Quintus .... respondet: „Gaius ad amphitheatrum est." Tum Gaius ab amphitheatro ad amicos ambulat. „Salve, ...!", Iulia clamat. „Narrasne .... de templis claris?" Ita puer amicis de templis narrat. Tum etiam magister per forum ambulat et discipulos videt. „Salvete, discipuli! Quid hic spectatis?", magister interrogat. Iulia respondet: „Alexandro, amico ...., forum monstramus." Magister nunc diu de deis Romanis et Graecis narrat. Tum interrogat: „Ubi est templum Iovis[1], ...?" Sed puer non respondet. Ubi est..........................? Iam diu post statuam sedet et dormit[2].

[1] **Iuppiter**, Gen.: Iovis: „Jupiter"; [2] **dormit**: „er/sie/es schläft"

DE THERMIS[1]

Nach dem Besuch der grausamen Darbietungen im Amphitheater diskutieren die Freunde über den „Unterhaltungswert" der Gladiatorenspiele:

Lydia ad Gaium: „**Mihi** spectacula gaudio[2] non sunt." Gaius respondet: „Cur spectacula **te** non **delectant**? **Nonne** pulchra sunt? Multos **Romanos** delectant." Alexander: „**Ego** spectacula amo, sed multis **Graecis** non placent." „**Ita est**", Lydia **inquit**. „Et tu, Gai? **Num tibi** spectacula **vestra** placent?" Gaius respondet: „Mihi **quoque** non placent. Itaque **vobis** nunc thermas **nostras** monstrare **in animo habeo**. Certe non solum **nos**, sed etiam **vos** delectant!" Tum Gaius Claudiam et Iuliam in foro videt: „Quis **vestrum nobiscum in** thermas venit[3]?" „Libenter **vobiscum** venimus!", puellae respondent.

Nunc amici in thermas intrant. Gaius: „Hic est frigidarium[4]", inquit, „ibi est caldarium[5]. Etiam palaestram[6] et bibliothecam[7] habemus. Itaque multis Romanis diu in thermis **manere** placet." Puellae ad caldarium **properant**. „Quam pulchrum est in **aqua** calida[8] sedere!", clamant. Sed pueris in aqua sedere non placet. Itaque **iterum** et iterum in aquam saltant[9]. Magnum gaudium est. – Sed nonnulli[10] viri **minime** gaudent: „In aquam saltare vobis non **licet**! **Otium** nostrum turbatis[11]!" Itaque Gaius Alexanderque nunc cum puellis in aqua sedent. Sed ubi est Quintus? **Sub** aqua est et puellas **terret**. Puellae clamant, tum rident – et otium virorum turbant.

Interpretationes:

a) Quis spectacula amat?
b) Cur puellae ad caldarium properant?
c) Cur nonnulli viri minime gaudent?

1 **thermae**,-arum f. (Pl.): „Thermen", „Bad"	6 **palaestra**,-ae f.: „Sportanlage"
2 **gaudio non sunt**: „bereiten keine Freude"	7 **bibliotheca**,-ae f.: „Bibliothek"
3 **venit**: „er/sie kommt" (3.P.Sg.)	8 **calidus 3**: „warm"
4 **frigidarium**,-i n.: „Kaltwasserbad"	9 **salto**,-as,-are: „springen"
5 **caldarium**,-i n.: „Warmbad"	10 **nonnulli**,-ae,-a: „einige"
	11 **turbo**,-as,-are: „stören"

DE ROMANIS

Thermen

Bei den Thermen (abgeleitet vom griechischen Wort *thermos* = „warm") handelte es sich um (selbst im Vergleich zu heute) luxuriöse Badeanstalten, die neben den diversen Räumlichkeiten für das Baden (*Caldarium* = Warmwasserbad, *Tepidarium* = Dampfbad, *Frigidarium* = Kaltbad, *Laconicum* = Sauna) auch Sportanlagen, Gärten, Tavernen, Bibliotheken und Vortragssäle umfassten. Geöffnet waren die Bäder von Mittag bis Sonnenuntergang und viele Römerinnen und Römer verbrachten den ganzen Nachmittag dort. Ursprünglich waren die Baderäume für Männer und Frauen getrennt, später kam auch das gemischte Baden auf. Der Eintritt war entweder frei oder sehr billig. Die größten und bekanntesten Thermen wurden von Kaisern errichtet: die *Caracalla-Thermen* (heute im Sommer fallweise Schauplatz von Opernaufführungen) und die *Diokletiansthermen*. Dort konnten bis zu 3000 Personen gleichzeitig baden.

Modell der Caracalla-Thermen

Vocabularium

mihi / tibi / sibi (Dativ)	mir / dir / sich	(siehe Grammatica)
me / te / se (Akkusativ)	mich / dich / sich	(siehe Grammatica)
delecto,-as, delectáre	erfreuen	sich an etwas delektieren =
nonne?	nicht?	
Romani, Romanorum m. (Pl.)	die Römer	engl. „die Römer" =
ego / tu	ich / du	(siehe Grammatica); Egoist =
Graeci, Graecorum m. (Pl.)	die Griechen	
ita	so	
inquit	er/sie/es sagt(e)	in die direkte Rede eingeschoben
num?	etwa?	
vester,-tra,-trum	euer, eure	
quoque (nachgestellt)	auch	z. B. tu quoque = auch du
nobis / vobis (Dativ)	uns / euch	(siehe Grammatica)
noster,-tra,-trum	unser, unsere	Pater noster =
in + Abl. (Frage WO?)	in, auf	
animus, animi m.	Sinn, Geist; Mut	vgl. animieren =
in animo habére	vorhaben	wörtlich =
nos / vos (Nom. + Akk.)	wir; uns / ihr; euch	(siehe Grammatica)
quis nostrum / vestrum	wer von uns / wer von euch	(siehe Grammatica)
nobiscum / vobiscum	mit uns / mit euch	(siehe Grammatica)
in + Akk. (Frage WOHIN?)	in, nach; gegen	
maneo,-es, manére	bleiben	vgl. permanent =
propero,-as, properáre	eilen	
aqua, aquae f.	Wasser	vgl. Aquarium; ital. acqua
iterum	wieder(um)	Eselsbrücke: „iterum = wiederum"
minime	keineswegs	minimal =
licet (nur 3.P. Sg.)	es ist erlaubt	Lizenz =
otium, otii n.	Muße, Freizeit	
sub + Akk. (Frage WOHIN?)	unter (...hin)	
sub + Abl. (Frage WO?)	unter	engl. subway =
terreo,-es, terrére	erschrecken	vgl. terrorisieren

*) Bei Verba wird ab jetzt auch der Infinitiv angegeben, den du immer mitlernen musst.

Latein im Alltag
SPA
Dieser Wellnessbegriff ist heute in aller Munde, allerdings wissen die wenigsten, dass er die Abkürzung für einen lateinischen Slogan ist: *Sanus per aquam* bedeutet „Gesund durch Wasser"!

Vokabellern-Tipp
Variatio delectat (Die Abwechslung bringt's!)
Du solltest die Vokabel nicht immer in der gleichen Reihenfolge (z.B. lektionsweise von oben nach unten) wiederholen. Bitte auch einmal deine Eltern, Geschwister, Mitschülerinnen oder Mitschüler etc., dass sie dich die Vokabel durcheinander mündlich abprüfen!

Aquädukte

Über die römischen Wasserleitungen wurde aus den Bergen oder den Seen in der Umgebung Frischwasser in die Städte gebracht, um die Brunnen und Bäder zu speisen. Private Wasseranschlüsse konnten sich nur wenige Reiche leisten.
Typisches Merkmal der Aquädukte ist ihre Arkadenform. Zu den besterhaltenen Aquädukten außerhalb Roms zählen der Pont du Gard in Frankreich und der Aquädukt von Segovia (Spanien).

Der Pont du Gard in Südfrankreich

GRAMMATICA

PERSÖNLICHE FÜRWÖRTER (Personalpronomina)

		1. Person		2. Person		3. Person	
Sg.	1	*ego*[1]	ich	*tu*[1]	du	–	
	2	*mei*[2]	meiner	*tui*[2]	deiner	*sui*[2]	seiner
	3	*mihi*	mir	*tibi*	dir	*sibi*	sich
	4	*me*	mich	*te*	dich	*se*	sich
	6	*a me*	von mir	*a te*	von dir	*a se*	von sich
		mecum	mit mir	*tecum*	mit dir	*secum*	mit sich
Pl.	1	*nos*[2]	wir	*vos*[1]	ihr	–	
	2	*nostri*[2]	unser	*vestri*[2]	eurer	*sui*[2]	seiner, ihrer
		nostrum[3]	von uns	*vestrum*[3]	von euch	–	
	3	*nobis*	uns	*vobis*	euch	*sibi*	sich
	4	*nos*	uns	*vos*	euch	*se*	sich
	6	*a nobis*	von uns	*a vobis*	von euch	*a se*	von sich
		nobiscum	mit uns	*vobiscum*	mit euch	*secum*	mit sich

[1] Die Nominative des Personalpronomens werden nur bei besonderer Betonung geschrieben:
   Bsp.: **Ego** *Iuliam amo,* **tu** *Claudiam.* = **Ich** liebe Julia, **du** (liebst) Claudia.
[2] *mei, tui, sui, nostri, vestri* sind die (sehr selten vorkommenden) Objektsgenetive:
   Bsp.: *memor sum tui* = ich gedenke deiner
[3] *nostrum* und *vestrum* sind die (häufiger vorkommenden) Teilungsgenetive (Genetivus partitivus; vgl. Lec. 11, Seite 52):
   Bsp.: *quis vestrum?* = wer **von euch**?

BESITZANZEIGENDE FÜRWÖRTER (Possessivpronomina)

deklinieren wie Adjektive:

	1. Person		2. Person		3. Person	
Sg.	*meus,-a,-um*	mein(e)	*tuus,-a,-um*	dein(e)	*suus,-a,-um*[1]	sein(e) / ihr(e)
Pl.	*noster,-tra,-trum*	unser(e)	*vester,-tra,-trum*	euer/eure	*suus,-a,-um*[1]	ihr(e)

[1] *suus,-a,-um* ist reflexiv (rückbezüglich), d.h. es bezieht sich immer auf das **Subjekt** des Satzes und wird dementsprechend mit „sein" oder „ihr" übersetzt:

   Quintus *amicam suam amat.* = Quintus liebt **seine** Freundin.
   Claudia *amicum suum amat.* = Claudia liebt **ihren** Freund.
   Quintus et Claudia *amicos suos amant.* = Quintus und Claudia lieben **ihre** Freunde.

PRÄPOSITIONEN MIT AKKUSATIV ODER ABLATIV

Die Präpositionen *in* und *sub* stehen entweder mit Akkusativ oder Ablativ. Dementsprechend musst du bei ihnen (im Gegensatz zu allen anderen Präpositionen!) **fragen**:

▶ *in* + Akk. / *sub* + Akk.   → Frage: WOHIN? (der Akk. gibt eine RICHTUNG an)
▶ *in* + Abl. / *sub* + Abl.   → Frage: WO? (der Abl. gibt einen PUNKT an)

Beispiele: *in aquam saltat* = er springt **ins** Wasser (Akk. → WOHIN?)
            in aqua sedent = sie sitzen **im** Wasser (Abl. → WO?)

NENNFORM (Infinitiv)

Der **Infinitiv Präsens** aktiv ist an der Endung **-re** zu erkennen:

a-Konjugation	e-Konjugation
am**á-re**	mon**é-re**
(zu) lieben	(zu) mahnen

EXERCITATIONES

I. Ergänze die Endungen:

1. Discipuli nunc certe in schol......... sunt.
2. Quam diu Quintus sub aqu......... manet!
3. Amici magistri in terr......... alien......... laborant.
4. Pueri cum puell......... in schol......... properant.
5. Vos post schol......... in for......... exspecto.
6. Pueri thermas intrant et in aqu......... properant.

II. Setze alle Satzglieder (auch die Pronomina) in den Plural bzw. den Singular:

1. Amici nos ad statuas exspectant.
2. Placetne tibi mecum ambulare?
3. Monstrate nobis pensa vestra, discipuli!
4. Ego amicam meam amo, tu amicam tuam amas.
5. Amica tua mihi quoque placet.
6. Narra mihi de te, amice!
7. Amici nostri pensa sua secum non habent.

III. Setze die Infinitive der angegebenen Verba in die passenden Sätze ein und übersetze:

ambulo – clamo – doceo – sedeo – specto – video

1. Quis vestrum spectacula .... non amat?
2. Num vobis in schola .... placet?
3. Per vias pulchras .... nobis semper placet.
4. Amici Quinti forum .... in animo habent.
5. In schola .... discipulis non licet.
6. Magister verba Graeca .... in animo habet.

IV. Übersetze ins Lateinische:

1. Unser Lehrer spaziert mit uns auf dem Forum.
2. Er erzählt uns und unseren Freunden viel.
3. Oft lobt er uns, immer ist er froh.
4. Lacht auch euer Lehrer oft?
5. Wir lieben unseren Lehrer.
6. Liebt auch ihr euren Lateinlehrer¹?

1 **Lateinlehrer** = magister Latinus

V. Setze die angegebenen Pronomina ein und übersetze:

ego – me – mea – meum – mihi – nobiscum – nos – tibi – tu – vestra – vobis – vobiscum – vos – vos

Post scholam Quintus Gaiusque ad Iuliam properant.

Gaius: „Salve, Iulia! Placetne .... nunc .... in thermas¹ venire²?"

Iulia: „........................ in thermas venire .... semper delectat, sed pensum .... tam magnum est."

Quintus: „........................ pensum magnum non habemus. Cur .... pensum magnum habes?"

Iulia: „........................ quoque pensum magnum habetis, sed .... laborare non placet!"

Gaius: „Ita est. Sed pensa in thermis scribere³ in animo habemus.

Iulia: „Consilium⁴ vestrum .... non placet.

Iam video: .... in aqua sedetis et .... non solum ...., sed etiam .... pensa scribo⁵."

1 **thermae**,-arum f.: „Thermen"; 2 **venire** (Inf.): „kommen"; 3 **scribere** (Inf.): „schreiben"; 4 **consilium**,-i n.: „Plan"; 5 **scribo**: „ich schreibe"

DE ROMULO ET REMO

Procas, der König von Alba Longa, hat die Herrschaft seinem älteren Sohn Numitor vermacht. Doch Amulius, der jüngere Sohn, reißt die Herrschaft an sich. Damit ihm nicht einst Nachkommen des Numitor den Thron streitig machen können, macht er dessen Tochter Rhea Silvia zur Vestalin, zur Priesterin der Göttin Vesta. Als solche ist sie zur Jungfräulichkeit verpflichtet.

Sed Rheae Silviae, **filiae** Numitoris[1], **tamen duo filii** sunt, Romulus et Remus. Itaque Amulius pueros **parvos** in aqua exponit[2]. **Paulo post** lupa[3] aquae **appropinquat**, ubi Romulum Remumque videt. **Liberos autem** non necat, sed alit[4]. **Deinde** pastor[5] pueros secum **portat** et educat[6].

Multis **annis** post Romulus et Remus – nunc **iam** viri sunt – **oppidum aedificare** in animo habent. Duo autem viri in oppido novo **regnare** non **possunt**. Itaque auspicia[7] deorum spectant. Remus **sex** vultures[8] videt, Romulus autem **duodecim**. „Potesne auspicium videre?", Romulus interrogat. „Ego **dis** (= deis) **gratus sum**. Mihi **auxilio** deorum oppidum novum aedificare licet."

Deinde cum aliis viris **nonnulla** aedificia et vallum[9] aedificat.

Remus nunc oppido novo appropinquat. „Quam **magnificum** oppidum tibi est!", ridet.

„Sed vide: **Trans** vallum tuum saltare[10] possum!" Romulus autem iratus gladio suo Remum necat clamatque: „Sic deinde, quicumque[11] trans vallum oppidi mei saltat!"

Interpretationes:

a) Quis Romulum et Remum exponit?
b) Quis pueros parvos alit?
c) Cur Romulus et Remus auspicia deorum spectant?
d) Cur Romulus Remum necat?

1 **Numitoris** (2.F.): „des Numitor"
2 **exponit**: „er/sie/es setzt aus"
3 **lupa**,-ae f.: „Wölfin"
4 **alit**: „er/sie/es ernährt"
5 **pastor**: „Hirte"
6 **educo**,-as,-are: „erziehen"
7 **auspicium**,-i n.: „Vorzeichen"
8 **vultures** (Pl.): „Geier"
9 **vallum**,-i n.: „Wall"
10 **salto**,-as,-are: „springen"
11 **sic deinde, quicumque** …: „so soll es in Zukunft jedem ergehen, der …"

DE ROMANIS

Der Ursprung Roms

Als Ahnherr und Stammvater der Römer gilt **Äneas**, der Sohn der Venus. Nach seiner Flucht aus dem von den Griechen zerstörten Troja (in der heutigen Türkei) landete er nach langen Irrfahrten, die ihn auch zur karthagischen Königin Dido führten (vgl. S. 33), schließlich in Italien und gründete dort die Stadt Lavinium. Seine Nachfahren erbauten und regierten Alba Longa, bis Romulus, wie oben erzählt, die Stadt Rom gründete.

Die kapitolinische Wölfin (Palazzo dei Conservatori, Rom)

Vocabularium

filia, filiae f.	Tochter	vgl. Filiale =
tamen	dennoch	
duo	zwei	vgl. Duett, Duo (vgl. Lec. 8)
filius, filii m.	Sohn	frz. fils, ital. figlio
parvus,-a,-um	klein	
paulo post	wenig später	
post (nach Abl.)	später	
appropinquo,-as,-áre	sich nähern	engl. approach
liberi, liberorum m. (Pl.)	Kinder	wörtl.: „die Freien"
autem	aber	
deinde	dann	
porto,-as, portáre	tragen, bringen	apportieren (s.u.)
annus, anni m.	Jahr	frz. an, ital. anno; Annalen =
iam	schon	
oppidum, oppidi n.	Stadt	
aedifico,-as, aedificáre	erbauen	frz. édifier, ital. edificare
regno,-as, regnáre	herrschen, regieren	frz. régner, ital. regnare
possum, potes, posse	können	(siehe Grammatica)
sex	sechs	Sextett
duodecim	zwölf	vgl. Dutzend; ital. dodici
dis = deis (3./6.F. Pl. m.)	den Göttern	
di = dei (1.F. Pl. m.)	die Götter	
gratus,-a,-um	lieb, angenehm; dankbar	
sum, es, esse	sein	(siehe Grammatica)
auxilium, auxilii n.	Hilfe	
nonnulli,-ae,-a (Pl.)	einige	
magnificus,-a,-um	großartig	frz. magnifique, ital. magnifico
trans (Präp. + Akk.)	jenseits von, über	vgl. Transit, Transfer, Transformator

Latein im Alltag

PORTARE & Co.

Wenn ein Hund etwas apportiert, bringt er etwas herbei. Das zugrunde liegende Wort *apportare* ist aus der Vorsilbe *ad-* („herbei", „heran") und dem Grundwort *portare* („tragen", „bringen") entstanden. Solche zusammengesetzten Zeitwörter werden **Komposita** (Sg. Kompositum) genannt. Was sie bedeuten, kannst du meist leicht erschließen, wenn du die Bedeutung der Vorsilbe mit dem Grundwort kombinierst:

? Was heißt also:

trans-portare: _____ ex-portare: _____

im-portare: _____

Vater von Romulus und Remus ist übrigens der Kriegsgott Mars, der Rhea Silvia in ihrem Tempel geschwängert haben soll. Die Römer zählten also neben Jupiter (Ahnherr der Trojaner und somit auch des Äneas) und Venus (Mutter des Äneas, vgl. auch S. 90) noch einen dritten Gott zu ihren Vorfahren.

Die römische Wölfin: Die in der Gründungsgeschichte Roms erwähnte Wölfin wurde später zum Wappentier der Stadt. Die berühmteste Darstellung ist die so genannte kapitolinische Wölfin. Die auf dem Kapitol im Konservatorenpalast aus-

Auch das Wappen des Fußballklubs AS Roma zeigt die Lupa Romana.

gestellte Bronzeplastik ist ca. 2500 Jahre alt, während die Knaben erst in der Renaissance (16. Jh.) ergänzt wurden. Eine weniger schmeichelhafte Deutung der in der Sage vorkommenden *lupa* besagt, dass es sich bei der Ziehmutter von Romulus und Remus nicht um eine Wölfin, sondern um eine Prostituierte gehandelt habe: Diese wurden nämlich wegen des Geheules, das sie zum Anlocken der Kundschaft ausstießen, ebenfalls *lupae* genannt.

GRAMMATICA

ESSE („sein") und POSSE („können")

Die Verben *esse* und *posse* werden unregelmäßig abgewandelt, weisen aber viele Parallelen zueinander auf: *posse* („können") ist nämlich eine Zusammensetzung aus *potis* („fähig") + *esse* („sein").

		PRÄSENS			
Sg.	1.P.	**sum**	ich bin	**possum**	ich kann
	2.P.	**es**	du bist	**potes**	du kannst
	3.P.	**est**	er/sie/es ist	**potest**	er/sie/es kann
Pl.	1.P.	**sumus**	wir sind	**possumus**	wir können
	2.P.	**estis**	ihr seid	**potestis**	ihr könnt
	3.P.	**sunt**	sie sind	**possunt**	sie können
		INFINITIV PRÄSENS			
		esse	(zu) sein	*posse*	(zu) können
		IMPERATIVE			
Sg.		*es!*	sei!	—	
Pl.		*este!*	seid!	—	

NOTA BENE!

In einigen Formen von *posse* hat sich die Silbe *pot-* zu *pos-* verändert, und zwar immer dort, wo die nachfolgende Silbe mit s beginnt (*sum, sumus, sunt*). Man nennt diese Anpassung eines Buchstaben an den folgenden **Assimilation** (vgl. *apportare* aus *ad-portare*!).

TIPP: Wenn du bei den Formen von *posse* die Silbe *pos-* bzw. *pot-* weglässt, erhältst du die zugrunde liegende Form von *esse*!

DATIV DES BESITZERS (Dativus possessivus)

Eine Eigenheit des Lateinischen ist der Dativ des Besitzers (*dativus possessivus*). Ihn darf man **nicht wörtlich** übersetzen, sondern man muss ihn zu einem „**haben**"-Satz umformen:

Rheae Silviae duo filii sunt. =
(Der Rhea Silvia sind zwei Söhne. →)
Rhea Silvia **hat** zwei Söhne.

Mihi amica pulchra est. =
(Mir ist eine hübsche Freundin. →)
Ich **habe** eine hübsche Freundin.

MITTELSABLATIV (Ablativus instrumenti)

Der Ablativ steht im Lateinischen nicht nur nach bestimmten Präpositionen (siehe Seite 24 und 28), sondern auch auf bestimmte **Fragen**. Die häufigste lautet „WOMIT?" / „WODURCH?". Ein solcher Ablativ heißt Mittelsablativ (*ablativus instrumenti*), da er das Mittel angibt, mit Hilfe dessen etwas gemacht wird.
Übersetzung: „**mit**", „**durch**":

Romulus Remum **gladio** necat. = Romulus tötet Remus **mit dem Schwert**.

TIPP:
DINGE und SACHBEGRIFFE stehen im Ablativ meistens **ohne**,
PERSONEN meist **mit** Präposition, z. B. *(cum amicis, a magistro …)*!

EXERCITATIONES

I. Setze die passenden Formen von „esse" oder „posse" ein und übersetze:

Magister cum discipulis per Romam ambulat. In foro .... discipulis placet. Nunc magister discipulique ante templum pulchrum .... Magister interrogat: „Ubi nunc sumus? Quis vestrum respondere ....? – Gai, ubi ....?" – „Hic ...., sed respondere non ....!" Deinde magister puellas interrogat: „Claudia et Iulia, certe vos respondere ....!" Iulia respondere ....: „Ante templum Vestae deae ...."

II. Forme zu einem Dativus possessivus um und übersetze:

Bsp.: Amicam habeo. – Mihi amica est.

1. Romani multos deos habent.
2. Discipuli multa pensa habent.
3. Iulia oculos pulchros habet.
4. Magistrum bonum habemus.
5. Aquam non habeo.
6. Habesne multos amicos?

III. Setze die angegebenen Substantiva in den Ablativ und übersetze:

1. Magister Quintum .... interrogat. (lingua Graeca)
2. Quintus .... puellarum magistro respondere potest. (auxilium)
3. Magister nunc puerum .... laudat. (multa verba)
4. Postremo magister discipulos .... delectat. (pensum magnum)

IV. Setze die angegebenen Verben in der richtigen Form ein und übersetze:

1. ....-ne de Romulo Remoque narrare, discipuli? (possum)
2. Cur filios Rheae Silviae necare in animo ...., Amuli? (habeo)
3. ....-ne auspicia¹ deorum, Romule et Reme? (video)
4. Remo oppidum novum .... non licet. (aedifico)
5. .... mihi oppidum tuum, Romule! (monstro)
6. Oppido novo vallum² magnum non .... (sum)

1 **auspicium**,-i n.: „Vorzeichen"; 2 **vallum**,-i n.: „Wall"

V. Ergänze die fehlenden Endungen und übersetze:

De Aenea¹

Graeci multos annos ad Troiam, oppidum clarum magnificumque, pugnant. Postremo oppid.......... expugnant² multosque vir.......... necant. Aeneas autem fugere³ potest. Filium parvum quoque ex oppid.......... portat et deinde cum multis viris et femin.......... Carthaginem⁴, in oppidum novum et pulchrum, properat. Quod regina⁵, femin.......... pulchra, Aeneae placet, hic manere in animo habet. Di autem aliud imperant⁶. Itaque in Italiam⁷ properat, ubi diu cum nonnull.......... populis⁸ pugnat. Postremo eos⁹ superat et in Italia manere potest. Nonnullis annis post Iulus, filius Aeneae, oppidum novum, Albam Longam, aedific..........

1 **Aeneas**,-ae m.: „Äneas"; 2 **expugnare**: „erobern"; 3 **fugere**: „flüchten"; 4 **Carthaginem**: „nach Karthago"; 5 **regina**,-ae f.: „Königin"; 6 **imperare**: „befehlen"; 7 **Italia**,-ae f.: „Italien"; 8 **populus**,-i m.: „Volk"; 9 **eos** (Akk.): „sie"

7

DE ROMANIS ET SABINIS[1]

*Romulus ist nun König der neuen Stadt Rom.
Doch die Besiedelung der Stadt verläuft nicht ganz problemlos.*

Romulus nunc in oppido novo regnat. Multi viri in oppidum **veniunt**, quod ibi **habitare** in animo habent. Sed viris feminae non sunt! Itaque, ut **apud** Livium[2] **legimus**, Romulus **consilium capit**: **Nuntios** ad Sabinos, **populum** vicinum[3], **mittit**. Nuntii Sabinis **dicunt**: „Venite in oppidum nostrum! Vobis spectacula pulchra **paramus**." Sabini verba nuntiorum magno cum gaudio **audiunt** et libenter veniunt. Nam ita etiam oppidum novum spectare possunt.
Dum autem Sabini spectacula vident, Romani **subito** filias Sabinorum **rapiunt** et secum **domum** portant. Sabini, quod **arma** sua secum non habent, filias **adiuvare** non possunt et irati Romam **relinquunt**. **Domi** autem, quod **iniuriam** Romanorum **tolerare** non possunt, arma capiunt iterumque Romae appropinquant. **Bellum gerere** in animo habent. Paulo antequam[4] bellum **inter** Romanos et Sabinos oritur[5], filiae ad viros **contendunt**. „Bellum gerere

necesse non est!", clamant. „Libenter hic apud Romanos manemus. **Nam** viri boni sunt."

Interpretationes:

a) Cur Sabini libenter in oppidum novum veniunt?
b) Cur Romani filias Sabinorum rapiunt?
c) Cur Sabini filias suas adiuvare non possunt?

1 **Sabini**,-orum m.: „Sabiner" (Nachbarvolk Roms)
2 **Livius**,-i m.: „Livius" (röm. Geschichtsschreiber)
3 **vicinus** 3: „benachbart"
4 **antequam**: „bevor"
5 **oritur**: „er/sie/es entsteht"

DE ROMANIS

Die römische Frühzeit

Romulus gilt als erster von insgesamt sieben Königen. Der Sage nach soll er im Jahr 753 v. Chr. Rom gegründet haben („753 – Rom schlüpft aus dem Ei"). Die Stadt lag besonders günstig: an einer alten Handelsstraße, die dort durch eine Furt den Tiber durchquerte, und nicht allzu weit vom Meer entfernt (wo später Roms Hafen Ostia entstand). Außerdem boten sieben Hügel sichere und gesunde Wohnmöglichkeiten. Die Siedler sollen zuerst den Hügel *Palatin* besetzt haben. Später kamen die auf dem *Quirinal* lebenden Nachbarn dazu – ein Vorgang, der sich in der Geschichte vom Raub der Sabinerinnen widerspiegelt: Die fremden und feindlichen Sabiner wurden zu Mitbewohnern und Verwandten gemacht. Diese Fähigkeit zur Integration fremder Völker zeichnete die Römer auch später immer wieder aus.

Nach dem Tod des Romulus (er soll während einer Sonnenfinsternis plötzlich verschwunden und unter die Götter aufgenommen worden sein) regierten der Sage nach noch sechs weitere Könige die Stadt Rom. Die letzten von ihnen stammten aus dem Nachbarvolk der *Etrusker*. Sie wurden von den Römern *Tusci* genannt, wovon

Die Völker Italiens zur Zeit der Gründung der römischen Republik

Vocabularium

venio,-is, veníre 4	kommen	frz. venir, ital. venire
habito,-as, habitare 1	(be)wohnen	frz. habiter, ital. abitare
apud (+ Akk.)	bei	
lego,-is, légere 3	lesen	Lektüre, Legende
consilium, consilii n.	Plan, Beschluss; Rat	
capio,-is, cápere M	fassen, ergreifen, fangen	kapern, kapieren
nuntius, nuntii m.	Bote; Nachricht	vgl. päpstlicher Nuntius
populus, populi m.	Volk	populär =
mitto,-is, míttere 3	schicken	Mission, Missionar
dico,-is, dícere 3	sagen	vgl. Diktat; Diktion =
paro,-as, paráre 1	bereiten; erwerben	parat =
audio,-is, audíre 4	hören	vgl. Audienz; Auditorium =
dum (+ Präsens)	während	
subito	plötzlich	↔ ital. sùbito = „sofort"!
rapio,-is, rápere M	rauben	frz. ravir, ital. rapire
domum	nach Hause	
arma, armorum n. (Pl.)	Waffen	vgl. Alarm (aus Ruf „Ad arma!" entstanden)
adiuvo,-as, adiuváre 1 (+ Akk.)	unterstützen, helfen	vgl. Adjutant =
relinquo,-is, relínquere 3	verlassen, zurücklassen	vgl. Relikt =
domi	zu Hause	
iniuria, iniuriae f.	Unrecht	
tolero,-as, toleráre 1	ertragen	vgl. tolerant =
bellum, belli n.	Krieg	vgl. Rebellion, Duell (duellum = bellum)
(bellum) gero,-is, gérere 3	(Krieg) führen	
inter (Präp. + Akk.)	zwischen	vgl. international =
contendo,-is, conténdere 3	eilen; kämpfen	
necesse est	es ist notwendig	engl. necessary
nam	denn	

Latein im Alltag

INTER

Die lateinische Präposition *inter* („zwischen") tritt auch im Deutschen in vielen Fremdwörtern als Vorsilbe mit der Bedeutung „zwischen" und „dazwischen" auf.

? Was bedeuten also die folgenden Begriffe?

Interregnum = _____
intervenieren = _____   Intervall = _____
Intermezzo = _____   interstellar = _____
    interlinear = _____

AUDI

Hättest du gewusst, dass diese Automarke eigentlich ein Imperativ ist? Der Gründer der Firma war ein gewisser Herr Horch. (Deine Großeltern werden sich an die „Horch-Autos" vielleicht noch erinnern können!) Nachdem er sich mit seinem Bruder, der ebenfalls an der Firma beteiligt war, zerstritten hatte, gründete er eine neue Autofirma und benannte diese nach der lateinischen Übersetzung seines Familiennamens (Horch = höre = lat. *audi*).

sich der Name *Toskana* ableitet. Die Etrusker waren den Römern zu dieser Zeit kulturell überlegen. Von ihnen übernahmen die Römer unter anderem die Gladiatorenspiele (vgl. Lec. 4), die Zirkusspiele, den Triumphzug, den Bau von Wasserleitungen und Kanälen (z.B. die *Cloaca Maxima* zur Trockenlegung des Forums), die Toga, das Atriumhaus sowie die Zukunftsdeutung. Unter den Etruskern begann Rom auch zu expandieren. Mitte des 6. Jh. war Rom bereits die mächtigste Stadt in Latium. 510 v. Chr. wurde der letzte etruskische König von den Römern gewaltsam vertrieben (vgl. Lec. 8).

GRAMMATICA

KONJUGATIONEN

Neben der *a*- und *e*-Konjugation gibt es noch drei weitere Konjugationsklassen, die sich allerdings nur in wenigen Details voneinander unterscheiden. Wie *a*- und *e*-Konjugation sind auch sie nach dem Auslaut ihres Stammes benannt:

- **konsonantische Konjugation** → Stamm endet auf einen Konsonanten (Mitlaut)
- **i-Konjugation** → Stamm endet auf langes i
- **Mischkonjugation*** → Stamm endet auf kurzes i

*) „Mischkonjugation" deswegen, weil die Formen z. T. nach der konsonantischen, z. T. nach der i-Konjugation gebildet werden.

Da bei der konsonantischen Konjugation der Stamm auf einen Mitlaut endet, tritt als Bindeglied zwischen Stamm und Endung ein so genannter **Bindevokal**, der meistens -i- lautet:

$$\text{mitt - } \textbf{\textit{i}} \text{ - s}$$
$$\downarrow$$
Stamm – **Bindevokal** – Endung

An den Stamm werden bei allen Konjugationen dieselben Endungen angefügt (vgl. S. 20):

		a-Konj.	e-Konj.	kons. Konj.	i-Konj.	Mischkonj.
				PRÄSENS		
Sg.	1.P.	amo	habe-o	mitt-o	audi-o	capi-o
	2.P.	ama-s	habe-s	mitt-i-s	audi-s	capi-s
	3.P.	ama-t	habe-t	mitt-i-t	audi-t	capi-t
Pl.	1.P.	ama-mus	habe-mus	mítt-i-mus	audí-mus	cápi-mus
	2.P.	ama-tis	habe-tis	mítt-i-tis	audí-tis	cápi-tis
	3.P.	ama-nt	habe-nt	mítt-u-nt	áudi-u-nt	cápi-u-nt
				INFINITIV PRÄSENS		
		amá-re	habé-re	mítt-e-re	audí-re	cáp-ere
				IMPERATIVE		
Sg.		ama!	habe!	mitt-e!¹	audi-!	cápe!
Pl.		amá-te!	habé-te!	mítt-i-te!	audí-te!	cápi-te!

¹ Ausnahmen: *dic!* („sag!") und *duc!* („führ!", vgl. Lec.10)

NOTA BENE!

Zu welcher Konjugationsklasse ein Verbum gehört, erkennst du nicht an der 1.P. Sg. oder am Infinitiv alleine, sondern erst aus der Kombination von 1. + 2. Person Sg. + Infinitiv Präsens:

- -o, -as, -are → a-Konjugation
  (Abkürzung: *-o 1*): z. B. **amo 1**
- -eo, -es, -ére → e-Konjugation
  (Abkürzung: *-eo 2*): z. B. **habeo 2**
- -o, -is, -ere → konsonantische Konjugation
  (Abkürzung: *-o 3*): z. B. **mitto 3**
- -io, -is, -ire → i-Konjugation
  (Abkürzung: *-io 4*): z. B. **audio 4**
- -io, -is, -ere → Mischkonjugation
  (Abkürzung: *-io M*): z. B. **capio M**

TIPP: Damit du die richtige Betonung des Infinitivs erkennst, ist dieser im Vocabularium bis Lektion 23 samt Akzent ausgeschrieben.

EXERCITATIONES

I. Bilde von den folgenden Verben die 3. Person Sg. und Pl. und die Imperative Sg. und Pl.:

1. contendo 2. venio 3. paro
4. rapio 5. terreo 6. lego

II. Setze die angegebenen Verben in der richtigen Form ein:

1. Iulia amicam in oppidum ....(mitto)
2. Cur tam laeti ...., liberi? (sum)
3. .... verba magistri, discipuli! (audio)
4. ....-ne nos, Claudia? (adiuvo)
5. Pueri magistro respondere non .... (possum)
6. Discipuli scholam .... et domum .... (relinquo/propero)
7. Quid ...., Gai? (dico)
8. ...., quod nobis nunc otium .... (gaudeo/sum)
9. .... ad forum, Iulia! (venio)

III. Übersetze ins Lateinische:

1. Warum kommst du nicht zu mir, Julia?
2. Immer sagst du: „Ich kann nicht kommen."
3. Aber mit Claudia kannst du spazieren gehen.
4. Meine Freunde sehen euch oft auf dem Forum.

IV. Welches Wort passt nicht zu den anderen? Warum?

1. ❏ amici 2. ❏ propero 3. ❏ manere
   ❏ veni   ❏ habito   ❏ dicere
   ❏ populi   ❏ adiuvo   ❏ sedere
   ❏ anni   ❏ subito   ❏ ridere
4. ❏ bellis 5. ❏ aedificii 6. ❏ aqua
   ❏ armis   ❏ gladii   ❏ amica
   ❏ geris   ❏ nuntii   ❏ copia
   ❏ terris   ❏ filii   ❏ arma

V. Verbinde die Satzhälften und übersetze:

1. Nobis de bellis …
2. Discipulos bonos …
3. Quintus librum Graecum …
4. Vos certe ad spectacula …
5. Nos in aedificio novo …
6. Nos templa spectare semper …
7. Ego quoque domi …

a) habitamus. b) legere non placet. c) venitis. d) legere non potest. e) delectat. f) laudare necesse est. g) manere in animo habeo.

VI. Setze die fehlenden Endungen ein und übersetze:

Parentes[1] Quintum in scholam mitt........... . Dicunt: „Contend............ in scholam!" Quintus autem non contend..........., sed cum Gaio amico per vias ambul............ . Itaque pueri post alios discipulos in scholam veni............ . Magister clamat: „Cur nunc ven...........? Vos iam exspectamus. Dum vos ambul..........., nos iam diu de Roma leg............ . Pot...........-ne de Romulo Remoque narrare?" Quintus dicit: „Certe possumus: Remus Romulusque Troiam[2] relinqu............ ; deinde Remus Romulum nec............" – Alii discipuli rid..........., magister clamat: „Stulti[3] estis!" Meridie[4] discipulos domum mitt........... . Quintus et Gaius ad portam[5] proper..........., sed tum magistrum audi........... : „Hic man..........., pueri! Vobis scholam relinqu........... non licet. Nunc de Romulo Remoque leg...........!"

1 **parentes**: „Eltern"; 2 **Troia**,-ae f.: „Troja"; 3 **stultus** 3: „dumm"; 4 **meridie**: „zu Mittag"; 5 **porta**,-ae f.: „Tor"

DE LUCRETIA

Die Römer belagern die Nachbarstadt Ardea. Eines Abends beginnen die Söhne des Königs Tarquinius Superbus und andere Führer des Heeres zu diskutieren, wessen Frau wohl die tugendhafteste und anständigste sei. Da schlägt Collatinus vor, noch in der Nacht nach Rom zu reiten, um zu beweisen, dass seine Frau Lucretia die Frauen der Übrigen bei weitem übertreffe.

Viri **tres horas** equitant[1], tum Romae appropinquant et ad feminas veniunt. Quid **faciunt** feminae? **Neque dormiunt neque** domi sunt, sed cum amicis in convivio[2] sunt: **Sola** Lucretia cum **duabus** ancillis[3] domi est et laborat. Sextus Tarquinius, **unus** e tribus filiis Tarquinii Superbi, Lucretiam videt et secum cogitat: „Quam pulchra est Lucretia!" Deinde Lucretiam relinquunt et ad Ardeam oppidum contendunt. Hora **prima** iterum in **castris** sunt. Postero die[4] Sextus Tarquinius solus ad Lucretiam venit. Feminam pulchram stuprare[5] in animo habet. Sed Lucretia **resistit**: „Me necare potes, sed ego adulterium[6] **committere** non possum!" Tarquinius autem dicit: „**Nisi** mihi **pares**, non solum te, sed etiam **servum** neco. Deinde narrabo[7]: ‚Lucretiam cum servo in adulterio vidi[8].'" Nunc Lucretia **non iam** resistit. Deinde Lucretia nuntium in castra ad virum mittit. Collatinus venit et de stupro[9] audit. „Tu", inquit, „sine **culpa** es." **Tamen** Lucretia clamat:

„**Nulla** femina **exemplo** Lucretiae adulterium committat[10]!" Deinde se cultro[11] necat. Populus Romanus paulo post de stupro audit et **maxime** iratus est. Collatinum adiuvat **familiam**que Tarquiniorum ex oppido **expellit**.

Interpretationes:

a) Quid facit Lucretia, dum Collatinus cum amicis venit?
b) Cur Lucretia Sexto Tarquinio non resistit?
c) Quid Lucretia post stuprum facit?

---

1 **equito** 1: „reiten"
2 **convivium**,-i n.: „Gelage"
3 **ancilla**,-ae f.: „Magd"
4 **postero die**: „am nächsten Tag"
5 **stupro** 1: „vergewaltigen"
6 **adulterium**,-i n.: „Ehebruch"
7 **narrabo**: „ich werde erzählen"
8 **vidi**: „ich habe gesehen"
9 **stuprum**,-i n.: „Vergewaltigung"
10 **committat**: „er/sie soll … begehen!"
11 **culter**,-tri m.: „Messer", „Dolch"

DE ROMANIS

Die Verfassung der römischen Republik

Nachdem Tarquinius vertrieben worden war, wollten die Römer die Monarchie nicht aufrechterhalten. Also wurde die Macht auf mehrere Amtsträger (Beamte) aufgeteilt – Rom wurde zur **Republik**. Dabei mussten sich die zahlenmäßig überlegenen, aber politisch rechtlosen **Plebejer** ihre Rechte gegen die privilegierten Adeligen (**Patrizier**) erst erkämpfen. Nach Abschluss dieser zirka 200 Jahre dauernden **Ständekämpfe** sah die römische Verfassung so aus:

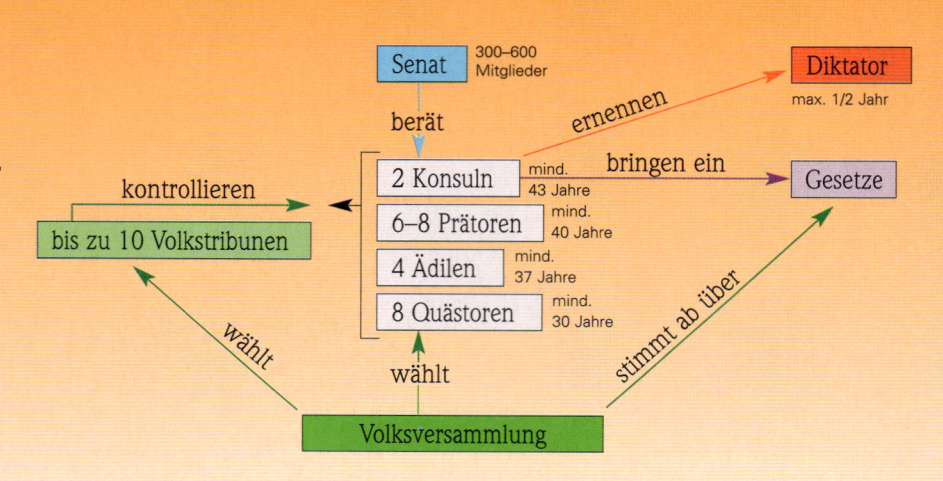

- **Senat** (300–600 Mitglieder) berät
- **2 Konsuln** (mind. 43 Jahre)
- **6–8 Prätoren** (mind. 40 Jahre)
- **4 Ädilen** (mind. 37 Jahre)
- **8 Quästoren** (mind. 30 Jahre)
- **bis zu 10 Volkstribunen** kontrollieren
- **Diktator** (max. 1/2 Jahr) – ernennen
- **Gesetze** – bringen ein / stimmt ab über
- **Volksversammlung** wählt

Vocabularium

tres (m./f.), tria (n.)	drei	frz. trois, ital. tre; Triumvirat =
hora, horae f.	Stunde	engl. hour, frz. heure, ital. ora
facio,-is, fácere M	tun, machen	frz. faire, ital. fare
neque – neque (= nec – nec)	weder – noch	vgl. neque =
dormio,-is, dormíre 4	schlafen	frz. dormir, ital. dormire
solus,-a,-um	allein	vgl. Solo, Solist
duo, duae, duo	zwei	(siehe Grammatica)
unus,-a,-um	ein; einzig	frz. un, ital. uno; Unikat =
primus,-a,-um	der erste	vgl. Primel, Primar, Primat, prima, primär
castra, castrorum n. (Pl.)	Lager	vgl. Kastell (= kleines Lager), engl. castle
resisto,-is, resístere 3	sich widersetzen	vgl. engl. to resist; resistent =
committo,-is, commíttere 3	begehen, beginnen	vgl. engl. to commit (a crime)
nisi	wenn nicht	
pareo,-es, parére 2	gehorchen	vgl. parieren
servus, servi m.	Sklave	Servus! (erg. sum) =
non iam	nicht mehr	↔ iam =
culpa, culpae f.	Schuld	ital. colpa; mea culpa =
tamen	dennoch	
nullus,-a,-um	kein	vgl. Null
exemplum, exempli n.	Beispiel	engl. „Beispiel" =
maxime	sehr; am meisten	vgl. maximal
familia, familiae f.	Familie	engl. family, frz. famille, ital. famiglia
expello,-is, expéllere 3	vertreiben; verjagen	

Latein im Alltag

DEZIMIEREN
Dieses Wort heißt im heutigen Sprachgebrauch so viel wie „stark vermindern". Kann das mit dem Zahlwort *decimus* zusammenhängen? Es kann! Das lateinische Verb *decimare* ist nämlich ein Wort der Kriegssprache und bedeutet „jeden zehnten Gefangenen hinrichten" – woraus sich später „schwere Verluste zufügen" und die heutige Bedeutung entwickelten.

Latein im Alltag

DEZEMBER
Warum steckt in unserem 12. Monat eigentlich das lateinische Zahlwort *decem* = 10? Das ist darauf zurückzuführen, dass das römische Jahr ursprünglich mit März begann. Folglich war der September der siebente, der Oktober der achte Monat etc. Im Jahre 153 v. Chr. wurde der Jahresbeginn auf Jänner (ursprünglich der elfte Monat!) verlegt. Da aber die ursprünglichen Monatsbezeichnungen beibehalten wurden, „stimmte" von nun an die Nummerierung nicht mehr.

Senat: „Ältestenrat"; aus den vornehmsten Familien und ehemaligen Beamten. Gab den amtierenden Beamten nur Empfehlungen, die aber meist befolgt wurden.
Quästoren: Aufsicht über Staatsvermögen und Steuereintreibung („Finanzminister")
Ädilen: Aufsicht über Straßen, Verkehr, öffentliche Bauten, Wasserleitungen, Getreideversorgung („Infrastrukturminister")
Prätoren: Rechtsprechung („Justizminister")
Konsuln: Leitung von Senatssitzungen und Volksversammlung, Einbringen von Gesetzesanträgen, Oberfehl über Heer.
Diktator: in Krisensituationen für max. sechs Monate zum Oberbefehlshaber ernannt.

Volkstribunen: Vertreter der Plebejer; Vetorecht gegen Beamten-Beschlüsse.
Volksversammlung: alle erwachsenen männlichen Bürger.

Machtkontrolle:

Um zu verhindern, dass einzelne Amtsträger zu mächtig wurden, legten die Römer zwei Prinzipien fest:

▶ Die **Annuität** (von *annus* = „Jahr" abgeleitet): Die Amtszeit war auf maximal ein Jahr begrenzt.

▶ Die **Kollegialität**: Jedes Amt musste von mindestens zwei Personen ausgeübt werden.

Republik – oder doch etwas anderes?

Die Römer nannten ihren Staat zwar *res publica* („öffentliche Sache"), in der Realität stellte er aber eine Mischung von drei verschiedenen Staatsformen dar:

▶ monarchisches Element: Die **Konsuln** haben hohe Befehlsgewalt.

▶ aristokratisches Element: Der **Senat** besteht aus den Mitgliedern der alten Adelsfamilien.

▶ demokratisches Element: Die **Volksversammlung** besteht aus allen freien Bürgern (ausgenommen aber Frauen, Freigelassene und Sklaven!).

GRAMMATICA

ZAHLWÖRTER

Ziffer	Grundzahlen		Ordnungszahlen	
I	unus, una, unum unius uni unum, unam, unum uno, una, uno	ein(s)	primus,-a,-um	der/die/das Erste
II	duo, duae, duo duorum, duarum, duorum duobus, duabus, duobus duos, duas, duo duobus, duabus, duobus	zwei	secundus,-a,-um	der/die/das Zweite
III	tres, tres, tria trium tribus tres, tres, tria tribus	drei	tertius,-a,-um	der/die/das Dritte
IV	quattuor	vier	quartus,-a,-um	der/die/das Vierte
V	quinque	fünf	quintus,-a,-um	der/die/das Fünfte
VI	sex	sechs	sextus,-a,-um	der/die/das Sechste
VII	septem	sieben	septimus,-a,-um	der/die/das Siebente
VIII	octo	acht	octavus,-a,-um	der/die/das Achte
IX	novem	neun	nonus,-a,-um	der/die/das Neunte
X	decem	zehn	decimus,-a,-um	der/die/das Zehnte
C	centum	hundert	centesimus,-a,-um	der/die/das Hundertste
M	mille[1]	tausend	millesimus,-a,-um	der/die/das Tausendste

[1] Zu *mille* (nicht deklinierbar) gibt es einen **Plural**: z. B. *duo milia* (= 2000). Diese Form dekliniert:
1.F. *milia*, 2.F. *milium*, 3.F. *milibus*, 4.F. *milia*, 6.F. *milibus*

? In welchem Jahr hat Kaiser Franz Joseph diesen Teil der Hofburg fertig gestellt?

Nota bene:
A. D. = anno Domini = im Jahr des Herrn = nach Christi Geburt.
Das Zahlzeichen D steht für 500.

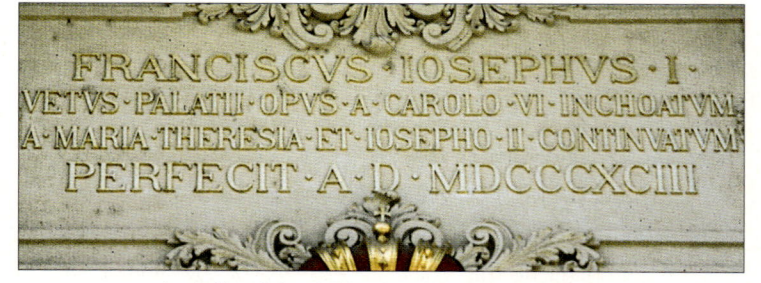

Inschrift auf dem Michaelertor der Wiener Hofburg

ZEITABLATIV (*Ablativus temporis*) und AKKUSATIV der ZEITSTRECKE

Bei Zeitbegriffen („Tag", „Monat", Jahr" etc.) steht auf die Frage „WANN?" der Zeitablativ (*ablativus temporis*). **ohne** Präposition:

hora prima iterum in castris sunt
= in der (zur) ersten Stunde* sind sie wieder im Lager
secundo anno = **im** zweiten Jahr

Dagegen steht auf die Frage „WIE LANGE?" der **Akkusativ** (Akkusativ der Zeitstrecke):

tres horas equitant = sie reiten drei Stunden **(lang)**

* Unter der *prima hora* verstanden die Römer die Stunde, in der es hell wurde. Dieser Zeitpunkt war natürlich von der Jahreszeit abhängig. Da der Tag von Sonnenaufgang bis Sonnenuntergang in jedem Fall in zwölf *horae* eingeteilt war, variierte die Dauer einer *hora* zwischen Winter und Sommer beträchtlich.

? Wie viele Minuten dauerte eine römische *hora*:

a) im Winter (Sonnenaufgang ca. 7 Uhr, Sonnenuntergang ca. 17 Uhr)?
b) im Sommer (Aufgang ca. 5 Uhr, Untergang ca. 21 Uhr)?

EXERCITATIONES

I. Setze passende Zahlwörter ein und übersetze:

1. Romulus Romam in .... collibus¹ aedificat.
2. Tarquinius Superbus est .... rex² Romanorum.
3. Grammaticus³ .... linguas docet.
4. Nos nunc iam linguam .... discimus⁴.
5. Rheae Silviae .... filii sunt.
6. .... oculos et .... digitos⁵ habemus.
7. Septem et .... sunt duodecim.

1 **collibus**: Abl. Pl. von collis: „Hügel"; 2 **rex**: „König";
3 **grammaticus,-i** m.: „Sprachlehrer"; 4 **disco** 3: „lernen";
5 **digitus**,-i m.: „Finger"

II. Setze alle Satzglieder in den Plural bzw. Singular! (Die Pronomina und Zahlwörter musst du dabei verändern!)

1. Iam duas horas pensa nostra facimus.
2. Exemplo meo filium doceo.
3. Nobis nonnulli servi sunt.
4. Cur amicam tuam relinquis?
5. Pugnate gladiis vestris!
6. Discipulus unam linguam legere potest.

III. Setze die nötigen Grundzahlwörter bzw. Ordnungszahlwörter ein und übersetze:

Hora .... (I) discipuli de Romanis claris audiunt. Hora .... (II) alius magister de Romanis claris narrat. Quod hora .... (III) magister iterum de Romanis claris narrare in animo habet, Gaius clamat: „Iam .... (II) horas de Romanis claris audimus. Num .... (VI) horas de Romanis claris audire necesse est? .... (I) horam de Romanis claris audire nobis placet. Post horam .... (III) autem Romanos claros non iam amamus."

IV. Übersetze ins Lateinische:

1. Quintus kommt mit zwei Freunden zu Iulia.
2. Julia fragt: „Was macht ihr hier?"
3. Die drei Buben sagen: „Hilf uns! Wir können unsere Aufgaben nicht machen."
4. Aber Julia hat nicht vor, die Aufgaben der drei Buben zu machen.
5. Daher kommen die Buben ohne ihre Aufgaben in die Schule.

V. De Mucio Scaevola¹

Populus Romanus iratus familiam Tarquiniorum expellit. Tarquinius autem ad Tuscos², ubi Porsenna³ regnat, contendit. Ibi Porsennae dicit: „Quod iniuriam Romanorum tolerare non possum, bellum cum populo Romano gerere in animo habeo. Adiuvasne me? Auxilio tuo Romanos certe superare possum."
Ita Tusci castra ad Romam faciunt et oppidum diu oppugnant⁴. Tum Mucius, vir Romanus, consilium capit: „Si Porsennam neco, Tusci certe terram nostram relinquunt." Itaque solus in castra Tuscorum properat. Tusci autem Mucium capiunt et ad Porsennam ducunt⁵. „Quod me necare in animo habes", Porsenna dicit, „te nunc flammis⁶ neco." Sed Mucius clamat: „Vide! Viri Romani flammas non timent⁷." Deinde manum dextram⁸ in flammas tendit⁹. Tum Porsenna, quod fortitudinem¹⁰ Romanorum maxime timet, Mucio vitam donat et paulo post copias¹¹ suas domum ducit.

1 **Mucius Scaevola**: „Mucius Scaevola" (scaevola = „Linkshand"); 2 **Tusci**,-orum m.: „die Etrusker"; 3 **Porsenna**,-ae m.: „Porsenna" (etruskischer König);
4 **oppugno** 1: „belagern"; 5 **duco** 3: „führen"; 6 **flamma**,-ae f.: „Flamme"; 7 **timeo** 2: „fürchten"; 8 **manus dextra**: „die rechte Hand"; 9 **tendo** 3: „strecken";
10 **fortitudinem** (Akk.): „Tapferkeit"; 11 **copiae**,-arum f.: „Truppen".

QUEM ROMANI MAXIME TIMENT?

Rom ist nach dem Sturz des Königtums schon über 100 Jahre Republik, doch die Bewohner müssen sich noch immer mit inneren und äußeren Feinden herumschlagen. Am gefährlichsten sind die Gallier, die im Jahr 390 v. Chr. bis Rom vordringen.

Galli Romanos ad Alliam[1] **flumen** superant multosque **milites** necant. Deinde Romae appropinquant. Romani autem aedificia sua relinquunt et in Capitolium[2] **fugiunt**. Ita Galli Romam **occupare** possunt et multa aedificia **delent**. Deinde etiam Capitolium **oppugnant**, sed **expugnare** non possunt. Itaque nocte, dum Romani dormiunt, Capitolium expugnare **constituunt**. Alius post alium **clam** ad Capitolium **ascendit**.
Neque **homines** neque **canes** Gallos audiunt. Sed anseres[3] non dormiunt. Quod anseres **Iunoni sacri** sunt, Romani, **quamquam** iam cibo[4] **carent**, anseres non necaverunt[5]. Nunc anseres magna **voce** clamant. Marcus Manlius, vir (in) bello egregius[6], **clamorem** anserum audit et **statim ceteros** Romanos excitat[7]. Deinde arma sua capit et primum Gallorum de Capitolio deicit[8]. Nunc ceteri quoque milites Romani arma capiunt. Ad Manlium contendunt et Gallos superare possunt.

Ita anseres Capitolium **servant**. Manlius quoque sibi magnam **gloriam** parat et itaque **nomen** „Capitolinus" **accipit**.

Interpretationes:

a) Quid Galli expugnare non possunt?
b) Quem milites Gallorum non excitant?
c) Cuius auxilio di Romanos servant?
d) Cui anseres sacri sunt?

1 **Allia**,-ae f.: „Allia" (Fluss nahe Rom)
2 **Capitolium**,-i n.: „Kapitol" (Hügel mit der Burg und dem Jupitertempel)
3 **anser**,-eris m.: „Gans"
4 **cibus**,-i m.: „Nahrung"
5 **necaverunt** (Perfekt): „sie haben getötet"
6 **egregius** 3: „hervorragend"
7 **excito** 1: „aufwecken"
8 **deicio** M: „hinabstoßen"

DE ROMANIS

Die Kelten

Die **Kelten**, von den Römern **Gallier** genannt, prägten zwischen dem 6. und dem 1. Jh. v. Chr. die Kultur weiter Teile Europas. Sie besiedelten von SW-Deutschland ausgehend Britannien, Irland, Frankreich, Spanien, den Donauraum und den Ostalpenraum (inklusive Österreich, wo das „Regnum Noricum" entstand). Von Südosteuropa aus gelangten die Kelten sogar bis nach Kleinasien (heutige Türkei), wo sie das Reich der „Galater" (griech. Bezeichnung für die Gallier, vgl. den Namen des Fußballvereins Galatasaray Istanbul!) gründeten.

Um 400 v. Chr. hatten sich die Kelten auch in Norditalien (Poebene) niedergelassen. Von dort aus drangen sie unter ihrem Führer Brennus bis nach **Rom** vor, das sie bis auf das Kapitol erobern konnten.

200 Jahre später gelang es den Römern, den Spieß umzudrehen: Oberitalien wurde zur römischen Provinz Gallia Cisalpina („Gallien diesseits der Alpen") gemacht. Im 1. Jh. v. Chr. unterwarf Cäsar das gallische Kernland (vgl. Lec. 18), womit die **Romanisierung** des Landes begann.

MAIESTIX postremo princeps civitatis est. Augustus, fortissimus, suspiciosus homo rei militaris peritissimus a suis colitur, timetur autem ab hostibus. Maiestix nihil timet nisi hoc unum: ne caelum in caput cadat. At ut ipse dicit: „Nondum omnium dierum sol occidit."

Uderzo

VOCABULARIUM

quem?	wen?	(siehe Grammatica)
timeo,-es, timére 2	fürchten	
Galli, Gallorum m.	die Gallier (= Kelten)	frz. Gaulois
flumen, fluminis n.	Fluss	ital. fiume
miles, militis M	Soldat	Militär
fugio,-is, fúgere m. (+ Akk.)	flüchten	vgl. Zentrifuge
occupo,-as, occupáre 1	besetzen	vgl. okkupieren
deleo,-es, delére 2	zerstören	engl. to delete
oppugno,-as, oppugnáre 1	bestürmen, belagern	
expugno,-as, expugnáre 1	erobern	
nox, noctis f.	Nacht	frz. nuit, ital. notte
constituo,-is, constitúere 3	beschließen, festsetzen	Konstitution =
clam	heimlich	vgl. klammheimlich
ascendo,-is, ascéndere 3	besteigen, hinaufsteigen	vgl. Aszendent
homo, hominis m.	Mensch	frz. homme, ital. uomo, Homo sapiens =
canis, canis m.	Hund	frz. chien, ital. cane
Iuno, Iunonis f.	Juno	
sacer,-cra,-crum	heilig, geweiht	frz. sacré, ital. sacro
quamquam	obwohl	
careo,-es, carére 2 (+ Abl.)	frei sein (von ...), entbehren	vgl. Karenz
vox, vocis f.	Stimme	frz. voix, ital. voce
clamor, clamóris m.	Geschrei, Lärm	frz. clameur, ital. clamore
statim	sofort, sogleich	
ceteri,-ae,-a (Pl.)	die übrigen	et cetera =
servo,-as, serváre 1	retten, bewahren	vgl. konservieren
gloria,-ae f.	Ruhm, Ehre	glorios =
nomen, nominis n.	Name	frz. nom, ital. nome
accipio,-is, accípere M	erhalten, aufnehmen	akzeptieren =

PROVERBIUM

NOMEN EST OMEN

„Der Name ist Vorzeichen." bedeutet, dass der Name einer Person etwas über sie aussagt, z. B. wenn ein Lateinlehrer Professor Römer heißt. Manchmal hofft man hingegen, dass Nomen gerade nicht Omen ist – beispielsweise bei einem Arzt namens Dr. Sarg.

CAVE CANEM

Die Nichtbeachtung dieser Warnung, die oft vor dem Eingang römischer Villen angebracht war, hat so mancher Römer bitter bereut. Sie bedeutet nämlich: „Hüte dich vor dem Hund!"

Ein in den **Asterix**-Bänden immer wiederkehrender Spruch des Häuptlings Maiestix (vgl. Bildtext links) hat übrigens einen realen historischen Hintergrund: Als keltische Gesandte 335 v. Chr. von Alexander dem Großen gefragt wurden, wovor ihr Volk sich fürchte, gaben sie zur Antwort: Die Kelten hätten nur vor einem Angst, nämlich dass ihnen der Himmel auf den Kopf falle (d.h. dass das Universum einstürze).

Altrömische Hundewarnung (Mosaik aus Pompeji)

GRAMMATICA

„DRITTE" DEKLINATION

Die dritte Deklination ist ein Sammelbegriff für verschiedene Substantiva, die zwar sehr **unterschiedliche Nominative**, sonst aber weitgehend gleiche Kasusendungen haben. Die in diesem Stück vorkommenden Wörter gehören zu den so genannten **Konsonantenstämmen**, da ihr **Stamm** auf einen **Konsonanten** (Mitlaut) endet.

Den Stamm erkennst du, wenn du vom Genetiv Sg. die Endung *-is* weglässt:
- *homin-is* → Stamm *homin-*
- *voc-is* → Stamm *voc-*
- *flumin-is* → Stamm *flumin-*

Das Geschlecht der Wörter der 3. Deklination kann **maskulin**, **feminin** oder **neutrum** sein.

		3. Deklination (Konsonantenstämme)		
	FRAGE	maskulin	feminin	neutrum
Sg. 1	Wer?/Was?	homo	vox	flumen
2	Wessen?	hominis	vocis	fluminis
3	Wem?	homini	voci	flumini
4	Wen?/Was?	hominem	vocem	flumen
5	(Anrede)	homo!	vox!	flumen!
6	Womit? Wodurch?	cum homine	voce	flumine
Pl. 1	Wer?	homines	voces	flumina
2	Wessen?	hominum	vocum	fluminum
3	Wem?	hominibus	vocibus	fluminibus
4	Wen?/Was?	homines	voces	flumina
5	(Anrede)	homines!	voces!	flumina!
6	Womit? Wodurch?	cum hominibus	vocibus	fluminibus

NOTA BENE!

Einige Endungen der 3. Deklination sind „verwechslungsanfällig" mit der a- bzw. o-Deklination:

-is
- 3. Dekl. → 2.F. Sg. (z.B. *hominis* = „des Menschen")
- a-/o-Dekl. → 3./6.F. Pl. (z.B. *amicis* = „den Freunden" / „den Freundinnen")

-i
- 3. Dekl. → 3.F. Sg. (z.B. *homini* = „dem Menschen")
- o-Dekl. → 2.F. Sg. (z.B. *amici* = „des Freundes") 1.F. Pl. (z.B. *amici* = „die Freunde")

TIPP: Dass ein Wort zur 3. Deklination gehört, erkennst du am Genetiv Singular auf *-is*. Bei den Vokabeln musst du daher immer den Genetiv Singular (und das Geschlecht) mitlernen!

QUIS?, QUID?

Bei *quis?/quid?* handelt es sich um das substantivische Fragepronomen (Interrogativpronomen). Substantivisch heißt, dass es nicht übereingestimmt wird, sondern alleine steht.

1	quis?	quid?	wer?	was?
2	cuius?		wessen?	
3	cui?		wem?	
4	quem?	quid?	wen?	was?
6	a quo? quocum?		von wem? mit wem?	

EXERCITATIONES

I. Bestimme Fall und Zahl und übersetze:
1. nominibus: ....
   ....
2. vocum: ....
3. annum: ....
4. servi: ....
   ....
   ....
5. militi: ....
6. noctis: ....

II. Ordne den Substantiven die passenden Adjektive zu:
aliud – magni – clarus – magnorum – parvo – pulchris

1. homo ....
2. nomen ....
3. clamoris ....
4. vocibus ....
5. fluminum ....
6. cani ....

III. Übersetze ins Lateinische:
1. vielen Flüssen 2. mit lateinischen Namen
3. große Menschen (2 Mögl.) 4. des berühmten Soldaten 5. durch meine Stimme

IV. Ergänze die Endungen und übersetze:
Magister discipulis multum de Iuno........... narrat. „Iuno homin........... non semper adiuvat. Nam saepe irata est, quod Iuppiter[1] non solum Iunon..........., sed etiam multas alias feminas amat. Quinte, potesne mihi nomin........... aliarum feminarum dicere?" Quintus autem voc........... magistri non audit, quod iam diu dormit. Itaque magister magna voc........... clamat: „Quinte!" Puer statim exsultat[2]. „Cur semper dormis, Quinte? Quid nocte facere soles[3]?", magister interrogat. – „Multis noct................. dormire non possum", Quintus respondet, „nam tam diu pensa mea facio."

[1] **Iuppiter**: „Jupiter"; [2] **exsulto** 1: „aufspringen"; [3] **soleo** 2: „pflegen"

V. Ergänze die Endungen und übersetze:
1. Quid hora prima fac..........., amici?
2. Culpa unius discipuli alii quoque pensum magnum exspecta.....
3. Graeci oppidum alienum iam novem annos oppugn...........
4. Galli duo milia militum nostrorum cap...........

VI. De iniuria Gallorum

Milites Gallorum Romam occupant multosque Romanos necant. Deinde Capitolium[1], ubi ceteri Romani nunc sunt, diu oppugnant. Quod Capitolium expugnare non possunt, exspectant, dum[2] populus Romanus famem[3] tolerare non iam potest. Tum Romani consilium capiunt: „Si Galli de fame nostra dubitant[4], certe Romam relinquunt." Itaque panem[5] de Capitolio iaciunt[6]. Galli tamen sub Capitolio manent. Postremo Romani Brennum[7], ducem[8] Gallorum, ad se vocant interrogantque: „Relinquitisne oppidum nostrum, si vobis magnam copiam auri[9] donamus?" Brennus respondet: „Si mille pondo[10] auri accipimus, statim Romam relinquimus." Itaque Romani aurum ad Gallos portant, tum autem pondera[11] Gallorum vident. „Pondera vestra iniqua[12] sunt!", clamant. Brennus autem gladium quoque inter pondera iacit et magna voce clamat: „Vae victis[13]!"

[1] **Capitolium**,-i n.: „Kapitol"; [2] **dum**: hier: „bis"; [3] **fames**,-is f.: „Hunger"; [4] **dubito** 1: „zweifeln"; [5] **panis**,-is m.: „Brot"; [6] **iacio** M: „werfen";
[7] **Brennus**,-i m.: „Brennus"; [8] **dux**, ducis m: „Führer"; [9] **aurum**,-i n.: „Gold"; [10] **pondo** (undeklinierbar): „Pfund"; [11] **pondus**,-eris n.: „Gewicht";
[12] **iniquus** 3: „falsch"; [13] **Vae victis**: „Wehe den Besiegten"

10 DE HANNIBALE¹

Ein weiterer großer Rivale Roms tritt im dritten Jh. v. Chr. auf: die Karthager. Nachdem sie im ersten Punischen Krieg (264–241 v. Chr.) Sizilien an die Römer verloren haben, erobern sie große Teile Spaniens. Als der karthagische Feldherr Hannibal auch die mit den Römern verbündete spanische Stadt Sargunt angreift, erklären die Römer den Karthagern abermals den Krieg.

Hannibal, **imperator** magna **virtute**, **copias** suas ex Hispania² in Italiam³ **ducere** constituit. Ita Saguntum⁴ cum militibus relinquit. Sed non **navibus** per **mare** in Italiam contendit, sed milites suos auxilio elephantorum⁵ trans Alpes ducere **audet**. Multos milites et etiam nonnullos elephantos **amittit**. Tamen postremo in Italiam venit. Ibi nonnullis **pugnis** Romanos **vincere** potest magnasque **partes** Italiae vastat⁶. Romani magno in **timore** sunt. **Ne** Roma **quidem** Hannibalem **prohibere** possunt: Nam Carthaginienses⁷ copias Romanas ad Cannas⁸ vincunt multosque milites **occidunt**, deinde Romae appropinquant. „Hannibal ad **portas**!", paulo post Romani clamant. Hannibal autem **urbem** oppugnare non audet. Deinde Romani Publium Cornelium Scipionem⁹, virum **summo honore**, imperatorem **faciunt**. Scipio bellum non iam in Italia, sed in Africa¹⁰ gerere constituit copiasque trans mare ducit. Hannibal nunc, quamquam Italiam non libenter relinquit, in **patriam** contendit. Tamen Scipio copias Carthaginiensium vincit et **pacem** cum **hostibus** facit. Ita Scipio Romanos magno timore **liberat** et nomen „Africanus" accipit.

Interpretationes:

a) Ubi Hannibal copias Romanas vincit?
b) Quid Romani clamant, dum Carthaginienses Romae appropinquant?
c) Quis Hannibalem vincere potest?

1 **Hannibal**,-alis m.: „Hannibal"
2 **Hispania**,-ae f.: „Spanien"
3 **Italia**,-ae f.: „Italien"
4 **Saguntum**,-i n.: „Sagunt"
5 **elephantus**,-i m.: „Elefant"
6 **vasto** 1: „verwüsten"
7 **Carthaginienses**,-ium m. (Pl.): „Karthager"
8 **Cannae**,-arum f. (Pl.): „Cannae" (Stadt in Süditalien)
9 **Publius Cornelius Scipio** (-onis): römischer Feldherr und Konsul
10 **Africa**,-ae f.: „Afrika"

DE ROMANIS

Die Punischen Kriege

Die so genannten Punischen Kriege, in denen die Punier (= Karthager) mit den Römern um die Vorherrschaft im westlichen Mittelmeerraum kämpften, dauerten über 100 Jahre (264–146 v. Chr.). Nachdem die Römer den Puniern im ersten der drei Kriege **Sizilien** abgenommen und zur **ersten römischen Provinz** gemacht hatten, brachte Hannibal im **zweiten Punischen Krieg** (218–202 v. Chr.) die Römer an den Rand der Niederlage. Nach seinem Zug über die Alpen (angeblich mit etwa 50000 Mann und 37 Elefanten, von denen nur einer überlebt haben soll) verlor er durch ein Sumpffieber ein Auge (Einäugigkeit galt in der Antike als Zeichen besonderer Tapferkeit!). Trotzdem fügte er den Römern am **trasimenischen See** (Umbrien) und bei **Cannae** (Apulien) zwei katastrophale Niederlagen zu. Der endgültige Sieg über seine Erzfeinde blieb ihm versagt: Es gelang ihm nicht, die Stadt Rom zu erobern. Durch die Hinhaltetaktik der Römer wurde sein Heer, das sich schon über 10 Jahre in Italien befand, zunehmend geschwächt. Schließlich drehten die Römer unter ihrem Feldherrn **Publius**

Die Elefanten werden auf Flößen über die Rhône transportiert. (Gemälde von Henri Motte, 1878)

VOCABULARIUM

imperator, imperatóris m.	Feldherr; Kaiser	
virtus, virtutis f.	Tapferkeit, Tugend	vgl. vir =
copiae, copiarum f. (Pl.)	Truppen	vgl. copia =
duco,-is, dúcere 3	führen	engl. to conduct =
navis, navis f.	Schiff	vgl. engl. navy =
mare, maris n.	Meer	frz. mer, ital. mare
audeo,-es, audére 2	wagen	frz. oser, ital. osare
amitto,-is, amíttere 3	verlieren	
pugna, pugnae f.	Schlacht	vgl. pugnare =
vinco,-is, víncere 3	siegen, besiegen	frz. vaincre, ital. vincere
pars, partis f.	Teil	vgl. partiell =
timor, timóris m.	Furcht, Angst	ital. timore; vgl. timeo =
ne ... quidem	nicht einmal ...	ne tu quidem =
prohibeo,-es, prohibére 2	abhalten, (ver)hindern	engl. to prohibit =
occido,-is, occídere 3	töten	ital. uccìdere
porta, portae f.	Tor, Tür	vgl. Portal; frz. porte, ital. porta
urbs, urbis f.	Stadt	vgl. engl. suburb; urban =
summus,-a,-um	der höchste; sehr hoch	vgl. Summe
honor, honóris m.	Ehre	vgl. honorieren =
facio,-is, fácere M (mit doppeltem Akk.)	zu etwas machen	te amicam meam facio =
patria, patriae f.	Heimat	vgl. Patriot =
pax, pacis f.	Friede	vgl. Pazifist =
hostis, hostis m.	Feind	engl. hostile =
libero,-as, liberare 1 (+ Abl.)	befreien (von)	liberi = „die Freien"; vgl. Libero =

LATEIN IM ALLTAG

Urbi et orbi
So heißt der Segen, den der Papst zu Ostern und zu Weihnachten „der Stadt und dem Erdkreis" spendet. Unter *urbs* verstanden die Römer immer ihre Hauptstadt, also Rom.

PROVERBIUM

Hannibal ante portas
„Hannibal vor den Toren" sollen die Römer im Jahr 211 v. Chr. gerufen haben, als Hannibal mit seinem Heer vor den Toren Roms auftauchte. Als Originalwortlaut ist übrigens nicht *ante* portas, sondern *ad* portas (= „bei den Toren") überliefert.

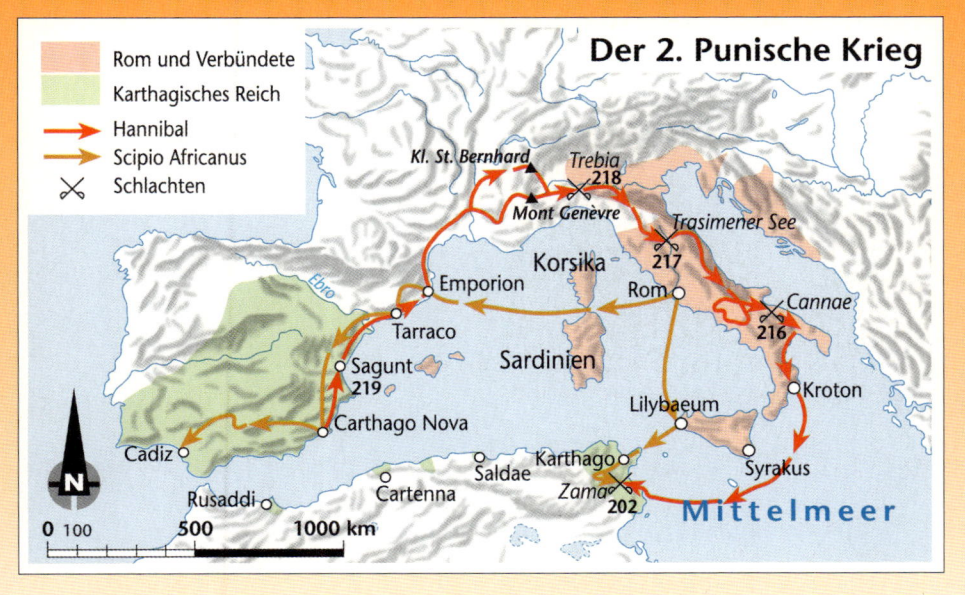

Cornelius Scipio den Spieß um und griffen Hannibals Heimatstadt Karthago an. In der **Schlacht von Zama** (202 v. Chr.) unterlag Hannibal. 20 Jahre später beging er, von den Römern noch immer verfolgt, als Flüchtling Selbstmord durch Gift (vgl. den Text auf Seite 49).
Im **dritten Punischen Krieg** (149–146 v. Chr.) zerstörten die Römer Karthago so gründlich, dass die karthagische Hochkultur nahezu spurlos verschwand. Auf den Ruinen Karthagos erbauten die Römer ein – nunmehr allerdings römisches – Karthago.

Grammatica

„DRITTE" DEKLINATION: MISCH- UND I-STÄMME

Zur dritten Deklination gehören nicht nur die Konsonantenstämme (siehe vorige Lektion), sondern auch die Mischstämme und die i-Stämme. Die drei Untergruppen unterscheiden sich nur in einigen wenigen Details voneinander: im **Akkusativ** und **Ablativ Sg.** sowie im **Genetiv Pl.**
Auch bei Misch- und i-Stämmen sind die Nominative sehr unterschiedlich, gemeinsam ist allen Wörtern wieder der Genetiv auf *-is*.

			Mischstämme	i-Stämme	
	FRAGE		feminin	feminin	neutrum
Sg.	1	Wer?/Was?	navis	turris	mare
	2	Wessen?	nav**is**	turr**is**	mar**is**
	3	Wem?	nav**i**	turr**i**	mar**i**
	4	Wen?/Was?	nav**em**	turr**im**	mar**e**
	5	(Anrede)	navis!	turris!	mare!
	6	Womit? Wodurch?	nav**e**	turr**i**	mar**i**
Pl.	1	Wer?	nav**es**	turr**es**	mar**ia**
	2	Wessen?	nav**ium**	turr**ium**	mar**ium**
	3	Wem?	nav**ibus**	turr**ibus**	mar**ibus**
	4	Wen?/Was?	nav**es**!	turr**es**	mar**ia**
	5	(Anrede)	nav**es**!	turr**es**!	mar**ia**!
	6	Womit? Wodurch?	nav**ibus**	turr**ibus**	mar**ibus**

Die **Mischstämme** sind großteils **feminin**. Zu ihnen gehören zwei Gruppen von Substantiva:
    a) Wörter, bei denen der **1. und 2. F. gleich** (nämlich auf *-is*) lauten: z.B. *navis,-is*.
    b) Wörter, deren Stamm auf **zwei oder mehr Mitlaute** endet: z.B. *urbs, ur***b**-is; *pars, par***t**-is.

Auch bei den **i-Stämmen** gibt es zwei Gruppen:
    a) **feminin** sind bestimmte, extra zu lernende Wörter wie *turris,-is* („Turm").
    b) **neutrum** sind alle Substantiva auf *-e* oder *-al*: z.B. *mare,-is; animal,-alis* („Tier").

ZUSAMMENFASSUNG: Unterschiede in der 3. Deklination

	4.F. Sg.m./f.	6. F.Sg.	1./4.F. Pl.n.	2.F.Pl.n.
Konsonantenstämme	**-em**	**-e**	**-a**	**-um**
Mischstämme	**-em**	**-e**	–	**-ium**
i-Stämme	**-im**	**-i**	**-ia**	**-ium**

Nota Bene!
- Die Gemeinsamkeiten der drei Untergruppen der 3. Deklination sind wesentlich größer als ihre Unterschiede.
- Zur i-Deklination gehören nur wenige, selten vorkommende Wörter.

ABLATIV DER TRENNUNG (Ablativus separationis)

Er steht auf die Frage „WOVON?" und wird dementsprechend mit „**von**" übersetzt:

    timore liberare = **von** der Furcht befreien
    urbe prohibere = **von** der Stadt fern halten

ABLATIV DER EIGENSCHAFT (Ablativus qualitatis)

Er gibt die Eigenschaft einer Person an. Erstübersetzung: „**von**", oft aber freier:

    vir summa virtute = ein Mann **von** höchster Tapferkeit, ein sehr tapferer Mann

Exercitationes

I. Ergänze die Endungen und übersetze:

1. militum Graec............
2. virtuti tu............
3. urbium clar............
4. in mari magn............
5. partes parv............
6. pace nov............
7. navi nostr............

II. Überlege, um welche Ablative es sich in den folgenden Sätzen handelt, und übersetze:

1. Milites nostri hostes patria prohibere non iam possunt.
2. Scipio, imperator magno honore, multa milia militum navibus in Africam ducit.
3. Romani tribus bellis Carthaginienses vincunt.
4. Quis nos culpa magna liberare potest?
5. Graeci nocte oppidum hostium occupant delentque.
6. Imperator duos annos cum Gallis bellum gerit; tertio anno hostes vincere potest.
7. Marcus Manlius, vir magna virtute, auxilio ceterorum militum Gallos vincit.

III. Übersetze ins Lateinische:

1. Die griechischen Freunde kommen mit einem großen Schiff.
2. Julia geht mit Claudia beim Fluss spazieren.
3. Was kann uns von der Schule abhalten?
4. In der ersten Stunde schlafe ich immer.

IV. Setze die angegebenen Substantiva (im richtigen Fall!) in die passenden Sätze ein:

magna virtus – multae naves – oppidum suum – summus honor – milites nostri

1. Magister noster vir .... est.
2. Milites hostium .... pugnant.
3. Romani copias Gallorum .... prohibere non possunt.
4. Quam magna est virtus .... !
5. Imperator .... copias trans mare ducit.

V. Im folgenden magischen Quadrat sind jede Menge „kleine Wörter" (Adverbia, Pronomina etc.) versteckt. Finde möglichst viele davon! (Alle Leserichtungen sind erlaubt.)

C	T	M	E	T	U	A	M	E
O	L	A	I	A	M	U	N	N
G	T	A	M	E	N	R	E	E
S	C	T	M	U	D	D	Q	B
T	S	U	U	B	N	S	U	N
A	I	M	R	I	O	U	E	A
T	B	U	E	N	N	O	N	M
I	I	D	T	U	S	H	I	C
M	L	U	I	D	V	U	R	C

VI. De Hannibale[1]

Romani Carthaginienses[2] vincunt et pacem faciunt. Hannibal autem e patria fugit et ad Prusiam[3] regem venit. Quod ibi iterum bellum parat, Romani Hannibalem occidere constituunt et nuntios cum nonnullis militibus nave ad Prusiam mittunt. Nuntii ad Prusiam veniunt dicuntque: „Trade[4] nobis Hannibalem, hostem nostrum. Ita populum Romanum timore magno liberare potes." Prusias, quod Hannibalem servare non audet, respondet: „Hannibalem, quod hospes[5] meus est, tradere mihi non licet. Sed certe aedificium, ubi habitat, invenire[6] potestis." Ita Hannibal paulo post milites Romanos ante portam videt. Statim per aliam portam occultam[7] – aedificio enim multae portae sunt – fugere constituit. Ubique[8] autem milites Romani sunt. Itaque Hannibal, vir summa virtute, clamat: „Romani me occidere non possunt!", et venenum[9] sumit[10].

1 **Hannibal**,-alis m.: „Hannibal"; 2 **Carthaginienses**,-ium m.: „die Karthager"; 3 **Prusias**,-ae m.: „Prusias" (König von Bithynien); 4 **trado** 3: „übergeben"; 5 **hospes**,-itis m.: „Gast"; 6 **invenio** 4: „finden"; 7 **occultus** 3: „geheim"; 8 **ubique**: „überall"; 9 **venenum**,-i n.: „Gift"; 10 **sumo** 3: „nehmen"

Quis Iovem non amat?

Jupiter hat sich in Europa, die Tochter des phönizischen Königs Agenor, verliebt. Als diese eines Tages mit ihren Freundinnen im Meer badet, fasst der Gott einen Plan, wie er sich der schönen Prinzessin nähern kann, ohne sie sofort zu erschrecken.

Iuppiter **scit**: „Puella me, deum summae potestatis[1], certe timet." Itaque **id** consilium capit: Mercurium[2], nuntium deorum, ad se **vocat** et ei **imperat**: „Propera, mi fili, ad **montem**, ubi boves[3] **regis** sunt, et duc eos ad **litus**!" Mercurius statim **paret**: Is enim Iovem adiuvare et **eius iussa conficere solet**.
Paulo post boves ad **eundem locum** veniunt, ubi regis filia cum **virginibus ludere** solet. Nunc Iuppiter se in **taurum** niveum[4] **convertit**[5] et se **multitudini** bo(v)um immiscet[6]. Europa taurum niveum statim **conspicit**. „Videte eum taurum summae **pulchritudinis**!", clamat amicasque interrogat: „Quis vestrum iam taurum tam pulchrum vidit[7]?" Europa, quamquam **primo** taurum magnum **tangere** timet, tamen ad eum appropinquat, deinde **corpus** eius palpat[8], postremo etiam in eius tergo[9] sedere audet. Iuppiter gaudet et cum onere[10] grato in litore ambulat.

Sed subito terram relinquit et **mox** iam in mari est. Virgo, quod amicas videre non iam potest, nunc magno in timore est. Deus autem eam secum per mare in Cretam[11] **insulam** portat.

1 **potestas**,-atis f.: „Macht"
2 **Mercurius**,-i m.: „Merkur"
3 **bos, bovis** m.: „Rind"
4 **niveus**, 3: „schneeweiß"
5 **converto** 3: „verwandeln"
6 **se immiscere** (+ Dat.): „sich unter … mischen "
7 **vidit**: „er/sie hat gesehen"
8 **palpo** 1: „streicheln"
9 **tergum**,-i n.: „Rücken"
10 **onus**,-eris n.: „Last"
11 **Creta**,-ae f.: „Kreta"

Interpretationes:

a) Cur Iuppiter se in taurum convertit?
b) Quid Europa facit, dum Mercurius boves ad litus ducit?
c) Cur Europa eum taurum inter ceteros boves statim conspicit?

De Graecis et Romanis

Europa

Dass die von Zeus nach Kreta entführte phönizische Prinzessin Europa zur Namensgeberin unseres Kontinents wurde, ist natürlich eine Sage. Tatsache ist aber, dass auf Kreta mit der minoischen Kultur (siehe Seite 59) die erste europäische Hochkultur entstand: Die orientalische Kultur war also gewissermaßen nach Westen „gewandert", und dieser Vorgang spiegelt sich im Europa-Mythos wider.
Die schon in der Antike oft dargestellte Jungfrau auf dem Stier wurde in den letzten Jahren in zahlreichen Karikaturen als Symbol für das neue, zusammenwachsende Europa verwendet.

KURIER, 17. 6. 2004 (Maximilian Dasio, 1905)

Vocabularium

Iuppiter, Iovis m.	Jupiter	
scio, scis, scire	wissen	vgl. engl. science =
is, ea, id	dieser,-e,-es; er, sie, es	(siehe Grammatica)
voco,-as, vocáre 1	rufen	vgl. vox, vocis; vgl. Advokat =
impero,-as, imperáre 1	befehlen	vgl. Imperativ =
mons, montis m.	Berg	engl. mount, ital. monte, frz. mont
rex, regis m.	König	ital. re, frz. roi
litus, litoris n.	Küste	ital. lido
pareo,-es, parére 2	gehorchen	vgl. parieren
eius	dessen (m.); deren (f.)	(siehe Grammatica)
eorum	deren	(siehe Grammatica)
iussum, iussi n.	Befehl	
conficio,-is, confícere M	ausführen; beenden	
soleo,-es, solére 2	gewohnt sein, pflegen	
idem, éadem, idem	derselbe, dieselbe, dasselbe	(siehe Grammatica); vgl. ident
locus, loci m.	Ort, Stelle	vgl. Lokal; der Lokus =
virgo, virginis f.	Mädchen, Jungfrau	engl. virgin, ital. vèrgine, frz. vierge
ludo,-is, lúdere 3	spielen	vgl. Präludium =
taurus, tauri m.	Stier	ital. + span. toro, vgl. Torero
multitudo, multitudinis f.	Menge	vgl. multi,-ae,-a
conspicio,-is, conspícere M	erblicken	
pulchritudo, pulchritudinis f.	Schönheit	vgl. pulcher,-ra,-rum
primo	zuerst	vgl. Primel
tango,-is, tángere 3	berühren	vgl. Tangente; Tango
corpus, córporis n.	Körper	ital. corpo, frz. corps
mox	bald	
insula, insulae f.	Insel	engl. island, ital. isola, frz. île

VOKABELLERN-TIPP

Aus Adjektiv mach Substantiv!

Im Lateinischen werden viele Substantiva, die von Adjektiva abgeleitet sind, mit der **Endsilbe -tudo** (2. Fall: -tudinis) gebildet: *multitudo, multitudinis* („Menge") von *multi,-ae,-a* („viele"), *pulchritudo, pulchritudinis* („Schönheit") von *pulcher, pulchra, pulchrum* („schön"). Besonders praktisch ist dabei, dass all diese Wörter **feminin** sind!

? Was heißt:
a) *magnitudo,-inis* = _____
b) *longitudo,-inis* = _____

PROVERBIUM

Quod licet Iovi, non licet bovi.

„Was dem Jupiter erlaubt ist, ist einem Rindvieh nicht erlaubt." Gemeint ist mit diesem Spruch: Nicht jeder hat dieselben Rechte, manche haben aufgrund ihrer sozialen Stellung bestimmte Vorrechte.

Merkur-Statue in Tulln (NÖ)

Merkur

Mercurius (griech. Hermes), einer der zahlreichen Söhne des Zeus, diente seinem Vater als Götterbote. Dementsprechend sind Heroldstab, Flügelschuhe und ein geflügelter Helm (manchmal auch noch ein Flügelpaar) seine Markenzeichen. Als „der ewig Dahineilende" wurde er auch zum Gott der Nachrichtenübermittler, woran heute noch Zeitungsnamen wie der „Münchner Merkur" erinnern. Darüber hinaus galt er auch als Gott der Kaufleute (vgl. engl. merchandising, market) – und (eine aufschlussreiche Kombination!) der Diebe.

GRAMMATICA

DEMONSTRATIVPRONOMINA

Demonstrativpronomina sind **hinweisende Fürwörter** (*demonstrare* = „zeigen", „hinweisen", vgl. Demonstration).

1) *is, ea, id*: „dieser, diese, dieses"

Sg. 1	is	ea	id
2		eius	
3		ei	
4	eum	eam	id
6	eo	ea	eo

Pl. 1	ii	eae	ea
2	eorum	earum	eorum
3		iis	
4	eos	eas	ea
6		iis	

is, ea, id wird auf drei Arten verwendet:

a) als **Demonstrativpronomen** (→ mit einem Substantiv übereingestimmt): „dieser, diese, dieses"

    Videte eum taurum! = Seht **diesen** Stier!

b) als **Personalpronomen** (persönliches Fürwort) der 3.P. (→ nicht übereingestimmt): „er, sie, es"

    In monte boves regis sunt: Duc eos ad litus! = Auf dem Berg sind die Rinder des Königs: Führe **sie** zur Küste!

c) als **Possessivpronomen** (besitzanzeigendes Fürwort) → nur in den Genetivformen *eius* (Sg.: „dessen" / „deren") und *eorum / earum* (Pl.: „deren"):

    Mercurius Iovem adiuvat et eius iussa conficit. = Merkur hilft Jupiter und führt **dessen** Befehle aus.

2) *idem, eadem, idem*: „derselbe, dieselbe, dasselbe"

Dieses Pronomen setzt sich aus den Formen von *is, ea, id* und *-dem* („-selbe") zusammen:

Sg. 1	idem	éadem	idem
2		eiusdem	
3		eidem	
4	eundem	eandem	idem
6	eodem	eádem	eodem

Pl. 1	iidem	eaedem	éadem
2	eorundem	earundem	eorundem
3		iisdem	
4	eosdem	easdem	éadem
6		iisdem	

GENETIV DER EIGENSCHAFT (*Genetivus qualitatis*)

Er gibt – wie der Ablativ der Eigenschaft – die Eigenschaft von jemand oder etwas an. Er wird auch so wie der Ablativus qualitatis übersetzt: mit „**von**" oder freier, z. B.:

    taurus summae pulchritudinis   ein Stier **von** höchster Schönheit = ein sehr schöner Stier
    puer decem annorum   ein Bub **von** zehn Jahren = ein zehnjähriger Bub
    verba eius modi   Worte **von** dieser Art = derartige Worte

TEILUNGSGENETIV (*Genetivus partitivus*)

Er steht nach Pronomina und Mengenangaben und hebt einen Teil aus einer Menge heraus. Übersetzung: meist „**von**", z. B.:

    quis vestrum?   wer **von** euch?
    multi nostrum   viele **von** uns
    quid novi?   (was des Neuen =) Was (gibt es) Neues?
    multum auri   viel Gold

Exercitationes

I. Setze die richtigen Formen von „is, ea, id" vor die folgenden Substantiva und übersetze:

1. .... urbis: ....
2. .... montem: ....
3. .... nave: ....
4. .... hostibus: ....
5. .... liberi: ....
6. .... corpora: ....
7. .... flumini: ....

II. Setze die richtigen Formen von „idem, eadem, idem" ein und übersetze:

1. Quintus et Gaius semper .... virgines amant.
2. Cur semper .... pueri pensa non faciunt?
3. .... hominibus idem non placet.
4. .... hora Iuliam exspecto.
5. Estisne discipuli .... magistri?
6. Semper pensa .... discipulorum magistro non placent.
7. Discipuli discipulaeque .... consilium capiunt: Domi manere constituunt.

III. Übersetze:

1. Hamilcar[1] filium, puerum novem annorum, secum in bellum ducit.
2. Iovi non solum Europa, sed omnes virgines pulchro corpore placent.
3. Graeci eo bello non solum multos milites, sed etiam classem[2] centum navium amittunt.
4. Romulus urbem summae pulchritudinis aedificare in animo habet.
5. Milites Romani magnam copiam frumenti[3] secum portare solent.

1 **Hamilcar**,-aris m.: „Hamilkar" (Vater Hannibals); 2 **classis**,-is f.: „Flotte";
3 **frumentum**,-i n.: „Getreide"

IV. Bestimme die genaue Funktion der fett gedruckten Substantiva (z.B. Dativ des Besitzers) und übersetze den Satz:

1. Quis **discipulorum** libenter pensa facit?
2. **Magistro** duo filii quattuor **annorum** sunt.
3. Dum primus **discipulorum** iam in scholam intrat, Quintus domi bene dormit.
4. Licetne mihi **ea nocte** apud amicam manere?
5. Cui **vestrum** eum montem **summae altitudinis**[1] nobiscum ascendere placet?
6. **Iuliae**, virgini **summae pulchritudinis**, nullus amicus est.
7. Canis vester me semper **clamore** terret.
8. Canis noster **voce sua** homines alienos semper **porta** prohibet.

1 **altitudo**,-inis f.: „Höhe"

V. De Cadmo[1]

Dum Iuppiter Europam, virginem magna pulchritudine, secum per mare portat, Agenor[2] rex Cadmo filio imperat: „Propera et quaere[3] Europam! Sine ea domum redire[4] tibi non licet."
Cadmus paret et diu Europam quaerit. Quod autem virginem videre non potest, ad Apollinem[5] deum venit: „Adiuva me!", clamat. „Monstra mihi patriam novam!"
Et deus bovem[6] pulchrum mittit. Is bos Cadmum per terras ducit. Ubi autem bos considit[7], Cadmus oppidum novum aedificare constituit. Quod primo d(e)is bovem immolare[8] in animo habet, amicos ad fontem[9] mittit. Ibi autem draco[10] mirae[11] magnitudinis habitat et statim multos eorum occidit. Paulo post Cadmus, quod amicos neque videt neque eorum voces audit, ad eundem fontem properat et corpora amicorum draconemque conspicit. Cadmus, vir summae virtutis, cum eo dracone pugnare audet. Diu pugnant neque alius alium vincere potest, postremo autem Cadmus draconem necat.

1 **Cadmus**,-i m.: „Kadmos"; 2 **Agenor**,-oris m.: „Agenor" (Vater der Europa und des Kadmos); 3 **quaero** 3: „suchen"; 4 **redire** (Inf.): „zurückkehren";
5 **Apollo**,-inis m.: „Apollo"; 6 **bos**, bovis m.: „Rind"; 7 **considio** 3: „sich hinlegen"; 8 **immolo** 1: „opfern"; 9 **fons**, fontis m.: „Quelle";
10 **draco**,-onis m.: „Drache"; 11 **mirus** 3: „erstaunlich"

De Minotauro

Der Sohn von Europa und Jupiter ist der spätere König Minos, dessen Gattin den Minotaurus zur Welt bringt*, ein Ungeheuer, das halb Mensch und halb Stier ist. Als Tribut für einen verlorenen Krieg müssen die Athener dem Minotaurus, der in einem gewaltigen Labyrinth eingeschlossen ist, alljährlich je sieben Buben und Mädchen zum Verzehr schicken. Von diesem Unheil hört der athenische Königssohn Theseus.

Theseus e **patre quaerit**: „Cur **parentes** liberos suos in Cretam¹ mittunt?" – „Filios filiasque ad monstrum², **quod nihil nisi** liberos devorare³ solet, mittere **debemus**", pater respondet. „Quod monstrum liberos nostros devorat?", Theseus interrogat. Nunc de Minotauro, cui **caput** tauri et corpus hominis est, audit. Statim Theseus, qui **pericula** non timet, monstrum **interficere** constituit. Itaque eandem navem, in qua liberi **miseri** sunt, ascendit et in Cretam insulam **navigat**.
Ibi Ariadna, filia Minois⁴ regis, Theseum conspicit. Quod is **adulescens** summae virtutis ei maxime placet, Ariadna Theseum **iuvare** constituit. Nam bene scit: **Nemo**, qui labyrinthum⁵ intrat, exitum⁶ **invenire** potest.
Itaque Daedalum, qui labyrinthum aedificavit⁷, magna cum **cura** interrogat: „**Quomodo** Theseus labyrinthum relinquere potest? Nisi tu eum adiuvas, exitum invenire non potest." Itaque Daedalus Ariadnae filum⁸ dat. Id filum Theseus, dum labyrinthum intrat monstrumque quaerit, devolvit⁹ et mox **medio** in labyrintho Minotaurum invenit. Eum gladio interficit et deinde auxilio fili labyrinthum relinquere potest. Deinde Theseus cum liberis Ariadnaque navem, quae iam **parata** est, ascendit **atque** in patriam navigat. Sed in mari Theseus secum cogitat: „Ariadnam in matrimonium ducere¹⁰ non possum. Nam filia regis hostium est." Itaque puellam in Naxo¹¹ insula, dum dormit, relinquit et sine ea domum navigat.

Interpretationes:

a) *Cur Ariadna Theseum iuvat?*
b) *Cuius filia Ariadna est?*
c) *Ubi Theseus Ariadnam relinquit?*

1 **Creta**,-ae f.: „Kreta"
2 **monstrum**,-i n.: „Ungeheuer"
3 **devoro** 1: „fressen"
4 **Minos**, Minois m.: „Minos"
5 **labyrinthus**,-i m.: „Labyrinth"
6 **exitus** (Akk.: exitum): „Ausgang"
7 **aedificavit** (Perfekt): „er hat erbaut"
8 **filum**,-i n.: „Faden"
9 **devolvo** 3: „abwickeln"
10 **in matrimonium ducere**: „heiraten"
11 **Naxos**,-i f.: „Naxos"

*) zur Vorgeschichte vgl. S. 61

De Graecis

Wie die Ägäis zu ihrem Namen kam

Wenn du schon auf einer griechischen Insel Urlaub gemacht hast, weißt du wahrscheinlich, dass ein Teil dieser Inselwelt in der Ägäis liegt. Was das mit der Geschichte vom Minotaurus zu tun hat? Ägeus war der Vater des Theseus. Dieser hatte bei der Abfahrt nach Kreta auf seinen Schiffen zum Zeichen der Trauer um die dem Minotaurus geopferten Kinder schwarze Segel aufziehen lassen. Für den Fall der erfolgreichen Durchführung seiner „Mission impossible" hatte Theseus seinem Vater versprochen, die schwarzen durch weiße Segel zu ersetzen. Als er jedoch Ariadne bei der Heimfahrt auf Naxos sitzen gelassen hatte, straften ihn die Götter für seine Treulosigkeit, indem sie ihn das Auswechseln der Segeln vergessen ließen. Die Folge war fatal: Ägeus erblickte von weitem die schwarzen

Bacchus und Ariadne (Alessandro Turchi, um 1630)

VOCABULARIUM

pater, patris m.	Vater	Patriarchat =
quaero,-is, quaérere 3	suchen	quaero te = ich suche dich
quaero e(x) / a(b) (+ Abl.)	fragen	quaero e/a te = ich frage dich
parentes, parentum m. Pl.	Eltern	engl. parents, frz. parents
qui, quae, quod	welcher,-e,-es; der, die, das	(siehe Grammatica)
nihil	nichts	vgl. Nihilist =
nihil nisi	nichts außer, nur	wörtl. =
debeo,-es, debére 2 (+ Inf.)	müssen	ital. dovere, frz. devoir
caput, capitis n.	Kopf, Haupt	vgl. Kapuze; engl. capital
periculum, periculi n.	Gefahr	vgl. ital. pericoloso
interficio,-is, interfícere M	töten	
miser,-era,-erum	arm, elend	vgl. miserabel, die Misere =
navigo,-as, navigáre 1	segeln, mit dem Schiff fahren	vgl. navis =
adulescens, adulescentis m.	junger Mann	Adoleszenz =
iuvo,-as, iuváre 1	unterstützen, helfen	iuvare = adiuvare!
nemo	niemand	
invenio,-is, invenire 4	finden; erfinden	wörtl.: „darauf-kommen"; engl. invention
cura, curae f.	Sorge	
quomodo	wie	wörtlich =
medius,-a,-um	der mittlere; in der Mitte	vgl. engl. medium (z.B. Kleidergröße, Steak)
medio in labyrintho	mitten im Labyrinth	
paratus,-a,-um	bereit	vgl. „etwas parat haben"
atque (= ac)	und	= et, -que

VOKABELLERN-TIPP

Audio oder Video?

Wenn du ein „**Hörtyp**" bist, solltest du die Vokabel durch halblautes Vorsagen, beim gemeinsamen Arbeiten mit anderen oder mithilfe von Tonbandaufnahmen lernen.

Bist du hingegen ein „**Sehtyp**", ist es günstig, wenn du die Vokabel auch schreibst, farbig markierst, dir eine Lernkartei oder ein Lernplakat anfertigst.

LATEIN IM ALLTAG

Paternoster

Das Paternoster ist die lateinische Version unseres „Vater unser"-Gebets bzw. auch die Bezeichnung für die mittelalterliche Gebetsschnur. Darüber hinaus gibt es aber auch noch *den* Paternoster: einen Personenaufzug mit offenen, ständig an Ketten umlaufenden Kabinen.

Was dieser (mittlerweile schon selten gewordene) Aufzugstyp mit der Gebetsschnur zu tun hat? Nicht etwa, dass die Passagiere eines solchen Aufzugs beten müssen … – tatsächlich haben der Rosenkranz und dieser Aufzug die Form gemeinsam!

Segel, glaubte an ein unglückliches Ende seines Sohnes – und stürzte sich aus Trauer ins Meer, das von nun an seinen Namen trug.

Übrigens lassen sich viele geografische Bezeichnungen und Namen auf griechische Sagen zurückführen. Eine der wohl berühmtesten „Ursprungsgeschichten" ist die vom Absturz des Ikarus, nach dessen Absturzort die Insel Ikaria benannt ist (siehe Lec. 13).

Wie Ariadne zur „Göttergattin" wurde

Nachdem Theseus Ariadne auf Naxos zurückgelassen hatte, nahm der Gott Bacchus sie zur Frau. (Vgl. Richard Strauß' Oper „Ariadne auf Naxos"!) Bei Bacchus (griech. Dionysos) handelt es sich um den Weingott, der dementsprechend immer mit einem Kranz aus Weinlaub dargestellt ist und so manchem Weinkeller den Namen gibt.

Das Gasthaus „Bacchus" in Vöcklamarkt

GRAMMATICA

QUI, QUAE, QUOD

	Singular			Plural		
	m.	f.	n.	m.	f.	n.
1/5	qui	quae	quod	qui	quae	quae
2		cuius		quorum	quarum	quorum
3		cui			quibus	
4	quem	quam	quod	quos	quas	quae
6	quo	qua	quo		quibus	

> **NOTA BENE!**
>
> Die Präposition *cum* wird an die Ablativformen meist angehängt: *quocum, quacum, quibuscum*.

Verwendungsarten von *qui, quae, quod*:

▸ **als adjektivisches Fragepronomen** (→ Bezugswort dahinter): „welcher?", „welche?", „welches?"

> *Quod monstrum liberos devorat?* = **Welches** Ungeheuer verschlingt die Kinder?

▸ **als Relativpronomen** (als Einleitung eines Relativsatzes → nach Beistrich, Bezugswort davor): „der", „die", „das" / „welcher", „welche", „welches" (siehe unten)

> *Monstrum, **quod** liberos devorat, Minotaurus est.* = Das Ungeheuer, **das (welches)** die Kinder verschlingt, ist der Minotaurus.

> **NOTA BENE!**
>
> Im Gegensatz zu *quis?, quid?* (vgl. Lec. 9) ist *qui, quae, quod* ein adjektivisches Fragepronomen, d.h. es ist – wie ein Adjektiv – immer mit einem Substantiv übereingestimmt.

RELATIVSÄTZE

Die häufigste Verwendungsart von *qui, quae, quod* ist die als Relativpronomen (bezügliches Fürwort). Dieses bezieht sich in **Zahl** und **Geschlecht** auf ein (meist davor stehendes) *Bezugswort*, der **Fall** richtet sich danach, wie man nach dem Pronomen im Gliedsatz fragt:

> *Theseus navem, in qua liberi sunt, ascendit.* = Theseus besteigt das Schiff, in dem die Kinder sind.
>
> *in qua*   Zahl: Sg. (wie *navem*)
>   Geschlecht: feminin (wie *navem*)
>   Fall: 6. F. („Wo sind die Kinder?")

Übersetzung des Relativpronomens (achte besonders auf den Genetiv!):

	Singular			Plural
	maskulin	**feminin**	**neutrum**	**m./f./n.**
1	der/welcher	die/welche	das/welches	die/welche
2	**dessen**	**deren**	**dessen**	**deren**
3	dem/welchem	der/welcher	dem/welchem	denen/welchen
4	den/welchen	die/welche	das/welches	die/welche

Die Übersetzung des lateinischen **Ablativs** hängt davon ab, um welchen Ablativ es sich handelt: „durch den", „mit dem", „von dem" etc.

Exercitationes

I. Unterstreiche Relativpronomen und Bezugswort und übersetze:

1. Theseus cum liberis, quos parentes in Cretam mittere debent, navem ascendit.
2. Ariadna Theseum, qui ei maxime placet, adiuvare constituit.
3. Ne canes quidem Gallos audiunt, qui nocte Capitolium ascendunt.
4. Virgines, quibuscum Europa ludere solet, sine filia regis domum properant.
5. Romani filias Sabinorum, quae spectacula pulchra exspectant, secum domum portant.
6. Parentes virginum, quibus in oppido novo manere placet, pacem cum Romanis faciunt.

II. Setze die passenden Relativpronomina ein und übersetze:

1. Gaius, ... magister iam diu in schola exspectat, per urbem ambulat.
2. Cui nostrum cum Iulia, ... multi pueri amant, ambulare non placet?
3. Claudia post scholam ad Iuliam venit, ... auxilio pensa sua facit.
4. Quintus libenter puellas pulchras, ... in foro ambulant, spectat.
5. Nemo nisi Gaius, ... parentes iuvare solent, pensum suum secum habet.

III. Ordne die Relativsätze den richtigen Hauptsätzen zu und übersetze:

1. Iuppiter Europam amicasque, ..., conspicit.
2. Europa, ..., Iovi quoque placet.
3. Itaque deus, ..., se in taurum convertit¹.
4. Virgo nunc eum taurum, ..., videt multisque verbis laudat.
5. Iuppiter iis verbis, ..., gaudet virginique appropinquat.
6. Europa taurum, ..., primo tangere non audet.

a) quae summa pulchritudine est
b) quae Europa dicit
c) quem multi homines timent
d) qui in litore ambulat
e) quae ad mare ludunt
f) cuius oculi ei maxime placent

1 **converto** 3: „verwandeln"

IV. Setze die passenden Interrogativpronomina ein und übersetze:

1. .... pueros magister monet?
2. .... periculum maxime timetis?
3. .... vestrum me iuvare potest?
4. .... caput Minotauro est?
5. .... pueris ea virgo non placet?
6. .... non de amico novo narras?

V. De Procruste¹

Theseus non solum Minotaurum occidit, sed etiam homines aliis periculis liberat. Nonnullos latrones² occidit. Deinde ad Procrustem quoque, virum summa magnitudine, venit. Is, cum³ viator⁴ appropinquat, dicere solet: „Intra! In domo⁵ mea lectus⁶ tibi paratus est." At non solum unum, sed duos lectos habet: Alius parvus, alius magnus est. Homines magnos ad lectum parvum ducit dicitque: „Quam magnus es! Tamen mox in lecto meo dormire potes." Deinde partes eorum corporum gladio praecidit⁷. Parvos autem homines ad lectum magnum ducit et deinde malleo⁸ magno extendit⁹. Ad eum virum Theseus quoque venit et eius domum intrare non timet. Ibi Procrustes Theseo lectum parvum monstrat. Tum autem Theseus, vir summa virtute, Procrustem eodem modo occidit, quo is iam multos homines miseros necavit¹⁰: Eius caput et pedes praecidit.

1 **Procrustes**,-is m.: „Prokrustes" (gr.: „der Strecker"); 2 **latro**,-onis m.: „Räuber"; 3 **cum**: „wenn", „sooft"; 4 **viator**,-oris m.: „Wanderer"; 5 **domus** f.: „Haus"; 6 **lectus**,-i m.: „Bett"; 7 **praecido** 3: „abschneiden"; 8 **malleus**,-i m.: „Hammer"; 9 **extendo** 3: „in die Länge strecken"; 10 **necavit** (Perfekt): „er hat getötet"

De Daedalo et Icaro

Dädalus ist ein berühmter Künstler und Erfinder. Wegen eines Mordes musste er aus Athen fliehen und wurde auf Kreta von König Minos aufgenommen, für den er unter anderem auch das Labyrinth erbaute. Nach einigen Jahren wird Dädalus aber von Heimweh geplagt.

Daedalus, qui iam multos annos in Creta est, **amore** patriae commotus[1] cum Icaro filio insulam relinquere **cupit**. Itaque a Minoe[2] rege **petit**: „Da nobis navem! In patriam nostram navigare in animo habemus." Sed Minos Daedalum, qui **manibus** suis non solum **artificia** pulchra, sed etiam multas **res** utiles[3] summa **arte** conficere potest, in insula retinet[4].
Daedalus autem secum cogitat: „Quomodo tamen fugere possumus?" **Casu**, dum ambulat, nonnullas pennas[5] invenit consiliumque capit: Pennas colligere[6] ac cera[7] **coniungere** et eo modo alas[8] facere constituit. Nonnullos **dies** laborat, tum **opus** suum conficit et filium vocat. „Vide, mi fili", inquit, „alas nostras! Iis Cretam relinquere et patriam petere possumus." Deinde filium, quod iam **meridies** est et **sol** medio in **caelo** est, monet: „Si soli appropinquas, cera, quae pennas coniungit, tabescit[9]." Deinde Daedalus Icarusque alis suis Cretam per caelum relinquunt. Icarus sine **metu** post Daedalum volat[10]. **Denique** autem verba patris **neglegit**:

Altius[11] atque altius contendit et solem petit. Is alas pueri **solvit** et Icarus de caelo in mare **cadit**. Daedalus, quod filium post se non iam videt, clamat: „Icare, Icare, ubi es?" Tum autem primo pennas et deinde corpus filii **mortui** in aqua conspicit.

Interpretationes:

a) Cur Daedalus Cretam relinquere in animo habet?
b) Quibus rebus Daedalus alas conficit?
c) Cur Daedalus in mare cadit?
d) Quid pater in aqua conspicit?

---

1 **commotus**, 3: „bewegt", „veranlasst"
2 **Minos**,-ois m.: „Minos"
3 **utiles** (Akk. Pl.): „nützlich"
4 **retineo** 2: „zurückhalten"
5 **penna**,-ae f.: „Feder"
6 **colligo** 3: „sammeln"
7 **cera**,-ae f.: „Wachs"
8 **ala**,-ae f.: „Flügel"
9 **tabesco** 3: „schmelzen"
10 **volo** 1: „fliegen"
11 **altius** (Adv.): „höher"

De Graecis

Dädalus

Der geniale athenische Künstler und Erfinder (griech. *Daidalos*, abgeleitet von *daidallein* = „kunstvoll arbeiten") soll unter anderem die Axt, die Waage und das Segel erfunden haben.
Da er seinen noch talentierteren Neffen und Lehrling aus Eifersucht auf dessen Erfindungen (Zirkel, Säge, Töpferscheibe) von der Akropolis gestürzt hatte, musste er aus Athen fliehen. Zuflucht fand er mit seinem Sohn Ikarus bei König Minos auf Kreta, in dessen Auftrag er unter anderem das Labyrinth für den Minotaurus erbaute. Da er Ariadne den Faden gab, fiel er später bei Minos in Ungnade. Nach seiner Flucht und dem Absturz des Ikarus flog er nach Sizilien, wo er von König Kokalos freundlich aufgenommen und gegen seinen früheren „Brötchengeber" geschützt wurde: Als Minos in Sizilien erschien, um die Auslieferung des Dädalus zu fordern, ließ ihn Kokalos im Bad seines Palastes ersticken.

Minoische Kultur

Im 3. Jahrtausend v. Chr. entwickelte sich auf Kreta eine blühende Kultur, die nach dem sagenhaften König Minos „minoische Kultur" genannt wird. Typisch für sie sind die riesigen, weit verzweigten Palastanlagen, die den Mittelpunkt der Städte bildeten. Zu den bedeutendsten Sehenswürdigkeiten auf Kreta zählen heute noch die Paläste von Knossos und Phaistos.
Man vermutet, dass das Labyrinth in der Minotaurus-Sage einen dieser verwinkelt

Vocabularium

amor, amoris m.	Liebe	*frz. amour, ital. amore*
cupio,-is, cúpere M	wünschen, begehren	
peto,-is, pétere 3 (+ Akk.)	aufsuchen, anstreben	*peto te = ich suche dich auf*
petere a (+ Abl.)	jem. bitten	*peto a te = ich bitte dich*
do, das, dare 1	geben	
manus, manus f.	Hand	*vgl. Maniküre, manuell, Manufaktur*
artificium, artificii n.	Kunstwerk	*zusammengesetzt aus:*
res, rei f.	Sache	*vgl. real =*
ars, artis f.	Kunst	*frz. art, ital. arte; vgl. Artist*
casus, casus m.	Fall; Zufall	*engl. case, frz. cas, ital. caso*
coniungo,-is, coniúngere 3	verbinden	*vgl. Konjunktion =*
dies, diei m.	Tag	*vgl. engl. diary =*
opus, operis n.	Werk	*das Opus = Musikwerk*
meridies, meridiei m.	Mittag	*a.m., p.m. (siehe unten)*
sol, solis m.	Sonne	*frz. soleil, ital. sole; vgl. Solarium*
caelum, caeli n.	Himmel	*frz. ciel, ital. cielo*
metus, metus m.	Furcht, Angst	*= timor*
denique	schließlich	*= postremo*
neglego,-is, neglégere 3	missachten, ignorieren	*engl. to neglect*
solvo,-is, sólvere 3	auflösen, lösen	*vgl. engl. solution*
cado,-is, cádere 3	fallen	*vgl. casus =*
mortuus,-a,-um	tot, gestorben	*frz. mort, ital. morto*

Latein im Alltag

a.m. / p.m.
Diese Zusätze zu den Zeitangaben im Englischen sind dir sicher nicht unbekannt. Ab sofort weißt du auch, wofür sie eigentlich stehen:
a.m. = ante meridiem = vor Mittag
p.m. = post meridiem = nach Mittag

Vokabellern-Tipp

Die Vokabel und der Schlaf
Die bekannte „Weisheit", dass man sich einen Stoff besser merkt, wenn man das Heft unter den Kopfpolster legt, ist natürlich im Reich der Märchen anzusiedeln. Trotzdem liegt ein Körnchen Wahrheit darin: Wissenschaftlich erwiesen ist, dass man das, was man unmittelbar vor dem Schlafengehen lernt bzw. wiederholt, besonders gut im Gedächtnis behält. Dann können nämlich, vereinfacht gesprochen, keine „Störfrequenzen" durch deine Gehirnwindungen geschickt werden, wie dies bei anschließendem Fernsehen oder auch beim Lernen eines anderen Stoffes der Fall wäre.

angelegten Paläste widerspiegelt. Auch die Bedeutung des Stierkultes auf Kreta ist durch zahlreiche bildliche Darstellungen belegt.
Die minoische Kultur ist um 1600 v. Chr. durch eine Naturkatastrophe zugrunde gegangen – möglicherweise durch eine Flutwelle, die durch den Vulkanausbruch von Santorin ausgelöst wurde.

Thronsaal im Palast von Knossos (Kreta)

Grammatica

E- UND U-DEKLINATION

Diese beiden Deklinationen unterscheiden sich in erster Linie durch den **Auslaut ihres Stammes**, der **-e** bzw. **-u** lautet (der reine, endungslose Stamm ist jeweils im Ablativ Sg. zu sehen). Die Endungen sind großteils identisch:

	e-Dekl.	u-Dekl.
	res, rei f.: „Sache"	casus, -us m.: „Fall"
Sg. 1/5	res	casus
2	rei	casus
3	rei	casui
4	rem	casum
6	re	casu
Pl. 1/5	res	casus
2	rerum	casuum
3	rebus	casibus
4	res	casus
6	rebus	casibus

GESCHLECHTSREGELN:

▸ Substantiva der e-Deklination sind **feminin**.
(Ausnahmen: *dies* „Tag" und *meridies* „Mittag" sind **maskulin**.)

▸ Substantiva der u-Deklination auf **-us** sind meist **maskulin**.
(Ausnahmen: *domus* „Haus", *manus* „Hand" sind **feminin**.)

> **Nota Bene!**
>
> Es gibt auch einige wenige **neutrale** Substantiva auf *-u* (2.F. *-us*), z.B. *cornu, -us* „Horn".

❓ In welchem Fall unterscheiden sich die Endungen der beiden Deklinationen nicht (nur) durch das *e* bzw. *u*?

GENETIVUS OBIECTIVUS

Manchmal kann es vorkommen, dass die wörtliche Übersetzung eines lateinischen Genetivs keinen Sinn ergibt, so z.B. bei *amor patriae*: „die Liebe **der** Heimat" ist nicht sinnvoll, da die Heimat ja keine Person ist, die jemanden lieben kann. Also muss die Übersetzung wohl eher heißen: „die Liebe **zur** Heimat".

Einen solchen Genetiv, der nicht wörtlich, sondern nur mit Hilfe einer passenden Präposition übersetzt werden kann, nennt man ***Genetivus obiectivus***, da er das „Objekt" (den Gegenstand) einer Handlung bezeichnet:

amor patriae = „die Liebe **zur** Heimat" (= die Heimatliebe)
(➔ jemand liebt die Heimat, sie ist „Objekt" seiner Liebe)

> **Nota Bene!**
>
> Welche der beiden Übersetzungen die richtige ist, ergibt sich aus dem Zusammenhang. Insgesamt kommt der *Genetivus obiectivus* wesentlich seltener vor als der *Genetivus subiectivus*!

Es kann jedoch auch vorkommen, dass sowohl die „normale" Übersetzung als auch die mit Präposition möglich ist (in diesem Fall entscheidet der Kontext):

metus Romanorum =

1) die Angst **der** Römer („normaler" Genetiv ➔ die Römer fürchten sich, sie sind Subjekt*)

2) die Angst **vor den** Römern (*Gen. obiectivus* ➔ man fürchtet sich vor den Römern, sie sind Objekt)

* Der „normale" Genetiv wird deshalb auch **Genetivus subiectivus** genannt.

EXERCITATIONES

I. Ordne die angegebenen Pronomina den richtigen Substantiva zu und übersetze:

ea – earum – eius – eo – em

1. .... re: ....
2. .... die: ....
3. .... rei: ....
4. .... casum: ....
5. .... manuum: ....

II. Ergänze die Endungen und übersetze:

De casibus Latinis

Magister a discipulis quaerit: „Quot¹ cas............... habent substantiva Latina?" – „Sunt sex cas..............", Gaius respondet. „Bene!", magister inquit. „Et tu, Claudia, potesne mihi nomina cas............... Latinorum dicere?" Ea nomina quinque cas............... scit, sed nomen cas............... primi dicere non potest. Magister clamat: „Iam multos die............... vos has re............... doceo!" Deinde Quintum interrogat: „Quinte, quod nomen est cas............... primo?" Quintus diu secum cogitat. Denique respondet: „Primitivus?", ceterique discipuli rident.

1 **quot:** „wie viele"

III. Überlege jeweils, ob es sich um einen Genetivus obiectivus oder einen Genetivus subiectivus handelt, und übersetze:

1. Daedalus cura filii commotus¹ post se spectat.
2. Quamquam hostes iam Romae appropinquant, timor Romanorum tamen magnus non est.
3. Scipio Romanos timore Hannibalis liberat.
4. Romanorum metus elephantorum² magnus est.
5. Alieni, quod metus canis nostri magnus est, hortum³ nostrum intrare non audent.

1 **commotus** 3: „veranlasst"; 2 **elephantus**,-i m.: „Elefant"; 3 **hortus**,-i m.: „Garten"

IV. Welches Relativpronomen ist das richtige?

1. Europa eum taurum, *quod / quam / quem* ad mare conspicit, primo manibus tangere non audet.
2. Ea nocte Tarquinius Lucretiam videt, *quae / cuius / quam* pulchritudinem multi homines laudant.
3. Theseus eodem die, *qua / cui / quo* in Cretam venit, Minotaurum occidere constituit.
4. Ariadna, *quae / cuius / quarum* pater rex Cretae insulae est, cum adulescente alieno navem ascendit.
5. Daedalo, *cui / quo / qui* artificia summae pulchritudinis conficere solet, Cretam insulam relinquere non licet.
6. Daedalus sibi et filio, *quocum / quem / cui* per caelum fugere in animo habet, alas¹ conficit.

1 **ala**,-ae f.: „Flügel"

V. De Neptuno¹ irato

Iovi cum Europa, quae in Creta insula habitat, filius nomine Minos² est. Post nonnullos annos Neptunus deus Minoi, qui nunc rex eius insulae est, taurum eximia³ pulchritudine magnitudineque mittit et imperat: „Immola⁴ mihi eum taurum!" Minos autem, quod is taurus ei maxime placet, non paret, sed unum ex suis tauris immolat. Itaque deus iratus Minoem eo modo punit⁵: Pasiphae⁶ taurum Neptuni maxime amare incipit⁷. Nemo eam amore tauri liberare potest. Denique, quod ab eo tauro etiam filium concipere⁸ cupit, Pasiphae a Daedalo auxilium petit. Post nonnullos dies Daedalus feminae suum opus novum monstrat: vaccam⁹ ligneam¹⁰. In qua Pasiphae paulo post a tauro filium concipit. Homines autem, qui eum filium conspiciunt, statim sciunt: Pater eius non est Minos. Nam ei animali¹¹ caput tauri est.

1 **Neptunus**,-i m.: „Neptun"; 2 **Minos**,-ois m.: „Minos"; 3 **eximius** 3: „außergewöhnlich"; 4 **immolo** 1: „opfern"; 5 **punio** 4: „bestrafen"; 6 **Pasiphae**,-es f.: „Pasiphaë" (Gattin des Minos); 7 **incipio** M: „beginnen"; 8 **concipio** M: „empfangen"; 9 **vacca**,-ae f.: „Kuh"; 10 **ligneus** 3: „hölzern"; 11 **animal**,-alis n.: „Lebewesen"

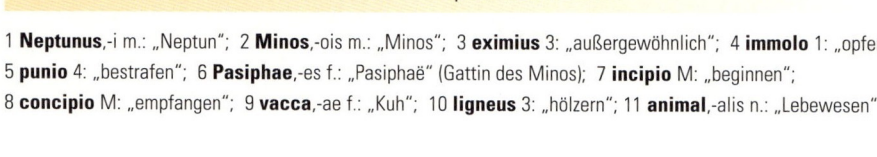

DE TARTARO[1]

Nach seinem Tod wird König Minos auf Grund seiner gerechten Gesetzgebung Totenrichter in der Unterwelt. Als solcher schickt er die guten Menschen in das Elysium, die Gefilde der Seligen, die Frevler aber in den Tartarus. Zwei der Frevler, die im Tartarus für ihre Taten büßen, sind Tantalus und Sisyphus.

Tantalus rex non solum apud homines, sed etiam apud deos summo in honore fuit. Hi eum etiam ad cenas suas invitaverunt. Quodam autem die Tantalus hoc facinus commisit: Quod prudentiam deorum probare[2] in animo habuit, filium suum occidit et dis apposuit[3]. Sed di facinus intellexerunt pueroque vitam reddiderunt. Tantalum autem in Tartarum miserunt, ubi has poenas solvit: Quamquam media in aqua stat sub quadam arbore, in qua multa poma[4] sunt, tamen semper sitim famemque tolerare debet. Nam cum bibere in animo habet, aqua recedit[5], et cum manus ad poma tendit[6], haec quoque tangere non potest. Alius vir improbus, qui in Tartaro poenas solvit, Sisyphus est. Hic homo summae prudentiae nonnulla scelera commisit. Etiam Mortem, quae eum secum in Tartarum ducere in animo habuit, cepit et vicit. Itaque homines, id quod est contra naturam, diu mori[7] non potuerunt. Facinoribus huius generis deos lacessivit[9], qui eum hoc modo puniverunt: Semper magnum saxum summis viribus in montem volvere[10] debet. Cum autem paene summo in monte est, saxum deorsum revolvitur[11].

Interpretationes:

a) Cur di Tantalum in Tartarum miserunt?
b) Cur Tantalus, quamquam media in aqua stat, tamen bibere non potest?
c) Quem Sisyphus cepit et vicit?
d) Quas poenas Sisyphus in Tartaro solvit?

1 **Tartarus**,-i: „Tartarus" (Unterwelt)
2 **probo** 1: „auf die Probe stellen"
3 **appono** 3, apposui: „als Speise vorsetzen"
4 **pomum**,-i n: „Frucht"
5 **recedo** 3, recessi: „zurückweichen"
6 **tendo** 3, tetendi: „ausstrecken"
7 **mori** (Infinitiv): „sterben"
9 **lacesso**, -is,-ere, lacessivi: „reizen"
10 **volvo** 3: „wälzen"
11 **deorsum revolvitur**: „er rollt zurück"

DE GRAECIS

Antike Unterweltsvorstellungen

Die Griechen hatten eine recht genaue Vorstellung von ihrem Totenreich. Als Wächter fungierte der vielköpfige, schlangenhaarige Höllenhund **Kerberos** (lat. *Cerberus*). Dieser gestattete zwar jedem den Zutritt, aber keinem das Verlassen der Unterwelt. Nur wenigen Helden (z.B. Orpheus, Äneas, Theseus, Odysseus, Herakles) gelang die Rückkehr an die Oberwelt.
Über den Fluss **Acheron** gelangten die Toten in die Unterwelt. Voraussetzung für die Überfahrt war, dass man bestattet worden war, andernfalls drohte eine Wartezeit von 100 Jahren. Als Lohn für den Fährmann **Charon** diente der *Obolus*, eine Münze, die den Toten in den Mund gelegt wurde.

Die Unterwelt selbst war in verschiedene Bereiche geteilt:
a) Im **Reich des Hades** halten sich die Verstorbenen auf, die zu ihren Lebzeiten keine besonders guten oder bösen Taten vollbracht haben.
b) Im **Tartaros** schmachten alle diejenigen, die sich gegen die Götter versündigt haben. Neben *Tantalus* und *Sisyphos* sind das *Ixion* (er missbrauchte das Vertrauen des Zeus und wurde zur Strafe an ein feuriges Rad gebunden) und die *Danaiden* (vgl. den Text auf Seite 65).
c) Das **Elysium**, die „Insel der Seligen", wird von den Lieblingen der Götter bevölkert. Zu ihnen gehören verschiedene Wohltäter des Menschengeschlechtes, Priester, Sänger und Philosophen.

Vocabularium

hic, haec, hoc	dieser,-e,-es	(siehe Grammatica)
cena, cenae f.	Mahlzeit, Mahl	frz. cène / ital. cena = Abendessen
invito,-as, invitáre 1, invitavi*	einladen	engl. to invite, frz. inviter, ital. invitare
quidam, quaedam, quoddam	ein (gewisser); Pl.: einige	dekliniert wie „qui, quae, quod"
facinus, facínoris n.	Tat; Untat	abgeleitet von:
prudentia, prudentiae f.	Klugheit	frz. prudence, ital. prudenza
intéllego,-is, intellégere 3, intellexi	erkennen, einsehen	vgl. Intelligenz
reddo,-is, réddere 3, reddidi	zurückgeben	aus re- („zurück") + dare
poena, poenae f.	Strafe	engl. pain; vgl. Penalty =
poenas sólvere	(Strafe zahlen =) büßen	
sto,-as, stare 1, steti	stehen	vgl. Station, Statist
arbor, árboris f.	Baum	frz. arbre, ital. àlbero
sitis, sitis f. (i-Dekl.)	Durst	ital. sete
fames,-is f.	Hunger	frz. faim, ital. fame
cum (Konjunktion)	wenn, sooft, als	
bibo,-is, bíbere 3, bibi	trinken	frz. boire, ital. bere
improbus,-a,-um	schlecht, böse	
scelus, scéleris n.	Verbrechen	
mors, mortis f.	Tod	frz. mort, ital. morte
contra (+ Akk.)	gegen	Pro und Kontra =
natura, naturae f.	Natur	engl. + frz. nature, ital. natura
genus, géneris n.	Art; Geschlecht	engl. gender, frz. genre, ital. gènere
punio,-is, punire 4, punivi	bestrafen	vgl. poena
saxum, saxi n.	Fels	ital. sasso
vis, vim (4.F.), vi (6.F.) f. (i-Dekl.)	Kraft; Gewalt	⟷ vir, viri =
Pl.: vires, virium, viribus ...	Kräfte	Viribus unitis (siehe unten)
paene	fast, beinahe	engl. pen-insula =
summo in monte	auf der Spitze des Berges	wörtl.:

*) Ab dieser Lektion wird jeweils zusätzlich zur 1.+ 2.P. und zum Infinitiv Präsens auch die erste Person Perfekt angegeben (vgl. Grammatica). Eine vollständige Liste der unregelmäßigen Verba, die du bisher gelernt hast, findest du auf Seite 186.

Latein im Alltag

Viribus unitis
Dieser Spruch bedeutet „Mit vereinten Kräften" und war das Motto Kaiser Franz Josephs I. (1848–1916). Er wollte damit den Zusammenhalt der zahlreichen Völker der österreichisch-ungarischen Monarchie betonen.

Die Überfahrt zur Unterwelt (J. Patinier, um 1510): links das Elysium, rechts der Hades mit Cerberus

Die **Herrscher der Unterwelt** sind *Hades* (*Pluto*, lat. *Dis*) und seine Gattin *Persephone* (lat. *Proserpina*).
Außerdem bevölkern noch drei weitere unerfreuliche Gestalten das Totenreich: Die *Moiren* (röm. Parzen) spinnen, erhalten und durchtrennen als **Schicksalsgöttinnen** den Lebensfaden der Menschen.

? Was versteht man heute unter
  a) einem Zerberus
  b) einem Obolus,
  c) einer Sisyphusarbeit
  d) Tantalus-Qualen?

GRAMMATICA

PERFEKT AKTIV

Im Lateinischen sind alle Formen des aktiven Perfekts **einfache Verbalformen**, d.h. sie werden nicht, wie im Deutschen, durch ein Hilfszeitwort + Mittelwort gebildet (vgl. z.B. „ich habe gesungen"), sondern indem bestimmte Endungen an den aktiven Perfektstamm treten.

Der **Perfektstamm** ist von Konjugation zu Konjugation unterschiedlich:

	Präsensstamm	aktiver Perfektstamm
a-Konjugation:	amo, amas, amáre	-**av**- (am**av**-)
e-Konjugation:	moneo, mones, monére	-**u**- (mon**u**-)
konsonantische K.:	mitto, mittis, míttere	verschieden* (z.B. mis-)
i-Konjugation:	audio, audis, audíre	-**iv**- (aud**iv**-)
Mischkonjugation:	capio, capis, cápere	verschieden* (z.B. cep-)

* Das bedeutet (leider): Da es keine Regel gibt, musst du den Perfektstamm für jedes Wort der konsonantischen und Mischkonjugation extra lernen! Eine Liste der unregelmäßigen Verba findest du auf Seite 186.

Die **Endungen**, die an den Perfektstamm angefügt werden, sind für alle Konjugationen gleich:

Sg. 1.P.	*-i*	Pl. 1.P.	*-imus*
2.P.	*-isti*	2.P.	*-istis*
3.P.	*-it*	3.P	*-érunt*

Aus der Kombination von Perfektstamm und Perfektendungen ergeben sich daher folgende Formen des **Indikativ Perfekt aktiv**:

	a-Konj.	e-Konj.	kons. Konj.	i-Konj.	Mischkonj.	*esse*	*posse*
Sg. 1.P.	am**á**vi	món**u**i	mísi	aud**í**vi	cépi	fúi	pótui
2.P.	am**a**vísti	mon**u**ísti	misísti	aud**i**vísti	cepísti	fuísti	potuísti
3.P.	am**á**vit	món**u**it	mísit	aud**í**vit	cépit	fúit	pótuit
Pl. 1.P.	am**á**vimus	món**u**imus	mísimus	aud**í**vimus	cépimus	fúimus	potuímus
2.P.	am**a**vístis	mon**u**ístis	misístis	aud**i**vístis	cepístis	fuístis	potuístis
3.P.	am**a**vérunt	mon**u**érunt	misérunt	aud**i**vérunt	cepérunt	fuérunt	potuérunt

Übersetzung:
Das Perfekt ist die lateinische **Erzählzeit**: Es beschreibt **einmalige**, in der Vergangenheit **abgeschlossene Vorgänge**. Es wird im Deutschen meist mit dem **Präteritum** wiedergegeben:

Veni, vidi, vici. = Ich kam, sah und siegte.

HIC, HAEC, HOC

Bei diesem Wort handelt es sich um ein weiteres **Demonstrativpronomen** (vgl. *is, ea, id* und *idem, eadem, idem*, Lec. 11). Bedeutung „**dieser, diese, dieses**":

Sg. 1/5	*hic*	*haec*	*hoc*
2		*huius*	
3		*huic*	
4	*hunc*	*hanc*	*hoc*
6	*hoc*	*hac*	*hoc*

Pl. 1/5	*hi*	*hae*	*haec*
2	*horum*	*harum*	*horum*
3		*his*	
4	*hos*	*has*	*haec*
6		*his*	

Exercitationes

I. Setze die folgenden Verba ins Perfekt:

1. intellegis: ....
2. reddunt: ....
3. ambulamus: ....
4. timetis: ....
5. scio: ....
6. punis: ....
7. occidit: ....

II. Setze die richtigen Formen von „hic, haec, hoc" ein und übersetze:

1. .... scelus: ....
2. .... die: ....
3. .... rem: ....
4. .... manui: ....
5. .... mortis: ....
6. .... corpora: ....

III. Trage in eine Tabelle mit zwei Spalten (Präsens/Perfekt) die folgenden Verbformen ein: (Achtung: eine der Formen kann sowohl Präsens als auch Perfekt sein!)

stetit – invitaverunt – puniunt – amavisti – ducit – petunt – intellexisti – invitamus – solvimus – reddit – punimus – dicunt – habuistis – vocavi – conspicis – prohibes – das – bibis – reddidit

IV. Setze die richtigen Formen von „quidam, quaedam, quoddam" ein und übersetze:

1. .... pueri non ante horam secundam in scholam venire solent.
2. Magister semper .... puellas laudat, ceteros autem discipulos monet.
3. Iam diu de pulchritudine .... puellae narras; cur hanc nobis non monstras?
4. Claudia amicum semper .... hora, cum parentes iam dormiunt, exspectat.

V. Ordne die folgenden Pronomina nach den Fällen und übersetze: (Nota bene: Manche Formen können für mehrere Fälle stehen!)

cui – eae – ei – eius – hac – haec – has – hoc – hunc – ii – iisdem – quibuscum – quorundam

Singular	Plural
1:	1: ....
2:	2: ....
3:	3: ....
4:	4: ....
6:	6: ....

VI. Filiae Danai facinus committunt

Danaus, cui quinquaginta[1] filiae erant, rex summo honore fuit. Sed quodam die vir nomine Aegyptus sibi eius regnum[2] vi parare constituit. Intellexit autem: „Si Danaum occido, eius regnum tamen meum non est. Etiam eius quinquaginta filias interficere debeo. Quomodo hoc facere possum?" Quod autem Aegypto quinquaginta filii erant, intellexit: „Meos filios filiis Danai in matrimonium[3] dare possum!" Ita eodem die quinquaginta adulescentes et totidem[4] virgines nuptias[5] fecerunt. Danaus autem filiis imperavit: „Cum viri post cenam dormiunt, eos occidite!" Una sola e filiis huic iusso restitit, ceterae autem patri paruerunt nocteque viros suos interfecerunt. Itaque di eas in Tartarum[6] miserunt, ubi hanc poenam solvunt: Semper aquam e flumine portare et in dolium[7] ingerere[8] debent. Quod autem hoc dolium pertusum[9] est, huius operis finis[10] non est.

1 **quinquaginta**: „fünfzig"; 2 **regnum**,-i n.: „Königreich"; 3 **matrimonium**,-i n.: „Ehe"; **in matrimonium dare** (+ Dat.): verheiraten mit; 4 **totidem**: „ebenso viele";
5 **nuptiae**,-arum f.: „Hochzeit"; 6 **Tartarus**,-i m.: „Tartarus" (Unterwelt); 7 **dolium**,-i n.: „Fass"; 8 **ingero** 3: „hineinschütten"; 9 **pertusus** 3: „durchlöchert";
10 **finis**,-is m.: „Ende"

15

DE ORPHEO ET EURYDICE[1]

Am Eingang zur Unterwelt wachte der dreiköpfige Hund Cerberus und ließ niemanden mehr hinaus. Zu den ganz wenigen Menschen, denen es gelang, die Unterwelt zu betreten und auch wieder zu verlassen, gehört der berühmte Sänger Orpheus.

Orpheus, clarus cantator[2] **ille**, **et** homines **et animalia carminibus** suis delectare solebat. At non solum animalia, sed etiam arbores et saxa appropinquabant, dum Orpheus voce pulchra **canit**. **Olim** Orpheus Eurydicen, quam maxime amabat, in **matrimonium** duxit, sed paulo post serpens[3] illam necavit. Magnus fuit **dolor** Orphei. Diu **flebat dolebat**que, denique **ipse** in Tartarum[4] descendere[5] constituit.

Plutonem[6] et Proserpinam, regem **reginam**que Tartari, petivit eorumque animos carmine **movere** temptavit[7]. **Postquam** de amore suo et de doloribus magnis cecinit, **cunctae** umbrae[8] mortuorum flebant. Etiam Tantalus aquam **frustra** haurire[9] **desiit** et Sisyphus in suo saxo **consedit**. Orpheus carmine suo Proserpinam quoque Plutonemque, quibus amor **ignotus** non erat, movit. Itaque regina Eurydicen vocavit et ad Orpheum dixit: „Hac **condicione uxorem** tibi reddimus: Dum **iter** in terram summam facis, tibi oculos ad illam **vertere** non licet. Si post te respicis[10], Eurydicen iterum amittis."

Ita Orpheus cum Eurydice **domum** Plutonis reliquit et per vias **longas** ac opacas[11] terrae iterum appropinquabat. Iam solis **lucem** vidit, cum verba Proserpinae neglexit et caput ad uxorem vertit. – Ea statim in Tartarum relapsa est[12]. Ipse autem ad terram redire[13] debuit.

Interpretationes:

a) Quem Orpheus carminibus delectabat?
b) Quis Eurydicen necavit?
c) Cur Pluto Proserpinaque Eurydicen Orpheo reddiderunt?
d) Cur Orpheus uxorem iterum amisit?

1 **Eurydice**,-es (Akk.: Eurydicen): „Eurydike"
2 **cantator**,-oris m.: „Sänger"
3 **serpens**,-entis f.: „Schlange"
4 **Tartarus**,-i m.: „Tartarus" (die Unterwelt)
5 **descendo** 3, descendi: „hinabsteigen"
6 **Pluto**,-onis m.: „Pluto"
7 **tempto** 1: „versuchen"
8 **umbra**,-ae f.: „Schatten"
9 **haurio** 4: „schöpfen"
10 **respicio** M, respexi: „zurückblicken"
11 **opacus** 3: „düster"
12 **relapsa est**: „sie verschwand"
13 **redeo**,-is,-ire, redii: „zurückkehren"

DE GRAECIS ET ROMANIS

Musik bei Griechen und Römern

Orpheus gilt als der wohl bekannteste Musiker der Antike. Durch seinen Gesang und sein Lyra-Spiel konnte er die Menschen verzaubern und selbst wilde Tiere zähmen. Nach dem Verlust seiner Gattin soll er klagend Griechenland durchwandert haben und schließlich von einem Schwarm rasender Bacchantinnen in Stücke gerissen worden sein. Diese Anhängerinnen des Bacchus hassten ihn, weil er noch immer um Eurydike trauerte und sich zu keiner zweiten Ehe entschließen konnte.

Ein anderer griechischer Sänger, der gewissermaßen Popstar-Status hatte, ist **Arion**. Ihm trachteten nicht Frauen, sondern Seeräuber nach dem Leben, doch wird er von einem Delfin gerettet. Seine Geschichte findest du auf Seite 69.

Über die **römische Musik** wissen wir in Ermangelung antiker Tonaufnahmen relativ wenig. Fest steht aber, dass die Römer wegen des angenehmen Klanges der lateinischen Sprache gern gesungen

Orpheus (Mosaik aus Carnuntum/NÖ)

VOCABULARIUM

ille, illa, illud	jener,-e,-es	vgl. Artikel: frz. le/la, ital. il/la
et ... et	sowohl ... als auch	
animal, animalis n. (i-Dekl.)	Tier	engl. animal
carmen, carminis n.	Lied	vgl. Carmina Burana
cano,-is, cánere 3, cecini	singen	frz. chanter, ital. cantare
olim	einst	
matrimonium,-i n.	Ehe	ital. matrimonio
in matrimonium dúcere	heiraten	wörtl.:
dolor, dolóris m.	Schmerz	frz. douleur, ital. dolore
fleo, fles, flére 2, flevi	weinen	vgl. flennen
doleo,-es, dolére 2, dolui	trauern, Schmerz empfinden	
ipse, ipsa, ipsum	selbst	(siehe Grammatica)
regina, reginae f.	Königin	
moveo,-es, movére 2, movi	bewegen	engl. to move
postquam (+ Perfekt)	nachdem	
cuncti,-ae,-a (Pl.!)	alle; alles (n.)	
frustra	vergeblich	vgl. Frustration
desino,-is, desínere 3, desii	aufhören, ablassen	
consido,-is, consídere 3, consedi	sich niedersetzen	
ignotus,-a,-um	unbekannt	
condicio, condicionis f.	Bedingung	Konditionalsatz =
uxor, uxoris f.	Gattin	
iter, itineris n.	Weg; Reise	
iter facere	reisen, marschieren	wörtl.:
verto,-is, vértere 3, verti	wenden	vgl. vertikutieren =
domus, domus f.	Haus	vgl. Dom = Gottes-Haus
longus,-a,-um	lang	engl. + frz. long, ital. lungo
lux, lucis f.	Licht	vgl. Luzifer = „Lichtbringer"

VOKABELLERN-TIPP

(Fast) alles dreht sich ums Geschlecht (I)

Viel Mühe beim Vokabellernen kannst du dir sparen, wenn du dir bei den Substantiva, speziell bei den **Konsonantenstämmen** (siehe Seite 44), einige einfache Geschlechtsregeln einprägst (Ausnahmen bestätigen freilich die Regeln ...):

- Wörter auf **-x** → meist **feminin**: z.B. _____
- Wörter auf **-o** → meist **feminin**: z.B. _____
- Wörter auf **-or** → meist **maskulin**: z.B. _____
- Wörter auf **-men** → immer **neutrum**: z.B. _____

haben. Die antiken Autoren berichten von religiösen Kultliedern, Gesängen zur Arbeit, Tisch- und Schlafliedern sowie Wanderliedern (sogar das Jodeln ist belegt!). Besonders beliebt waren auch Spottlieder: So durften die Soldaten beim Triumphzug den siegreichen Feldherrn durch freche Gesänge ungestraft verspotten.

Die verbreitetsten Instrumente waren im Übrigen die Flöte (lat. *tibia*), die auch als Signalinstrument beim Heer verwendete Trompete (lat. *tuba!*) sowie die Leier (lat. *cithara* und *lyra*).

❓ Auch in unserer heutigen Popszene gibt es einige Gruppen, die sich mit lateinischen Namen schmücken. Findest du heraus, was die folgenden Namen bedeuten?

a) Status quo _____

b) Ultravox _____

c) Aqua _____

d) Sepultura _____

e) Opus _____

Grammatica

IMPERFEKT

Das lateinische Imperfekt (Mitvergangenheit) wird vom **Präsensstamm** (!) gebildet. Zwischen den Stamm und die Endungen tritt das Erkennungszeichen **-ba-**:

		a-Konj.	e-Konj.	kons. Konj.	i-Konj.	Mischkonj.	*esse*	*posse*
Sg.	1.P.	am**á**bam	mon**é**bam	mitt**é**bam	aud**ié**bam	cap**ié**bam	*éram*	*póteram*
	2.P.	am**á**bas	mon**é**bas	mitt**é**bas	aud**ié**bas	cap**ié**bas	*éras*	*póteras*
	3.P.	am**á**bat	mon**é**bat	mitt**é**bat	aud**ié**bat	cap**ié**bat	*érat*	*póterat*
Pl.	1.P.	amab**á**mus	moneb**á**mus	mitteb**á**mus	audieb**á**mus	capieb**á**mus	*erámus*	*poterámus*
	2.P.	amab**á**tis	moneb**á**tis	mitteb**á**tis	audieb**á**tis	capieb**á**tis	*erátis*	*poterátis*
	3.P.	am**á**bant	mon**é**bant	mitt**é**bant	aud**ié**bant	cap**ié**bant	*érant*	*póterant*

Übersetzung:

Das Imperfekt stellt lang **andauernde** oder **wiederholte** Handlungen dar. Es wird mit dem **Präteritum** wiedergegeben:

Orpheus et homines et animalia carminibus suis delectabat.
= Orpheus erfreute sowohl die Menschen als auch die Tiere mit seinen Liedern.
(→ er tat es immer wieder)

Unterschied Perfekt – Imperfekt:

Der Unterschied zwischen den beiden Zeiten liegt nicht in ihrer Übersetzung, sondern in dem, was sie zum Ausdruck bringen:

	LAT. **IMPERFEKT**	LAT. **PERFEKT**
Was drückt die Zeit aus?	a) wiederholte Handlung b) länger dauernde Handlung	einmalige Handlung (= Erzählzeit!)
Grafische Entsprechung:	Zeit**dauer** (Linie: –)	Zeit**punkt** (Punkt: •)
deutsche Wiedergabe:	Präteritum	Präteritum / Perfekt

Den Unterschied zwischen den beiden Zeiten zeigt der folgende Satz:

Dormiebam; subito magister me clamavit. = Ich schlief; plötzlich rief mich der Lehrer.
    ↑   ↑
Imperfekt: dauernd   Perfekt: einmal

DEMONSTRATIVPRONOMINA

ille, illa, illud: „jener, jene, jenes"

Sg.	1/5	*ille*	*illa*	*illud*
	2		*illius*	
	3		*illi*	
	4	*illum*	*illam*	*illud*
	6	*illo*	*illa*	*illo*

Pl.	1/5	*illi*	*illae*	*illa*
	2	*illorum*	*illarum*	*illorum*
	3		*illis*	
	4	*illos*	*illas*	*illa*
	6		*illis*	

ipse, ipsa, ipsum: „selbst"

Sg.	1/5	*ipse*	*ipsa*	*ipsum*
	2		*ipsius*	
	3		*ipsi*	
	4	*ipsum*	*ipsam*	*ipsum*
	6	*ipso*	*ipsa*	*ipso*

Pl.	1/5	*ipsi*	*ipsae*	*ipsa*
	2	*ipsorum*	*ipsarum*	*ipsorum*
	3		*ipsis*	
	4	*ipsos*	*ipsas*	*ipsa*
	6		*ipsis*	

Exercitationes

I. Übersetze:

1. jenem König: ....
2. diesen König: ....
3. ein gewisser König: ....
4. den Königen selbst: ....
5. denselben Königen: ....
6. jener Könige: ....
7. des Königs selbst: ....

II. Setze die folgenden Demonstrativpronomina in den Text ein und übersetze:

ea – eadem – ei – eo – his – hoc – huic – idem – ille – ipse – ipse – ipsi – quidam

Discipuli magistro .... pensa, quae post meridiem fecerunt, monstrant. Is, postquam pensum Quinti spectavit, clamat: „Cur .... discipuli pensa non .... scribunt?[1] .... pensum non .... fecisti, Quinte!" .... autem dicit: „Certe pensum meum .... feci!" – „Cur autem .... scripsisti, quod Claudia quoque scripsit[1]", magister ab .... quaerit. Puer .... respondet: „Casu .... verba scripsimus." .... verbis iratus magister .... puero aliud pensum magnum dat.

[1] **scribo** 3, scripsi: „schreiben"

III. Setze die folgenden Perfektformen ins Imperfekt:

1. cecinit: ....
2. risimus: ....
3. invitavistis: ....
4. mansi: ....
5. punivisti: ....
6. desierunt: ....
7. caruit: ....

IV. Setze die angegebenen Verba (in der richtigen Person) im Perfekt oder Imperfekt in die passenden Sätze ein! Überlege, welche Zeit sinnvoller ist (vgl. S. 68):

cado – delecto – duco – interficio – relinquo

1. Daedalus et Icarus, qui iam diu patriam petere in animo habebant, Cretam ....
2. Icarus, qui soli appropinquavit, subito in mare ....
3. Orpheus carminibus suis non solum cunctos homines, sed etiam animalia ....
4. Tantalus, quod filium ...., nunc summas poenas solvit.
5. Quodam die Orpheus Eurydicen in matrimonium ....

V. De periculo cantatoris[1]

Arion[2] clarus cantator Graecus erat. Is non solum in patria, sed etiam in Sicilia insula multos homines carminibus maxime delectabat. Deinde, postquam in Sicilia magnas divitias[3] sibi paravit, amore patriae commotus[4] iter domum facere constituit. Ita navem ascendit, qua Graeciam petivit. Sed ea in nave piratae[5] improbi erant, qui Arionis divitias rapere et eum ipsum occidere in animo habebant. Arion, postquam eorum consilium intellexit, a piratis petivit: „Licetne mihi carmen ultimum[6] canere?" Quod piratae id concesserunt[7], Arion voce pulchra cecinit, deinde autem in aquam desiluit[8]. Sed di, quibus Arionis ars maxime placebat, hunc virum servaverunt: Delphinum[9] miserunt, qui Arionem per mare in patriam portavit.

[1] **cantator**,-oris m.: „Sänger"; [2] **Arion**,-onis m.: „Arion"; [3] **divitiae**,-arum f.: „Schätze"; [4] **commotus** 3: „bewegt"; [5] **pirata**,-ae m.: „Pirat"; [6] **ultimus** 3: „der letzte"; [7] **concedo** 3,-cessi: „erlauben"; [8] **desilio** 4, desilui: „hinabspringen"; [9] **delphinus**,-i m.: „Delphin"

De Spartaco

Mit der Zerstörung Karthagos im Jahre 146 v. Chr. war eine große äußere Bedrohung für die Römer weggefallen. In den folgenden eineinhalb Jahrhunderten machten ihnen jedoch innenpolitische Spannungen, die sogar bis zum Bürgerkrieg führten, zu schaffen. Überdies sorgten die Aufstände der Sklaven, die als Kriegsgefangene nach Rom gekommen waren, für Unruhe.

Romani, cum alienas **nationes** bellis superaverant[1], multos viros feminasque capiebant et servos in patriam ducebant. In his Spartacus quoque erat, vir **nobili** genere **natus**. Eum virum **fortem**, ut multos alios servos, Romani gladiatorem fecerunt. Nam semper magna copia **gladiatorum** pro spectaculis **crudelibus** egebant[2].
Itaque Spartacus **variis** armis pugnare **discebat**. Denique, quamquam **difficile** erat, cum nonnullis gladiatoribus ex oppido Capua, ubi magnus ludus[3] erat, fugere potuit. Parvum **exercitum** Romanum **brevi tempore** vicit. Deinde multi alii gladiatores et milia servorum, qui in latifundiis[4] vitam asperam[5] **agebant**, se Spartaco adiunxerunt[6]. Illam multitudinem armis **exercuit** et per Italiam duxit. Saepe eius copiae **celeres** fortesque exercitus Romanos vincebant. Nonnulla oppida expugnabant atque **agros latos** vastabant[7].
Denique Spartacus ad Alpes[8] venit, ubi multos Gallos, qui se imperio Romano liberare in animo habebant, in copias suas **recepit**. Deinde servos ex Italia ducere constituit, sed illos **continere** non iam potuit. **Cupiditate** praedae[9] **adducti** servi in Italia manere constituerunt. Nonnulli etiam urbem Romam oppugnare in animo habebant. Tum **senatus** Romanus periculum magnum **cognovit** et Crassum imperatorem cum exercitu magno in servos misit. Ille pugna **atroci** servos vicit Spartacumque interfecit. Deinde sex milia servorum in **cruce** fixit[10].

Interpretationes:

a) Unde Spartacus gladiator fugit?
b) Cuius populi milites Spartacus in copias suas recepit?
c) Cur servi Italiam non reliquerunt?
d) Quis Spartacum vincere potuit?

1 **superaverant**: „sie hatten besiegt"
2 **egeo** 2 (+ Abl.): „brauchen"
3 **ludus**,-i m.: (auch:) „Gladiatorenschule"
4 **latifundium**,-i n.: „Landgut"
5 **asper** 3: „hart", „rau"
6 **adiungo** 3, adiunxi: „anschließen"
7 **vasto** 1: „verwüsten"
8 **Alpes**, -ium f.: „Alpen"
9 **praeda**,-ae f.: „Beute"
10 **figo** 3, fixi: „befestigen", „schlagen"

De Romanis

Sklaven

Als Rom im 3. und 2. Jahrhundert v. Chr. große Teile des Mittelmeerraumes erobert hatte, waren Tausende Kriegsgefangene als Sklaven nach Rom gebracht worden. Zusätzlich machten auch Sklavenhändler und Piraten aus Profitgründen Jagd auf Menschen, um sie auf **Sklavenmärkten** (der größte befand sich auf der griechischen Insel Delos) zu verkaufen. Im 1. Jh. v. Chr. betrug die Zahl der Sklaven in Rom ca. 300 000 – fast ein Drittel der gesamten Stadtbevölkerung!

Die Tätigkeiten, zu denen Sklaven herangezogen wurden, waren sehr unterschiedlich. Im schlimmsten Fall mussten sie als Staatssklaven im Straßenbau, in Bergwerken oder auf großen Landgütern arbeiten. Wer es besser erwischte, landete in der *familia* eines Reichen, wo er für fast alle Tätigkeiten eingesetzt werden konnte: als Koch, als Mundschenk, als Sänften- oder Fackelträger, als Sekretär, aber auch als Lehrer (besonders wenn er Griechisch konnte). Manche römische Herren ließen sich von Sklaven sogar die Stunden ansagen oder bei Spaziergängen

Sklavenmarkt im alten Rom (Jean-Leon Gérômes, 1884)

VOCABULARIUM

Latein	Deutsch	Hinweis
natio, nationis f.	Volk	vgl. inter-national
nobilis,-e	vornehm, adelig	vgl. nobel
natus,-a,-um (+ Abl.)	geboren; abstammend	vgl. native speaker
fortis,-e	tapfer	↔ frz. fort + ital. forte = „stark"!
ut	wie	
gladiator, gladiatoris m.	Gladiator	wörtl. (vgl. gladius) =
crudelis,-e	grausam	engl. cruel
varius,-a,-um	verschieden	vgl. Variante, variieren, Variation
disco,-is, díscere 3, dídici	lernen	vgl. discipulus =
difficilis,-e	schwierig	engl. difficult, frz. + ital. difficile
exercitus, exercitus m.	Heer	(vgl. unten: exercere)
brevis,-e	kurz	engl. brief; frz. bref, ital. breve
tempus, témporis n.	Zeit	vgl. Temporalsatz, temporär
ago,-is, ágere 3, egi	tun; (auch:) verbringen	z.B. diem agere =
exerceo,-es, exercére 2, exercui	trainieren	exerzieren =
celer,-eris,-ere	schnell	ital. cèlere; engl. celerity
ager, agri m.	Feld; Pl.: Gebiet(e)	engl. agriculture =
latus,-a,-um	weit, breit	vgl. Latifundien =
recipio,-is, recípere M, recepi	aufnehmen	vgl. Rezeption, Rezept
se recipere	sich zurückziehen	
contineo,-es, continére 2, continui	zusammenhalten	vgl. Container
cupiditas, cupiditatis f.	Begierde, Gier	
adductus,-a,-um	veranlasst	
senatus, senatus m.	Senat	eigtl.: „Ältestenrat"
cognosco,-is, cognóscere 3, cognovi	erkennen, erfahren	vgl. kognitiv
atrox (m.,f.,n.), atrocis (2.F.)	grausam, wild	(siehe Grammatica)
crux, crucis f.	Kreuz	vgl. Kruzifix; frz. croix, ital. croce

VOKABELLERN-TIPP

EINE ENDUNG – VIELE DEKLINATIONEN!

Ursprünglich hast du die Endung *-us* als Nominativ der o-Deklination kennen gelernt. Mittlerweile weißt du aber, dass es noch jede Menge anderer Möglichkeiten gibt, wofür diese Endung stehen kann:

➢ *-us*, 2.F. *-i* → o-Deklination maskulin (z. B. *discipulus,-i; animus,-i* etc.)
➢ *-us*, 2.F. *-us* → u-Deklination maskulin (z. B. *casus,-us; senatus,-us* etc.)
➢ *-us*, 2.F. *-ris* → 3. Deklination neutrum (z. B. *tempus,-oris; opus,-eris* etc.)
➢ *-us*, 2.F. *-utis* → 3. Deklination feminin (z. B. *virtus,-utis* etc.)

LATEIN IM ALLTAG

SPQR: Dieses „Logo" der Römer kennst du bestimmt aus den Asterix-Bänden. Es steht für *Senatus Populusque Romanus* („Senat und Volk von Rom") und war beispielsweise auf den römischen Feldzeichen angebracht. Heute noch findest du diese Buchstaben auf den Kanaldeckeln der Stadt Rom.

Unebenheiten auf dem Weg ankündigen. Jedenfalls gab es keinen reichen Römer ohne Sklaven – manche sollen sogar mehrere hundert in ihrem Haus beschäftigt haben. Auch unter den **Gladiatoren** waren die Sklaven – neben Verbrechern, Gefangenen, aber auch Freiwilligen – zahlreich vertreten. Manche von ihnen wurden aufgrund ihrer Erfolge in der Arena zu „Stars" und konnten sich mit dem erworbenen Vermögen später freikaufen.

Der **Aufstand des Spartacus** war nicht die einzige Sklavenerhebung im römischen Reich. So war etwa in Sizilien der erste Sklavenstaat der Geschichte ausgerufen worden. Eigenartigerweise bezweckten diese Aufstände allesamt nicht die Abschaffung der Sklaverei an sich, sondern lediglich die Verbesserung der Lebensumstände.

GRAMMATICA

ADJEKTIVA DER DRITTEN DEKLINATION

Neben den bisher bekannten Adjektiven der **a-/o-Deklination** (z. B. *magnus,-a,-um*) gibt es eine weitere, ebenso große Gruppe von Adjektiven, die nach der **dritten Deklination** abgewandelt werden. Sie haben großteils die Endungen der **i-Stämme** (vgl. Seite 48), im Akkusativ Sg. aber *-em*. Gemeinsames Merkmal dieser Adjektiva ist nicht der Nominativ, sondern der Genetiv auf *-is*.

Nach dem Nominativ unterscheidet man **drei Untergruppen**:

  a) **eine** Endung für alle drei Geschlechter → z. B. *atrox* (m., f., n.)
  b) **zwei** Endungen (am häufigsten!) → z.B. *fortis* (m. + f.), *forte* (n.)
  c) **drei** Endungen → z.B. *celer* (m.), *celeris* (f.), *celere* (n.)

	atrox,-ocis		*fortis,-e*		*celer,-eris,-ere*		
	m./f.	n.	m./f.	n.	m.	f.	n.
Sg. 1/5	atrox		fort**is**	fort**e**	celer	celer**is**	celer**e**
2	atroc**is**		fort**is**			celer**is**	
3	atroc**i**		fort**i**			celer**i**	
4	atroc**em**	atrox	fort**em**	fort**e**	celer**em**		celer**e**
6	atroc**i**		fort**i**			celer**i**	
Pl. 1/5	atroc**es**	atroc**ia**	fort**es**	fort**ia**	celer**es**		celer**ia**
2	atroc**ium**		fort**ium**			celer**ium**	
3	atroc**ibus**		fort**ibus**			celer**ibus**	
4	atroc**es**	atroc**ia**	fort**es**	fort**ia**	celer**es**		celer**ia**
6	atroc**ibus**		fort**ibus**			celer**ibus**	

NOTA BENE!

Achtung auf die **Endung** *-i*: Im Gegensatz zu den meisten Substantiva der 3. Deklination steht diese Endung nicht nur für den Dativ Sg., sondern auch für den **Ablativ Sg.***: *brevi tempore* (6.F. Sg.: „in kurzer Zeit")

* Einige wenige Adjektiva der 3. Deklination deklinieren wie konsonantische Substantiva: Ablativ Sg. **-e** statt *-i*, im Nom. Pl. n. **-a**, im Gen. Pl. **-um**, z. B. *dives, divitis* („reich"), *pauper, pauperis* („arm"), *vetus, veteris* („alt").

Umgekehrt ist die **Endung** *-e* bei diesen Adjektiven kein Ablativ Sg., sondern der **Nominativ** oder **Akkusativ Sg. Neutrum**: *tempus breve* (1./4. F. Sg. n.: „die kurze Zeit")

APPOSITION UND PRÄDIKATIVUM

Wenn ein Substantiv (oder Substantiv + Adjektiv) ein anderes Substantiv, das im selben Fall steht, näher erklärt, spricht man von einer **Apposition** („Beisatz"):

  urbs Roma = „die Stadt Rom" (→ *urbs* erklärt *Roma* näher)
  Romam, urbem pulchram, petimus. = „Wir suchen die schöne Stadt Rom (= Rom, die schöne Stadt) auf."

Unter einem **Prädikativum** versteht man ein Nomen, das ebenfalls im selben Fall wie ein anderes Substantiv steht, aber das Prädikat näher bestimmt. Es wird mit „**als**" übersetzt:

  *Romani multos viros **servos** in patriam ducebant.* = Die Römer führten viele Männer
    als Sklaven in ihre Heimat.
  Iulia prima venit = Julia kam **als** Erste.

TIPP: Wenn du ein Subjekt oder Objekt „zu viel" hast, probiere die Übersetzung mit „als"!

EXERCITATIONES

I. Verbinde die Adjektiva mit den passenden Substantiva:

1. spectaculum   a) difficilia
2. facinore   b) fortem
3. pensa   c) brevibus
4. virum   d) crudele
5. virorum   e) celeris
6. exercitus   f) atroci
7. libris   g) nobilium

II. Ergänze die Endungen und übersetze:

1. virum crudel...... = ...
2. tempus brev....... = ...
3. opera difficil..... = ...
4. rerum atroc..... = ...
5. morte celer....... = ...
6. homini miser..... = ...

III. Übungssätze zum Prädikativum:

1. Romulus et Remus, qui liberi diu apud pastores habitabant, oppidum aedificare constituunt.
2. Hannibal iam puer novem annorum hostis Romanorum erat.
3. Marcus Manlius primus Romanorum Gallos, qui Capitolium ascenderunt, intellexit.
4. Spartacus, postquam gladiator variis armis pugnare didicit, multos servos contra exercitum Romanum duxit.

IV. Ergänze die fehlenden Endungen und übersetze:

Magister a discipulis, qui iam multum de Spartaci bellis didic.........., quaerit: „Quid mihi de Spartaco narrare pot..........?" – „Romani hunc vir.......... nobil.......... ceperunt", Claudia respondet. „Non solum vir nobil.........., sed etiam miles fort.......... erat", Gaius scit. – „Bene", magister dicit, „et quos homin.......... miser.......... Spartacus liberavit, Quinte?" – Ill.......... puer respondet: „Discipulos?" – „Num discipul.......... homines miseri sunt?", magister interrogat. Gaius nunc amic.......... adiuvat clamatque: „Ita est. Ut servi discipuli quoque mult.......... hor.......... laborare debent neque pecuniam¹ accip............ Si opera eorum magistris crudel.......... non placent, poen.......... atroc.......... accipiunt. Nos discipul.......... autem nemo liberat."

¹ **pecunia**,-ae f.: „Geld"

V. Welche Adjektivform passt? Übersetze die Wortgruppe:

1. pensum *(difficile / difficilem / difficilium)*
2. viri *(nobili / nobilis / nobile)*
3. tempore *(breve / brevia / brevi)*
4. manum *(celere / celerium / celerem)*
5. pueris *(fortis / forti / fortibus)*

VI. De leone¹ grato

Olim homines, qui in amphitheatro spectaculum crudele exspectaverunt, hoc viderunt: Servus quidam, cui erat nomen Androclus, cum bestiis² pugnare debuit, quod dominum suum fugerat³. Iam medio in amphitheatro erat, cum leo magnus intravit et ad Androclum contendit. Ille neque fugere neque pugnare audebat et mortem atrocem exspectavit. Leo autem eum non necavit, sed, ut canis, eius manus lambit⁴. Caesar⁵, qui hoc spectaculum videbat, Androclum ad se vocavit interrogavitque: „Cur ille leo te non occidit?" Androclus ei narravit: „Postquam domum domini mei reliqui, diu vitam in spelunca⁶ agebam. In eandem autem speluncam ille leo doloribus magnis adductus se recepit. Nam magna spina⁷ in eius pede⁸ erat. Mox causam⁹ dolorum vidi leonemque illa spina liberavi. Casu nunc milites tui eundem leonem in amphitheatrum miserunt. Is statim me cognovit neque occidit."

1 **leo**, leonis m.: „Löwe"; 2 **bestia**,-ae f.: „(wildes) Tier"; 3 **fugerat** (+ Akk.): „er war geflüchtet (vor)" (Plusquamperfekt); 4 **lambo** 3: „lecken"; 5 **Caesar**,-aris: hier: „Kaiser"; 6 **spelunca**,-ae f.: „Höhle"; 7 **spina**,-ae f.: „Dorn"; 8 **pes**, pedis m.: „Fuß"; 9 **causa**,-ae f.: „Grund"

DE CICERONE[1]

Nach dem Bürgerkrieg zwischen den Popularen (Volkspartei) und den Optimaten (Adelspartei) ergriff Sulla als grausamer Diktator die Macht. Auch nach der Niederlegung der Diktatur kam es immer wieder zu Straßenkämpfen. Damals machte Marcus Tullius Cicero auf sich aufmerksam, ein talentierter Redner, der es trotz seiner Herkunft aus einfachen Verhältnissen bis zum Konsul brachte.

Cicero, vir cunctis **litteris** doctus[2], iam **iuvenis orator** clarus erat et ad **rem publicam** accessit[3]. Postquam Siciliam summa **iustitia** administravit[4], **incolae** eius **provinciae** auxilium ab eo petiverunt. Nam Verres propraetor[5] ea in provincia sibi magnas **divitias** parare et multa artificia **antiqua** Romam **ferre** solebat.
Ita Cicero patronus[6] Siciliae Verrem, virum summa **nobilitate**, in **ius** vocavit[7]. Ille, postquam **orationem** Ciceronis audivit, **iudicium** non exspectavit, sed **sponte sua** in **exilium ire** constituit.
Nonnullis annis post Catilina, vir improbus nobili genere natus, Romae rebus novis[8] **studebat**. Iam magnas copias ante urbem **cogebat** atque **consules** interficere in animo habebat. At Cicero, qui tum consul erat, consilia nefaria[9] illius viri cognovit senatumque convocavit[10]. Quod autem Catilina ipse medios inter **senatores** sedebat, Cicero haec **fere** dixit: „Cui nostrum consilia tua ignota sunt? Te ad mortem ducere iam diu debebamus. Habemus senatus consultum[11] in[12] te. Tamen dico: **Exi** Roma! Non **iubeo**, sed suadeo[13]. Libera rem publicam metu!"
Ita Catilina se Roma ad copias suas recepit. **Socios** Catilinae, qui Romae manebant, Cicero **comprehendere** et supplicio[14] **afficere** iussit. Deinde, **priusquam** Catilina cum militibus Romam **adiit**, senatus exercitum magnum misit, qui Catilinae copias vicit eumque ipsum interfecit.

Interpretationes:

a) Cuius provinciae incolae a Cicerone auxilio petiverunt? Cur?
b) Cur Verres in exilium ire constituit?
c) Quis erat Catilina?
d) Cur Catilinae socii eum in pugna non iam adiuverunt?

1 **Cicero**,-onis m.: „Cicero"
2 **doctus** 3: „gelehrt"
3 **ad rem publicam accedere**: „die politische Laufbahn einschlagen"
4 **administro** 1: „verwalten"
5 **propraetor**,-oris m.: „Statthalter"
6 **patronus**,-i m.: „Schutzherr", „Anwalt"
7 **in ius vocare**: „vor Gericht rufen"
8 **res novae**: „Umsturz"
9 **nefarius** 3: „verbrecherisch"
10 **convoco** 1: „zusammenrufen"
11 **consultus**,-us m.: „Beschluss"
12 **in**: hier „gegen"
13 **suadeo** 2, suasi: „raten"
14 **supplicium**,-i n.: „Todesstrafe"; supplicio afficere: „hinrichten"

DE ROMANIS

Lateinunterricht im Film

Eine der bekanntesten Szenen der Filmgeschichte, die sich explizit dem Lateinunterricht widmet, stammt aus dem skurrilen, zu Lebzeiten Jesu im Heiligen Land spielenden Monty-Python-Film „Das Leben des Brian". Der Held mit dem grotesken englischen Vornamen schließt sich der „Judäischen Volksfront" an, die gegen die römische Besatzungsmacht kämpft. Als erste Bewährungsprobe bekommt er den Auftrag, antirömische Parolen an die Stadtmauern zu pinseln. Dabei wird er allerdings von einem römischen Soldaten ertappt, woraus sich folgender Dialog entwickelt:
R(ömer): Was haben wir denn da? ‚Romanes eunt domus'? ‚Menschen, genannt Romanes, gehen das Haus'? –
B(rian): Es soll heißen: ‚Römer, geht nach Haus!'. – **R:** Heißt es aber nicht. Was steht lateinisch für ‚Römer'? Na komm schon! –
B: ‚Romanus'! – **R:** Deklinieren! –
B: ‚Romanus, Romani ...' – **R:** Vokativ Plural ist? – **B:** ‚Romani'! – **R:** Konjugiere das Verb ‚gehen'! – **B:** eo, is, it, imus, itis, eunt ... **R:** Also ist ‚eunt'? – **B:** Dritte

„Latein-Nachhilfe" für Brian

VOCABULARIUM

littera, litterae f.	Buchstabe; Pl.: Wissenschaft; Brief	engl. letter; Literatur
iuvenis, iuvenis m.	junger Mann	ital. gióvane
orator, oratoris m.	Redner	
res publica, rei publicae f.	Staat (wörtl.: öffentliche Sache)	vgl. Republik
iustitia, iustitiae f.	Gerechtigkeit	vgl. Justiz
incola, incolae m.	Bewohner, Einwohner	
provincia, provinciae f.	Provinz	vgl. die Provence (S-Frankreich)
divitiae, divitiarum f. (Pl.!)	Reichtum	
antiquus,-a,-um	alt	antik, Antiquitäten
fero, fers, ferre, tuli	tragen; bringen; ertragen	(siehe Grammatica); vgl. Transfer
nobilitas, nobilitatis f.	Adel	vgl. Snob = sine nobilitate
ius, iuris n.	Recht	Jus, Jura
oratio, orationis f.	Rede	
iudicium, iudicii n.	Urteil; Meinung	ital. giudizio
sponte mea (tua/sua)	freiwillig	vgl. spontan
exilium, exilii n.	Exil, Verbannung	Exil
eo, is, ire, ii	gehen	vgl. Semperit = „Es geht immer"
studeo,-es, studére 2, studui (+ Dat.)	sich bemühen (um), streben (nach)	studieren
cogo,-is, cógere 3, coégi	(ver)sammeln; zwingen	aus co-ago =
consul, cónsulis m.	Konsul	
senator, senatoris m.	Senator	abgeleitet von senex = „Greis"
fere	ungefähr	↔ ferre = „(zu) tragen"!
exeo,-is, exire, exii	hinausgehen	vgl. engl. exit; Exitus =
iubeo,-es, iubére 2, iussi (+ Akk.)	befehlen; lassen (+ Inf.)	iubeo te = ich befehle dir
socius, socii m.	Gefährte	Sozius(sitz) =
comprehendo,-is,-ere 3, -prehendi	ergreifen; erfassen (auch geistig)	frz. comprendre, ital. comprèndere
afficio,-is, affícere M, affeci	erfüllen, versehen (mit)	z.B. poena afficere = „bestrafen"
priusquam	bevor	
adeo,-is, adire, adii	hingehen; sich wenden an; angreifen	aus ad + ire

VOKABELLERN-TIPP

NATÜRLICHES GESCHLECHT

In den letzten Kapiteln hast du schon einige Geschlechtsregeln kennen gelernt, die dir helfen, von der Endung eines Wortes auf sein Geschlecht zu schließen. Diese Regeln werden allerdings außer Kraft gesetzt, wenn das Wort eine Person bezeichnet, deren Geschlecht sozusagen von der Natur vorgegeben ist („natürliches Geschlecht"). Bei der a-Deklination sind neben *incola,-ae* („Bewohner") z. B. auch *poeta,-ae* („Dichter") und *nauta,-ae* („Seemann") **maskulin**. Umgekehrt sind alle Bäume (z. B. *arbor,-oris*) **feminin**, da die Römer glaubten, sie seien von Feen oder Nymphen beseelt.

Person, Plural, Präsens, Indikativ, ‚sie gehen'. – **R**: Aber ‚Römer, geht nach Hause!' ist ein Befehl. Also musst du was gebrauchen? – **B**: Den Imperativ! – **R**: Der lautet? – **B**: ‚i!' – **R**: Wie viele Römer sollen nach Hause gehen? – **B**: Alle, also Plural: ‚ite!' – **R**: ‚Geht nach Hause' ist eine Bewegung auf etwas zu. Welchen Fall brauchst du? – **B**: Den Akkusativ, ‚ad domus'. – **R**: Nur fordert ‚domus' den Lokativ, welcher lautet …? – **B**: ‚domum'! – **R**: Du schreibst das jetzt hundert Mal! – **B**: Ja, Herr. Vielen Dank, Herr. Heil Cäsar!

Übrigens ist in diesem Dialog ein kleiner Fehler enthalten – findest du ihn? Zuvor solltest du dir allerdings noch die Grammatica dieser Lektion zu Gemüte führen!

Lösung: *domum* ist kein Lokativ!

GRAMMATICA

EO, IS, IRE, II: „gehen"

Die Unregelmäßigkeit dieses Verbums besteht darin, dass der Präsensstamm teils *i-*, teils *e-* lautet.
Im Perfekt wird aus *ii-* teilweise *i-*.

		Präsens	Imperfekt	Perfekt
Sg.	1.P.	**e**o	ibam	ii
	2.P.	is	ibas	**i**sti
	3.P.	it	ibat	iit
Pl.	1.P.	imus	ibamus	iimus
	2.P.	itis	ibatis	**i**stis
	3.P.	**e**unt	ibant	ierunt

Imperativ	i! / ite!

FERO, FERS, FERRE, TULI: „tragen", „bringen"

Bei *ferre* fehlt in manchen Präsensformen der Bindevokal zwischen Stamm und Endung (z.B. *fers* statt *feris*):

		Präsens	Imperfekt	Perfekt
Sg.	1.P.	fero	ferebam	tuli
	2.P.	**fers**	ferebas	tulisti
	3.P.	**fert**	ferebat	tulit
Pl.	1.P.	ferimus	ferebamus	tulimus
	2.P.	**fertis**	ferebatis	tulistis
	3.P.	ferunt	ferebant	tulerunt

Imperativ	fer! / ferte!

STÄDTENAMEN

Bei Namen von **Städten** werden (im Gegensatz zu Ländern etc.) die Ortsbestimmungen **ohne Präpositionen** (d.h. ohne *in* oder *ex*) gebildet. Ebenso wie die Städtenamen verhält sich auch *domus*.
Es steht auf die Frage:

- „WOHIN?" → der **Akkusativ**
- „WOHER?" → der **Ablativ**
- „WO?" → a) der **Lokativ*** bei Wörtern der a- und o-Deklination im Sg.
   b) der **Ablativ** bei allen anderen Städtenamen

* Der Lokativ sieht aus wie der **Genetiv**: z.B. *Romae* = in Rom.

	„wohin?"	„woher?"	„wo?"
Roma, -ae (a-Dekl.):	**Romam** (nach Rom)	**Roma** (aus Rom)	**Romae*** (in Rom)
Carnuntum, -i (o-Dekl.):	**Carnuntum**	**Carnunto**	**Carnunti***
Carthago, -inis (3.Dekl.):	**Carthaginem**	**Carthagine**	**Carthagine**
Athenae, -arum (Pl. a-Dekl.):	**Athenas**	**Athenis**	**Athenis**
domus, -us	**domum** (nach Hause)	**domo** (von zu Hause)	**domi*** (zu Hause)

* Lokative

NEUTRUM PLURAL BEI PRONOMINA

Das Lateinische hat bei Pronomina (und auch bei Adjektiva) eine Vorliebe für den 1./4.F. Plural Neutrum. Diese Formen müssen im Deutschen mit dem **Singular** wiedergegeben werden:

haec (4.F. **Pl.** n.) *fere dixit* = er sagte ungefähr dieses (4.F. **Sg.** n.)

Ist ein solches Wort Subjekt, muss im Lateinischen auch das Prädikat im Plural stehen und auch das Relativpronomen muss übereingestimmt werden:

Omnia, quae dicis, mihi placent. (**Pl.**) = Alles, was du sagst, gefällt (**Sg.**) mir.

EXERCITATIONES

I. Setze die passenden Formen von „ire" oder „ferre" ein (Präs., Imperativ, Infinitiv):

1. .... domum, liberi!
2. Haec navis celeris liberos in Cretam insulam ....
3. .... domum et .... parentibus has litteras, Claudia!
4. Cui has res ...., Iulia?
5. .... magistro eos libros, discipuli!
6. Ille vir Graecus divitias suas Roma in patriam .... studuit.

II. Übersetze und achte dabei besonders auf die Formen, die Neutrum Plural sind:

1. Cur nobis haec monstras?
2. Ea, quae fecisti, mihi ignota non sunt.
3. Etiam apud Romanos discipuli multa discere debebant, quae iis non placebant.
4. Eadem, quae mihi dicis, certe iam multis aliis puellis dixisti.
5. Nonulli homines semper haec petunt, quae sibi parare non possunt.

III. Forme die Sätze nach dem folgenden Beispiel um und übersetze:

Bsp.: Pater iubet: „Scribe pensa, Iulia!"
Pater Iuliam pensa scribere iubet.

1. Parentes iubent: „Post cenam domi mane, fili!"
2. Magister iussit: „Discite ea quoque verba, discipuli!"
3. Cicero iussit: „Exi Roma, Catilina!"
4. Pater iussit: „Haec facite, pueri!"

IV. Übungssätze zu den Städtenamen:

1. Spartacus, postquam Capua[1] fugit, multos servos fortes in exercitum suum recepit.
2. Cicero nonnullos annos Romae vitam agebat, deinde Athenas[2] iit, ubi claros magistros Graecos audiebat.
3. Hannibal, postquam exercitum Romanum pugna atroci vicit, Cannis[3] cum copiis suis Romam contendit.
4. Quod patria magno in periculo erat, Hannibal ipse Carthaginem[4] contendere debuit.
5. Lucretia magno cum gaudio Collatinum eiusque socios conspicit, qui Ardea[5] venerunt.

[1] **Capua**,-ae f.: „Capua"; [2] **Athenae**,-arum f. (Pl.): „Athen"; [3] **Cannae**,-arum f. (Pl.): „Cannae"; [4] **Carthago**,-inis f.: „Karthago"; [5] **Ardea**,-ae f.: „Ardea"

V. Setze die folgenden Wörter in den Text ein und übersetze:

eo – eos – es – ibi – id – ierunt – imus – ii – iis – iit – in – ire – is – isti – ita – itis

Dum ceteri discipuli iam in scholam eunt, Quintus bene dormiebat. Hora tertia surrexit[1] et solem .... caelo vidit: „In scholam .... nunc certe non iam necesse est", cogitavit. Itaque ad forum ...., ubi paulo post amicum conspexit: „Quo ...., Gai?", clamavit. „Cur non in schola ....?" Is respondit: „Domum .... Nam magister nos hoc die pulchro domum misit. – Et tu? Cur non in scholam ....?" Quintus ei respondit: „Non in scholam ...., quod tam diu dormivi. Quid nunc agere possumus? Cur non in thermas ....? – Vide: .... Iulia Claudiaque veniunt. Certe .... quoque .... consilium placet!" Puellae pueros iam conspexerunt et .... interrogaverunt: „............-ne nobiscum in thermas?" Ii responderunt: „Idem consilium nobis fuit." .... pueri et puellae ad thermas ....

[1] **surgo** 3, surrexi: „aufstehen"

18
CAESAR GALLOS SUPERAT

Julius Cäsar, ein Zeitgenosse Ciceros, erwarb sich vor allem durch militärische Erfolge eine politische Machtposition. Nach seinem Konsulat im Jahre 59 v. Chr. wurden ihm die Provinzen Gallia Cisalpina (Oberitalien) und Gallia Transalpina (Südfrankreich) übertragen. Cäsar verließ aber schon bald das römische Provinzgebiet und begann im – noch – freien Gallien Krieg zu führen.

Iulius Caesar non solum fortior, sed etiam **prudentior quam** multi alii imperatores erat. Nam nonnullas **civitates Galliae**, quae se sua sponte **tradiderunt**, in **amicitiam** recepit. Quod eae civitates deinde **legiones** Romanas adiuvabant, Caesar **paucis** annis **totam** Galliam occupavit. At Vercingetorix[1], vir magna **auctoritate**, **omnes** fere civitates coniunxit et iterum ad bellum incitavit[2]. Postquam Caesar Gallos nonnullis **proeliis** vicit, Vercingetorix se cum copiis in Alesiam oppidum recepit et per nuntios a ceteris civitatibus auxilia[3] petivit. **Quae** exercitum magnum miserunt. Sed copiae Caesaris celeriores fuerunt: Alesiam **circumvenerunt**, priusquam auxilia **advenerunt**. Paulo post, quod Galli **frumento** iam carebant, Vercingetorix **concilium** convocavit. Quo in concilio alii dixerunt: „Nos Romanis tradere debemus!" At alii: „Pugnare necesse est! Nam **honestius** est in pugna cadere quam **servitutem** Romanorum ferre." Critognatus autem nobili genere natus hoc consilium atrocius dedit: „Nos tradere", inquit, „non debemus! Cur non corporibus hominum, qui **aetate aut** valetudine[4] ad bellum inutiles[5] sunt, nos alamus[6]?"

At Galli, **ubi** auxilia appropinquare viderunt, oppido exire et in Romanos impetum[7] facere constituerunt. Proelium **prioribus** pugnis **acrius coepit**. Postquam milites diu summa vi pugnaverunt, denique Romani vicerunt. Vercingetorix arma sua proiecit[8] seque Caesari tradidit. Post bellum Gallicum Caesar Vercingetorigem triumphans[9] per Romam duxit. Octo annis post ille magnus dux Gallorum Romae interfectus est[10].

Interpretationes:

a) Quis legiones Romanas in bello Gallico adiuvabat?
b) Quo in oppido Caesar Vercingetorigem circumvenit?
c) Cur Galli auxilia exspectare non iam potuerunt?
d) Quo modo Vercingetorix se Caesari tradidit?

1 **Vercingetorix**,-igis m.: „Vercingetorix" (Gallierfürst)
2 **incito** 1: „anstacheln"
3 **auxilia**,-orum n. (Pl.): „Hilfstruppen"
4 **valetudo**,-inis f.: „Gesundheitszustand"
5 **inutilis**,-e: „nutzlos"
6 **alamus** (Konjunktiv): „wir sollen ... ernähren"
7 **impetus**, -us m.: „Angriff"
8 **proicio** M, proieci: „hinwerfen"
9 **triumphans**: „im Triumphzug"
10 **interfectus est** (Perf. Passiv): „er ist getötet worden"

DE ROMANIS

Die Romanisierung Galliens

Cäsars Unterwerfung Galliens in den Jahren 58–52 v. Chr. beeinflusste die Geschichte Europas nicht unbeträchtlich. Hätten die Römer in der oben geschilderten Schlacht von Alesia nicht gesiegt, würden die Franzosen heute wohl kaum eine **romanische Sprache** sprechen. (Die Deutschen sprechen eine germanische Sprache, da sich ihre Vorgänger erfolgreich gegen die Expansionsgelüste der Römer zur Wehr setzten und ihr Land folglich nie römische Provinz wurde.)

Durch die Besetzung Galliens kam es zur **Romanisierung** des Landes: Das Straßennetz wurde ausgebaut, Städte nach römischem Vorbild errichtet, die Verwaltung wurde von römischen Beamten ausgeübt.

Die Eroberung Galliens durch die Römer haben sich auch der französischen Autor R. Goscinny und sein Zeichner A. Uderzo in ihren **Asterix**-Comics zum Thema gemacht. Viele der von ihnen dargestellten Details (wie z. B. das Aussehen der Gallier) sind historisch korrekt, wenn auch fallweise ins Groteske übersteigert.

Cäsar vor dem Wiener Parlament

Vocabularium

C. Iulius Caesar, Iulii Caesaris	Gaius Julius Cäsar	vgl. Kaiser, Zar; C. = altlateinisch G
prudens (m./f./n.), prudentis (2.F.)	klug	frz. prudent, ital. prudente
quam (nach dem Komparativ)	als	
civitas, civitatis f.	Stamm; Gemeinde; Staat	vgl. engl. city, frz. cité, ital. città
Gallia, Galliae f.	Gallien	frz. Gaule
trado,-is, trádere 3, trádidi	ausliefern; überliefern	vgl. tradieren, Tradition
amicitia, amicitiae f.	Freundschaft	vgl. amicus, amica
legio, legionis f.	Legion (ca. 4000–6000 Mann)	
pauci,-ae,-a (Pl.)	wenige (m. + f.); weniges (n.)	
totus,-a,-um (2.F. tot*ius*)	ganz	vgl. total; frz. tout, ital. tutto
at	aber	= autem, sed
auctoritas, auctoritatis f.	Ansehen	Autorität
omnis,-e	Sg.: jeder, ganz	ital. ogni
Pl.: omnes, omnia (2.F.: omnium)	alle (m. + f.); alles (n.)	Omnibus = wörtl. „für alle"
proelium, proelii n.	Schlacht	
qui, quae, quod (nach Punkt)	dieser, diese, dieses	„Relativer Anschluss" (siehe S. 80)
circumvenio,-is,-ire 4, circumveni	umzingeln	circum („herum") + venire
advenio,-is, advenire 4, adveni	hinkommen, ankommen	vgl. Advent =
frumentum, frumenti n.	Getreide	
concilium, concilii n.	Versammlung	Konzil
honestus,-a,-um	ehrenhaft, ehrenvoll	engl. honest = „anständig"
servitus, servitutis f.	Sklaverei	vgl. servus =
aetas, aetatis f.	Alter; Zeitalter, Zeit	ital. età
aut	oder	↔ autem = „aber"
ubi (+ Perfekt)	sobald	↔ ubi als Fragewort =
prior (m. + f.), prius (n.)	der/die/das frühere	vgl. Priorität =
acer, acris, acre	heftig	
incipio,-is, incípere M, coepi	beginnen	

VOKABELLERN-TIPP

(Fast) alles dreht sich ums Geschlecht (II)
Hier wieder zwei Geschlechtsregeln, die dir beim Vokabellernen hilfreich sein können:
- Wörter auf **-as** (2.F.: **-atis**) → immer **feminin**: z.B. _____
- Wörter auf **-us** (2.F.: **-utis**) → immer **feminin**: z.B. _____

Zu spät ist zu spät
Nächtelanges Lernen vor der Prüfung oder Schularbeit hat wenig Sinn: Erstens bringt man zwischen zwei und vier Uhr in der Früh nur 40 Prozent seiner Leistung; zweitens hat man beim Lernen mit dem Kurzzeitgedächtnis zunächst zwar das Gefühl, den Stoff völlig zu beherrschen, bei der Prüfung kommt dann aber das böse Erwachen. Also: Rechtzeitig mit dem Lernen anfangen und den Stoff mehrmals wiederholen!

Besonders gut zeigt das die Szene, als der Gallierfürst **Vercingetorix** nach der Niederlage bei Alesia vor Cäsar kapituliert: Der römische Schriftsteller Florus (2. Jh. n. Chr.) beschreibt dies so: „Der König selbst (Vercingetorix) … kam zu dem Lager und hielt sein Pferd an, legte das Rüstzeug und seine Waffen vor Cäsar nieder und rief aus: ‚Hier, stärkster Mann, ihr habt einen starken Mann besiegt.'"

Vercingetorix (Alise Ste. Rheine – Alesia)

GRAMMATICA

STEIGERUNG (1): KOMPARATIV (Mehrstufe)

Der Komparativ wird bei allen Adjektiva gleich gebildet: An den Wortstamm (= Gen. Sg. ohne Endung -*i* bzw. -*is*) tritt die Silbe **-ior** (m./f.) bzw. **-ius** (n.):

clarus, clara, clarum	→ *clarior, clarius*
pulcher, pulchra, pulchrum	→ *pulchrior, pulchrius*
fortis, forte	→ *fortior, fortius*
prudens, prudentis	→ *prudentior, prudentius*

Abwandlung: wie die Substantiva der Konsonantenstämme (siehe Seite 44)

	m./f.	n.
Sg. 1/5	fort**ior**	fort**ius**
2	fort**ioris**	
3	fort**iori**	
4	fort**iorem**	fort**ius**
6	fort**iore**	

	m./f.	n.
Pl. 1/5	fort**iores**	fort**iora**
2	fort**iorum**	
3	fort**ioribus**	
4	fort**iores**	fort**iora**
6	fort**ioribus**	

Übersetzung:

1) als **echter Komparativ**: *pensum difficilius* = „die schwierigere Aufgabe"
2) mit „**ziemlich**": *pensum difficilius* = „die ziemlich schwierige Aufgabe"
3) mit „**(all)zu**": *pensum difficilius* = „die allzu schwierige Aufgabe"

VERGLEICHSABLATIV (*Ablativus comparationis*)

Der Vergleich wird entweder durch **quam** („als") oder durch den (meist vor dem Komparativ stehenden) Vergleichsablativ ausgedrückt:

*Hic miles est fortior **quam** ille.* = *Hic miles **illo** fortior est.*
= Dieser Soldat ist tapferer **als** jener.

RELATIVER ANSCHLUSS

Steht *qui, quae, quod* am Satzbeginn, wird es (außer es handelt sich um einen Fragesatz!) nicht mit „welcher, welche, welches" (→ siehe Seite 56), sondern mit „**dieser, diese, dieses**" übersetzt:

*Vercingetorix a ceteris civitatibus auxilium petivit. **Quae** exercitum magnum miserunt.*
= Vercingetorix bat die übrigen Stämme um Hilfe. Diese schickten ein großes Heer.

*Vercingetorix concilium convocavit. **Quo** in concilio alii dixerunt: (...)*
= V. berief eine Versammlung ein. In dieser Versammlung sagten die einen: (...)

QUOD

Dieses Wörtchen hat jede Menge Bedeutungen, die du dir gut einprägen solltest:

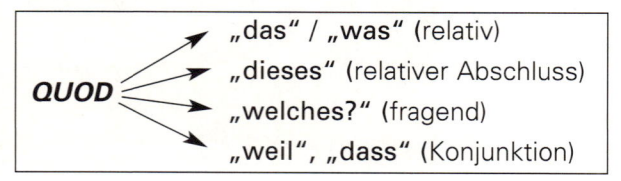

QUOD
- „das" / „was" (relativ)
- „dieses" (relativer Abschluss)
- „welches?" (fragend)
- „weil", „dass" (Konjunktion)

Exercitationes

I. Setze die Adjektiva in den Komparativ:
1. virgini pulchrae: ....
2. puellis prudentibus: ....
3. verba grata: ....
4. agrorum latorum: ....
5. regis crudelis: ....
6. nave celeri: ....
7. facinus atrox: ....
8. homines laeti: ....

II. Setze die Komparative in die passenden Sätze ein und übersetze:

breviores – celerior – clarior – fortiores – honestiorem – prudentior

1. Galli .... erant quam ceteri hostes Romanorum.
2. Tantalus, qui dis .... esse cupivit, poenas magnas solvit.
3. Cicero brevi tempore .... erat quam ceteri oratores.
4. Haec navis illa .... est.
5. Cur litterae tuae semper .... sunt quam meae?
6. Vidistisne iam feminam Lucretia ....?

III. Übersetze und drücke danach die Vergleiche auch mit dem Ablativus comparationis aus:
1. Estne haec puella pulchrior quam Iulia?
2. Pensum nostrum difficilius est quam vestrum.
3. Hannibal mox clarior erat quam pater.
4. Quid clarius est quam sol?

IV. Übungssätze zum relativen Anschluss:
1. Scipio copias Romanas in Africam duxit. Quae mox Hannibalem vincere potuerunt.
2. Romulus rex Sabinos in oppidum novum invitavit. Quorum filias rapere in animo habebat.
3. Parentes filios filiasque in Cretam insulam mittere debuerunt. Qua in insula Minotaurus liberos exspectavit.
4. Cuius carmina pulchriora erant quam Orphei? Qui dum canit, etiam animalia arboresque ei appropinquabant.

V. Was kann „quam" alles bedeuten?

Quam linguam in schola discitis? – Magister nos non solum linguam Latinam, quam etiam nostris temporibus multi discipuli variarum nationum discere solent, sed etiam linguam Graecam docet. Quam hoc anno discere coepimus. Linguam Graecam, quamquam difficilior est quam lingua Latina, tamen libenter discimus. Quam pulchrum est de bello Troiano[1] et de periculis Ulixis[2] lingua Graeca legere!

[1] **Troianus** 3: „trojanisch"; [2] **Ulixes**,-is m.: „Odysseus"

VI. Ein Liebesbrief, den Quintus Corinna, seiner neuen Flamme, schreibt:

Quintus Corinnae pulchrae salutem[1] dicit.
Amore magno adductus tibi has litteras mitto. Ex[2] eo die, quo te vidi, alias virgines non iam specto. Nulla te pulchritudine superare potest. Roma puellam te pulchriorem non habet. Tuum corpus nobilius est quam corpora dearum, oculi clariores quam lux solis. Cetera quoque – quis haec satis[3] laudare potest? Certe tibi ignotus non sum. Saepe, dum scholam cum amica intras, me ad portam vides. Iam diu tecum loqui[4] studebam, at numquam[5] te sine illa amica conspicio. Nonne amorem meum intellexisti? Cur me numquam spectas? Totum diem de te cogito, nocte quoque dormire non possum. Fuitne iam adulescens me miserior? O puella Venere[6] pulchrior, num Plutone[7] crudelior es? Me his doloribus libera! Placetne tibi cras[8] hora decima me ad templum Iovis exspectare? Sed te solam amo; cum illa amica venire necesse non est.

[1] **salus**,-utis f.: „Gruß"; [2] **ex** (+ Abl.): hier: „seit"; [3] **satis**: „genügend"; [4] **loqui**: „sprechen" (Inf.); [5] **numquam**: „niemals"; [6] **Venus**,-eris f.: „Venus"; [7] **Pluto**,-onis m.: „Pluto"; [8] **cras**: „morgen"

De Caesaris morte

Nachdem Cäsar Gallien erobert hatte, entließ er seine Truppen nicht, wie dies der Senat von ihm gefordert hatte, sondern überquerte den norditalienischen Fluss Rubicon („Alea iacta est!") und marschierte Richtung Rom. Der Bürgerkrieg gegen Pompeius begann. Auch in diesem Krieg, der ihn bis nach Ägypten führte, blieb Cäsar erfolgreich.

C. Iulius Caesar, ille imperator clarissimus, post Pompeii mortem solus Romae regnabat. **Potestas** eius **maxima** erat. Nam non solum consul, sed etiam pontifex maximus[1] et **dictator perpetuus** erat. Quam rem multi **cives** ferre non potuerunt. Ita Cassius et Brutus, quem Caesar ut filium amabat, verbis acerrimis ceteris senatoribus **persuadere** studuerunt: „Caesar **more** regum regnat! Non solum **leges**, sed etiam **libertas** nostra magno in periculo est. **Melius** est **caedem** committere quam ea in re publica **vivere**. **Facillimum** erit[2] Caesarem in senatu ipso interficere." Quod hoc consilium **plurimis** senatoribus placuit, dictatorem Idibus Martiis[3] occidere **statuerunt**.
Sed haruspex[4] quidam, qui res **futuras** videre potuit, Caesarem monuit: „**Cave**[5] Idus Martias!" Tamen Caesar illo quoque die in senatum venit. Priusquam curiam[6] intravit, illum haruspicem vidit risitque: „Vide: Idus Martiae **adsunt** neque tamen mortuus sum!" Ille autem respondit: „Idus Martiae **quidem** adsunt, sed non praeterierunt[7]!"

In curia subito plurimi senatores Caesarem circumvenerunt. Caesar, quod iam pugiones[8] in manibus virorum vidit, clamavit: „**Ista** quidem vis est!" Deinde se graphio[9] **defendere** et fugere studuit – sed frustra. Omnes eum uno tempore pugionibus confoderunt[10]. Multis **vulneribus** affectus Caesar Marcum Brutum conspexit clamavitque: „Et (= etiam) tu, Brute?" Haec Caesaris **ultima** verba erant.

Interpretationes:

a) Cur senatores Caesarem occidere statuerunt?
b) Quem Caesar ut filium amabat?
c) Ubi senatores Caesarem interfecerunt?
d) Quae erant ultima verba Caesaris?

---

1 **pontifex maximus**: „Pontifex maximus" (Oberpriester)
2 **erit**: „es wird sein"
3 **Idus Martiae** f. (Pl.): „die Iden des März" (= der 15. März)
4 **haruspex**,-icis m.: „Haruspex" (Zeichendeuter)
5 **caveo** 2, cavi (+ Akk.): „sich hüten (vor)"
6 **curia**,-ae f.: „Curia", „Rathaus"
7 **praetereo**,-is,-ire,-ii: „vorübergehen"
8 **pugio**,-onis m.: „Dolch"
9 **graphium**,-i n.: „Griffel"
10 **confodio** M, confodi: „niederstechen"

De Romanis

Gaius Julius Cäsar

Cäsar war und ist, wie die meisten Eroberer und Alleinherrscher der Weltgeschichte, eine umstrittene Persönlichkeit. Während die einen in ihm den genialen Strategen, vollendeten Staatsmann und sogar den idealen Menschen sahen, kritisierten ihn die anderen als gewissenlosen Machtpolitiker und Zerstörer der römischen Republik. Tatsache ist, dass seine Person über zwei Jahrtausende hinweg ihre Spuren hinterlassen hat:

- Sein Name, der von allen römischen Kaisern als Ehrentitel getragen wurde, hat sich in den Titeln „Kaiser" und „Zar" bis heute als Bezeichnung für höchste Machtfülle erhalten. Übrigens leitet sich auch der Begriff „Kaiserschnitt" von Cäsar ab, weil das *Cognomen* (der Beiname) Caesar „der aus dem Mutterleib Geschnittene" heißt.
- Auch sein *nomen gentile* (etwa: Familienname) lebt bis heute fort: Caesars Geburtsmonat, der ursprünglich *Quinctilis* (= „der

Szene aus dem Hollywood-Film „Kleopatra" (1968)

Vocabularium

potestas, potestatis f.	Macht	vgl. posse
maximus,-a,-um	der größte	vgl. Maximum
dictator, dictatóris m.	Diktator	
perpetuus,-a,-um	ununterbrochen	vgl. Perpetuum mobile
civis, civis m.	Bürger	vgl. Zivilist; civitas =
persuadeo,-es, persuadére 2, persuasi (+ Dat.)	überreden; überzeugen	engl. persuade
persuadeo tibi	ich überrede dich	
mos, moris m.	Sitte, Art	vgl. Moral
lex, legis f.	Gesetz	vgl. legal; frz. loi, ital. legge
libertas, libertatis f.	Freiheit	engl. liberty, frz. liberté
melior (m., f.), melius (n.)	besser	frz. meilleur, ital. migliore
caedes, caedis f.	Ermordung, Mord	ital. omi-cidio, vgl. engl. sui-cide
vivo,-is, vívere 3, vixi	leben	↔ vinco 3, vici =
facilis,-e	leicht	frz. facile, ital. facile
plurimi,-ae,-a	die meisten; das meiste (n.)	
statuo,-is, statúere 3, statui	beschließen; aufstellen	vgl. Statuten =
futurus,-a,-um	zukünftig	engl. future, frz. futur, ital. futuro
adsum, ades, adesse, adfui	da sein, anwesend sein	
quidem	zwar, freilich	↔ ne ... quidem =
iste, ista, istud	dieser,-e,-es (da)	(Deklination wie ille, vgl. S. 68)
defendo,-is, deféndere 3, defendi	verteidigen	vgl. defensiv; frz. défendre
vulnus, vulneris n.	Wunde	
ultimus,-a,-um	der, die, das letzte	Ultimatum =

Proverbium

Et tu, Brute? wird üblicherweise mit „Auch du, mein Sohn Brutus?" übersetzt. In Wirklichkeit aber war Brutus vermutlich nicht Cäsars Sohn, sondern ein junger Mann, dem Cäsar wie ein Vater zugetan war. Im Übrigen soll Cäsar laut antiken Quellen seine letzten Worte griechisch gesprochen haben (er konnte, wie jeder gebildete Römer, diese Sprache so gut wie seine eigene): *„Kai sy, teknon?"* („Auch du, Kind?")

Proverbium

Alea iacta est! – Auch dieser angebliche Ausspruch Cäsars („Der Würfel ist gefallen") wird eigentlich falsch zitiert. Cäsar soll nämlich im Jahr 49 v. Chr. bei seiner Heimkehr aus Gallien mit seinen Truppen den Grenzfluss zu Italien überschritten und dabei auf Griechisch gerufen haben: „Kybos anerriphto!", was so viel heißt wie „Der Würfel soll fallen!". Gemeint ist damit so viel wie: Schicksal, nimm deinen Lauf. Tatsächlich war diese Grenzüberschreitung schicksalhaft, da dadurch der Bürgerkrieg Cäsars mit seinem Konkurrenten Pompeius eröffnet wurde.

---

fünfte") geheißen hatte, wurde in **Juli** umbenannt.
- Während seiner Herrschaft fand er nicht nur Zeit, das erste **Fahrverbot** der Weltgeschichte zu erlassen (und zwar untertags für die Lastwägen der Händler in Rom), sondern auch noch den Kalender zu reformieren: Der „**Julianische Kalender**" führte das Schaltjahr ein und entspricht im Wesentlichen unserem heutigen Kalender.
- Als Schriftsteller galt Cäsar mit seinen „Commentarii de bello Gallico" der Nachwelt als Inbegriff des guten („Goldenen") **Latein**, umgekehrt wurde er selbst zu einer der wichtigsten Figuren der Weltliteratur (vgl. Shakespeare „Julius Caesar", George Bernard Shaw „Caesar und Kleopatra", Thornton Wilder „Die Iden des März" u. a.).
- Als mitunter lächerlicher Gegenspieler der Gallier gelangte er schließlich in unserem Jahrhundert durch die Comics-Reihe „**Asterix und Obelix**" erneut zu großer Popularität.

GRAMMATICA

STEIGERUNG (2): SUPERLATIV (Meiststufe)

Der Superlativ wird – im Gegensatz zum Komparativ – nicht bei allen Adjektiva gleich gebildet, sondern richtet sich nach der Grundstufe des Wortes:

a) „Normalfall": Wortstamm + **-issimus**:
    clarus, clara, clarum → **clarissimus**,-a,-um
    fortis, forte → **fortissimus**,-a,-um
    prudens, prudentis → **prudentissimus**,-a,-um

b) Adjektiva auf *-er* bilden den Superlativ auf **-errimus**:
    *pulch**er**, pulchra, pulchrum* → *pulch**errimus**,-a,-um*
    *cel**er**, celeris, celere* → *cel**errimus**,-a,-um*

c) einige Adjektiva auf *-ilis* (*facilis, difficilis, similis* – „ähnlich") bilden den Superlativ auf **-illimus**:
    *fac**ilis**, facile* → *fac**illimus**,-a,-um*
    *diffic**ilis**, difficile* → *diffic**illimus**,-a,-um*

Abwandlung: Der Superlativ wandelt wie ein Adjektiv der a-/o-Deklination ab:
    1.F. *vir clarissimus*
    2.F. *viri clarissimi*
    (etc.)

Übersetzung:

1) als **echter** Superlativ: *pensum difficillimum* = „die schwierigste Aufgabe"
2) mit **„sehr"** (= Elativ): *pensum difficillimum* = „eine sehr schwierige Aufgabe"

UNREGELMÄSSIGE STEIGERUNG

Einige gängige Adjektiva steigern (ähnlich wie im Deutschen!) unregelmäßig, d.h. sie wechseln ihren Stamm. Manche dieser Formen kannst du dir aber mit Hilfe einiger bekannter Fremdwörter leicht merken.

Grundstufe	Komparativ	Superlativ	Eselsbrücke
magnus,-a,-um (groß)	*maior, maius*	*maximus,-a,-um*	maximal
parvus,-a,-um (klein)	*minor, minus*	*minimus,-a,-um*	minimal
bonus,-a,-um (gut)	*melior, melius*	*optimus,-a,-um*	optimal; Optimist
malus,-a,-um (schlecht)	*peior, peius*	*pessimus,-a,-um*	Pessimist
multi,-ae,-a (viele)	*plures, plura*	*plurimi,-ae,-a*	Plural
multum (viel)	*plus, pluris* (Gen.)	*plurimum*	Plus (Komparativ)

> **NOTA BENE!**
>
> Die folgenden Wörter solltest du gut auseinander halten:
>
> *quidam* = „ein gewisser" (im Plural: „einige")
> *quidem* = „zwar", „freilich"
> *ne ... quidem* = „nicht einmal"
> *idem* = „derselbe"

Exercitationes

I. Setze die Adjektiva in den Superlativ (im gleichen Fall!):

1. prudens: ....
2. crudelem: ....
3. acribus: ....
4. breve: ....
5. parvos: ....
6. laetorum: ....
7. difficilia: ....

II. Setze in den Komparativ und Superlativ und übersetze:

1. res difficiles
2. discipulis miseris
3. cenam malam
4. flumen longum
5. cives honesti
6. familiae nobilis
7. multi incolae
8. multum temporis

III. Übersetze die folgenden Sätze und setze die Adjektiva dann auch in den Komparativ und Superlativ:

1. Illa verba clara Caesaris legi.
2. Eodem die nave celeri venerunt.
3. Etiam pensa difficilia ipse facio.
4. Hae puellae discipulae bonae sunt.
5. Claudia mihi etiam de parvis curis narrat.

IV. Setze die angegebenen Adjektiva im Komparativ oder Superlativ ein und übersetze:

1. Cicero .... omnium oratorum Romanorum erat. (clarus)
2. Hannibal, quamquam ei exercitus .... erat quam Romanis, tamen urbem non oppugnabat. (magnus)
3. Minos rex Daedalum, virum ...., patria prohibere non potuit. (prudens)
4. Romulus .... vultures[1] vidit quam frater. (multi)
5. Fuitne Hannibal imperator Caesare ....? (bonus)

[1] **vultur**,-uris m.: „Geier"

V. Welches Wort passt nicht zu den anderen?

1. ❑ pulcher ❑ celer ❑ sacer ❑ miser
2. ❑ tempus ❑ senatus ❑ casus ❑ exercitus
3. ❑ disce ❑ age ❑ breve ❑ verte
4. ❑ latius ❑ fortius ❑ melius ❑ varius
5. ❑ facillimus ❑ terremus ❑ celerrimus ❑ latissimus
6. ❑ is ❑ iis ❑ it ❑ iit

VI. Piratae[1] Caesarem capiunt

Olim piratae Caesarem, imperatorem clarissimum, eiusque socios, qui nave Graeciam petebant, ceperunt. Quod divitias secum non habebat, Caesarem in insulam parvam tulerunt. Ibi ab eo quandam copiam auri[2] postulaverunt[3]. Dixerunt: „Certe socii tui aurum in insulam nostram ferre possunt. Mors crudelissima te exspectat, nisi socii cum auro veniunt." Caesar autem risit: „Iulius Caesar, vir nobilissimus, sum! Cur non plus auri postulatis?" Deinde socios maiorem copiam auri ferre iussit. Qui dum aurum Mileto[4] ferunt, Caesar sine metu apud piratas manebat. Saepe autem iis dicebat: „Mox vos omnes interficiam[5]." Isti quidem de his verbis ridebant. Postquam socii cum auro advenerunt, piratae Caesari libertatem reddiderunt. Qui statim Miletum contendit et paulo post cum multis militibus iterum in hanc insulam venit. Plurimos piratarum comprehendit et paucis diebus post in cruce fixit[6].

[1] **pirata**,-ae m.: „Seeräuber"; [2] **aurum**,-i n.: „Gold"; [3] **postulo** 1: „fordern";
[4] **Miletus**,-i f.: „Milet" (Stadt in Kleinasien); [5] **interficiam**: „ich werde töten";
[6] **figo** 3, fixi: „befestigen", „schlagen"

DE CLEOPATRA

Nach Cäsars Tod begann erneut ein Bürgerkrieg: Oktavian, Cäsars Adoptivsohn, und Marcus Antonius, ein Offizier Cäsars, rächten dessen Tod und besiegten die Cäsarmörder Cassius und Brutus bei Philippi. Dann teilten sie die Macht im römischen Imperium auf: Oktavian erhielt den Westen, Antonius den Osten.

Antonius, dum in oriente[1] bellum gerit, cum Cleopatra, regina Aegypti[2], **convenit**. Quod ea **mulier** et pulchritudine et prudentia sua amorem imperatoris excitavit[3], Antonius Alexandriae[4] manebat. Amore Cleopatrae adductus etiam **fines** latos, quos milites Romani expugnaverant, reginae **dono** dedit et eo modo **regnum** eius **auxit**. Quae res Cleopatrae quidem **gaudio erat**, sed senatores Romae maxime sollicitavit[5]. Itaque Octavianum cum exercitu **ingenti** in Antonium mittere statuerunt.

Apud Actium[6] oppidum hostes, qui **antea** socii fuerant, proelium commiserunt. E quo proelio Cleopatra, quod **cladem** Antonii timebat, cum **classe** sua in patriam fugit. Antonius, ubi reginae fugam **animadvertit**, etiam copias suas reliquit et ipse in Aegyptum contendit. Itaque Octavianus brevi tempore Antonii exercitum vicit et paulo post Alexandriam occupavit. Tum Marcus Antonius gladio se necavit et in manibus Cleopatrae e vita **cessit**.

Octavianus, quod Cleopatram Romam ferre ibique civibus Romanis in triumpho[7] monstrare constituerat, reginam in eius palatio[8] **clausit** et **custodes** ante portas **posuit**. Ita regina neque fugere neque se ipsam interficere potuit: Antonius **enim** omnia arma **abstulerat**. Sed Cleopatra Antonio prudentior erat. Serpentem[9], quam **servae** clam ad reginam tulerant, in corpore suo posuit. Quae Cleopatram statim **morsu**[10] necavit.

Interpretationes:

a) Qua in urbe Cleopatra regnabat?
b) Cur senatus Romanus bellum cum Antonio gerere constituit?
c) Ubi Antonius et Octavianus proelium commiserunt?
d) Cur Cleopatra e proelio fugit?

1 **oriens**,-entis m.: „Orient"
2 **Aegyptus**,-i f.: „Ägypten"
3 **excito** 1: „entfachen"
4 **Alexandria**,-ae f.: „Alexandria" (Stadt in Ägypten)
5 **sollicito** 1: „beunruhigen"
6 **Actium**,-i n.: „Aktium" (Stadt an der griechischen Küste)
7 **triumphus**,-i m.: „Triumph(zug)"
8 **palatium**,-i n.: „Palast"
9 **serpens**,-entis f.: „Schlange"
10 **morsus**,-us m.: „Biss"

DE ROMANIS

Kleopatra

Die letzte Königin des Herrschergeschlechts der Ptolemäer sah es als ihr Lebenswerk an, ihrem ägyptischen Reich die Unabhängigkeit von Rom zu erhalten. Sie galt aufgrund ihrer legendären Nase als nicht übermäßig schöne Frau, faszinierte aber durch ihre Intelligenz, Bildung und Sprachkenntnisse die Männer. Mit Cäsar hatte sie einen Sohn, Kaisarion, mit dem sie sich zwei Jahre (46–44 v. Chr.) in Rom aufhielt – was ihr jede Menge Neider und Feinde einbrachte, nicht zuletzt deswegen, weil Cäsar ein verheirateter Mann war. Nach Cäsars Tod und ihrer Heimkehr nach Ägypten gelang es ihr, auch den neuen Machthaber Marcus Antonius zu betören. Nach ihrer Hochzeit wurde sie von ihm zur „Königin der Könige" des geplanten hellenistischen Weltreiches bestimmt und Kaisarion zu ihrem Mitregenten.

Aus der verlorenen Seeschlacht von Aktium entkommen, veranlasste sie Marcus Antonius Selbstmord zu begehen und bemühte sich vergeblich, den ver-

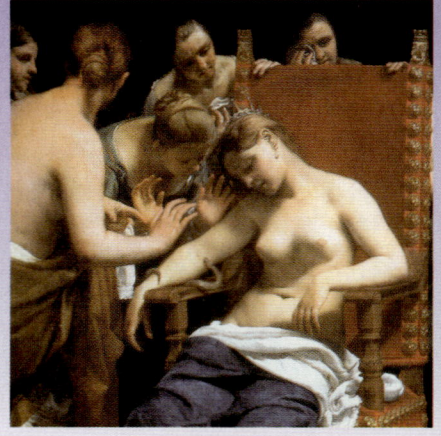

Selbstmord der Kleopatra (Guido Cagnacci, 17. Jh.)

Vocabularium

convenio, -is, convenire 4, conveni	zusammenkommen	vgl. Konvent
mulier, mulieris f.	Frau	ital. moglie
finis, finis m.	Grenze; Ende	vgl. Finale =
fines, finium (Pl.)	Gebiet(e)	
donum, doni n.	Geschenk	dono dare = als Geschenk geben
regnum, regni n.	(König)Reich; Herrschaft	
augeo, -es, augére 2, auxi	vergrößern	vgl. Auktion =
mihi gaudio est	es bereitet mir Freude	(siehe Grammatica)
ingens (m./f./n.), ingentis (2.F.)	riesig, gewaltig	
antea	vorher	
clades, cladis f.	Niederlage	
classis, classis f.	Flotte	auch Abteilung (davon „Klasse")
animadverto, -is, -ere 3, animadverti	bemerken	aus animum vertere ad …
cedo, -is, cédere 3, cessi	weichen, weggehen	
claudo, -is, claudere 3, clausi	einschließen	ital. chiudere; vgl. Klausur
custos, custodis m.	Wächter	ital. custode, vgl. Küster
pono, -is, pónere 3, posui	setzen, legen, stellen	engl. to put
enim (nachgestellt)	nämlich, denn	
aufero, -fers, auférre, abstuli	wegtragen, wegnehmen	aus ab + ferre =
serva, servae f.	Sklavin	vgl. servus, -i

VOKABELLERN-TIPP

Viele „kleine Wörter" im Lateinischen sind besonders schwer zu merken, da sie keine Parallelen in den romanischen Sprachen haben. Trotzdem kann man sie sich fallweise mit Hilfe einiger Tricks leichter einprägen:

E N I M
  N A M
= N Ä M L I C H

GLEICH UND GLEICH GESELLT SICH GERN

enim und *nam* sind Wörter, die dasselbe bedeuten. Solche Wörter nennt man **Synonyme** (sinnverwandte Wörter). Im Deutschen gibt es z.B. für das Verbum „glauben" jede Menge Synonyme: „vermuten", „meinen", „schätzen", „der Ansicht sein" etc. Je mehr Synonyme man in einer Sprache beherrscht, desto größer wird der Wortschatz und desto besser kann man sich ausdrücken!

(WORT)FAMILIE GESUCHT!

Wenn von ein und demselben Wortstamm mehrere Wörter abgeleitet sind, spricht man von einer Wortfamilie. Das Gute daran: Kennt man das „Oberhaupt" der Familie, kann man ganz leicht die übrigen „Familienmitglieder" erkennen – wie du hoffentlich leicht an der folgenden „Königsfamilie" zeigen kannst!

regnare = _____

regnum = _____

regina = _____

rex = _____

---

gleichsweise spröden Octavianus zu einer Teilherrschaft zu überreden. Im Jahr 30 v. Chr. tötete sie sich durch den Biss einer Kobra – und Ägypten wurde römische Provinz.

Marcus Antonius

Dass ein (bis zu diesem Zeitpunkt äußerst erfolgreicher) römischer Feldherr der ägyptischen Königin Kleopatra mit Haut und Haar verfiel, sich in ihrer Heimat mit ihr vermählte und dann auch noch erobertes Land an sie verschenkte, sorgte in Rom für einen gehörigen Skandal. Octavian ließ das Testament des Antonius, in dem er noch zu Lebzeiten die Landschenkungen an Kleopatra und ihre gemeinsamen Kinder bekräftigte, verlesen und erhielt postwendend vom Senat den Auftrag, gegen die beiden Staatsfeinde in den Kampf zu ziehen.

Ein Monument, das Marcus Antonius zeigt, befindet sich neben der Wiener Sezession (siehe Abb.): Antonius, der sich angeblich in Kleinasien und Ägypten als Dionysos feiern ließ, ist nach dem Vorbild dieses Gottes auf einem Löwengespann dargestellt.

Mark-Anton-Monument vor der Wiener Sezession (Anton Strasser, 1901)

GRAMMATICA

PLUSQUAMPERFEKT

Das Plusquamperfekt (Plqpf., Vorvergangenheit) drückt eine Handlung aus, die **vor einer anderen vergangenen** Handlung stattgefunden hat:

*Hostes, qui antea socii **fuerant**, proelium commiserunt.*
= Die Feinde, die vorher Verbündete **gewesen waren**, begannen den Kampf.

(→ zuerst waren sie Verbündete gewesen, danach Feinde)

Das Plqpf. drückt also die *Vorzeitigkeit* zu einer anderen vergangenen Handlung aus. Am besten, du prägst dir die folgende Zeitleiste gut ein:

| Plqpf. | Perfekt / Imperf.* | Präsens |

*) Perfekt und Imperfekt sind „gleich weit" vom Präsens entfernt, drücken aber Unterschiedliches aus (vgl. Seite 68)!

Bildung:
Der Indikativ Plusquamperfekt aktiv wird vom Perfektstamm (→ Seite 64) gebildet, weist aber folgende Endungen auf:

Sg.		Pl.	
1.P	-eram	1.P	-eramus
2.P	-eras	2.P	-eratis
3.P	-erat	3.P	-erant

NOTA BENE!

Die größte Verwechslungsgefahr zwischen Perfekt und Plqpf. besteht in der 3. P. Pl.:

▸ *duxérunt* = sie haben geführt (sie führten)
▸ *dúxerant* = sie hatten geführt

	a-Konj.	e-Konj.	kons. Konj.	i-Konj.	Mischkonj.	esse	posse
Sg.	amáveram	habúeram	míseram	audíveram	céperam	fúeram	potúeram
	amáveras	habúeras	míseras	audíveras	céperas	fúeras	potúeras
	amáverat	habúerat	míserat	audíverat	céperat	fúerat	potúerat
Pl.	amaverámus	habuerámus	miserámus	audiverámus	ceperámus	fuerámus	potuerámus
	amaverátis	habuerátis	miserátis	audiverátis	ceperátis	fuerátis	potuerátis
	amáverant	habúerant	míserant	audíverant	céperant	fúerant	potúerant

ZWECKDATIV (Dativus finalis)

Ist ein Dativ mit einer Form von *esse* verbunden, wird diese Wortgruppe meist mit „**dienen zu …**" oder „**bereiten**" übersetzt:

Haec res Cleopatrae gaudio fuit. = Diese Sache diente Kleopatra zur Freude (= bereitete ihr Freude).

Folgende Wendungen solltest du dir als Phrasen merken:

gaudio esse = Freude bereiten
dolori esse = Schmerz bereiten
exemplo esse = als Beispiel dienen
curae esse = Sorge bereiten

Der Zweckdativ steht auch bei einigen anderen Verba wie *venire* oder *mittere*:

auxilio venire = zu Hilfe kommen
auxilio mittere = zu Hilfe schicken

Exercitationes

I. Setze ins Imperfekt, Perfekt und Plusquamperfekt und übersetze das Plusquamperfekt:

1. ponis 2. tradimus 3. cedunt 4. aufert

II. Ordne die folgenden Verbalformen nach den Zeiten und übersetze:

monstrabas, ieratis, statuis, coeperunt, tulisti, moverat, properas, occiderunt, poterat, canunt, agitis, amiserant, fuerunt, eramus, vertit (2 Mögl.), superavisti, vidimus, ducimus

III. Ergänze die in Klammer stehenden Prädikate im Plusquamperfekt und übersetze:

1. Narravistisne mihi omnia, quae de ea re .... ? (audio)
2. Eadem nave celerrima, qua Romam ...., paulo post urbem iterum reliqui. (venio)
3. Cur mihi non hos libros tulisti, quos a te ....? (peto)
4. Nonnullos senatores, qui dictatorem interficere ...., Caesarem circumvenerunt. (statuo)
5. Di Tantalum, qui iis antea semper gratus ...., summis poenis affecerunt. (sum)

IV. Übungssätze zum Dativus finalis:

1. Mors filiae, quam maxime amaverat, Ciceroni magno dolori erat.
2. Libros Latinos legere, quamquam facillimum non est, nobis tamen gaudio est.
3. Mores temporum illorum Ciceroni magnae curae erant.
4. Lucretia, illa uxor honestissima, multis mulieribus Romanis exemplo erat.
5. Scipioni, illi imperatori clarissimo, proelium, quo Hannibalem vicit, magno honori erat.
6. Vercingetorix, ubi copias, quas ceterae civitates auxilio miserant, vidit, proelium committere statuit.

V. Die folgenden Wörter können verschiedene Bedeutungen haben:

1. is: ....
2. veni: ....
3. capitis: ....
4. filiis: ....
5. isti: ....

VI. Ptolemaeus¹ caedem crudelem committit

Pompeius et Caesar imperatores clarissimi erant. Dum hic bellum in Gallia gerit, ille consul Romae erat et sibi potestatem maximam paravit. Quae res Caesari minime placuit. Itaque cum legionibus suis Romam iit et deinde, quod Pompeius iam fugerat, in Graeciam² contendit, ubi eius exercitum vicit. Pompeius ipse iterum fugere potuit et se ad Ptolemaeum regem, fratrem Cleopatrae, recepit. Ille autem, qui auxilio Caesaris regnum suum augere cupiebat, secum cogitavit: „Pompeii mors Caesari certe summo gaudio erit³." Ita Pompeium interfecit et eius caput ad Caesarem misit. Caesar autem, cui hoc donum atrocissimum dolori magno erat, diu flebat. Quamquam enim hostes erant, tamen virtus illius viri honesti Caesari semper admirationi⁴ erat. Paulo post Caesar bellum contra Ptolemaeum paravit et Cleopatram, mulierem pulcherrimam, reginam fecit.

1 **Ptolemaeus**,-i m.: „Ptolemäus" (ägyptischer König); 2 **Graecia**,-ae f.: „Griechenland"; 3 **erit**: Futur zu *est*; 4 **admiratio**,-onis f.: „Bewunderung"

21

DE PARIDIS[1] IUDICIO

Der folgende Mythos beschreibt den ersten Schönheitswettbewerb der Geschichte: Paris, der trojanische Königssohn, muss die undankbare Rolle übernehmen, als Juror zwischen drei rivalisierenden Göttinnen zu entscheiden – eine Entscheidung, die weitreichende Folgen haben sollte.

Iuppiter omnes deos deasque ad nuptias[2] Thetidis[3] et Pelei[4] invitaverat – omnes **praeter Discordiam**, deam **controversiarum**. Quae tamen venit et a porta malum[5] medios inter deos **iecit**, dum dicit: „Hoc malum pulcherrimae deae est!" Quod Iuno, Venus, Minerva statim de isto malo **certare** coeperunt, Iuppiter deas ad Paridem, filium Priami[6] regis, misit eumque iudicare iussit.

Prima Iuno huic dixit: „Me **delige**! Tibi magnum **praemium** dabo: In omnibus terris regnabis! **Praeterea** omnium di(vi)tissimus eris!" Deinde Minerva dixit: „Si mihi malum dederis, nemo te **fortitudine** superabit!" Postremo autem Venus dixit: „Si me delegeris, Helenam, pulcherrimam omnium mulierum, uxorem accipies!" Quod id praemium ei maxime placuit, Paris Veneri malum dedit.

Quia Helena uxor Menelai[7], regis Lacedaemoniorum[8], erat, Paris **Graeciam** petere **decrevit**. Postquam **eo** venit, rex Paridem summo hospitio[9] recepit et paulo post, quod in Cretam[10] insulam navigare constituerat, uxorem **fidei** eius **mandavit**.

Eam **occasionem** Paris non praetermisit[11]: Helenam his verbis adiit: „Regina pulcherrima, nonne amor, quem Venus dea dedit, nos **iungit**? Si mecum in patriam meam veneris, tibi **maritus** bonus ero!" Deinde, **sive** his aliisque **eiusmodi** verbis mulieri persuasit, sive eam vi secum venire coegit, Helenam **Troiam** duxit.

Interpretationes:

a) Cur Discordia malum inter deos iecit?
b) Quae deae de malo certaverunt?
c) Cui deae Paris malum dedit?
d) Unde Paris Helenam rapuit?

1 **Paris**,-idis m.: „Paris" (trojan. Prinz)
2 **nuptiae**,-arum f.: „Hochzeit"
3 **Thetis**,-idis f.: „Thetis" (Meeresnymphe)
4 **Peleus**,-i m.: „Peleus" (griechischer König)
5 **malum**,-i n.: „Apfel"
6 **Priamus**,-i m.: „Priamos" (König von Troja)
7 **Menelaus**,-i m.: „Menelaos"
8 **Lacedaemonii**,-orum m.: „Spartaner"
9 **hospitium**,-i n.: „Gastfreundschaft"
10 **Creta**,-ae f.: „Kreta"
11 **praetermitto** 3, praetermisi: „vorübergehen lassen"

DE GRAECIS ET ROMANIS

Venus

Die römische Göttin der Liebe entspricht der griechischen **Aphrodite**. Diese trägt den Beinamen „Schaumgeborene": Einer etwas blutrünstigen Sage zufolge soll Kronos, der Vater des Zeus, den regierenden Himmelsfürsten Uranos mittels einer Sichel entmannt haben. Das Blut soll in den Meeresschaum getropft sein und dort Aphrodite erzeugt haben. Abgespielt hat sich die Szene angeblich bei der Insel Kypros (Zypern), die sich heute noch mit dem klingenden Namen „Insel der Aphrodite" schmückt. Einer anderen Sagenversion nach ist die Göttin am Strand der südgriechischen Insel Kythera aus einer Muschel gestiegen – so hat sie der italienische Renaissancemaler Sandro Botticelli in seinem Bild „Geburt der Venus" dargestellt (siehe Abb.). Trotz ihrer Schönheit und ihrer Zuständigkeit für alle Liebesangelegenheiten hatte Aphrodite Probleme in ihrem eigenen Liebesleben. Ihr Ehemann war ausgerechnet Hephaistos (lat. Vulcanus), der hässlichste aller olympischen Götter.

Die Geburt der Venus (Sandro Botticelli, um 1485)

Vocabularium

praeter (Präp. + Akk.)	außer	
discordia,-ae f.	Zwietracht, Streit	ital. discordia
controversia,-ae f.	Auseinandersetzung	vgl. Kontroverse
iacio,-is, iácere M, ieci	werfen	
Venus, Véneris f.	Venus	Göttin der Liebe; griech. =
certo,-as, certáre 1, certavi	streiten, wetteifern	
iudico,-as, iudicáre 1, iudicavi	urteilen, richten	vgl. iudicium,-i =
deligo,-is, delígere 3, delegi	auswählen	
praemium,-i n.	Belohnung, Preis	Prämie
praeterea	außerdem	aus praeter + ea =
dives (m.,f.,n.), divitis (2.F.)	reich	vgl. divitiae,-arum =
fortitudo, fortitudinis f.	Tapferkeit	vgl. fortis,-e
quia	weil	
Graecia,-ae f.	Griechenland	vgl. Graeci,-orum =
decerno,-is, decérnere 3, decrevi	beschließen	vgl. Dekret =
eo (Adv.)	dorthin	
fides, fidei f.	Treue, Vertrauen	
mando,-as, mandáre 1, mandavi	anvertrauen	aus: in manum dare =
occasio, occasionis f.	Gelegenheit	engl. occasion, frz. occasion
iungo,-is, iúngere 3, iunxi	verbinden	vgl. con-iungo =
maritus,-i m.	Gatte, Ehemann	frz. mari, ital. marito
sive ... sive (= seu ... seu)	sei es (dass) ... sei es (dass)	
eiusmodi	derartig	wörtl. =
Troia,-ae f.	Troja	

Latein im Alltag

CON-

Die Vorsilbe co(n)- bzw. com- (verwandt mit der Präposition cum) bedeutet „zusammen". Concordia, die Göttin der Eintracht, bringt also die Menschen zusammen und stiftet Frieden.

? a) Kannst du herausfinden, wieso das (mittlerweile eingemottete) Überschallflugzeug Concorde so benannt wurde?

? b) Finde die Bedeutung folgender Fremdwörter heraus:

Konsonant: _____ Konklave: _____
Kondolenz: _____ Konglomerat: _____
Konföderation: _____ Konsortium: _____

DIS-

Diese Vorsilbe bedeutet meistens „auseinander" oder „entzwei". Die Göttin Discordia ist folglich eine Gottheit, die die Herzen (lat. cor, cordis, vgl. frz. coeur und ital. cuore) „entzweit" und für Zwietracht und Streit sorgt.

? Was bedeuten die folgenden Fremdwörter?

Dissonanz: _____ Disput: _____
Diskriminierung: _____ Disqualifikation: _____
Diskrepanz: _____ Distanz: _____

In seiner Zuständigkeit für Feuer und Schmiedekunst passte er so ganz und gar nicht zu der anmutigen Venus. Sie suchte sich auch bald diverse Liebhaber – unter ihnen Mars (griech. Ares) und der trojanischer Fürst Anchises. Dieser Verbindung entsprang Äneas, der von den Römern als Stammvater ihres Volkes verehrt wurde.

Amor

Ebenfalls zum Gefolge der Venus gehört ihr Sohn Amor (griech. Eros, vgl. Erotik!). Er wird in der bildenden Kunst immer als geflügelter Knabe mit Pfeil und Bogen dargestellt. Durch das Verschießen seiner Liebespfeile sorgt er für Liebesverwicklungen unter den Menschen. Später wurde er gewissermaßen „vervielfältigt" und zum Ziergegenstand degradiert: Die so genannten *Putti* wurden zu den barocken Zierengeln.

Eros (Picadilly Circus, London)

GRAMMATICA

FUTUR

Das Futur wird nicht für alle Konjugationen gleich gebildet:
    a) a- und e-Konjugation → „*bo/bis/bunt*"-Futur   b) übrige Konjugationen → „*a/e*"-Futur

	a-Konj.	e-Konj.	kons. Konj.	i-Konj.	Mischkonj.	*esse*	*ire*
Sg.	amá**bo**	moné**bo**	mítt**am**	aúdi**am**	cápi**am**	é**ro**	í**bo**
	amá**bis**	moné**bis**	mítt**es**	aúdi**es**	cápi**es**	é**ris**	í**bis**
	amá**bit**	moné**bit**	mítt**et**	aúdi**et**	cápi**et**	é**rit**	í**bit**
Pl.	amá**bi**mus	moné**bi**mus	mitt**é**mus	audi**é**mus	capi**é**mus	é**ri**mus	í**bi**mus
	amá**bi**tis	moné**bi**tis	mitt**é**tis	audi**é**tis	capi**é**tis	é**ri**tis	í**bi**tis
	amá**bu**nt	moné**bu**nt	mítt**en**t	audi**en**t	cápi**en**t	é**ru**nt	í**bu**nt

NOTA BENE!

Während das „*bo/bis/bunt*"-Futur normalerweise leicht zu erkennen ist (es sei denn, du verwechselst es mit dem *-ba-* des Imperfekts), besteht beim „*a/e*"-Futur die Verwechslungsgefahr mit dem Präsens der e-Konjugation:

- **mittes** (konsonantische Konjugation) → Futur („du wirst schicken")
- **habes** (e-Konjugation) → Präsens („du hast")

Steht in einem Hauptsatz Futur, muss im lateinischen Gliedsatz bei Gleichzeitigkeit ebenfalls Futur stehen (sog. „**Parallelfutur**"):

Gaudebo, si venies. (Futur!) = Ich werde mich freuen, wenn du kommst. (Im Deutschen Präsens!)

FUTURUM EXACTUM (Vorzukunft)

Das Futur Exakt (Futur 2, Vorzukunft) drückt eine Handlung aus, die **vor einer anderen zukünftigen Handlung** stattfinden wird:

   Si mihi malum dederis, nemo te fortitudine superabit.
   = Wenn du mir den Apfel gegeben haben wirst (gibst*), wird dich niemand an Tapferkeit übertreffen.
   (→ Zuerst wird er ihr den Apfel geben, danach wird er der Tapferste sein.)

* Die wörtliche Übersetzung des Futur Exakt ist im Deutschen unüblich, stattdessen wird meist das **Präsens** oder **Perfekt** verwendet!

Bildung:
Das Futurum Exactum wird vom Perfektstamm (!) gebildet und hat folgende Endungen:

	a-Konj.	e-Konj.	kons. Konj.	i-Konj.	Mischkonj.	*esse*	*ire*
Sg.	am**áv**ero	mon**ú**ero	mís**ero**	aud**ív**ero	c**ép**ero	f**ú**ero	í**ero**
	am**áv**eris	mon**ú**eris	mís**eris**	aud**ív**eris	c**ép**eris	f**ú**eris	í**eris**
	am**áv**erit	mon**ú**erit	mís**erit**	aud**ív**erit	c**ép**erit	f**ú**erit	í**erit**
Pl.	amav**ér**imus	monu**ér**imus	mis**ér**imus	audiv**ér**imus	cep**ér**imus	fu**ér**imus	i**ér**imus
	amav**ér**itis	monu**ér**itis	mis**ér**itis	audiv**ér**itis	cep**ér**itis	fu**ér**itis	i**ér**itis
	am**áv**erint	mon**ú**erint	mís**erint**	aud**ív**erint	c**ép**erint	f**ú**erint	í**erint**

DIE ZEITEN (Zusammenfassung)

Plqpf.   Perfekt[1]/   Präsens   Futur Exakt[3]   Futur
             Imperfekt[2]

1) Das Perfekt drückt eine **einmalige Handlung** in der Vergangenheit aus (im Dt.: meist Präteritum!)
2) Das Imperfekt drückt eine **länger andauernde** oder **wiederholte** Handlung aus.
3) Das Futur Exakt wird im Deutschen als **Präsens** oder **Perfekt** wiedergegeben.

Exercitationes

I. Setze ins Futur:

1. certant: ....
2. neglego: ....
3. monetis: ....
4. vivit: ....
5. ambulo: ....
6. gerunt: ....
7. itis: ....
8. sunt: ....
9. fers: ....

II. Setze in alle Zeiten (Futur, Imperfekt, Perfekt, Plusquamperfekt und Futur exakt):

1. mandant 2. decernis 3. habet 4. adestis

III. Übersetze:

Daedalus Icaro dixit: „Minos nos semper patria prohibebit. Nisi mox consilium prudens capiam, patriam non iam videbo. Alas[1] faciam, quibus per caelum fugere poterimus. Iter, quod faciemus, difficillimum erit. Tamen hoc facere audebimus. Si per caelum fugiemus, milites regis nos capere non poterunt. Praeterea iam in tuto[2] erimus, cum Minos fugam[3] nostram intellexerit. At sole te prohibe! Si enim soli appropinquabis, alas amittes et in mare cades."

1 **ala**,-ae f.: „Flügel"; 2 **tutum**,-i n.: „Sicherheit"; 3 **fuga**,-ae f.: „Flucht"

IV. Ordne die folgenden Verbalformen nach den Zeiten und übersetze:

movimus, parent, ponebam, poterunt, vicerit, potuerant, restiteris, iungetis, sederatis, dederimus, statuisti, poterant, solvet, clausit, potuerunt, placueras, tangebant, deletis, eram, timuerat, augent, potuerint, deliges, agimus

V. Welches Prädikat ist das richtige?

1. Cicero ad Catilinam: „Si Roma *exieras / exieris / exis*, nos omnes timore magno liberabis."
2. Cassius et Brutus, quem Caesar ut filium *amabat / amabit / amavit*, eius caedem decreverunt.
3. Theseus omnes liberos, quos parentes ei magna cum cura *mandabant / mandaverant / mandaverunt*, iterum in patriam duxit.
4. Caesar secum cogitat: „Si totam Galliam *occupaveram / occupavero / occupo*, gloria mea maxima erit."
5. Spartacus multis Gallis persuasit: „Si vos quoque in exercitu servorum *pugnabatis / pugnabitis / pugnatis*, Romanos vincere poterimus."
6. Tantalus, quia facinus atrocissimum *commiserat / commisit / committebat*, poenam crudelem tolerare debet.

VI. Et Paris et Helena miro[1] modo nati sunt

Hecubae[2], Priami uxori, priusquam Paridem[3] peperit[4], somnium[5] atrocissimum erat. Statim regi omnia, quae viderat, narravit: „In somnio non puerum, sed flammas magnas peperi." Priamus, cui id magnae curae erat, sacerdotem[6] quendam adiit et de hoc somnio interrogavit. Qui respondit: „Filius, quem uxor pariet, olim Troiam clade maxima afficiet." Quibus verbis adductus rex decrevit: „Si uxor filium pepererit, eum Troia in montes auferam." Ita Paris diu vitam inter pastores[7], qui eum casu invenerant, agebat.
Helena quoque, Ledae[8] filia, miro modo nata est. Iuppiter enim pater eius erat. Qui, ut iam audivimus, saepe non forma[9] sua, sed forma animalium feminis appropinquabat. Quod autem forma oloris[10] cum Leda convenerat, illa non filiam, sed ovum[11] ingens peperit, e quo nonnullis diebus post Helena nata est.

1 **mirus** 3: „seltsam"; 2 **Hecuba**,-ae f.: „Hekabe"; 3 **Paris**,-idis m.: „Paris"; 4 **pario** M, peperi: „gebären"; 5 **somnium**,-i n.: „Traum";
6 **sacerdos**,-otis m.: „Priester"; 7 **pastor**,-oris m.: „Hirte"; 8 **Leda**,-ae f.: „Leda"; 9 **forma**,-ae f.: „Gestalt"; 10 **olor**,-oris m.: „Schwan"; 11 **ovum**,-i n.: „Ei"

22 DE IRA ACHILLIS[1]

Die Entführung Helenas durch Paris blieb nicht ohne Folgen: Menelaos, der betrogene Ehemann, rief alle Fürsten Griechenlands zu Hilfe und brach mit einem gewaltigen Heer nach Troja auf. Jahrelang belagerten die Griechen die Stadt, konnten sie aber nicht einnehmen. In der folgenden Episode des zehnten und letzten Kriegsjahres spielt Achill, der Tapferste aller Griechen, die Hauptrolle.

Iam diu Graeci **moenia alta** oppugnabant. Quamquam fortiter pugnabant, tamen **Troianos**, qui oppidum summa vi defendebant, vincere non potuerunt. Decimo autem anno Achilles, qui semper fortius quam ceteri Graeci pugnaverat, iratus proeliis se **abstinebat**. Agamemnon enim, qui summum **imperium** exercitus Graeci **obtinebat**, Achilli servam pulcherrimam, quam ille maxime amabat, abstulerat.

Quodam die, dum Achilles solus in castris est, Troiani exercitum Graecum pugna vicerunt. Postquam multos Graecos interfecerunt, etiam castra eorum occupare et **incendere** coeperunt. Tum Patroclus, Achillis amicus, illum his verbis adiit: „Nisi mihi arma tua dederis, Troiani nos certe superabunt!" Ubi Achilles amico arma dedit, ille his armis indutus[2] celeriter in proelium contendit. Troiani, quod eum Achillem **putaverunt**, metu adducti fugerunt. At Hector[3], filius Priami regis fortissimus, cum Patroclo pugnare non timuit eumque pugna acerrima interfecit. Quae res Achilli magno dolori erat; diu flebat, priusquam proelio iterum **interesse** constituit. Atrocissime pugnavit: Non solum **complures** hostes crudeliter **cecidit**, sed etiam Hectorem ipsum occidit. Neque iram **deposuit**, sed Hectoris corpus **equis** iterum et iterum per pulverem[4] **traxit**. Denique Priamus rex ipse in castra venit, ubi **magis precibus** quam **auro** animum Achillis movit. Itaque ei filium mortuum secum Troiam ferre licuit.

Troiani, postquam Hectorem sepeliverunt[5], iterum pugnare coeperunt. Quo in proelio Paris, **frater** Hectoris, Achillem interfecit: Auxilio **Apollinis** dei sagittam[6] in calcem[7] Achillis coniecit[8].

Interpretationes:

a) Cur Achilles iratus proeliis abstinebat?
b) Cur Troiani Patroclum timuerunt?
c) Quis erat pater Hectoris?
d) Quis Achillem interfecit?

1 **Achilles**,-is m.: „Achill"
2 **indutus** 3: „bekleidet"
3 **Hector**,-oris m.: „Hektor"
4 **pulvis**,-eris m.: „Staub"
5 **sepelio** 4,-ivi: „bestatten"
6 **sagitta**,-ae f.: „Pfeil"
7 **calx**, calcis f.: „Ferse"
8 **conicio** M, conieci: „schießen"

DE GRAECIS

Die „homerische Frage"

Die Geschichte vom trojanischen Krieg, genauer gesagt dessen zehntes, letztes Kriegsjahr, wird in dem berühmten Heldenepos *Ilias* (Ilium = Troja) beschrieben. Als dessen Verfasser gilt *Homer* (griech. Homeros), der älteste griechische Dichter. Das zweite Epos, das ihm zugeschrieben wird, ist die *Odyssee* (Irrfahrten des Odysseus nach dem Untergang Trojas), das so wie die Ilias 24 Bücher umfasst.

Die Person des Homer hat die Wissenschaftler jahrhundertelang vor viele Rätsel gestellt:

▸ War Homer, wie überliefert ist, blind? Möglicherweise könnte diese Ansicht auch auf eine falsche Deutung seines Namens (*ho mé horón* = „der nicht Sehende") zurückgehen.
▸ Wann lebte Homer? Nach dem heutigen Stand der Wissenschaft in der 2. Hälfte des 8. Jh. v. Chr.
▸ Wo wurde Homer geboren? Neben der griechischen Insel Chios beanspruchten auch einige kleinasiatische Städte (u. a. Smyrna und Kolophon) diese Ehre für sich.
▸ Ist Homer tatsächlich der Autor von *Ilias* und *Odyssee* oder gab es zwei oder mehr verschiedene Autoren? Grundlage dieser Überlegungen ist, dass die beiden Werke zwar in der Antike Homer zugeschrieben wurden, bei näherer Betrachtung aber große Unterschiede aufweisen.
▸ Wurden *Ilias* und *Odyssee* zunächst mündlich durch fahrende Sänger (Rhapsoden) überliefert und erst später schriftlich fixiert? Einiger-

VOCABULARIUM

ira,-ae f.	Zorn	vgl. iratus,-a,-um =
moenia, moenium n. (Pl.)	Mauern	
altus,-a,-um	hoch; tief	ital. alto
Troiani,-orum m.	die Trojaner	
abstineo,-es, abstinére 2, abstinui	(sich) fernhalten (von)	vgl. abstinent =
imperium,-i n.	Befehl; Herrschaft; Reich	engl. empire, frz. empire
obtineo,-es, obtinére 2, obtinui	innehaben	engl. to obtain =
incendo,-is, incéndere 3, incendi	anzünden	
puto,-as, putáre 1, putavi	glauben	(siehe Grammatica)
intersum,-es, interesse, interfui	beiwohnen	vgl. Interesse
complures (m.+ f.), complura (n.)	mehrere	
caedo,-is, cáedere 3, cecídi	töten	vgl. caedes,-is =
depono,-is, depónere 3, deposui	ablegen	vgl. Deponie
equus,-i m.	Pferd	
traho,-is, tráhere 3, traxi	ziehen	vgl. Traktor, subtrahieren
magis	mehr	vgl. Magister
preces, precum f. (Pl.)	Bitten	
aurum,-i n.	Gold	chem. Zeichen für Gold = Au
frater, fratris m.	Bruder	frz. frère, ital. fratello
Apollo, Apóllinis m.	Apoll	

LATEIN IM ALLTAG

CITIUS, ALTIUS, FORTIUS
„Schneller, höher, weiter" – das ist das Motto der Olympischen Spiele. Pierre de Coubertin, der 1896 die antiken Spiele wieder aufleben ließ, kreierte diesen Spruch.

? Was ist die eigentliche Bedeutung von *fortius*?

ACHILLESFERSE
Da ihn seine Mutter Thetis als Kind in heiliges Feuer gehalten hatte, war Achill – mit Ausnahme der Ferse – am ganzen Körper unverwundbar.

? a) Was versteht man heute unter einer „Achillesferse"?
b) Auch zwei andere gängige Begriffe gehen auf antike Erzählungen zurück, die du schon kennen gelernt hast: Worauf lassen sich die Ausdrücke „Leitfaden" und „Zankapfel" zurückführen?

---

maßen sicher ist, dass die *Ilias* um 730 v. Chr. und die *Odyssee* zirka 20 Jahre später entstand.

▸ Gab es den Kampf um Troja wirklich? Vermutlich wurde Troja tatsächlich um 1200 v. Chr. von den Mykenern, als deren König in der *Ilias* Agamemnon genannt wird, zerstört. Das bedeutet aber, dass zwischen dem Kampf um Troja und der Entstehung der *Ilias* fast 500 Jahre lagen!

Trotz vieler ungelöster Fragen steht aber fest, dass Homers Werk auch heute noch zu den Klassikern der Weltliteratur zählt: Das Nachrichtenmagazin *profil* befragte 2001 zirka 10 000 Österreicherinnen und Österreicher nach ihren Lieblingsbüchern – dabei landete die *Odyssee* (hinter Goethes *Faust*, Shakespeares *Hamlet* und der Bibel) auf Platz vier.

Im Jahr 2004 war der Film „Troja" einer der größten Erfolge in Österreichs Kinos. Die Hauptrolle des Achill spielte der Hollywood-Star Brad Pitt.

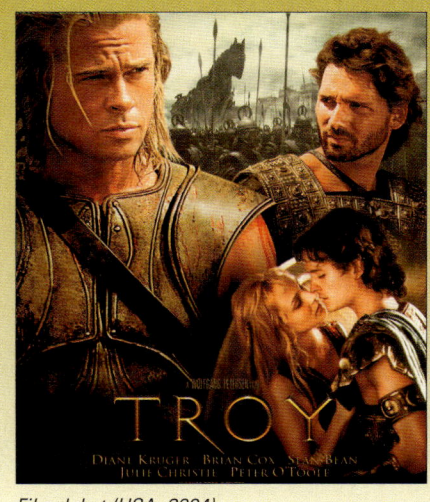

Filmplakat (USA, 2004)

GRAMMATICA

ADVERBIA (Umstandswörter)

Aus Adjektiva können auch Adverbia gebildet werden. Ein Adverb bestimmt, wie der Name sagt (*ad verbum* = „zum Verb"), ein Zeitwort näher. Es hat im Lateinischen (im Gegensatz zum Deutschen!) eine eigene (nicht deklinierbare) Form* und steht auf die Frage „**auf welche Weise?**".

Graeci fortiter pugnabant. = Die Griechen kämpften tapfer. (→ auf welche Weise kämpften sie?)

* vgl. im Englischen die Silbe *-ly: quick* → *quickly*

1) Adverbbildung in der Grundstufe

In der Grundstufe hängt die Bildung des Adverbs von der Deklination ab, zu der das Adjektiv gehört:

	ADJEKTIV	ADVERB
Adj. der a-/o-Dekl. → **-e**	*certus, certa, certum*	→ *cert**e*** („sicher")
	pulcher, pulchra, pulchrum	→ *pulchr**e*** („schön")
Adj. der 3. Dekl. → **-iter**	*fortis, forte*	→ *fort**iter*** („tapfer")
	atrox, atrocis	→ *atroc**iter*** („wild")
	celer, celeris, celere	→ *celer**iter*** („schnell")
Adj. auf **-ns** → **-nter**	*prudens, prudentis*	→ *prude**nter*** („klug")

NOTA BENE!

Beachte folgende Ausnahmen:
bonus → **bene**, *facilis* → *facile*

2) Steigerung des Adverbs

a) **Komparativ**: Stamm der Grundstufe + **-ius**

*cert**ius*** („sicherer"), *pulchr**ius*** („schöner"), *fort**ius*** („tapferer"), *atroc**ius*** („wilder"), *facil**ius*** („leichter") etc.

Achilles fortius pugnavit quam ceteri Graeci. = Achill kämpfte tapferer als die übrigen Griechen.

❓ Mit welcher Form ist das Adverb im Komparativ identisch?

b) **Superlativ**: Superlativstamm + **-e**

*cert**issime*** („am sichersten"), *pulch**errime*** („am schönsten"), *fort**issime*** („am tapfersten"), *atroc**issime*** („am wildesten"), *fac**illime*** („am leichtesten")

Achilles fortissime pugnavit. = Achill kämpfte am tapfersten (sehr tapfer).

DOPPELTER AKKUSATIV

Manche Verben können mit zwei Akkusativen verbunden sein und haben dann eine eigene Bedeutung:

putare (eigtl. „glauben") + doppelter Akkusativ = „halten ... für"
  Troiani Patroclum Achillem putaverunt. = Die Trojaner hielten Patroklus für Achill.

dicere (eigtl. „sagen") + doppelter Akkusativ = „nennen"
  Quintus Iuliam amicam dicit. = Quintus nennt Julia eine Freundin.

vocare (eigtl. „rufen") + doppelter Akkusativ = „nennen"
  Iulia Quintum non amicum vocat. = Julia nennt Quintus nicht einen Freund.

Exercitationes

I. Bilde zu den folgenden Adjektiva die Adverbia:

1. crudelis: ....
2. magnificus: ....
3. pessimus: ....
4. brevis: ....
5. facilior: ....
6. clarus: ....
7. melior: ....

II. Welche der folgenden Formen sind Adverbia, welche Adjektiva und welche können beides sein? Lege eine Tabelle an!

acre – longe – honestius – breve – diviti – peius – celerrime – atrociter – pulchrius – difficile – altiora – parvus – improbe – male – bene – miseriorum – laetior – minus

III. Übersetze:

1. Omnes cives Romulum, qui iam diu prudenter regnat, regem bonum putant.
2. Paris, quod ei praemium Veneris maxime placuit, eam deam pulcherrimam dixit.
3. Menelaos, quod Paridem virum honestum putabat, uxorem fidei eius mandavit.
4. Caesar Cleopatram, postquam eius fratrem vicit, reginam fecit.
5. Multi homines Caesarem, quia omnia bella prudenter gessit, imperatorem optimum dicunt.

IV. Setze in den folgenden Sätzen die Adjektiva und Adverbia in den Komparativ und Superlativ:

1. Imperator milites fortiter pugnare iussit.
2. Etiam discipuli prudentes non semper prudenter respondent.
3. Tuam vocem pulchram facile cognoscimus.
4. Iuliam discipulam bonam putamus.

V. Setze die richtige Form des Adjektivs oder das Adverb (in der Grundstufe) in die Sätze ein:

1. Vercingetorix statim omnes viros .... ad concilium convocavit. (nobilis)
2. Quod Orpheus .... cecinit, Proserpina ei uxorem reddidit. (pulcher)
3. Priusquam magister intravit, discipuli .... certaverunt. (acer)
4. Nuntii regis, quia iis equi .... erant, iam tribus horis post Romam venerunt. (celer)
5. Illa verba .... didicisti, Gai! (bonus)

VI. Thetis[1] Achillem occultat[2]

Thetis, Achillis mater, olim ab oraculo[3] audiverat: „Si filius tuus bello Troiano intererit, hostes eum interficient." Nonnullis annis post Agamemnon bellum contra Troianos paravit et viros totius Graeciae cogere coepit. Quae ubi Thetis audivit, celeriter filium ad se vocavit dixitque: „Magno in periculo eris, mi fili, nisi bello te abstinebis. Propera ad Lycomedem[4] regem, qui te inter filias suas occultabit. Ita omnes te virginem putabunt neque Troiam ibis, ubi mors te exspectat." Itaque Achilles, ille vir fortissimus, veste[5] mulierum indutus[6] inter filias regis se occultabat. At Ulixes[7], quem Agamemnon Achillem quaerere iusserat, Thetide prudentior erat. Nam filiis Lycomedis complura dona pulcherrima tulit, inter quae etiam arma erant. Haec dona Ulixes media in domo posuit, deinde autem, dum virgines magno cum gaudio ea spectant, amicum quendam signa canere[8] iussit. Virgines celerrime fugerunt, Achilles autem statim arma cepit. Ita omnes virum inter virgines facillime cognoverunt.

1 **Thetis**,-idis f.: „Thetis"; 2 **occulto** 1,-avi: „verstecken"; 3 **oraculum**-i n.: „Orakel"; 4 **Lycomedes**,-is m.: „Lykomedes" (König von Skyros);
5 **vestis**,-is f.: „Kleidung"; 6 **indutus** 3: „bekleidet"; 7 **Ulixes**,-is m.: „Odysseus"; 8 **signa canere**: „zum Angriff blasen"

23 DE EQUO TROIANO

Nach Achills Tod unternahmen die Griechen noch weitere, zunächst vergebliche Versuche, Troja zu erobern.

Tum **Ulixes**, vir prudentissimus Graecorum, intellexit: „**Etsi** fortissime pugnabimus, moenia altissima ac **firmissima** tamen **numquam** superabimus. Oppidum non nisi dolo¹ expugnare poterimus." Itaque consilium prudens cepit: Ingens equus ligneus² aedificatus est, in quo nonnulli viri fortissimi **inclusi** sunt. Deinde Graeci, postquam hunc equum ante oppidi portas statuerunt, navibus insulam vicinam³ petiverunt.

Troiani, ubi castra a Graecis relicta conspexerunt, oppido exierunt et equum in litore invenerunt. Tum Sinon, quem Graeci solum reliquerant, **apparuit** iisque narravit: „Graeci me dis immolare⁴ in animo habebant. Paene necatus sum, sed fugere potui et me sub hoc equo occultavi⁵. Equus donum Minervae est. Quem si **intra** moenia posueritis, dea vobis semper **favebit**."

Quod his verbis Troianis persuadere potuit, equus magno cum clamore ad oppidum tractus est. Ibi, quia equus portis maior erat, Troiani partem moenium diruerunt⁶. Ita equum in oppidum trahere et in **arce** statuere potuerunt.

Deinde Troiani **victoriam** multo **vino celebraverunt**. At paucis horis post, dum **universi** vino fessi⁷ somno⁸ se dant, Graeci inclusi equo exierunt. Auxilio ceterorum Graecorum, qui **interea** clam ab insula **redierant** et porta **aperta** oppidum intraverant, multa aedificia incenderunt. Troiani frustra se defendere studuerunt: Plurimi eorum crudeliter necati sunt, oppidum autem **flammis consumptum** est.

Interpretationes:

a) Quis equum ligneum aedificare constituit?
b) Cur Troiani equum ligneum in oppidum traxerunt?
c) Quid factum est, priusquam equus per portam tractus est?
d) Cur Graeci facile Troiam incendere potuerunt?

1 **dolus**,-i,-m.: „List"
2 **ligneus**, 3: „hölzern"
3 **vicinus**,-a,-um: „benachbart"
4 **immolo** 1: „opfern"
5 **occulto** 1: „verstecken"
6 **diruo** 3,-rui,-rutum: „einreißen"
7 **fessus**,-a,-um: „müde"
8 **somnus**,-i m.: „Schlaf"

DE GRAECIS

Troja

Der trojanische Krieg beruht auf historischen Grundlagen. Vermutlich zwischen 1250 und 1200 v. Chr. haben die griechischen Mykener die kleinasiatische Stadt Troja (griech. Ilion) zerstört. Lange Zeit wusste man nicht, wo sich Troja tatsächlich befunden hatte. Erst **Heinrich Schliemann** (1822–1890), ein deutscher Kaufmann, der alle seine Ersparnisse für sein Hobby, die Archäologie, verwendete, konnte die Lage der antiken Stadt bestimmen. Im Gegensatz zu seinen Vorgän-

Nachbildung des trojanischen Pferdes aus dem Film „Troja" (2004)

gern nahm er nämlich die Landschaftsbeschreibungen Homers für bare Münze und fand so, gewissermaßen mit der Ilias in der Hand, die Reste der sagenumwobenen Stadt.

Danaer-Geschenk

Eng verbunden mit dem Trojanischen Pferd ist der Begriff „Danaer-Geschenk". In Vergils Epos Äneis warnt

Vocabularium

Ab dieser Lektion findest du im Vokabular bei den Verben statt 2. Pers. Präs. und Infinitiv nur mehr die entsprechende Zahl bzw. den Buchstaben angegeben: **1** = a-Konjugation, **2** = e-Konj., **3** = konsonantische Konj., **4** = i-Konj., **M** = Mischkonj. (vgl. Seite 36). Als letzte Form ist immer das Partizip Perfekt Passiv (PPP) angeführt.

Troianus,-a,-um	trojanisch	
Ulixes,-is m.	Odysseus	vgl. James Joyces Roman „Ulysses"
etsi	wenn auch, obwohl	
firmus,-a,-um	stark	vgl. Firmung = „Stärkung"
numquam	niemals	
includo 3, inclusi, inclusum	einschließen	vgl. inklusive
appareo 2, apparui, —	erscheinen	engl. to appear, ital. apparire
intra (+ Akk.)	innerhalb	vgl. intravenös =
faveo 2, favi, fautum (+ Dat.)	begünstigen	vgl. favorisieren
arx, arcis f.	Burg	
victoria,-ae f.	Sieg	engl. victory, frz. victoire, ital. vittoria
vinum,-i n.	Wein	frz. vin, ital. vino
celebro 1,-avi,-atum	feiern	vgl. zelebrieren
universi,-ae,-a	alle (zusammen)	universal, Universum; ital. universale
interea	inzwischen	aus: inter + ea =
redeo,-is,-ire, redii, reditum	zurückkehren	wörtl.:
aperio 4, aperui, apertum	öffnen	frz. ouvrir, ital. aprire; aperto =
flamma,-ae f.	Flamme	ital. fiamma (fiammifero = Streichholz)
consumo 3, consumpsi, consumptum	vernichten; verbrauchen	vgl. konsumieren, Konsument

VOKABELLERN-TIPP

1. Ab diesem Stück stehen im *Vocabularium* die kompletten Stammformen der Verben. Da in einem Text meistens nicht ausgerechnet die 1. Person Sg. Präsens vorkommt, sondern sehr oft eine Perfektstammform, ist es wichtig, dass du immer erkennst, von welchem Wort diese Formen abgeleitet sind: z.B. *fautum* → von *faveo* etc. Lass dich also von Zeit zu Zeit die PPP-Formen abfragen und gib zu ihnen jeweils den Präsensstamm und die Bedeutung an!

2. Wiederhole die Verba, die du bisher gelernt hast, und präge dir das PPP dazu ein. Du findest die Formen in der Liste auf Seite 187 zusammengestellt.

LATEIN IM ALLTAG

Ein Großteil der aus dem Lateinischen stammenden Fremdwörter ist nicht vom Präsens-, sondern vom Perfektstamm abgeleitet: z.B. Konvent (Zusammenkunft) → von *conventum* (PPP von *convenire*).

? Auf welche lateinischen Verba könnten die folgenden Fremdwörter zurückgehen?

Affekt = _____

Advent = _____

Motor = _____

Intellekt = _____

Datum = _____

Relikt = _____

der trojanische Priester Laokoon (vgl. Text S. 105) seine Landsleute davor, das Pferd in die Stadt zu ziehen, und zwar mit den Worten: „Was auch immer es ist, ich fürchte die Danaer (= Griechen), auch wenn sie Geschenke bringen". (lat.: *Quidquid id est, timeo Danaos et dona ferentes*). Da er Recht behalten hat, ist ein Danaer-Geschenk also ein Unheil bringendes Geschenk.

Computer-„Trojaner"

Der Begriff „Trojanisches Pferd" bzw. „Trojaner" hat übrigens auch in die **Computersprache** Eingang gefunden: So wird ein Virus bezeichnet, das sich über ein E-Mail-Attachment oder Freewaredateien in einen Computer einschleust und dort spionieren kann. Trojaner verbergen listenreich ihre Anwesenheit und versenden unbemerkt Kreditkarteninfos, Passwörter und Codes an den Absender.

GRAMMATICA

PARTIZIP PERFEKT PASSIV (PPP)

Das PPP ist die letzte Stammform. Dieses Partizip (Mittelwort) wird folgendermaßen gebildet:

	Präsensstamm (vgl. S. 36)	Perfektstamm aktiv (vgl. S. 64)	Partizip Perfekt passiv
a-Konjugation:	amo,-as, amare	amav-i	-atus,-a,-um (amátus 3)
e-Konjugation:	moneo,-es, monere	monu-i	-itus,-a,-um (mónitus 3)
konsonant. Konj.:	mitto,-is, míttere	mis-i	verschieden (z.B. missus 3)
i-Konjugation:	audio,-is, -audíre	audiv-i	-itus,-a,-um (audítus 3)
Mischkonjugation:	capio,-is, cápere	cep-i	verschieden (z.B. captus 3)

Das PPP dekliniert wie ein Adjektiv der a-/o-Deklination und passt sich dem Geschlecht und der Zahl des Substantivs an, mit dem es übereingestimmt ist:

> Gaius amatus est.   Iulia amata est.   Gaius et Quintus amati sunt.

Das PPP ist **passiv** und **vorzeitig**. Es wird wie das deutsche Mittelwort der Vergangenheit übersetzt:
> amatus = „geliebt" (= „einer, der geliebt worden ist")

Verwendung: Das PPP wird verwendet:

a) als **Adjektiv**: *Graeci inclusi* = die eingeschlossenen Griechen
b) zur Bildung der **passiven Perfektstammformen** (s.u.)
c) als Substantiv: *inclusi* = die Eingeschlossenen

PASSIVE PERFEKTSTAMMFORMEN

Alle Formen des passiven Perfektstammes (Perfekt passiv, Plqpf. passiv und Futur Exakt passiv) setzen sich aus **zwei Teilen** zusammen: aus dem **PPP** und einer Form von *esse*.

		a-Konj.	e-Konj.	kons. Konj.	i-Konj.	Mischkonj.	
Perfekt passiv	Sg.	amatus 3	monitus 3	missus 3	auditus 3	captus 3	**sum** / **es** / **est**
	Pl.	amati 3	moniti 3	missi 3	auditi 3	capti 3	**sumus** / **estis** / **sunt**
Plqpf. passiv	Sg.	amatus 3	monitus 3	missus 3	auditus 3	captus 3	**eram** / **eras** / **erat**
	Pl.	amati 3	moniti 3	missi 3	auditi 3	capti 3	**eramus** / **eratis** / **erant**
Futur ex. passiv	Sg.	amatus 3	monitus 3	missus 3	auditus 3	captus 3	**ero** / **eris** / **erit**
	Pl.	amati 3	moniti 3	missi 3	auditi 3	capti 3	**erimus** / **eritis** / **erunt**

Übersetzungsbeispiele:
amatus est = er ist geliebt worden (Perfekt)   *amata est* = sie ist geliebt worden (Perfekt)
amati estis = ihr seid geliebt worden (Perfekt)   *amatum est* = es ist geliebt worden (Perfekt)
amatus erat = er war geliebt worden (Plqpf.)   *amata erat* = sie war geliebt worden (Plqpf.)

EXERCITATIONES

I. Übersetze:
1. urbis defensae: ....
2. homines puniti: ....
3. domui aedificatae: ....
4. montes ascensos: ....
5. locum occupatum: ....
6. urbem incensam: ....
7. tempus actum: ....

II. Bilde das Partizip der angegebenen Verba, setze es im richtigen Fall ein und übersetze:
1. Paris cum muliere .... celerrime domum navigavit. (rapio)
2. Orpheus, quod caput verterat, uxorem .... iterum amisit. (amo)
3. Octavianus imperator Cleopatram .... Romam ferre constituerat. (vinco)
4. Incolae urbis .... iam diu auxilia exspectant. (oppugnare)

III. Setze ins Passiv:
1. inclusi: ....
2. traxerat: ....
3. liberamus: ....
4. neglexerint: ....
5. tetigistis: ....

IV. Setze die folgenden Sätze ins Passiv!
Bsp.: Magister discipulos laudavit.
      Discipuli a magistro laudati sunt.
1. Omnes haec verba improba legerunt.
2. Iulia amicas semper adiuvit.
3. Claudia amicas diu exspectavit.
4. Gaius fratrem parvum domi reliquit.
5. Quis hunc librum pulcherrimum scripsit?
6. Magister discipulis pensum magnum dedit.

V. Verbinde die Satzhälften und übersetze:
1. Isti pueri iam diu in schola …
2. Vos cum parentibus in foro …
3. Maritus apud amicam …
4. Haec animalia Romae numquam …
5. Claudia cum amico novo …
6. Tu quoque nocte ibi …
7. Opus illo artificio pulchrius …

a) visa est. b) visa sunt. c) visus est. d) visi non sunt. e) visi estis. f) visa es. g) visum non est.

VI. Was machten die Griechen alles vor Troja? Bei den folgenden Infinitiven sind leider die Buchstaben durcheinander geraten.
1. garepun ....
2. arecert ....
3. meraa ....
4. brorlaae ....
5. redoimr ....
6. ebreib ....

VII. De amore miserrimo

Postquam Hector, vir fortissimus, interfectus est, spes[1] victoriae apud Troianos minima erat. Tum autem magnus exercitus apparuit. Nam Amazones[2], ille populus mulierum fortissimarum, Troianis inclusis auxilio venire constituerant. Magno cum gaudio Amazones ad regem ductae sunt, ubi ad earum honorem cena magnifica parata est. Postero[3] die copiae Amazonum et Troianorum iam hora prima oppidum reliquerunt ac castra Graecorum adierunt. Qui, ubi hostes animadverterunt, celerrime arma ceperunt et se summa vi defendebant. Amazones fortiter pugnabant, fortissima autem omnium erat earum regina nomine Penthesileia. Complures Graecos interfecit, deinde ad Achillem quoque venit. Qui hastam[4], quae a Penthesileia iacta erat, vidit et se celeriter scuto[5] defendit. Tum ipse hastam iecit reginamque vulnere gravissimo[6] affecit. Paene mortua de equo in manus Achillis cecidit. Qui tum sub galea[7] mulierem pulcherrimam conspexit et amore maximo captus est. Sed paulo post Penthesileia in eius manibus e vita cessit.

1 **spes**,-ei f.: „Hoffnung"; 2 **Amazones**,-um f.: „Amazonen"; 3 **posterus** 3: „der nächste"; 4 **hasta**,-ae f.: „Speer"; 5 **scutum**,-i n.: „Schild"; 6 **gravis**,-e: „schwer"; 7 **galea**,-ae f.: „Helm"

24 DE CASSANDRA

Eine besonders tragische Gestalt unter den Trojanern war Kassandra, die Tochter des Königs Priamos. Weil sie Apoll, den Gott der Weissagekunst, nicht erhört hatte, wurde sie von ihm mit einer außergewöhnlichen Strafe belegt.

Apollo deus, quod Cassandrae amorem sibi conciliare[1] **voluit**, eam his verbis adiit: „Virgo pulcherrima, visne mecum venire? Tibi donum magnum dabo: Omnes res futuras videre poteris!" Hoc donum Cassandrae placuit. Quis enim res futuras scire **non vult**? Itaque primo amorem **verum** simulavit[2]. Deinde autem, postquam donum a deo **promissum** accepit, deo gaudia **sperata praebere** noluit. Magna erat Apollinis ira. Quod autem id, quod promiserat, revocare[3] non potuit, dixit: „**Scientiam** rerum futurarum quidem habes, sed ea tibi magno **usui** non erit. Etsi semper **veritatem** dices, tamen homines tuis verbis numquam **credent**."
Inde Troiani verba Cassandrae **neglegebant**. Postquam Helena a Paride rapta et in patriam ducta est, Cassandra monuit: „Haec mulier nobis magno periculo erit! Oppidum enim nostrum **ardere** video." At Troianis persuadere non potuit. Decem annis post, dum Troiani equum ligneum illum in oppidum trahunt, Cassandra iterum non **tacuit**: „Nolite equum in oppidum trahere!", clamavit, „equus perniciem[4] nostram secum fert. Hac nocte nos omnes **interibimus**!" Iterum eius vox a Troianis neglecta est. Cassandra autem non **erravit**: Troia a Graecis incensa est plurimique Troianorum interfecti sunt. Cassandra ipsa e templo Minervae, ubi manibus **sublatis** auxilium **orabat**, rapta et stuprata[5] est. Deinde serva Agamemnonis[6] in Graeciam ducta est.

Interpretationes:

a) Quis erat pater Cassandrae?
b) Quod donum Cassandrae ab Apolline datum est?
c) Cur hoc donum ei usui non erat?
d) Quis Cassandram secum in patriam duxit?

1 **concilio** 1: „gewinnen"
2 **simulo** 1: „vortäuschen"
3 **revoco** 1: „rückgängig machen"
4 **pernicies**,-ei f.: „Untergang"
5 **stupro** 1: „vergewaltigen"
6 **Agamemnon**,-onis m.: „Agamemnon" (Heerführer der Griechen)

DE GRAECIS

Kassandra

Kassandra ist eine der tragischsten Figuren des trojanischen Krieges. Nicht nur, dass wegen der Strafe Apolls keiner mehr ihren Prophezeiungen glaubte – sie selbst erlitt auch ein grausames Schicksal. Nachdem sie bei der Eroberung Trojas im Minerva-Tempel von dem Griechen Ajax vergewaltigt worden war, fiel sie bei der Verteilung der Siegesbeute dem Agamemnon zu und musste ihm als Sklavin in seine Heimat folgen. Dort wurden die beiden von Agamemnons Gattin Klytaimnestra ermordet. Heute noch versteht man unter einem „Kassandraruf" eine Unheil verheißende Warnung.

Laokoon

Der Priester Laokoon (siehe Text auf Seite 105) ist ebenfalls wegen seiner nicht gehörten Warnungen zu trauriger Berühmtheit gelangt. Als er die Trojaner davon zu überzeugen versuchte, das von den Griechen zurückgelassene Pferd nicht in die Stadt zu ziehen, wurde er gemeinsam mit seinen zwei Söhnen von einem Schlangenpaar getötet. Die Trojaner sahen darin die Bestätigung, dass Laokoon die Unwahrheit gesprochen hatte.

Der Tod der Kassandra (Vasenmalerei, 5. Jh. v. Chr.)

Vocabularium

volo, vis, velle, volui	wollen	(siehe Grammatica)
nolo, non vis, nolle, nolui	nicht wollen	(siehe Grammatica)
verus,-a,-um	wahr, echt	frz. vrai, ital. vero
promitto 3, promisi, promissum	versprechen	engl. to promise, frz. promettre
spero 1,-avi,-atum	hoffen, erhoffen	frz. espérer, ital. sperare
praebeo 2,-ui,-itum	bieten, anbieten	
scientia,-ae f.	Wissen, Kenntnis	engl. science, frz. science
usus,-us m.	Nutzen; Gebrauch	engl. use, frz. utilité
usui esse	nützlich sein	wörtl. (vgl. S. 88) =
veritas,-atis f.	Wahrheit	frz. verité, ital. verità
credo 3, credidi, creditum	glauben	vgl. Kredit
inde	von da an; von dort	
neglego 3, neglexi, neglectum	ignorieren, vernachlässigen	engl. to neglect, frz. négliger
ardeo 2, arsi, —	brennen	vgl. ital. ardente = brennend
taceo 2,-ui ,—	schweigen	frz. taire, ital. tacere
intereo,-is,-ire, interii, —	sterben, untergehen	
erro 1,-avi,-atum	(sich) irren	ital. errare; vgl. Error
tollo 3, sústuli, sublatum	aufheben, (er)heben	
oro 1,-avi,-atum (+ Akk.)	(um etwas) bitten; beten	ital. orare; vgl. Oratorium

Proverbium

IN VINO VERITAS

„Im Wein (liegt) die Wahrheit" bedeutet dieses alte Sprichwort. Man versteht darunter, dass Alkoholgenuss die Zunge lockert – ein Betrunkener sagt also meist die Wahrheit und plaudert Geheimnisse aus.

Latein im Alltag

ORA ET LABORA

„Bete und arbeite" ist das Motto der Benediktiner. Dieser erste europäische Mönchsorden wurde im 6. Jh. n. Chr. vom heiligen Benedikt von Nursia in Monte Cassino (Italien) gegründet und widmete sich besonders der Landwirtschaft und der Kultivierung neuer Gebiete. Die Betonung bei diesem Wahlspruch liegt also auf dem zweiten Teil: Nicht nur das Beten, sondern auch die praktische Arbeit steht im Vordergrund. In Österreich gibt es mehrere Benediktinerklöster, z. B. in Göttweig, Melk, Kremsmünster, Michelbeuren, Admont und St. Paul im Lavanttal.

Tatsächlich musste er aber gerade deswegen sterben, weil er die Wahrheit gesagt hatte: Die Götter hatten nämlich zuvor beschlossen, dass die Griechen nun endlich die Stadt erobern sollten. Eine der bedeutendsten Skulpturen der Antike aus dem 1. Jh. n. Chr. zeigt den Todeskampf des Laokoon und seiner Söhne mit den beiden Schlangen.

Der Dichter Vergil (70–19 v. Chr.) beschreibt die Szene folgendermaßen (Äneis 2, 213ff.):

„... zuerst um die Söhne /
legt sich das Schlangenpaar, um die beiden kindlichen Leiber /
ringelt es sich und zernagt – o Jammer! – die Glieder mit Bissen. /
Ihn dann ergreifen sie selbst, da zur Hilfe er naht mit den Speeren, /
schlingen um ihn ihre Leiber, die übergewaltigen, und schon /
zweimal die Mitte umfassend, am Hals die schuppigen Rücken /
zweimal geschlungen, so ragen sie hoch mit Haupt und mit Nacken."

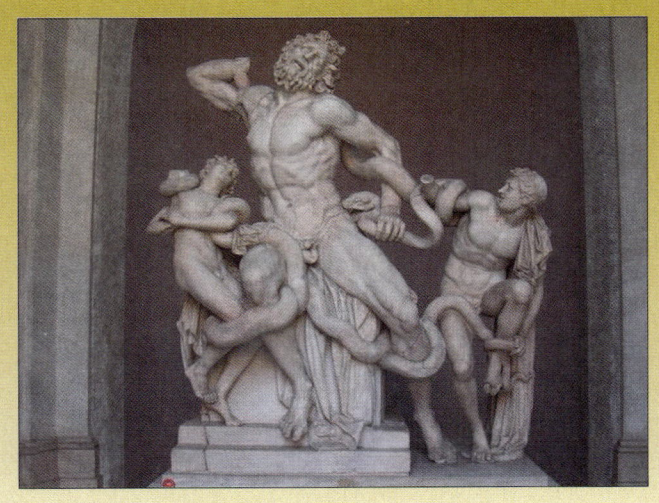

Laokoon-Gruppe (Vatikan, 1. Jh. n. Chr.)

GRAMMATICA

VELLE

Die Modalverba *velle* („wollen") und *nolle* („nicht wollen") werden im Präsensstamm unregelmäßig abgewandelt.

Präsens	volo	nolo
	vis	**non vis**
	vult	**non vult**
	volumus	nolumus
	vultis	**non vultis**
	volunt	nolunt
Infinitiv	**velle**	**nolle**
Imperativ	–	**noli!/nolíte!***

> **NOTA BENE!**
>
> *vis* ist doppeldeutig:
> a) 2.P. Sg. Präsens von *velle* = „du willst"
> b) Nom. Sg. von *vis, vim, vi* (→ S. 63)
>   = „die Kraft"

* *noli(te)* wird verwendet, um ein Verbot an die 2. P. auszudrücken (siehe unten).

Die Formen der übrigen Zeiten sind regelmäßig:

Futur		Imperfekt		Perfekt		Plusquamperfekt		Futur exakt	
volam	nolam	volebam	nolebam	volui	nolui	volueram	nolueram	voluero	noluero
voles	noles	volebas	nolebas	voluisti	noluisti	volueras	nolueras	volueris	nolueris
↓	↓	↓	↓	↓	↓	↓	↓	↓	↓
volent	nolent	volebant	nolebant	voluerunt	noluerunt	voluerant	noluerant	voluerint	noluerint

VERBOT

Im Lateinischen kann das Verbot nicht durch die Verneinung des Imperativs (z.B. *Non trahe!*) ausgedrückt werden. Eine der Möglichkeiten, das Verbot zu umschreiben, ist die Verwendung von *noli* (Sg.) bzw. *nolíte* (Pl.) mit einem Infinitiv:

Sg.: **Noli** equum in oppidum **trahere**! = Zieh das Pferd **nicht** in die Stadt!
(wörtl.: „Wolle das Pferd nicht in die Stadt ziehen!")
Pl.: **Nolite** equum in oppidum **trahere**! = Zieht das Pferd **nicht** in die Stadt!
(wörtl.: „Wollet das Pferd nicht in die Stadt ziehen!")

> **TIPP:** Diese Art des Verbots kannst du dir leicht mit Hilfe zweier bekannter lateinischer Sprüche merken:
>
> • **Noli me tangere!** („Berühr mich nicht!") soll Jesus nach seiner Auferstehung zu Maria Magdalena gesagt haben. *Nolimetangere* ist heute auch noch die Bezeichnung für die Pflanzengattung der Mimosen, die bei leisester Berührung ihre Blätter zusammenklappen.
>
> • **Noli turbare circulos meos!** („(Zer-)Störe meine Kreise nicht!") waren die letzten Worte des Archimedes, als ein römischer Soldat bei der Eroberung der sizilianischen Stadt Syrakus die in den Sand gezeichneten geometrischen Figuren des berühmten Mathematikers verwischen wollte. Erbost über diese Provokation tötete der Römer Archimedes (vgl. Lec. 39). Heute wird dieser Spruch im übertragenen Sinn verwendet: „Lass mich in Ruhe!"

Exercitationes

I. Setze die Formen von „volo" oder „nolo" (im Präsens) ein und übersetze:

Parentes, qui ante meridiem ambulare ...., e filiis quaerunt: „.................-ne nunc nobiscum ambulare, Gai et Marce?" Gaius, qui cum parentibus ambulare ...., celeriter librum Graecum aperit respondetque: „Libenter vobiscum ambulare ...., sed difficillima verba Graeca discere debeo." Marcus quoque, qui nunc dormire ...., hoc solum respondet: „............ ." At pater iratus clamat: „Quamquam ...., tamen nunc nobiscum venies! Dormire nocte poteras!" Ita parentes paulo post cum Marco ambulant, dum Gaius domi bene dormit.

II. Verwandle die Befehle in Verbote und übersetze:

Bsp.: Intrate! – Nolite intrare!

1. Legite hunc librum!
2. Omnes homines improbos puta!
3. Diu apud amicos mane multumque vini bibe!
4. Omnibus credite!
5. Mox redi!

III. Übersetze:

Gaius ad Quintum, qui multis verbis magnam Cleopatrae pulchritudinem laudaverat, dixit: „Cleopatram basiare[1] iterum volo." – „Cur dicis ,iterum'? Visne me illudere[2]? Num eam iam antea basiavisti?", amicus interrogavit. – „Minime, sed iam antea volui", ei responsum est.

1 **basio** 1: „küssen"; 2 **illudo** 3: „verspotten"

IV. Setze die angegebenen Partizipia an der richtigen Stelle ein und übersetze:

deleto – expugnatum – incensae – missae – occisi – promissum – raptae

Paris e tribus deis, quae ei a Iove .... erant, pulcherrimam deligere debuit. Postquam Venerem pulcherrimam dixit, Spartam contendit, unde Helenam, praemium ...., domum duxit. At Menelaus, maritus mulieris ...., exercitum paravit et cum eo Troiam navigavit. Post decem annos hoc oppidum tandem .... est. Domus .... et plurimi incolarum .... sunt. Pauci homines ex oppido .... fugere potuerunt.

V. De Laocoontis[1] verbis neglectis

Postquam Graeci navibus quandam insulam petiverunt, Troiani equum relictum invenerunt, qui summa arte aedificatus erat. Quia hunc equum donum deorum putabant, eum in oppidum trahere voluerunt. Tum Laocoon sacerdos[2] ex oppido appropinquavit clamavitque: „O miseri! Hoc donum certe periculum magnum secum fert, sive hic equus viros inclusos continet sive alius dolus[3] ab Ulixe inventus est." Deinde hastam[4] in equum iecit.
Paulo post, dum Laocoon in litore taurum immolat[5], subito duo serpentes[6] ingentes e mari apparuerunt. Homines convocati spectaculum crudele viderunt: Serpentes celeriter Laocoontis filios parvos adierunt atque corpora eorum implicaverunt[7]. Laocoon statim pueris comprehensis auxilio venit, sed mox ipse implicatus est. Ita sacerdos eiusque filii crudeliter necati sunt. Troiani territi deinde dixerunt: „Ii serpentes a d(e)is missi sunt, quod Laocoon hastam in illum equum iecerat." Deinde equum in oppidum traxerunt.

1 **Laocoon**,-ontis m.: „Laokoon"; 2 **sacerdos**,-otis m.: „Priester"; 3 **dolus**,-i m.: „List"; 4 **hasta**,-ae f. „Speer"; 5 **immolo** 1: „opfern"; 6 **serpens**,-entis m./f.: „Schlange"; 7 **implico** 1: „umschlingen"

25 DE ULIXE

Nach dem Fall Trojas brachen die griechischen Helden wieder in ihre Heimat auf. Besonders für Odysseus sollte diese Fahrt keine Vergnügungsreise sein: Zehn Jahre lang irrte er auf den Meeren umher, wobei er immer wieder neue Abenteuer bestehen musste – eines davon auf der Insel der Zyklopen, der einäugigen Riesen.

Apud Homerum[1] **poetam** legimus Ulixem cum sociis in quadam insula ad speluncam[2] **pervenisse**. Graeci, quamquam Cyclopem[3] ibi habitare sciebant, tamen speluncam **inierunt**. Paulo post autem Cyclops ille, cui erat nomen Polyphemus, cum ovibus[4] rediit **exitum**que clausit. Ubi Graecos conspexit, statim duos ex iis necavit editque[5]. Ulixes, quod exitum saxo ingenti clausum esse intellexerat, amicis dixit: „Solum auxilio Polyphemi speluncam relinquere possumus. Nos dolum[6] **adhibere**[7] necesse est." Itaque Ulixes Cyclopem adiit eique vinum **dulce**, quod **forte** secum habuit, dedit.
Ille magno cum gaudio bibit, deinde plus vini ab Ulixe **postulavit**. Quod ubi accepit, Polyphemus dixit: „**Gratias** tibi **ago**. Quia mihi vinum dedisti, te ultimum interficiam. Visne mihi nomen tuum dicere?" Ulixes, ille vir prudentissimus, respondit: „Mihi nomen est Nemo."
Tandem Polyphemus vini **plenus** dormiebat. Celeriter Ulixes cum amicis magnum truncum[8] ex **igne sumpsit** et Polyphemi oculum, qui erat media in **fronte**, exussit[9].

Polyphemus magna voce ceteros Cyclopes auxilio vocavit; iterum atque iterum clamabat neminem[10] se **laesisse**. Cyclopes **vero** convocati, quod illa verba audiverant, dixerunt: „Polyphemum adiuvare non possumus – eum insanum[11] esse **constat**!"
Postero die Polyphemus saxum iterum abstulit. Quia lumine[12] caruit, oves, quae speluncam relinquebant, manibus **diligenter** tetigit. Ita nemo nisi oves exire potuit. Iterum prudentia Ulixis Graecis **profuit**: Se et amicos sub ovibus alligavit[13]. Ita Polyphemus viros speluncam relinquere non animadvertit.

Interpretationes:

a) Cur viri inclusi Polyphemum non interfecerunt?
b) Cur ceteri Cyclopes Polyphemum insanum putabant?
c) Quomodo Graeci spelunca exire potuerunt?

1 **Homerus**,-i m.: „Homer"
2 **spelunca**,-ae f.: „Höhle"
3 **Cyclops**,-opis: „Zyklop"
4 **ovis**,-is f.: „Schaf"
5 **edo** 3, edi, esum: „essen"
6 **dolus**,-i m.: „List"
7 **adhibeo** 2,-hibui,-hibitum: „anwenden"
8 **truncus**,-i m.: „Holzpfahl"
9 **exuro** 3,-ussi,-ustum: „ausbrennen"
10 **neminem**: Akk. zu „nemo"
11 **insanus** 3: „verrückt"
12 **lumen**,-inis n.: „Augenlicht"
13 **alligo** 1: „anbinden"

DE GRAECIS

Der erste Weltreisende

Die in Homers Epos „Odyssee" besungenen Irrfahrten haben der Forschung seit der Antike viele Rätsel aufgegeben. Abgesehen vom Ausgangspunkt Troja und vom Ziel, der Insel Ithaka, ist fast jede Station des berühmten Seefahrers bis heute heiß umstritten. Über 80 Theorien, mitunter auch absurde, wurden aufgestellt: Ihnen zufolge soll Odysseus nicht nur bis Irland oder zum Polarkreis gelangt sein, sondern sogar Afrika bzw. die ganze Welt umsegelt

Vocabularium

poeta,-ae m.	Dichter	Poet; frz. poète, ital. poeta
pervenio 4,-veni,-ventum	kommen, gelangen	wörtl. =
ineo,-is,-ire, inii	hineingehen, betreten	
exitus,-us m.	Ausgang	engl. exit; ital. èsito
dulcis,-e	süß	frz. doux/douce, ital. dolce
forte (Adv.)	zufällig	↔ fortis =
postulo 1,-avi,-atum	fordern	vgl. Postulat =
gratia,-ae f.	Dank	gratis: „um den (bloßen) Dank"
gratias agere	danken	
tandem	endlich, schließlich	= postremo, denique
plenus,-a,-um (+ Gen.)	voll (mit)	frz. plein, ital. pieno
ignis,-is m.	Feuer	
sumo 3, sumpsi, sumptum	nehmen	vgl. consumo =
frons, frontis f.	Stirn	vgl. Front, frontal; ital. fronte
laedo 3, laesi, laesum	verletzen	vgl. lädiert =
vero	aber	vgl. verus,-a,-um =
constat, constitit (+ ACI)	es steht fest (dass)	
posterus,-a,-um	folgend	
diligens (m.,f.,n.), diligentis (2.F.)	sorgfältig, genau	engl. diligent, ital. diligente
prosum, prodes, prodesse, profui	nützen	

Proverbium

Plenus venter non studet libenter.
„Ein voller Bauch studiert nicht gern." Diese pädagogische Weisheit solltest du dir auch als **Lerntipp** merken: Nach dem Essen ist eine (Lern-)Pause angesagt! Dass dieser lateinische Spruch nicht aus der Antike, sondern aus dem Mittelalter stammt, ist übrigens daran zu erkennen, dass er gereimt ist. Das war in der antiken lateinischen Literatur nicht üblich.

Latein im Alltag

LATEIN UND DIE ROMANISCHEN SPRACHEN (I)

Wie du wahrscheinlich bemerkt hast, sind viele lateinische Wörter mit geringen Veränderungen ins Französische und Italienische übergegangen. Abgesehen davon, dass du die Bedeutung dieser Wörter leicht erkennen kannst, hast du aber noch einen weiteren praktischen Nutzen: Das **Geschlecht** der lateinischen Substantiva blieb in den romanischen Sprachen großteils erhalten*. Ausnahme sind **neutrale** Wörter: Sie wurden im Französischen und Italienischen maskulin. Einige Beispiele:

LATEINISCH		FRANZÖSISCH	ITALIENISCH
poeta m.	→	le poète	il poeta
amor m.	→	l' amour (m.)	l'amore (m.)
occasio f.	→	l'occasion (f.)	l'occasione (f.)
veritas f.	→	la verité	la verità
vinum n.	→	le vin	il vino
tempus n.	→	le temps	il tempo

* Fast 100-prozentig gilt diese Faustregel für das Italienische; im Französischen gibt es auch Abweichungen (z. B. lat. *frons* fem. → frz. *le front*, lat. *dolor* mask. → frz. *la douleur*).

---

haben. Erst 1959 haben zwei Deutsche, die Brüder Armin und Hans-Helmut Wolf, eine interessante Theorie aufgestellt: Sie nahmen Homer (wie schon Heinrich Schliemann, der Entdecker Trojas, vgl. Seite 98) wörtlich und lasen die Odyssee wie ein Logbuch. Demgemäß habe Odysseus nur 45 Tage und Nächte auf See verbracht, was während des Rests der zehn Jahre an Land passiert sei, gehöre in den Bereich der Dichtung. Die Reise habe Odysseus bis in die Randzone der damaligen Welt geführt – nach Tunesien, Malta und Sizilien, aber sicher nicht nach Irland, Norwegen oder Kuba.

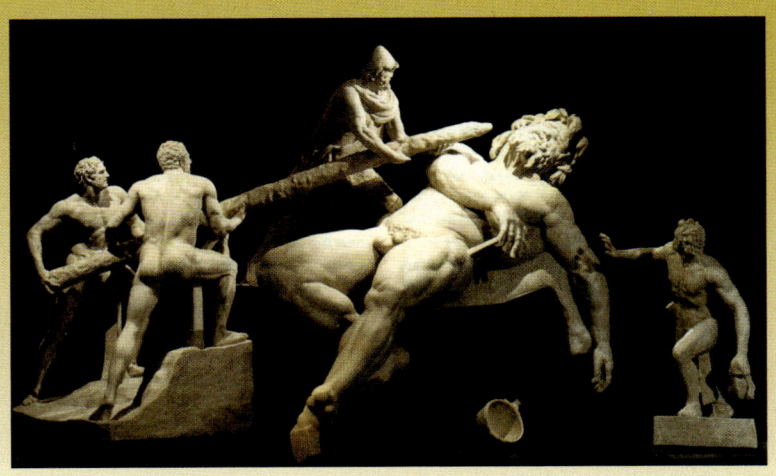

Blendung des Polyphem: Rekonstruktion der Statuengruppe von Sperlonga nach Andreae (1999)

GRAMMATICA

INFINITIV PERFEKT

Die Perfektinfinitive werden vom Perfektstamm gebildet:
- Infinitiv Perfekt Aktiv: aktiver Perfektstamm + *-isse*
- Infinitiv Perfekt Passiv: passiver Perfektstamm (**PPP**) + *esse*

	Infinitiv Perfekt aktiv	**Infinitiv Perfekt passiv**
a-Konjugation:	amav-*isse* geliebt (zu) haben	am*átum**esse* geliebt worden (zu) sein
e-Konjugation:	monu-*isse* ermahnt (zu) haben	món*itum**esse* ermahnt worden (zu) sein
konsonant. Konj.:	mis-*isse* geschickt (zu) haben	mi*ssum**esse* geschickt worden (zu) sein
i-Konjugation:	audiv-*isse* gehört (zu) haben	aud*ítum**esse* gehört worden (zu) sein
Mischkonjugation:	cep-*isse* gefangen (zu) haben	cap*tum**esse* gefangen worden (zu) sein

* Der passive Perfektinfinitiv wird im Akkusativ angegeben. *amatum esse* steht hier also für *amatum,-am,-um esse* (Sg.) bzw. *amatos,-as,-a esse* (Pl.).

ACCUSATIVUS CUM INFINITIVO (ACI)

Der ACI ist ein aus einem Akkusativ und einem Infinitiv bestehender Satzteil, der im Deutschen meistens **nicht wörtlich übersetzt** werden kann, sondern zu einem „**dass**"-Satz umgeformt wird:

*Legimus **Ulixem** ad speluncam **pervenisse**.*
(wörtl.: „Wir lesen Odysseus zu einer Höhle gekommen zu sein.")
= Wir lesen, **dass** Odysseus zu einer Höhle **gekommen ist**.

Wie du aus diesem Beispiel siehst, wird der lateinische Akkusativ im Deutschen zum Subjekt („**Subjektsakkusativ**") und der Infinitiv zum Prädikat des „dass"-Satzes:

lat. **ACI**:		**Subjektsakkusativ**	**Infinitiv**
↓		↓	↓
dt. Gliedsatz:	„dass" +	**Nominativ**	**Prädikat**

Der **Infinitiv** drückt im ACI keine bestimmte Zeit, sondern ein **Zeitverhältnis** aus:

Inf. Präsens → gleichzeitig:	*Scio Iuliam ven**ire**.*	Ich weiß, dass Julia **kommt**.
	*Scivi Iuliam ven**ire**.*	Ich wusste, dass Julia **kam**.
Inf. Perfekt → vorzeitig:	*Scio Iuliam ven**isse**.*	Ich weiß, dass Julia **gekommen ist**.
	*Scivi Iuliam ven**isse**.*	Ich wusste, dass Julia **gekommen war**.

Bei der Übersetzung des Infinitivs musst du also die Zeit **des übergeordneten Verbums** mitberücksichtigen!

> **NOTA BENE!**
>
> Das Reflexivpronomen *se* wird als Subjektsakkusativ im ACI mit „**dass er**" bzw. „**dass sie**" (je nach dem Subjekt im Hauptsatz) übersetzt:
>
> *Ulixes intellexit se ad speluncam Polyphemi pervenisse.*
> = Odysseus erkannte, dass **er** zur Höhle des Polyphem gekommen war.
>
> *Graeci intellexerunt se ad speluncam Polyphemi pervenisse.*
> = Die Griechen erkannten, dass **sie** zur Höhle des Polyphem gekommen waren.

Exercitationes

I. Bilde die Infinitive Perfekt aktiv und passiv:

1. laedere: ....
2. augere: ....
3. parare: ....
4. tangere: ....
5. punire: ....
6. tollere: ....

II. Unterstreiche den Subjektsakkusativ und den Infinitiv und übersetze:

1. Qui poeta narrat Graecos decem annos summa vi ad Troiam pugnavisse?
2. Audivimus Achillem iratum diu proeliis abstinuisse neque socios adiuvisse.
3. Constat moenia firmissima Troiae decem annos frustra oppugnata esse.
4. Troiani Graecos domum navigare putabant.
5. Constat Troiam, illud oppidum pulcherrimum, olim deletam esse.

III. Achte bei der Übersetzung der folgenden Sätze besonders auf die Reflexivpronomina:

1. Magister clamat se pensa quorundam discipulorum magna cum ira legisse.
2. Gaius et Quintus dicunt se pensis diligentissime fecisse.
3. Magister respondet se pensis eorum minime delectatum esse.
4. Deinde autem intellegit se eadem etiam apud Iuliam legisse.

IV. Setze die folgenden Sätze ins Passiv:

Bsp.: Graeci Troiam incenderunt.
      Troia a Graecis incensa est.

1. Dea iuveni mulierem pulcherrimam promisit.
2. Helena navem ascendit.
3. Graeci urbem hostium diu oppugnaverunt.
4. Cassandra Troianos frustra monuit.

V. Forme die (aktiven und passiven!) Sätze aus Übung IV jeweils zu einem ACI (abhängig von „legimus") um!

Bsp.: Graecos Troiam incendisse legimus.
      Troiam a Graecis incensam esse legimus.

VI. Was könnten die angegebenen Personen am Abend über ihren Tag erzählt haben? Bilde Sätze nach folgendem Muster und übersetze:

Bsp.: Quintus: Multum didici.
      Quintus narrat se multum didicisse.

Cicero, Cassandra, Romulus, Hannibal, Caesar, Sisyphus, Achilles

1. Cives Romani meam orationem audire noluerunt.
2. Vox mea iterum neglecta est.
3. Moenia oppidi novi aedificare coepi.
4. De elephanto maximo cecidi.
5. Veni, vidi, vici.
6. Illud saxum iam paene summo in monte fuit.
7. Serva pulcherrima mihi ablata est.

VII. De carminibus Sirenum[1]

Postquam Troia occupata est, Ulixes diu per maria errabat. Quo in itinere ad insulam Sirenum quoque pervenit. Sirenes, quibus corpus avis[2] et caput virginis erat, in saxo alto sedebant et pulcherrime canere solebant, cum navem appropinquare videbant. Omnes homines, qui ea carmina pulcherrima audiverant, insulam petiverunt. Sciebat autem Ulixes illos insulam numquam reliquisse, sed ibi interisse. Quod haec carmina tamen ipse audire volebat, sociis dixit: „Aures[3] vestras cera[4] occludam[5]. Me autem diligenter in malum[6] constringite[7]! Etiam si postea aliud imperabo, nolite verbis meis parere!" Ita factum est et paulo post Ulixes dulces Sirenum voces audivit. Pulchriora carmina numquam audiverat. Magna voce clamavit: „Me liberate! Auditisne haec carmina? Hoc litus petere debemus!" At viri neque Ulixem neque Sirenes audire poterant et cursum[8] tenebant. Tandem, quia Ulixem voces non iam audire intellexerant, eum liberaverunt. Qui tum sociis gratias egit, quod eius iussa neglexerant.

1 **Sirenes**,-um f.: „Sirenen"; 2 **avis**,-is f.: „Vogel"; 3 **auris**,-is f.: „Ohr"; 4 **cera**,-ae f.: „Wachs"; 5 **occludo** 3: „verschließen"; 6 **malus**,-i m.: „Mastbaum";
7 **constringo** 3: „festbinden"; 8 **cursus**,-us m.: „Kurs"

26

DE INCENDIO ROMAE

Mit dem Tod des Marcus Antonius endete ein Jahrhundert der Bürgerkriege, gleichzeitig aber auch die römische Republik. Octavian erhielt vom Senat 27 v. Chr. den Ehrentitel Augustus (= „der Erhabene") und wurde der erste Prinzeps. Während er selbst als Friedenskaiser in die Geschichte einging, gelangten einige seiner Nachfolger zu zweifelhafter Berühmtheit – wie etwa Nero.

Temporibus Neronis[1] **principis** Romae incendium **gravius** atque atrocius quam omnia priora incendia **exstitit**. Apud quosdam **auctores** Romanos legimus urbem igne **vastatam** esse: Magnus **numerus** et **privatorum** et **publicorum** aedificiorum hoc incendio delebatur. Multi homines flammis necabantur. **Fama** autem erat Neronem ipsum auctorem incendii fuisse: Nam apud Tacitum, auctorem clarissimum, legimus principem, dum urbs flammis vastatur, incendium spectavisse et Troiae excidium[2] cecinisse.

Nam ignis, quo urbs vastabatur, principi magno usui erat: Postquam finis incendii factus est, media in urbe domum magnificam sibi aedificavit. Quae domus ingentis **magnitudinis**, quia multo auro **ornata** erat, **postea** Domus Aurea[3] appellabatur. Ceterae quoque partes urbis novis aedificiis restitutae[4] sunt. Nero enim gloriae **cupidus** novam Romam **condere** et nomine suo appellare in animo habebat. Tamen, ut scimus, urbs **usque ad** nostrum tempus Roma neque Neropolis appellatur. Quod fama urbem **iussu** principis incensam esse non decedebat[5], Nero **Christianos**, quorum magnus numerus tum in urbe erat, illius **criminis accusavit**. Multi eorum comprehensi et poenis crudelissimis affecti sunt: Alii crucibus affixi[6] aut bestiis[7] dati sunt. Alii autem incendebantur atque in hortis[8], quos Nero huic spectaculo crudelissimo aperuerat, **quasi** faces[9] noctem illustrabant[10].

Interpretationes:

a) Quid Nero faciebat, dum urbs flammis vastatur?
b) Cur illud incendium Neroni usui erat?
c) Cur princeps Christianos Romam incendisse dixit?
d) Quomodo Christiani puniti sunt?

1 **Nero**,-onis m.: „Nero"
2 **excidium**,-i n.: „Untergang"
3 **aureus**, 3: „golden"
4 **restituo** 3,-ui,-utum: „wiederherstellen"
5 **decedo** 3,-cessi,-cessum: „vergehen"
6 **affigo** 3,-fixi,-fixum: „befestigen", „schlagen"
7 **bestia**,-ae f. „wildes Tier"
8 **hortus**,-i m.: „Garten"
9 **fax, facis** f. „Fackel"
10 **illustro** 1: „erhellen"

DE ROMANIS

Die Julisch-Claudischen Kaiser

Nero ist der letzte Vertreter des Julisch-Claudischen Kaiserhauses, das mit dem Prinzipat des Augustus (27 v.–14 n. Chr.) an die Macht gekommen war. Während **Augustus** in seiner über 40-jährigen Regierungszeit durch besonnene Politik für stabile innenpolitische Verhältnisse gesorgt hatte, fielen seine Nachfolger eher durch ihre exzessive Machtausübung auf: **Tiberius** (14–37 n. Chr.), der Stiefsohn des Augustus, galt als düsterer Regent, der sich im Alter verbittert auf die Insel Capri zurückzog (wo heute noch die „Villa Tiberii" besichtigt werden kann). Sein Nachfolger Caius (37–41 n. Chr.), besser bekannt unter seinem Spitznamen **Caligula** („Stiefelchen"), war geisteskrank, ruinierte den Staat durch horrende Ausgaben und soll sein Lieblingspferd *Incitatus* („Heißsporn") zum Konsul gemacht haben. Auf ihn folgte sein Onkel **Claudius** (41–54 n. Chr.), der aufgrund diverser körperlicher Behinderungen (Hinken, Sprachfehler) zunächst als Notlösung galt, sich aber letztlich als passabler Herrscher entpuppte. Er wurde allerdings von

Nero Claudius Caesar regierte 54–68 n. Chr.

Vocabularium

incendium,-i n.	Brand, Feuer	frz. incendie, ital. incendio
princeps, principis m.	der Erste; Prinzeps, Kaiser	vgl. Prinz, Prinzipat
gravis,-e	schwer; schwerwiegend	gravierend, frz. grave, ital. grave
exsisto 3,-stiti,—	entstehen	engl. to exist, ital. esìstere
auctor,-oris m.	Autor; Urheber, Anstifter	frz. auteur, ital. autore
vasto 1,-avi,-atum	verwüsten	vgl. devastieren =
numerus,-i m.	Zahl, Anzahl	vgl. Nummer; ital. nùmero
privatus,-a,-um	privat	frz. privé, ital. privato
publicus,-a,-um	öffentlich	publizieren =
fama,-ae f.	Gerücht; Ruf	vgl. famos =
magnitudo,-inis f.	Größe	frz. magnitude
orno 1,-avi,-atum	schmücken	vgl. Ornament =
postea	später, danach	↔ post + Akk. =
appello 1,-avi,-atum	nennen; rufen	vgl. appellieren =
cupidus (+ Gen.)	gierig (nach)	vgl. cupere, cupiditas
condo 3,-didi,-ditum	gründen	
usque ad (Präp. + Akk.)	bis zu	
iussu	auf Befehl	
Christiani,-orum m.	die Christen	frz. chrétiens, ital. cristiani
crimen,-inis n.	Verbrechen	engl. crime, frz. crime
accuso 1,-avi,-atum	anklagen	engl. to accuse
quasi	gleichsam (als), wie	↔ ital. quasi = „fast"!

Latein im Alltag

a.u.c.

Diese Abkürzung spielte für die römische Zeitrechnung eine wichtige Rolle. Die Buchstaben stehen für *ab urbe condita*, was so viel heißt wie „von der Gründung der Stadt (Rom) an". Da die Stadtgründung mit 753 vor Christus festgelegt war, bezeichnete also z.B. die Angabe „im 50. Jahr *a.u.c.*" das Jahr 703 v. Chr.

? a) Wer starb im Jahr 709 *a.u.c.*?
b) Welches Jahr *a.u.c.* schreiben wir jetzt?

Latein im Alltag

LATEIN UND DIE ROMANISCHEN SPRACHEN (II)

Zur Bestätigung der These, dass das Geschlecht von Substantiva im Lateinischen und in den romanischen Sprachen fast immer identisch ist, hier einige weitere Beispiele:

? Ergänze die fehlenden Artikel (frz. *le/la*, ital. *il/la*).
Beachte, dass neutrale lateinische Wörter maskulin werden!

LATEINISCH		FRANZÖSISCH	ITALIENISCH
numerus m.	→	___ numéro	___ numero
auctor m.	→	___ auteur	___ autore
crimen n.	→	___ crime	___ crimine
lex f.	→	___ loi	___ legge

seiner machtgierigen vierten Gattin Agrippina durch ein Pilzgericht vergiftet, sodass **Nero**, ihr Sohn aus erster Ehe, an die Macht kam (54–68 n. Chr.). Nero gelangte nicht nur durch den Brand Roms (ob er tatsächlich von Nero veranlasst wurde, ist umstritten) und die damit verbundene Christenverfolgung zu traurigem Ruhm, sondern auch durch seinen Größenwahn: Auf den Trümmern des niedergebrannten Rom ließ er sich die **Domus Aurea** („Goldenes Haus") errichten. Der römische Biograph Sueton berichtet über diesen gigantischen Palast: „Der ganze Bau war so ausgedehnt, dass eine Halle mit drei Säulenreihen in einer Länge von 1,5 km ihn schmückte ... Die Speisezimmer hatten Decken aus beweglichen, durchlöcherten Elfenbeinplatten, sodass man von oben über die Gäste Blumen streuen oder Parfüm sprengen konnte ... Als dieser Palast fertig gestellt war, sagte Nero, jetzt endlich könne er anfangen wie ein Mensch zu wohnen."

Die *Domus Aurea* kann seit wenigen Jahren wieder besichtigt werden – ein unbedingtes Muss für jeden Rom-Besuch!

Peter Ustinov als Nero („Quo vadis", 1951)

GRAMMATICA

PASSIV IM PRÄSENSSTAMM

Die Passivendungen sind (ebenso wie die Aktivendungen, vgl. Seite 20) im Präsensstamm für alle Konjugationen gleich:

	Sg.		Pl.
1.P.	-(o)r	1.P.	-mur
2.P.	-ris	2.P.	-mini
3.P.	-tur	3.P.	-ntur

Zwischen den Stamm und die Endungen können, ebenfalls wie bei den Aktivformen, noch Bindevokale oder „Zeitzeichen" treten: -ba- für das Imperfekt, -bo-/-be-/-bi-/-bu- bzw. -a-/-e- für das Futur.

	a-Konj.	e-Konj.	kons. Konj.	i-Konj.	Mischkonj.
Präsens	amor	moneor	mittor	audior	capior
	amaris	moneris	mitteris	audiris	caperis
	amatur	monetur	mittitur	auditur	capitur
	amamur	monemur	mittimur	audimur	capimur
	amamini	monemini	mittimini	audimini	capimini
	amantur	monentur	mittuntur	audiuntur	capiuntur
Futur	amabor	monebor	mittar	audiar	capiar
	amaberis	moneberis	mitteris	audieris	capieris
	amabitur	monebitur	mittetur	audietur	capietur
	amabimur	monebimur	mittemur	audiemur	capiemur
	amabimini	monebimini	mittemini	audiemini	capiemini
	amabuntur	monebuntur	mittentur	audientur	capientur
Imperf.	amabar	monebar	mittebar	audiebar	capiebar
	amabaris	monebaris	mittebaris	audiebaris	capiebaris
	amabatur	monebatur	mittebatur	audiebatur	capiebatur
	amabamur	monebamur	mittebamur	audiebamur	capiebamur
	amabamini	monebamini	mittebamini	audiebamini	capiebamini
	amabantur	monebantur	mittebantur	audiebantur	capiebantur

NOTA BENE!

Bei der Übersetzung der Passivformen musst du im Deutschen genau auf den Unterschied zum aktiven Futur achten:

- *audiam* → Futur aktiv: „ich werde hören"
- *audior* → Präsens passiv: „ich werde gehört"
- *audiar* → Futur passiv: „ich werde gehört werden"

TIPP: Zur Unterscheidung von Aktiv und Passiv solltest du dir einprägen:
- AKTIV: ich tue etwas
- PASSIV: mit mir geschieht etwas

Exercitationes

I. Setze ins Passiv:
1. condit: ....
2. spectabimus: ....
3. cognoscent: ....
4. deligebam: ....
5. exspecto: ....
6. invenient: ....
7. laedis: ....
8. puniebatis: ....
9. reliquit(!): ....

II. Übersetze:
1. videbo: ....
2. videor: ....
3. videbor: ....
4. amabimini: ....
5. favebimus: ....
6. constituitur: ....
7. includemur: ....

III. Setze die folgenden Sätze ins Passiv! (Der Sinn muss dabei derselbe bleiben.)
1. Incendium ingens urbem vastabat.
2. Homines oppidum iterum aedificabunt.
3. Cives Neronem auctorem incendii appellant.
4. Amici me per oppidum incensum ducunt.

IV. Setze in alle Zeiten:
1. ornatur   2. capior   3. vincuntur   4. videmur

V. Übersetze:
1. Patroclus ab Achille petit: „A Troianis maxime timeris. Si mihi arma tua dederis, hostes valde terrebo et castris prohibebo."
2. Troiani a Cassandra monentur: „Si equum in oppidum traxeritis, omnes occidemur."
3. Nocte victoria multo vino celebratur, cum subito hostes oppidum intravisse nuntiatur.
4. Nero, qui ipse auctor incendii putabatur, Christianos Romam incendisse dixit.
5. Ulixes a Polyphemo interrogatur: „Quomodo appellaris?" Ille respondet: „Nemo appellor."
6. Ulixes et eius socii, qui a Polyphemo inclusi erant, putabant: „Numquam liberabimur."

VI. Unterstreiche das passende Prädikat und übersetze:
1. Si multum didicerimus, certe a magistro *laudabamur / laudabimur / laudamur*.
2. Cur *punior / puniebar / punitus* sum, quamquam hoc facinus non commisi?
3. Nisi clamare desinetis, domum *mittebamini / mittemini / mittimini*.
4. Cur isti adulescentes, qui multos annos lingua Latina *docebantur / docti erant / docti sunt*, has litteras tamen legere non possunt?
5. Tuum scelus atrox certe mox *animadversum est / animadvertetur / animadvertitur*.

VII. De cantatore[1] maximo
Nero, ille princeps gloriae cupidissimus, se ceteros cantatores arte superare putabat. Itaque etiam in theatro eius carmina saepe audiebantur. Ibi Nero, quamquam complures horas canere solebat, tamen homines usque ad finem manere et artem suam maxime laudare videbat. Portae enim theatri antea clausae erant. Praeterea quinque milia iuvenum iussu principis magna voce plaudere[2] debebant. Olim legati[3] cuiusdam civitatis Graecae Romam venerunt et artem Neronis maxime laudaverunt. Graecis solum veram artis scientiam esse Nero clamavit et legatis promisit: „Omnes Graeci carminibus meis delectabuntur." Deinde iter in Graeciam fecit, ubi per duos annos multis in oppidis canebat.
Etiam ultimis eius verbis intellegimus Neronem se cantatorem clarissimum putavisse. Quod populus senatusque eius facinora atrocissima non iam tolerabant, principem Roma expulerunt. Qui celerrime fugit, deinde autem, priusquam captus est, se auxilio servi ipsum occidit clamavitque: „Qualis artifex pereo[4]!"

[1] **cantator**,-oris m.: „Sänger"; [2] **plaudo** 3: „applaudieren"; [3] **legatus**,-i m.: „Gesandter"; [4] **Qualis artifex pereo!**: „Welch ein Künstler stirbt mir mir!"

De martyrio[1] sancti Petri

Während der Christenverfolgung unter Kaiser Nero war auch der Apostel Petrus, der nach dem Tode Jesu in Rom das Evangelium verkündete, in den Kerker geworfen worden. Doch seine Freunde verschafften ihm Gelegenheit zur Flucht.

Ut multi alii Christiani, qui **cultum** deorum antiquorum repudiabant[2], Petrus quoque in carcerem[3] inclusus erat. Quia autem amici ei auxilio venerant, fugere difficillimum non erat. At Petrus liberari noluit. Quamquam socii diu ei persuadere studebant, ille tamen fugere **dubitabat**. Tandem eorum precibus **commotus** Petrus **fugae** se mandare constituit. **Proxima** nocte carcere clam exiit et ex urbe fugit. Iam Via Appia urbis moenia reliquerat, cum **repente** Christus ei **obviam** venire **videbatur**.
Petrus ab eo quaesivit: „**Domine, quo vadis**?" Et Christus respondisse **dicitur**: „Romam eo, ubi iterum crucifigar[4]." Tum Petrus animum flexit[5] clamavitque: „Domine, tecum veniam!" At Christus, postquam Petrus haec verba dixit, iterum in caelum ascendisse dicitur. Tum Petrus multis cum **lacrimis** intellexit: „Christus in me ipso iterum crucifigetur!" Deo gratias egit et cum gaudio in urbem rediit, ubi amicis se Dominum vidisse **rettulit**.

Deinde a militibus Romanis iterum comprehensus et paulo post ad crucem ductus est. Ibi carnificibus[6] dixisse dicitur: „Non licet me **sic** crucifigi, ut Christus pro **salute** totius **mundi** e vita cessit. Hoc mortis genere **dignus** non sum. Itaque a vobis peto: Me capite deorsum[7] in cruce figite[8]!" Ita factum est. Iam in cruce fixus Petrus homines, qui aderant et flebant, consolari[9] coepit.

Interpretationes:
a) Ubi Christus Petro obviam venisse dicitur?
b) Cur Petrus Romam redire constituit?
c) Cur Petrus capite deorsum crucifigi voluit?

1 **martyrium**, -i n.: „Martyrium"
2 **repudio** 1: „verweigern"
3 **carcer**, -eris m.: „Gefängnis"
4 **crucifigo** 3, -fixi, -fixum: „kreuzigen"
5 **flecto** 3, flexi, flexum: „ändern"
6 **carnifex**, -icis m.: „Henker"
7 **deorsum** (Adv.): „abwärts"
8 **figo** 3, fixi, fixum: „befestigen", „schlagen"
9 **consolari** (Inf.): „trösten"

De Romanis

Quo vadis?

Die in dieser Lektion geschilderte Begegnung zwischen Jesus und dem Apostel Petrus geht auf eine mittelalterliche Legende zurück. Berühmt wurde die Episode durch den vor dem Hintergrund der Christenverfolgungen unter Kaiser Nero spielenden Roman „Quo vadis?" des polnischen Literaturnobelpreisträgers Henry Szienkiewicz. Die gleichnamige Verfilmung mit Peter Ustinov in der Rolle des Nero (1951) wurde ein Kino-Welterfolg.

Via Appia

Die Redensart „Alle Wege führen nach Rom" weist darauf hin, dass in der Antike alle Straßen Italiens ihren Ausgang von der Hauptstadt nahmen. Deshalb befand sich auch auf dem Forum Roms ein zentraler Meilenstein (*Miliarium Aureum* = „Goldener Meilenstein"), auf dem die Entfernungen in alle Städte Italiens verzeichnet waren. Die „Königin der Straßen" war die Via Appia, benannt nach ihrem Bauherrn, dem Zensor Appius Claudius. Sie führte von

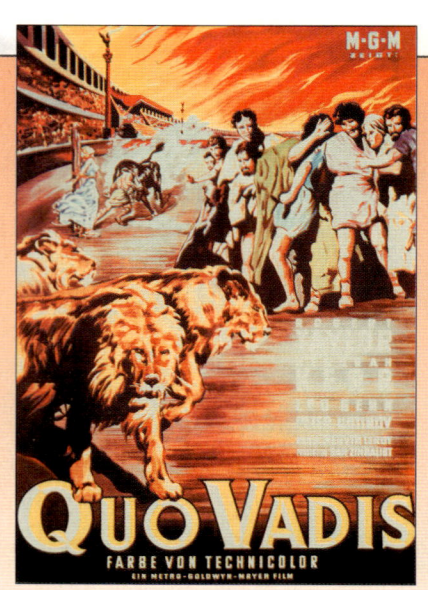

Filmplakat (1951)

Vocabularium

sanctus,-a,-um	heilig	engl. saint, frz. saint, ital. santo
cultus,-us m.	Verehrung	vgl. Kult
dubito 1,-avi,-atum	zögern; zweifeln	engl. to doubt
commoveo 2,-movi,-motum	(heftig) bewegen; veranlassen	
fuga,-ae f.	Flucht	frz. fuite, ital. fuga
proximus,-a,-um	der nächste	frz. prochain, ital. prossimo
repente	plötzlich	= subito
obviam	entgegen	
videor (+ Inf.)	scheinen	(siehe Grammatica)
dominus,-i m.	Herr	vgl. dominieren =
quo	wohin	↔ eo =
vado 3, —	gehen	vgl. Invasion =
dicitur (+ Inf.)	er/sie soll (angeblich)	(siehe Grammatica)
lacrima,-ae f.	Träne	frz. larme, ital. làcrima
refero,-fers,-ferre, réttuli, relátum	berichten	referieren; wörtl.:
sic	so	= ita, tam
salus,-utis f.	Heil, Rettung; Gruß	vgl. salutieren; Salut!
mundus,-i m.	Welt	vgl. Minimundus; frz. monde; ital. mondo
dignus (+ Abl.)	würdig	ital. degno

Latein im Alltag

RE-

Die Vorsilbe *re-* bedeutet meistens „zurück" oder „wieder". Du begegnest ihr nicht nur im Lateinischen, sondern auch im Französischen und (in der Form *ri-*) im Italienischen. Auch im Deutschen gibt es jede Menge Fremdwörter, die diese Silbe beinhalten.

? Was bedeuten die folgenden Begriffe:

Reformation: _____   Renaissance: _____
Reflektor: _____   renovieren: _____
reflexiv: _____   Reorganisation: _____
Refrain: _____   Repetitorium: _____
retour: _____   Reprise: _____
Reinkarnation: _____   Restaurator: _____

? Gib die Bedeutung der folgenden Vokabel an:

reddo = _____   relinquo = _____
redeo = _____   se recipere = _____

Via Appia Antica

Rom nach Brindisi und wurde in der damaligen Standardbreite von 4,10 m angelegt. Noch heute ist an manchen Stellen die Originalpflasterung der *Via Appia Antica* zu sehen.

Da es im antiken Rom verboten war, die Toten innerhalb der Stadtmauern zu bestatten, ließen sich viele reiche Römer prunkvolle Gräber entlang der Via Appia errichten. Später kamen zu den heidnischen Gräbern noch die christlichen Katakomben dazu. Ganz am Anfang der Via Appia Antica, wo Petrus auf der Flucht Jesus begegnet sein soll, befindet sich die Kirche *Quo Vadis*.

Heiligengeschichten

Die Erzählung vom Martyrium des heiligen Petrus ist ein Beispiel für die so genannte **Hagiographie** (Lebensbeschreibung von Heiligen). Ziel derartiger Schriften war es aufzuzeigen, dass der betreffende Heilige ganz im Dienste Christi lebte. Die Schilderung des Martyriums schlug manchmal ins Komische um: So soll Laurentius, der auf einem Rost gemartert wurde, seine Peiniger dazu aufgefordert haben, ihn umzudrehen, da er auf einer Seite schon angebraten sei.

GRAMMATICA

INFINITIV PRÄSENS PASSIV

Der Infinitiv Präsens passiv endet bei der a-, e- und i-Konjugation auf *-ri*, bei den übrigen auf *-i*:

a-Konj.	e-Konj.	kons. Konj.	i-Konj.	Mischkonj.
am*ári*	mon*éri*	mítt*i*	aud*íri*	cáp*i*
geliebt zu werden	ermahnt zu werden	geschickt zu werden	gehört zu werden	gefangen zu werden

NOTA BENE!

mitti = Infinitiv Präsens passiv („geschickt zu werden") ⟷ *misi* = Perfekt 1.P. Sg. („ich habe geschickt")
capi = Infinitiv Präsens passiv („gefangen zu werden") ⟷ *cepi* = Perfekt 1.P. Sg. („ich habe gefangen")
legi = Infinitiv Präsens passiv („gelesen zu werden") ⟷ *legi* = Perfekt 1.P. Sg. („ich habe gelesen")

ÜBERBLICK: ALLE INFINITIVE

	a-Konj.	e-Konj.	kons. Konj.	i-Konj.	Mischkonj.
Präs. aktiv	am*áre*	mon*ére*	mítt*ere*	aud*íre*	cáp*ere*
Präs. passiv	am*ári*	mon*éri*	mítt*i*	aud*íri*	cáp*i*
Perfekt aktiv	am*avísse*	mon*uísse*	mis*ísse*	aud*ivísse*	cep*ísse*
Perfekt passiv	am*átum esse*	món*itum esse*	míss*um esse*	aud*ítum esse*	cáp*tum esse*

NOTA BENE!

Der **Infinitiv Präsens** ist **gleichzeitig**. → Er drückt eine Handlung aus, **die zugleich mit der Haupthandlung** stattfindet.
Der **Infiniv Perfekt** ist **vorzeitig**. → Er drückt eine Handlung aus, die **vor der Haupthandlung** stattgefunden hat.

▸ gleichzeitig: immer auf der gleichen Stufe:

                                   Perfekt/   Präsens   Futur
                                   Imperf.

▸ vorzeitig: eine Stufe nach links:

                             Plqpf.   Perfekt/   Präsens   Fut.Ex.   Futur
                                          Imperf.

NOMINATIVUS CUM INFINITIVO (NCI)

Bei einigen **Verba** steht **im Passiv** der NCI, die Verbindung eines Nominativs mit einem Infinitiv. Die beiden wichtigsten dieser Verba sind:

dicitur / dicuntur + NCI = er (sie, es) **soll** (Sg.) / sie **sollen** (Pl.); man sagt, dass er (sie, es) …
videtur / videntur + NCI = er (sie, es) **scheint** (Sg.) / sie **scheinen** (Pl.); es scheint, dass er (sie, es) …

Christus respondisse dicitur. = 1) Christus soll geantwortet haben.
                                  2) Man sagt, dass Christus geantwortet hat.

Christus ei obviam venire videbatur. = 1) Christus schien ihm entgegenzukommen.
                                              2) Es schien, dass Christus ihm entgegenkam.

Exercitationes

I. Bilde alle vier Infinitive zu:

1. do 2. terreo 3. traho 4. refero

II. Übersetze:

1. Iulia cum amico novo visa esse dicitur.
2. Claudia dono meo non delectari videbatur.
3. Ii libri libenter legi dicuntur.
4. Totam noctem non dormivisse videmini.
5. Magister ipse discipulus malus fuisse dicitur.

III. Setze in den NCI (abhängig von dem angegebenen Verb, das du in die richtige Person setzen musst):

Bsp.: Iulia tibi placet. (videor)
Iulia tibi placere videtur.

1. Amici Claudiae divites sunt. (dicitur)
2. Numquam a magistro laudamur. (videor)
3. Hoc praemio digni non estis. (videor)
4. Hunc librum diligenter legistis. (videor)

IV. Setze in den NCI und ACI (abhängig von „dicitur/dicuntur" bzw. von „homines dicunt"):

Bsp.: Magna pars urbis deleta est.
Magna pars urbis deleta esse dicitur.
Magnam partem urbis deletam esse homines dicunt.

1. Princeps ipse Romam incendit.
2. Christiani illius criminis accusabantur.
3. Eiusmodi scelera a Christianis non committuntur.

V. Übersetze:

Magister interrogat: „Quinte, qui vir Graecus prudentissimus fuisse dicitur?" – „Ulixes prudentissimus dictus est." – „Bene!", magister dicit. „Multum didicisse videris. Et quid Ulixes prudenter egisse dicitur?" – „Ulixes eam deam deligere debuit, quae ei pulcherrima esse videbatur. Venerem deligere non dubitavit. Illa enim ei Helenam promiserat, quae illo tempore mulier pulcherrima fuisse dicitur." – „Prudens mihi videbaris, priusquam haec narravisti!", magister clamat. „Nam non Ulixes, sed Paris Venerem delegisse dicitur. Praeterea viri, qui nihil nisi mulieres pulchras petunt, prudentia carere videntur."

VI. Welche Form passt nicht zu den anderen?

1. ☐ vixi ☐ cepi ☐ duci ☐ risi
2. ☐ timeri ☐ moneri ☐ sceleri ☐ praeberi
3. ☐ condi ☐ decerni ☐ rapi ☐ laesi
4. ☐ celeris ☐ videris ☐ tangeris ☐ deligeris
5. ☐ vocor ☐ ducor ☐ vincor ☐ arbor
6. ☐ flebimus ☐ dabimus ☐ bibimus ☐ orabimus

VII. De morte sanctae Barbarae

Barbara virgo pulcherrima fuisse dicitur, quam in matrimonium ducere multi adulescentes cupiebant. Ea autem inter Christianos esse malebat[1]. At eius pater, vir divitissimus, turrim[2] altam aedificari iussit, in qua filiam inclusit. Olim autem Barbara sacerdotem[3] clam ad se vocavit, a quo denique baptizata est[4]. Quod ubi pater intellexit, iratus filiam inclusam necare constituit. At paulo post portas turris apertas esse filiamque fugisse vidit. Ita, quod omnes Christianos a principe supplicio[5] affici sciebat, filiam deos Romanos neglegere nuntiavit. Itaque Barbara a militibus quaerebatur et mox comprehensa est. Dum autem ad carcerem[6] ducitur, in via cerasum[7] vidit, e qua ramum[8] sumpsit et secum portabat. Deinde multis cum lacrimis in carcere mortem exspectabat. Sed repente ille ramus cerasi florere[9] coepit et Barbara intellexit Deum secum esse. Ita sine timore supplicium suscepit[10]. At Barbara non a militibus necata est, sed pater ipse maxima ira commotus virgini caput praecidit[11].

---

1 **malebat**: „sie wollte lieber"; 2 **turris**,-is f.: „Turm"; 3 **sacerdos**,-otis m.: „Priester"; 4 **baptizo** 1: „taufen"; 5 **supplicium**,-i n.: „Todesstrafe"; 6 **carcer**,-eris m.: „Kerker"; 7 **cerasus**,-i f.: „Kirschbaum"; 8 **ramus**,-i m.: „Zweig"; 9 **floreo** 2: „blühen"; 10 **suscipio** M: „auf sich nehmen"; 11 **praecido** 3,-cidi,-cisum: „abschlagen"

De Marco Aurelio

Etwa hundert Jahre nach Nero regierte Kaiser Mark Aurel, ein gebildeter und besonnener Herrscher, der sich auch als Philosoph betätigte. Da immer wieder fremde Völker ins römische Territorium einfielen, musste er gegen seine Überzeugung einen großen Teil seiner Regierungszeit Kriege führen. Lange Zeit hielt er sich dabei auch im Gebiet des heutigen Österreich auf.

Quod Marcomanni[1] et Quadi[2] saepe Danuvium[3], quo imperium Romanum a Germanis **divisum erat**, transibant[4], Marcus Aurelius contra illas **gentes** bellum gerere statuit. Quas postquam nonnullis proeliis superavit et e finibus Romanis expulit, copias Romanas trans Danuvium in fines Quadorum **traducere** statuit.

At ibi Marcum Aurelium, qui **adhuc** multa bella **feliciter** gesserat, **fortuna** destituit[5]. Eius copiae enim ab ingenti exercitu Quadorum circumventae sunt. Romani se fortissime defendentes complures quidem hostes interfecerunt, sed Quadi subito se receperunt et **equitibus** suis celerrimis exercitum Romanum incluserunt. Romani medio in **campo** ab hostibus inclusi magno in periculo erant. **Aestas** erat et iam diu aqua **deerat**. Milites et proelio et sole **fessi** sitim **vix** diutius[6] tolerare potuerunt. Hostium exercitum magnum vincere non potuerunt neque **ulla spes** auxilii erat. Sed quaedam res Marco Aurelio saluti erat: In exercitu eius nonnulli Christiani erant. Imperator, quod Christianos ad deum suum orantes saepe e periculis servatos esse audiverat, eos id **rogavit**: „Orate ad deum vestrum!" Christiani orare coeperunt auxiliumque **divinum** petiverunt. **Ecce, miraculum accidit**: Nam subito tonuit[7], deinde pluere[8] coepit. Dum Romani cupidissime aquam galeis[9] captam bibunt, multi Quadi fulminibus[10] necati esse dicuntur. Deinde proelium iterum commissum est et Quadi hoc miraculo valde territi brevi tempore victi sunt.

Interpretationes:

a) Cur Marcus Aurelius contra Quados bellum gerere constituit?
b) Quae res militibus Romanis magno periculo erat?
c) Quomodo Deus exercitum Romanum adiuvit?
d) Cur Romani post illud miraculum hostes vincere potuerunt?

1 **Marcomanni**,-orum m.: „Markomannen"
2 **Quadi**,-orum m.: „Quaden"
3 **Danuvius**,-i m.: „Donau"
4 **transeo**,-ire,-ii,-itum: „hinübergehen"
5 **destituo** 3,-ui,-utum: „im Stich lassen"
6 **diutius**: Komparativ zu diu
7 **tono** 1, tonui: „donnern"
8 **pluere**: „regnen"
9 **galea**,-ae f.: „Helm"
10 **fulmen**,-inis n.: „Blitz"

De Romanis

Marcus Aurelius

Er war einer der wenigen römischen Kaiser, die sich (wenn auch nicht unbedingt freiwillig) im heutigen Österreich aufgehalten haben. Während des so genannten „Markomannenkrieges" verbrachte er längere Zeit in den Lagern Vindobona und Carnuntum, um persönlich das Kommando zu führen. Daran erinnert heute noch die Marc-Aurel-Straße im 1. Wiener Gemeindebezirk. In Tulln, dem früheren Römerkastell Comagena, wurde 2002 an der Donaupromenade ein Reiterstandbild des Kaisers enthüllt, das der berühmten Statue auf dem Kapitolsplatz in Rom nachempfunden ist.
Gestorben ist der Kaiser im Jahr 180 n. Chr. möglicherweise in Vindobona.

Österreich in der Römerzeit

Auf dem Boden des heutigen Österreich befanden sich drei römische Provinzen: Pannonien, Noricum und Rätien. Sie bildeten seit dem 1. Jh. n. Chr. die Nordgrenze des Imperium

Mark Aurel-Statue (Rom)

VOCABULARIUM

divido 3, divisi, divisum	trennen, teilen	*dividieren*
gens, gentis f.	Volk	*frz. gens, ital. gente*
traduco 3, traduxi, -ductum	hinüberführen	*aus trans + ducere*
adhuc	bis jetzt; bisher	
felix (m., f., n.), felícis (2.F.)	glücklich, erfolgreich	*ital. felice; vgl. frz. felicité*
fortuna, -ae f.	Glück; Schicksal	*frz. fortune, ital. fortuna*
eques, -itis m.	Reiter	*↔ equus =*
campus, -i m.	Feld	*frz. champ, ital. campo; vgl. Camping*
aestas, -atis f.	Sommer	*frz. été, ital. estate*
desum, -es, deesse, defui	fehlen	
fessus, -a, -um	erschöpft	
vix	kaum	
ullus, -a, -um (2.F. ullíus)	irgendein(e)	*↔ nullus =*
spes, spei f.	Hoffnung	*frz. espoir, ital. speranza; vgl. sperare*
rogo 1, -avi, -atum	bitten; fragen	*engl. rogation*
divinus, -a, -um	göttlich	*engl. divine, frz. divin, ital. divino*
ecce	siehe!	
miraculum, -i n.	Wunder	*Mirakel, engl. miracle*
accido 3, accidi, —	geschehen	*engl. accident =*

PROVERBIUM

Bella gerant alii, tu, felix Austria, nube!
„Die anderen mögen Kriege führen, du, glückliches Österreich, heirate!" – Dieser Spruch stammt aus der Zeit Kaiser Maximilians I. (1508–1519) und spielt auf die Heiratspolitik der Habsburger an.

LATEIN IM ALLTAG

AEIOU
Diese Abkürzung stellt den Wahlspruch von Kaiser Maximilians Vater Friedrich III. (1452–1493) dar. Er wird verschieden gedeutet: Neben der deutschen Auflösung „Alles Erdreich ist Österreich untertan" gibt es auch zwei lateinische Varianten:
a) *Austria erit in orbe ultima.* = „Österreich wird bis ans Ende der Welt sein (= bestehen)."
b) *Austriae est imperare orbi universo.* = „Österreichs Aufgabe ist es, über die ganze Welt zu herrschen."

Österreich zur Römerzeit

Romanum gegen die Germanen. Grenzfluss war die Donau, entlang der die Römer als zusätzliche Sicherung den so genannten „Limes" (Grenzwall) errichteten. Die Herrschaft der Römer in unserem Raum dauerte etwa 450 Jahre, bis im 5. Jh. die Germanen im Zuge der Völkerwanderung von Norden her das römische Reich eroberten.

? Versuche mit Hilfe der Karte folgende Fragen zu beantworten:
▸ Welche heutigen Bundesländer gehörten zu den drei römischen Provinzen?
▸ Welcher Teil Österreichs war nie römisch?
▸ Um welche Städte handelt es sich bei Lentia, Ovilava, Iuvavum und Brigantium?

GRAMMATICA

PARTIZIP PRÄSENS

Das Partizip Präsens (1. Mittelwort) wird vom Präsensstamm gebildet und ist an der Silbe **-ns** (1.F. Sg.) bzw. **-nt-** (übrige Fälle) zu erkennen. Es dekliniert nach der Mischdeklination (siehe Seite 48):

	Singular		Plural	
	m. + f.	n.	m. + f.	n.
1/5	ama**ns**	ama**ntes**	ama**ntes**	ama**nti**a
2	ama**ntis**		ama**ntium**	
3	ama**nti**		ama**ntibus**	
4	ama**ntem**	ama**ns**	ama**ntes**	ama**nti**a
6	ama**nte**		ama**ntibus**	

Übersetzung:
Das Partizip Präsens ist **aktiv** und **gleichzeitig**:
amans = „liebend" (= „einer, der liebt"); „ein Liebender"

Verwendung:
a) als **Adjektiv**: *Christiani orantes* = die betenden Christen
b) als **Participium Coniunctum** (siehe unten)
c) als **Substantiv**: *orantes* = die Betenden

ebenso: *monens,-entis, ducens,-entis, capiens,-entis, audiens,-entis*

PARTICIPIUM CONIUNCTUM

Unter dem *Participium Coniunctum* (PC, „verbundenes Partizip") versteht man ein Partizip, das
▸ mit einem Nomen **übereingestimmt** ist,
▸ nicht unmittelbar neben diesem Nomen steht, sondern eine **Sperrung** (Klammer) bildet.

Da die wörtliche Übersetzung in solchen Fällen meist nicht wirklich „deutsch" klingt, musst du eine solche Sperrung auflösen, und zwar am besten in einen **Relativsatz***:

<u>Christiani</u> ad deum suum <u>orantes</u> e periculis servati sunt.

1.F. Pl.   Partizip 1.F. Pl.

(Die Christen, **zu** ihrem Gott **betend**, wurden aus Gefahren gerettet. =)
Die Christen, **die** zu ihrem Gott **beteten**, wurden aus Gefahren gerettet.

* Der Relativsatz ist die einfachste Möglichkeit, ein *Participium Coniunctum* zu übersetzen. Weitere Möglichkeiten: mit „als" (temporal), „weil" (kausal), „obwohl" (konzessiv) oder mit einem Hauptsatz („und").

Bei der Übersetzung von Sperrungen musst du auf die **Art des Partizips** achten:

	Erkennungszeichen	Eigenschaften
Partizip Präsens:	**-ns,-ntis** (3. Dekl.)	aktiv + gleichzeitig
Partizip Perfekt:	**-tus 3/-sus 3** (a-/o-Dekl.)	passiv + vorzeitig

▸ **Partizip Präsens** (→ gleichzeitig): Im Relativsatz steht **dieselbe Zeit** wie im übergeordneten Satz (Beispiel siehe oben).
▸ **PPP** (→ vorzeitig): Die Zeit im Relativsatz liegt **eine Zeitstufe vor** der Zeit im übergeordneten Satz (vgl. Seite 116):

<u>Romani</u> ab hostibus <u>inclusi</u> (PPP) *magno in periculo erant* (Imperfekt).

= Die Römer, <u>die</u> von den Feinden <u>eingeschlossen worden waren</u> (Plqpf.), befanden sich in großer Gefahr.

> **TIPP: Vorgangsweise beim Übersetzen:**
> - Suche zu jedem Partizip das Bezugswort (steht meist davor) und unterstreiche die beiden Wörter:
>   Bsp.: <u>Librum</u> in schola <u>lectum</u> tibi dedi.
> - Übersetze die so entstandene „Klammer" zunächst wörtlich:
>   Bsp.: Ich gab dir das Buch (in der Schule gelesen).
> - Verwandle das Partizip in einen Relativsatz! Achte dabei auf das Zeitverhältnis:
>   Bsp.: Ich gab dir das Buch, **das** in der Schule **gelesen worden war**.

EXERCITATIONES

I. Übersetze:

1. servus fugiens
2. amici dubitantes
3. domini intrantis
4. puellas canentes
5. discipulo erranti
6. patrem euntem
7. puerorum orantium
8. manu tangente

II. Ordne den Substantiva die passenden Partizipia zu und übersetze:

1. milites
2. frontis
3. magistrum
4. puellarum
5. viris
6. mons
7. verbum

a) clamantium
b) contendentes
c) laborantibus
d) laesae
e) monens
f) narrantem
g) ascensus

III. Bilde das Partizip Präsens und setze es im richtigen Fall ein:

Quidam pueri magistrum .... (exspecto) magna voce certant. Ita magister .... (intro) ab illis pueris .... (certo) non intelligitur. At subito vocem magistri .... (clamo) audiunt: „Desinite! Cur vos semper .... (certo) conspicio?" Sed pueri magistro .... (interrogo) non repondent.

IV. Unterstreiche Partizip und Bezugswort und übersetze das Participium coniunctum mit Relativsatz! Achte auf das Zeitverhältnis!

1. Nero de incendio Troiae canens flammas Romam vastantes spectabat.
2. Multa aedificia urbis a principe ipso clam incensae flammis deleta sunt.
3. Deinde Nero media in urbe igne vastata sibi domum ingentem aedificari iussit.
4. Partes illius domus summa arte aedificatae nostra quoque aetate spectari possunt.
5. Nero hominibus se ipsum auctorem incendii putantibus dixit: „Christiani multa eiusmodi scelera committentes urbem incenderunt."
6. Plurimi Christianorum illius criminis accusatorum poenas crudelissimas tulerunt.
7. Nobis de his rebus legentibus Nero imperator improbissimus fuisse videtur.

V. Forme in den folgenden Sätzen den Relativsatz jeweils zu einem Participium Coniunctum um und übersetze:

Bsp.: Hostes, qui fortiter pugnabant, vici.
      Hostes fortiter pugnantes vici.

1. Marcus Aurelius gentes, quae saepe fines Romanos petebant, vicit.
2. Deinde hostes, qui imperio Romano expulsi erant, in eorum finibus vincere statuit.
3. Ibi autem ab imperatore hostium, qui copias prudenter ducebat, paene victus est.
4. Milites Romani, qui ab hostibus circumventi erant, auxilio divino servati esse videbantur.

VI. Marcus Aurelius graviter laeditur

Marcus Aurelius, imperator prudentissimus, multos annos bellum gerebat. Nam quasdam gentes fines Romanos saepe adeuntes imperio prohibere debebat. Ita complura castra et oppida firmissima aedificari iussit, in quibus ipse diu vitam agebat. Cum enim alia in parte hostes proelio victi se receperant, alia in parte iterum hostes campos vastantes irruperunt[1].
Olim imperator summo studio pugnans gravissime laesus est. Medici[2] optimi celerrime e toto imperio convocati imperatorem dolores maximos ferentem iuvare non potuerunt. Forte Marcus Aurelius, cui spes salutis paene non iam erat, de fonte[3] quodam audivit, quem animalia laesa petere solebant. Incolae enim eius regionis narrabant vulnera animalium ex illo fonte bibentium celeriter sanari[4]. Ita imperator aquam illius fontis sibi ferri iussit et cupidissime bibit. Paulo post eius vires redisse dicuntur. Inde multi homines cura salutis commoti hunc fontem adibant. Aqua illius fontis nostris quoque temporibus nomine „fons Romanorum" ignota non est.

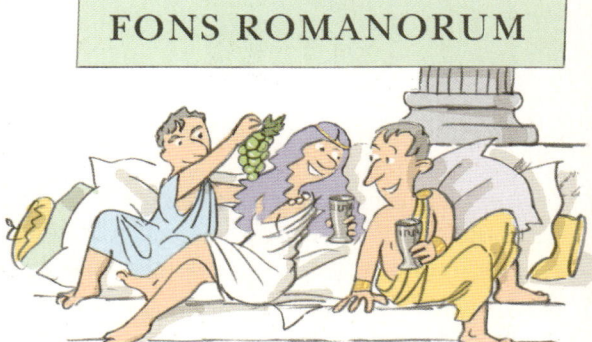

FONS ROMANORUM

1 **irrumpo** 3,-rupi,-ruptum: „einfallen"; 2 **medicus**,-i m.: „Arzt"; 3 **fons**, fontis m.: „Quelle"; 4 **sano** 1: „heilen"

De Constantino victore

Am Ende des dritten Jahrhunderts führte Kaiser Diokletian, der das Zerfallen des römischen Reiches befürchtete, eine Verwaltungsreform durch und teilte die Macht auf zwei gleichberechtigte Kaiser auf. Da er auch in den Christen eine Bedrohung sah, kam es zu den schwersten Christenverfolgungen. Bald nach seinem Tod kämpften Maxentius und Konstantin im Jahre 312 um die Herrschaft.

Iam diu inter copias Constantini et Maxentii bellum **civile** gerebatur. Constantino ipso in proelio pugnante Maxentius Roma exire **metuit**. Nam **oraculum** audiverat sibi **extra** urbem mortem imminere[1]. **Utriusque** exercitus milites fortissime pugnabant; neque his fuga **nota** erat neque illis. Quamquam Maxentio maiores copiae erant, tamen neuter[2] vincere potuit.
Quadam autem nocte Constantinus dormiens **signum** Christi vidisse dicitur, in quo **scriptum** erat: „In hoc signo vinces!" Itaque postero die signum Christi in scutis[3] notari[4] iussit et exercitum contra hostes duxit. **Prope pontem** Mulvium[5] proelium grave commissum est. Interea Romae Maxentius, quia proelio se abstinebat, a **plebe** acriter increpitatus[6] erat. **Qua de causa** quibusdam senatoribus convocatis libros Sibyllinos[7] **consulere** constituit. Hoc responsum[8] ei **nuntiatum** est: „**Hodie** hostis Romanorum interibit." Quibus verbis auditis Maxentius, qui Constantinum illum hostem Romanorum esse putavit, in spem victoriae **adductus** est Romamque reliquit. Tiberim[9] ponte Mulvio transiit et in pugnam contendit.
Ab utraque parte summo **studio** pugnabatur; postremo Constantinus Deo iuvante hostem vicit. Quo viso Maxentius fugae se mandavit. At ponte interea interrupto[10] Tiberim transire non iam potuit et multitudine fugientium **pressus** in flumen **pulsus** est.

Interpretationes:

a) Qua de causa Maxentius primo proeliis non intererat?
b) Cur postremo tamen in pugnam contendit?
c) Quid Constantinus dormiens vidisse dicitur?
d) Quomodo Maxentius interiit?

1 **immineo** 2: „drohen", „bevorstehen"
2 **neuter**,-tra,-trum: „keiner von beiden"
3 **scutum**,-i n.: „Schild"
4 **noto** 1: „zeichnen"
5 **pons Mulvius**: „Milvische Brücke" (Tiberbrücke nördlich von Rom)
6 **increpito** 1: „tadeln"
7 **libri Sibyllini**: „die Sibyllinischen Bücher" (Orakelbücher)
8 **responsum**,-i n.: „Antwort"
9 **Tiberis**,-is m.: „Tiber"
10 **interrumpo** 3,-rupi,-ruptum: „abbrechen"

De Romanis

Christenverfolgungen

Obwohl die Römer grundsätzlich gegenüber anderen Religionen tolerant waren, betrachteten sie die Christen misstrauisch. Vorgeworfen wurde ihnen einerseits die Weigerung, den Kaiser als Gott anzubeten (worin die Römer eine Erschütterung der Fundamente des Staates sahen). Andererseits machte sie ihre Tendenz zur Abkapselung (Fernbleiben von Zirkus- und Theaterspielen, geheime Zusammenkünfte) verdächtig: Man vermutete, sie würden kriminelle Handlungen (wie Ritualmorde, Genuss von Menschenfleisch und Inzest) begehen. Als das römische Reich im 3. Jh. in innen- und außenpolitische Krisen geriet, wurde den Christen die Schuld an den politischen oder Naturkatastrophen gegeben. Zahlreiche Christenverfolgungen waren die Folge, am schlimmsten 303–311 n. Chr. unter Kaiser Diokletian: Christen wurden aus Armee und Ämtern entfernt, christliche Gotteshäuser zerstört, Gottesdienste verboten und das Vermögen von Christen eingezogen.

Kaiser Konstantin

Nach dem historischen Sieg an der Milvischen Brücke über seinen Gegenspieler Maxentius (312 n. Chr.) erließ Konstantin im Jahr 313 n. Chr. das Toleranzedikt von Mailand, durch das die bisher verfolgten Christen ihre Religion frei ausüben durften.

Kaiser Konstantin (Palazzo dei Conservatori, Rom)

VOCABULARIUM

victor,-oris (m.)	siegreich; Sieger	vgl. Viktor
civilis,-e	bürgerlich; Bürger	zivil; frz. civil, ital. civile
metuo 3, metui, –	fürchten	vgl. metus,-us =
oraculum,-i n.	Orakel(spruch)	frz. oracle
extra (+ Akk.)	außerhalb	E.T. = Extraterrestris
uterque, utraque, utrumque	jeder (-e,-es) von beiden	(siehe Grammatica)
notus,-a,-um	bekannt	↔ ignotus =
signum,-i n.	Zeichen	vgl. Signal, signieren; frz. signe
scribo 3, scripsi, scriptum	schreiben	frz. écrire, ital. scrivere
prope (+ Akk.)	nahe bei	vgl. ap-propinquare
pons, pontis m.	Brücke	frz. pont, ital. ponte
plebs, plebis f.	(niedriges) Volk	vgl. Plebiszit =
causa,-ae f.	Grund	Kausalsatz =
qua de causa	deshalb; weshalb	wörtl. =
consulo 3, consului, consultum	befragen	vgl. konsultieren
nuntio 1,-avi,-atum	melden	vgl. nuntius,-i =
hodie	heute	aus hoc + die =
adduco 3,-duxi,-ductum	hinführen; veranlassen	
studium,-i n.	Eifer; Begeisterung	vgl. Studium
premo 3, pressi, pressum	drücken; bedrängen	vgl. pressen; engl.: pressure; frz. presser
pello 3, pepuli, pulsum	schlagen, stoßen	vgl. Puls

VOKABELLERN-TIPP

Die verschiedenen Paar Schuhe

Wenn du für mehrere verschiedene Fächer lernen musst, solltest du das nicht unmittelbar hintereinander tun. Besonders wenn es sich um ähnliche Fächer (wie z.B. Latein und Französisch) handelt, könnte es nämlich passieren, dass sich die beiden Inhalte in die Quere kommen und sich gegenseitig blockieren. Bestes Mittel dagegen: Dazwischen eine Pause einlegen!

LATEIN IM ALLTAG

Reif für die Uni?

So wie das Wort Studium (eigentl.: „Eifer") gehen auch viele andere Begriffe aus dem Universitätsleben auf das Lateinischen zurück, da ja Latein bis ins 18. Jh. die Gelehrtensprache war.

? Finde heraus, was die folgenden Begriffe bedeuten, und gib ihre lateinische Wurzel an!

Universität – Auditorium maximum – Alma mater – Student – Klausur – Dozent – Professor – Kolloquium

---

Konstantin selbst ließ sich auf dem Totenbett (337) taufen. Von da an folgten mit einer Ausnahme nur mehr Christen auf dem Kaiserthron. 391 wurde das Christentum unter Kaiser Theodosius schließlich zur Staatsreligion erklärt. Schon 330 hatte Kaiser Konstantin seinen Amtssitz nach Osten verlegt. Die nach ihm benannte Stadt Konstantinopel blieb bis ins 15. Jahrhundert Hauptstadt des Oströmischen Reiches – sie überdauerte also Rom, die Hauptstadt des weströmischen Reiches, um 1000 Jahre!

Christogramm und die Milvische Brücke in Rom

GRAMMATICA

ABLATIVUS ABSOLUTUS

Der Ablativus absolutus (Abl. Abs., „losgelöster Ablativ") besteht
    a) aus einem **Substantiv** oder **Pronomen im Ablativ** und
    b) einem damit übereingestimmten **Partizip** (Präsens oder Perfekt).

Diese Wortgruppe **darf nicht wörtlich übersetzt** werden, sondern muss zu einem **Gliedsatz** (meist einem Temporalsatz) umgeformt werden. Dabei gelten folgende Faustregeln:

▸ PARTIZIP PRÄSENS: gleichzeitig* (+ aktiv) – „während"
Constantino ipso pugnante Maxentius Roma exire metuit.
= **Während** Konstantin selbst **kämpfte**, scheute sich Maxentius, Rom zu verlassen.

▸ PARTIZIP PERFEKT (PPP): vorzeitig* (+ passiv) – „nachdem"
Ponte interrupto Maxentius Tiberim transire non potuit.
= **Nachdem** die Brücke **eingerissen worden war**, konnte Maxentius den Tiber nicht überqueren.

* Zum Zeitverhältnis vgl. auch das Participium Coniunctum (siehe Seite 120)

> **TIPP: Vorgangsweise beim Übersetzen:**
> - Suche zu jedem Partizip das Bezugswort (steht meist davor) und unterstreiche die beiden Wörter:
>   Bsp.: <u>Libro</u> in schola <u>lecto</u> discipuli dormiverunt.
>
> - Wenn die beiden Wörter im Ablativ* stehen, handelt es sich um einen Abl. abs. → keine wörtliche Übersetzung! (Falls anderer Fall → Participium Coniunctum, vgl. Seite 120)
>
> - Bestimme die Art des Partizips und verwandle die unterstrichene Wortgruppe in einen Temporalsatz (Part. Präsens → „während" + aktiv, PPP → „nachdem" + passiv):
>   Bsp.: „Nachdem das Buch in der Schule gelesen worden war, schliefen die Schüler (ein)."
>
> - Wenn der Satz passiv nicht „deutsch" klingt, verwandle ihn in einen aktiven Satz:
>   Bsp.: „Nachdem sie das Buch in der Schule gelesen hatten, schliefen die Schüler (ein)."

* Ausnahme: Wenn vor dem Bezugswort eine Präposition steht, handelt es sich nicht um einen Ablativus Absolutus (z.B. *de libro lecto* = „über das gelesene Buch").

NOTA BENE!

Statt eines Partizips können auch **bestimmte Substantiva** mit einem Bezugswort einen *Ablativus absolutus* bilden:

imperatore Augusto	unter Kaiser Augustus (eig.: als Augustus Kaiser war)
Caesare *duce*	unter der Führung Cäsars (eig.: als Cäsar Führer war)
Romulo *rege*	unter König Romulus (eig.: als Romulus König war)
Caesare Bibulo *consulibus*	unter den Konsuln Cäsar und Bibulus (eig.: als C. und B. Konsuln waren)

ZUSAMMENFASSUNG: Part. Coni. und Abl. abs.

	Participium Coniunctum	Ablativus absolutus
besteht aus:	Nomen + Partizip	
steht im:	1. bis 5. F.	6. F.
Erstübersetzung:	Relativsatz („der/die/das")	„während" (P. Präsens) „nachdem" (P. Perfekt)
Weitere Übersetzungsmöglichkeiten:	„als" (temporal) „weil" (kausal) „obwohl" (konzessiv) „wenn" (konditional)	

EXERCITATIONES

I. Übersetze:

1. oraculum consultum
2. cives tacentes
3. plebem sperantem
4. puero scribenti
5. rem relatam
6. gentis expulsae

II. Übersetze jeweils mit einem Temporalsatz:

1. facinore animadverso
2. copiis pugnantibus
3. his rebus neglectis
4. rege expulso
5. magistro narrante
6. amicis ludentibus

III. Unterstreiche Partizip und Bezugswort und übersetze das Participium Coniunctum mit einem Relativsatz:

1. Quintus amore Iuliae ardens puellam cum alio adulescente ambulantem in foro vidit.
2. Amici nobis multum de itinere aestate in Graeciam facto narrant.
3. Litteras a te Romam missas numquam accepimus.
4. Magister summo studio de bellis Romanorum narrans discipulos iam diu dormire non animadvertit.
5. Ii libri Latini a poetis clarissimis scripti magno cum gaudio leguntur.

IV. Unterstreiche Partizip und Bezugswort und übersetze den Ablativus absolutus mit einem Temporalsatz:

1. Troianis victoriam multo vino celebrantibus Graeci equum clam reliquerunt urbemque incenderunt.
2. Ulixe complures annos per maria errante multi viri summo honore eius uxorem in matrimonium ducere studebant.
3. Omni spe victoriae amissa exercitus Romanus auxilio divino servatus est.
4. Romulo rege cives Romani mulieribus carentes filias Sabinorum rapuerunt.

V. Forme die Temporalsätze jeweils zu einem Ablativus absolutus um:

Bsp.: Dum Gaius legit, pater intrat.
Gaio legente pater intrat.

1. Dum quidam discipuli dormiunt, magister nova verba Graeca docet.
2. Postquam pensum difficile discipulis datum est, magister laetus ad cenam contendit.
3. Post meridiem, dum magister per campos ambulat, liberi pensa diligenter faciunt.
4. Postquam omnia pensa scripta sunt, liberi quoque domum relinquunt.

VI. Setze die angegebenen Partizipia an passender Stelle ein und übersetze:

appropinquante – auditis – bibens – exspectantem – gestis – intrantes – narratas – pugnantes – resistente – ridentibus – timens – territi

Titus, miles Romanus, in caupona¹ sedet et amicos .... conspicit: „Venite, amici!", Titus clamat. „Vobis de bellis feliciter .... referam!" Illi autem has res iam saepe .... audire nolunt respondentque: „Haec omnia iam narravisti." Quibus verbis .... Titus tamen narrare incipit: „Audite res novissimas: Magno exercitu hostium .... plurimi nostrorum militum celerrime fugerunt. Quo viso hostes se iam vicisse putabant. Ego autem nullum periculum .... solus multos hostes fortissime .... vici. Ceteri hostes fortitudine mea .... se celerrime receperunt. Ita patriam iterum servavi." Postquam Titus multum vinum .... diu eiusmodi res narravit, amici domum redire decernunt. Tito .... amici iterum ac iterum causam quaerunt. Denique ille miles fortissimus amicis .... dicit: „Iratam uxorem me iam multas horas .... metuo."

¹ **caupona**,-ae f.: „Wirtshaus"

DE BENEFICIO SANCTI MARTINI

Einer der populärsten christlichen Heiligen ist Martin, der – ebenso wie Kaiser Konstantin – im 4. Jh. n. Chr. lebte. Als Sohn eines römischen Offiziers diente er zunächst im römischen Heer, ließ sich aber später taufen und brachte es schließlich bis zum Bischof der französischen Stadt Tours. Berühmt geworden ist er jedoch durch seine „Mantelteilung".

Olim Martinus miles Romanus media **hieme** in porta Ambianensium civitatis[1] virum **pauperem** conspexit, qui **veste** carens frigus[2] vix **patiebatur**. Ceteris hominibus sine ulla **misericordia** praetereuntibus[3] Martinus se virum **nudum** adiuvare debere intellexit. Hoc autem ei facile non erat. Quia enim **reliquas** res in beneficium **simile** consumpserat, ipse nihil praeter arma et vestem **militarem** secum habebat. Itaque vestem gladio divisit; **alteram** partem pauperi dedit, altera rursus[4] **indutus**[5] est. Nonnulli homines hoc videntes ridebant. Multi tamen, quibus **mens sanior** erat, **queri** coeperunt, quod Martinus solus se **humanum** praestiterat[6] ipsique plus **possidentes** virum pauperem non adiuverant.

Nocte, quae **secuta** est, Martinus somnio[7] Christum vidit veste indutum, qua pauperem **texerat**. Et Christus ad multitudinem angelorum[8] **locutus** est: „Martinus, qui adhuc catechumenus[9] est, me hac veste tegere **veritus** non est. **Quidquid** enim fecistis uni ex fratribus meis minimis, mihi fecistis." Quo viso Martinus bonitatem[10] dei in suo opere cognoscens ad baptismum[11] contendit. Nec tamen statim militare[12] desiit: Tribuno[13] **hortante** duos annos militabat, priusquam miles Christi deo soli **serviebat**.

Interpretationes:

a) Ubi Martinus virum nudum vidit?
b) Cur Martinus nihil praeter arma vestemque militarem secum habebat?
c) Quid Martinus post illud somnium fecit?
d) Cur Martinus post baptismum militare non desinit?

1 **civitas Ambianensium**: „Amiens" (frz. Stadt)
2 **frigus**,-oris n.: „Kälte"
3 **praetereo**,-is,-ire,-ii,-itum: „vorübergehen"
4 **rursus** (Adv.): „wieder"
5 **indutus est**: „er bekleidete sich"
6 **se praestare** (Perf.: praestiti): „sich erweisen"
7 **somnium**,-i n.: „Traum"
8 **catechumenus**,-i m.: „Taufschüler"
9 **angelus**,-i m.: „Engel"
10 **bonitas**,-atis f.: „Güte"
11 **baptismus**,-i m.: „Taufe"
12 **milito** 1: „Kriegsdienst leisten"
13 **tribunus**,-i m.: „Tribun" (Offizier)

DE ROMANIS

Martinigansl-Essen

Besonders verehrt wurde der aus Pannonien (Ungarn) stammende **Martin** in Gallien (heutiges Frankreich), wo er sich als Bischof von Tours um die Missionierung der letzten heidnischen Gebiete Galliens und um die Gründung der ersten Klöster im lateinischen Kulturbereich (z. B. Ligugé) verdient machte.

Wie bei Heiligen üblich, ranken sich auch um ihn allerlei Legenden. Neben der Mantelteilung ist vor allem die Erzählung von den Gänsen, die seine Ernennung zum Bischof „erzwungen" haben (vgl. Text Seite 129) bekannt. Auf diese Begebenheit ist der auch bei uns übliche Brauch zurückzuführen, dass zu Martini (11. November) eine Gans verspeist wird.

Der heilige Martin gilt als Patron der Bettler, Soldaten und Schneider. Dargestellt wird er meist auf einem weißen Pferd in römischer Soldatenkleidung, wie er mit einem Bettler den Mantel teilt, fallweise auch als Bischof mit Schwert und Gans.

Die Mantelteilung (A. van Dyck, um 1618/20)

Vocabularium

beneficium,-i n.	Wohltat	vgl. Benefizveranstaltung
hiems, hiemis f.	Winter	
pauper (m./f./n.), pauperis (2.F.)	arm	frz. pauvre, ital. pòvero
vestis,-is f.	Gewand	vgl. Weste, Transvestit
patior,-eris, pati M, passus sum	ertragen, erdulden	vgl. passiv, Passion, Patient
misericordia,-ae f.	Mitleid	ital. misericordia
nudus,-a,-um	nackt	frz. nu, ital. nudo; vgl. Nudist
reliquus,-a,-um	übrig	↔ relictus =
similis,-e	ähnlich	engl. similar, ital. similare
militaris,-e	militärisch, Militär-	Adj. zu miles,-itis
alter,-era,-erum	der andere (von zweien)	vgl. Alternative
alter – alter	der eine – der andere	(siehe Grammatica)
mens, mentis f.	Geist, Vernunft	ital. mente, vgl. mental
sanus,-a,-um	gesund; vernünftig	vgl. Sanitäter; engl. sane
queror,-eris, queri 3, questus sum	klagen	↔ quaero =
humanus,-a,-um	menschlich	engl. human, frz. humain
possideo 2, possedi, possessum	besitzen	engl. to possess
sequor,-eris, sequi 3, secutus sum (+ Akk.)	folgen	vgl. Sequenz
tego 3, texi, tectum	bedecken	
loquor,-eris, loqui 3, locutus sum	sprechen	vgl. Kol-loquium =
vereor,-eris, vereri 2, veritus sum	fürchten	
quidquid	was auch immer, alles was	
hortor,-aris, hortari 1, hortatus sum	auffordern, ermuntern	
servio 4,-ivi,-itum	dienen	vgl. servieren; frz. servir

Latein im Alltag

Roma locuta, causa finita.
„Rom hat gesprochen, die Angelegenheit ist beendet." – Diese Redewendung bezieht sich auf päpstliche Entscheidungen und bedeutet: Nach eingehenden Beratungen hat der Papst eine Entscheidung getroffen, die unumstößlich ist.

Proverbium

Mens sana in corpore sano.
„Ein gesunder Geist in einem gesunden Körper." – Wieder einmal ein Beispiel für eine Abänderung der ursprünglichen Bedeutung einer Redensart: Heute versteht man diesen Spruch als Aufforderung Sport zu betreiben. Im Gegensatz dazu verstand man in der Antike darunter den Wunsch an die Götter, sie mögen einem neugeborenen Kind sowohl einen gesunden Körper als auch eine gesunde (= tapfere) Gesinnung schenken.

„Österreichische" Heilige

Der **heilige Florian** erlitt 304 n. Chr., während der diokletianischen Christenverfolgung, im oberösterreichischen Lauriacum (Lorch) den Märtyrertod, indem er mit einem Stein um den Hals in der Enns ertränkt wurde. Er gilt als Helfer gegen Wasser- und vor allem Feuersnot. Als Schutzheiliger der Feuerwehren wird er meist als römischer Offizier dargestellt, der Wasser über ein brennendes Haus gießt. An seiner Begräbnisstätte befindet sich heute das Kloster St. Florian (OÖ).

Hl. Florian

Als „Apostel von Ufernoricum" wird der **heilige Severin** bezeichnet. Er wirkte zur Zeit der untergehenden Römerherrschaft im Donauraum (5. Jh.) zwischen Passau und Wien und gründete in Favianis (Mautern) ein Kloster. Er gilt als Schutzpatron der Weber, Winzer und Weinberge. Sein Grab befindet sich in Frattamaggiore bei Neapel. (Eine Reliquie wurde 2003 der Pfarrkirche von Tulln geschenkt.)

Grammatica

DEPONENTIA

Deponentia sind Verba mit **passiver Form**, aber **aktiver Bedeutung**. Der Name kommt vom Verbum *deponere* („ablegen"), da diese Wörter ihre aktiven Formen (bzw. passiven Bedeutungen) abgelegt haben. Deponentia gibt es von allen Konjugationen. Ihre **Stammformen** werden wie bei aktiven Verben angegeben: 1.P. + 2.P. Sg. + Infinitiv Präsens + 1.P. Sg. Perfekt.

- a-Konjugation: *hortor, hortáris, hortári 1, hortatus sum* („auffordern")
- e-Konjugation: *vereor, veréris, veréri 2, véritus sum* („fürchten")
- kons. Konjugation: *loquor, lóqueris, loqui 3, locútus sum* („sprechen")
- i-Konjugation: *experior, experíris, experíri 4, expértus sum* („versuchen", vgl. Lec. 34)
- Mischkonjugation: *patior, páteris, pati M, passus sum* („erleiden")

Infinitive + Partizipia:

Infinitiv Präsens:	loqu**i**	„(zu) sprechen"
Infinitiv Perfekt:	locu**tum esse**	„gesprochen (zu) haben"
Partizip Präsens:	loque**ns**,-**entis**	„sprechend"
Partizip Perfekt*:	locu**tus**,-**a**,-**um**	(„gesprochen habend")

*) Das Partizip Perfekt von Deponentia ist – im Gegensatz zum PPP – aktiv!

Imperative: Diese Formen musst du dir extra merken!

Imperativ Sg.:*	lóqu**ere**!	„sprich!"
Imperativ Pl.:*	loqu**ímini**!	„sprecht!"

*) Der Imperativ Singular schaut aus wie ein aktiver Infinitiv Präsens, der Imperativ Plural ist identisch mit der 2.P. Pl. Präsens.

> **TIPP:** Ob ein Wort ein Deponens ist, kann man nicht „erkennen", sondern muss man lernen!
> Handelt es sich um ein Deponens, bestimme Zeit, Zahl und Person und übersetze das Wort einfach aktiv statt passiv:
>
> *loquitur* → 3.P. Sg. Präsens passiv → „er spricht" (aktiv!)
> *secuti sunt* → 3.P. Pl. Perfekt passiv → „sie sind gefolgt" (aktiv!)

PRONOMINALE DEKLINATION

Einige Adjektive haben im Genitiv und Dativ Sg. die für viele Pronomina typischen Endungen **-ius** (2. F. Sg. m. / f. / n.) und **-i** (3. F. Sg. m. / f. / n.), deklinieren aber sonst nach der a-/o-Deklination:

solus,-a,-um = „allein"
unus,-a,-um = „ein", „einzig"
totus,-a,-um = „ganz"
ullus,-a,-um = „irgendein"
nullus,-a,-um = „kein"

alius, alia, aliud (2.F. Sg. alteríus) = „der andere" (von mehreren)
alter, altera, alterum = „der andere" (von zwei)
uterque, utraque, utrumque = „jeder von beiden", „beide"

DATIV DES INTERESSES (Dativus commodi)

Wenn ein Dativ ausdrückt, **wofür** oder **für wen** etwas geschieht, wird er mit „**für**" übersetzt:

*Hoc **Martino** facile non erat.* = Das war **für Martin** nicht leicht.
*Non **scholae**, sed vitae discimus.* = Nicht **für die Schule**, sondern **fürs Leben** lernen wir.

EXERCITATIONES

I. Übersetze die folgenden Verbalformen:

1. passi sunt: ....
2. secuta erat: ....
3. loquebaris: ....
4. sequimini: ....
   ....
5. veremur: ....
6. pati: ....

II. Setze die Prädikate in der richtigen Person im Präsens und im Perfekt ein:

1. Quomodo hos dolores ....
   / ...., Iulia? (patior)
2. Quintus puellam clam ....
   / .... (sequor)
3. Cur mecum non ....
   / ...., puellae? (loquor)
4. Nos quoque poenam ....
   / .... (vereor)

III. Übersetze:

1. Ille miles fortissimus nihil nisi uxorem vereri videbatur.
2. Spartacus, quod servitutem non iam passus est, cum compluribus servis fugere statuit.
3. Ille canis, quamquam eum hortatus non sum, me tamen sua sponte sequitur.

IV. Unterstreiche jeweils das Partizip und das Bezugswort, stelle fest, ob es sich um ein Part. Coni. oder einen Abl. Abs. handelt, und übersetze! Achte auf die Deponentia!

Marcus Aurelius gentes campos Romanos saepe vastantes imperio Romano expellere constituit. Hostibus victis imperator in finibus hostium bellum gerere veritus non est. Copiis traductis Marcus Aurelius ingentem exercitum advenire animadvertit. Quod milites maiorem hostium exercitum verentes pugnare dubitabant, imperator eos verbis acerrimis hortatus est. Imperatore locuto proelium atrox commissum est. At Romani, qui hostes fortissime pugnantes vincere non potuerunt, circumventi sunt. Quamquam militibus iam diu aqua carentibus spes victoriae non iam erat, tamen questi non sunt. Postremo exercitus Romanus Deo iuvante servatus est.

V. Durch Anfügen der Silbe -or an den Stamm eines PPP werden Substantiva gebildet, (z. B.: imperare → imperator). Übersetze also:

1. jemand, der lehrt: ....
2. jemand, der lobt: ....
3. jemand, der liest: ....
4. jemand, der siegt: ....
5. etwas, das bewegt: ....
6. etwas, das zieht: ....

VI. De anseribus[1] clamantibus

Olim anseres clamore suo Romanos bene dormientes excitavisse[2] et magno periculo liberavisse nobis ignotum non est. Multis annis post anseres magna voce clamantes iterum hominem prodidisse[3] dicuntur.
Martinum, illum virum magnae misericordiae, exercitum Romanum reliquisse iam legimus. Deinde solum Deo servire ac exemplum Christi sequi studebat. Ne minimos quidem homines adiuvare verebatur et nonnulla miracula confecisse dicitur. Quod beneficiis suis magnam gratiam apud plebem sibi paravit, homines eum episcopum[4] facere voluerunt. At Martinus, qui se hac re dignum esse non putavit, celerrime fugit et se in stabulo[5], in quo praeter alia animalia anseres quoque erant, abdidit[6]. Martinus se ibi inveniri non posse putabat, sed subito hominibus appropinquantibus anseres clamare coeperunt. Homines clamorem audientes stabulum intraverunt et Martinum invenerunt. Qui tum non iam resistens homines in ecclesiam[7] secutus est, ubi paulo post episcopus factus est.

1 **anser**,-eris m.: „Gans"; 2 **excito** 1: „aufwecken"; 3 **prodo** 3,-didi,-ditum: „verraten"; 4 **episcopus**,-i m.: „Bischof";
5 **stabulum**,-i n.: „Stall"; 6 **abdo** 3,-didi,-ditum: „verstecken"; 7 **ecclesia**,-ae f.: „Kirche"

DE IRA DIANAE

Nachdem Europa verschwunden war (vgl. Lec. 11), gab ihr Vater Agenor seinen Söhnen den Auftrag, sie zu suchen. Sollten sie Europa nicht finden, dürften sie nicht mehr heimkehren. Einer der Söhne, Kadmos, blieb nach der vergeblichen Suche in Griechenland und gründete die Stadt Theben. Er führte ein glückliches Leben, bis seinen Enkel Aktäon auf der Jagd ein grausames Schicksal ereilte.

Nonnullas horas Actaeon[1] sociique venabantur[2], deinde – iam meridies erat – quiescere[3] statuerunt. Dum amici in umbra[4] arborum otio **fruuntur**, Actaeon solus **profectus** est per **silvam** ambulaturus.
Media in silva erat **fons**, ubi Diana dea venatu[5] fessa lavari[6] solebat. Eo quoque die dea ad hunc fontem venerat et veste deposita cum amicis aqua frigida[7] fruebatur. Casu Actaeon ad eundem locum pervenit virginesque nudas conspexit. Quo animadverso puellae magna voce clamaverunt et nudum Dianae corpus tegere frustra **conatae sunt**. Dea autem, quam nemo **umquam** nudam spectare **ausus** erat, irata haec verba locuta est: „Nunc tibi narrare licet me nudam visam esse – si poteris narrare!" Et statim Actaeonis in capite cornua[8] cervi[9] **crescere** coeperunt. **Aures** quoque **mutatae** sunt, deinde **os** et **pedes**, postremo totum corpus cervi erat. Tum ille diu de fortuna sua questus est: Nam in silvis manere **propter** metum bestiarum[10] non potuit, domum **reverti** propter pudorem[11] noluit. Interea socii Actaeonis, qui eum mox rediturum esse **arbitrabantur**, cura adducti amicum quaerere constituerant. Qui ubi socios ac canes suos audivit, **gavisus** est speravitque se nunc **tutum fore**. At canibus appropinquantibus clamaturus erat: „Actaeon ego sum, dominum cognoscite vestrum!" – sed voce humana **uti** non iam potuit. Itaque canes **officium** crudele, quo **fungi soliti** erant, confecerunt: Dominum suum non cognoscentes cervum **dentibus** necaverunt.

Interpretationes:

a) Ubi Actaeon Dianam conspexit?
b) Qua de causa dea irata erat?
c) Quod in animal Actaeon mutatus est?
d) Cur Actaeon domum non revertit?

1 **Actaeon**,-onis m.: „Aktäon"
2 **venor** 1: „jagen"
3 **quiesco** 3, quievi: „ruhen"
4 **umbra**,-ae f.: „Schatten"
5 **venatus**,-us m.: „Jagd"
6 **lavor** 1: „baden"
7 **frigidus** 3: „kühl"
8 **cornu**,-us n.: „Horn", „Geweih"
9 **cervus**,-i m.: „Hirsch"
10 **bestia**,-ae f.: „wildes Tier"
11 **pudor**,-oris m.: „Scham"

DE GRAECIS

Diana

Artemis, von den Römern Diana genannt, war eine Tochter des Zeus und der Titanentochter Leto. Ursprünglich verkörperte sie die jungfräuliche Natur der Berge, Wälder und Wiesen und musste daher auch selbst auf Dauer jungfräulich bleiben. Sie umgab sich auf ihren Streifzügen durch die Wälder stets mit einem Gefolge von jungen und keuschen Nymphen.
Bekannt ist sie als Jagdgöttin (dargestellt mit Pfeil und Bogen sowie Köcher), sie

Diana steigt aus dem Bad (François Boucher, Paris 1742)

Vocabularium

Latein	Deutsch	Anmerkung
fruor 3, – (fruiturus) (+ Abl.)	genießen	vgl. Frucht
proficiscor 3, profectus sum	aufbrechen	
silva,-ae f.	Wald	
fons, fontis m.	Quelle	ital. fonte; vgl. Fontäne
conor 1, conatus sum	versuchen	
umquam	jemals	↔ numquam =
audeo 2, ausus sum	wagen	frz. oser, ital. osare
cresco 3, crevi, cretum	wachsen	vgl. Crescendo
auris,-is f.	Ohr	frz. oreille, ital. orecchio
muto 1,-avi,-atum	verändern, verwandeln	vgl. mutieren, Mutant
os, oris n.	Mund; Gesicht	vgl. oral
pes, pedis m.	Fuß	frz. pied, ital. piede; vgl. Pedal
propter (+ Akk.)	wegen	
revertor 3, reverti, reversum	zurückkehren	vgl. reversieren =
arbitror 1, arbitratus sum	glauben	
gaudeo 2, gavisus sum (+ Abl.)	sich freuen (über)	(siehe Grammatica)
tutus,-a,-um	sicher	↔ totus =
fore (= futurum esse)	sein werden	
utor 3, usus sum (+ Abl.)	gebrauchen, benützen	vgl. engl. to use; vgl. Utensilien
officium,-i n.	Pflicht, Dienst	vgl. engl.+ frz. office, ital. ufficio
fungor 3, functus sum (+ Abl.)	verrichten; erfüllen	vgl. funktionieren, fungieren
soleo 2, solitus sum	gewohnt sein, pflegen	vgl. ital. sòlito = gewohnt
dens, dentis m.	Zahn	frz. dent, ital. dente; vgl. Dentist

Latein im Alltag

Per pedes

Wer *per pedes* (wörtl.: „durch die Füße") unterwegs ist, geht also zu Fuß. Der vollständige Wortlaut der Redewendung ist *per pedes apostolorum* (= „zu Fuß wie die Apostel"): So lautete der Auftrag Jesu zur Verbreitung seiner Lehre.

Latein im Alltag

Fremdwörter leicht erkannt

? Von welchen lateinischen Vokabeln leiten sich die folgenden Fremdwörter ab?

populistisch: _____ Funktion: _____

Appell: _____ Pediküre: _____

Reklamation: _____ Visier: _____

Advent: _____ Relikt: _____

---

wurde aber auch als Mondgöttin verehrt (daher die Mondsichel in ihren Haaren). Artemis/Diana war von der Renaissance an ein beliebtes Motiv für Maler und Bildhauer – besonders die Badeszenen mit ihren Gespielinnen.

Delos

Als Geburtsort der Artemis und ihres Zwillingsbruders Apoll gilt Delos. Diese winzige Insel bildet den Mittelpunkt der Kykladen (von griech. *kýklos* = „Kreis", da all diese Inseln kreisförmig um Delos angeordnet sind). Hier fand der Sage

Tempel-Anlage auf Delos

nach die schwangere Leto Zuflucht, nachdem die eifersüchtige Hera aller Welt verboten hatte, Leto die Geburt der Zwillinge zu ermöglichen. Zum Schutz ihrer Mutter sollen Apoll und Artemis ein Heiligtum auf der Insel errichtet haben. Tatsächlich war Delos für alle Griechen der Antike eine der wichtigsten gemeinsamen Kultstätten – vor allem weil sich die untereinander rivalisierenden Griechen auf keine der größeren Inseln einigen konnten.
Die heilige Insel ist noch heute unbewohnt und darf nur bis zum frühen Nachmittag besucht werden (Anfahrt per Schiff von Mykonos).

GRAMMATICA

PARTIZIP FUTUR

Das Partizip Futur wird vom passiven Perfektstamm gebildet, wobei die Endung *-us (-a,-um)* des PPP durch **-urus** *(-a,-um)* ersetzt wird:

    amaturus (-a,-um)
    moniturus
    missurus
    auditurus
    capturus

Das Futurpartizip ist **aktiv** und **nachzeitig**: z.B. *amaturus* = „einer, der lieben wird"

Verwendung:

1) Mit *esse* zur Bildung des aktiven **Futur-Infinitivs** (→ Nachzeitigkeit im ACI):

    Socii Actaeonis eum mox rediturum esse arbitrabantur.
    = Die Gefährten des Aktäon glaubten, dass er bald zurückkehren werde.

2) Als **Participium Coniunctum** („um zu"):

    Actaeon solus profectus est per silvam ambulaturus.
    = Aktäon brach alleine auf, um durch den Wald zu spazieren.

3) Mit einer Form von *esse* zur **Umschreibung des Futurs** („wollen", „im Begriff sein zu"):

    Actaeon clamaturus erat. = Aktäon wollte schreien.

ZUSAMMENFASSUNG PARTIZIPIA

	Erkennungszeichen	Eigenschaften	Bsp.
Part. Präsens	**-ns, -ntis** (3. Dekl.)	aktiv + gleichzeitig	*amans* = „liebend"
Part. Perfekt	**-tus /-sus** (a-/o-Dekl.)	passiv* + vorzeitig	*amatus* = „geliebt"
Part. Futur	**-turus /-surus** (a-/o-Dekl.)	aktiv + nachzeitig	*amaturus* (s.o.)

*) Das Partizip Perfekt der Deponentia ist **aktiv**, z. B. *secutus* = „einer, der gefolgt ist".

SEMIDEPONENTIA

Semideponentia („Halbdeponentia") sind „Zwitter", d.h. sie haben **aktive Präsensstamm-**, aber **passive Perfektstammformen** (oder umgekehrt). Die wichtigsten, die du dir merken solltest, sind:

audeo 2, ausus sum = „wagen"
gaudeo 2, gavisus sum = „sich freuen"
soleo 2, solitus sum = „gewohnt sein"
(con)fido 3, (con)fisus sum = „vertrauen" (vgl. Lec. 37)
revertor 3, reverti, reversum = „zurückkehren"

Exercitationes

I. Übersetze:
1. arbitramur: ....
2. proficiscere: ....
3. sequentur: ....
4. sequuntur: ....
5. revertit: ....
6. revertitur: ....
7. gavisi erant: ....
8. solita est: ....

II. Bilde die drei Partizipia und die fünf (bei Deponentia: drei) Infinitive zu:

1. muto 2. claudo 3. vereor 4. proficiscor

III. Übersetze:
1. Quintus amicae novae promittit se eam semper amaturum esse.
2. Meridie discipuli domum proficiscuntur, alii pensa scripturi, alii in campis lusuri.
3. Magister putat discipulos librum Latinum magno cum gaudio lecturos esse.
4. Spero amicam hoc dono gavisuram esse.
5. Hodie parentes quoque in scholam veniunt cum magistro de facinoribus filii locuturi.

IV. Setze in den ACI (Nota bene: Das Futur wird dabei immer zum Infinitiv Futur!)

Bsp.: Dicis: „Id non iterum faciam."
Dicis te id non iterum facturum/facturam esse.

1. Magister arbitratur: „Discipuli pensum ipsi scribent."
2. Iulia scit: „Gaius me semper amabit."
3. Spero: „Mox dives ero."
4. Amici promittunt: „Media nocte revertemur."

V. Ergänze die fehlenden Endungen und übersetze (Achtung: Einige der Verben verlangen einen anderen Fall als im Deutschen!):

1. Ille vir vetus[1], quia ei dentes desunt, cen............ frui non potest.
2. Magister discipulos de officiis monet, qu............ fungi debent.
3. Nolite ist............ verb............ uti!
4. Milites imperator............ sine ullo metu sequebantur.
5. Quis vestrum ill............ praemi............ gavisus non est?
6. Qu............ poen............ maxime veremini?

[1] **vetus**, -eris: „alt"

VI. Ein weiteres Beispiel für Jagderlebnisse der besonderen Art:

Olim Cephalus[1], maritus Procridis[2], dum in silvis venatur[3], de fide uxoris, quae domi manserat, dubitare coepit. Qua de causa domum reverti et eius fidem probare[4] constituit. Ita Cephalus forma mutata domum suam intravit et uxori, quae maritum non intellexit, hoc promisit: „Tibi magnas divitias dabo, si mecum unam noctem egeris!" Quae diu restitit, postremo autem divitiis ingentibus commota resistere desiit. Statim ille clamavit: „Cephalus sum, maritus adulterae[5]!" Procris tum maritum reliquit et se numquam reversuram esse dixit. At mox Cephalus maximo Procridis amore ardens cognovit se improbe egisse et ab uxore veniam[6] oravit. Inde nonnullos annos dulces agebant.
Quodam autem die Cephalus, postquam diu venatus est, fessus ad fontem consedit et aura[7] gelida[8] fruiturus clamavit: „Veni, aura! Te semper delector!" Quae verba forte audita Procridi relata sunt. Tum illa, quia „auram" esse nomen puellae arbitrabatur, ipsa de fide mariti dubitare coepit et postero die Cephalum clam in silvas secuta est. Qui ubi iterum consedit auramque vocavit, subito uxore appropinquante sonitum[9] audivit et summa vi telum[10] iecit. Ubi autem vocem eius audivit, intellexit se non animal, sed Procridem occidisse.

[1] **Cephalus**,-i m.: „Kephalos"; [2] **Procris**,-idis f.: „Prokris"; [3] **venor** 1: „jagen"; [4] **probo** 1: „auf die Probe stellen"; [5] **adultera**,-ae f.: „Ehebrecherin"; [6] **venia**,-ae f.: „Verzeihung"; [7] **aura**,-ae f.: „Lufthauch"; [8] **gelidus** 3: „kühl"; [9] **sonitus**,-us m.: „Geräusch"; [10] **telum**,-i n.: „Speer"

32 DE CALLISTONE[1]

Auch in einer anderen Geschichte führt ein Bad Dianas zu Komplikationen, allerdings mit weniger tragischen Folgen. Jupiter hatte sich nämlich in Kallisto verliebt, eine der Begleiterinnen Dianas, denen alle näheren Bekanntschaften mit Männern verboten waren. Also griff der Göttervater wieder einmal zu einer List.

Forma Dianae sumpta pater deorum virgini appropinquavit. „Ave, Diana", Callisto clamavit, „quae es – audiat ipse! – Iove maior." Iuppiter **valde** gavisus est se sibi ipsi praeferri[2] et virgini oscula[3] dedit, sed non **talia, qualia** amica amicae dare solet. Cupidissime puellam complexus[4] est, quae subito se non a Diana teneri **sensit**. Summa vi se ex eius manibus **eripere** studet. Frustra – nam quis Iovem superare possit?

Diu Callisto, quae se semper virginem mansuram esse **pollicita erat**, **turpe factum** Iovis a Diana occultare[5] potuit. Nonnullis autem **mensibus** post virgines venantes[6] ad rivum[7] venerunt et Diana **laboribus** fessa clamavit: „Hic maneamus et aqua fruamur!" Libenter puellae deae paruerunt, at sola Callisto gravida[8] vestem deponere verita est. **Ergo** dubitanti vestis erepta est: Nudo in corpore crimen visum est.

„Abi!", Diana irata clamavit. „Nemo nisi virgo me sequatur!" Illa deinde summo cum dolore per silvas errabat: „Quid nunc faciam?", secum cogitabat. „Quis me adiuvet? Quo eam?" At fortuna gravior imminebat[9]. Nam postquam filius Callistonis **natus** est, Iuno **odio** commota locuta est: „Ne iterum Iuppiter amore Callistonis capiatur!" Deinde illam in ursam[10] mutavit.

Inde Callisto in silvis vitam ursae agebat. Multis annis post filium, cui erat nomen Arcas, conspexit. Magno cum gaudio appropinquavit, ille autem adulescens eam **matrem** suam esse **nesciens** ursam interfecturus erat. At Iuppiter celerior erat: Utrumque ad astra[11] sustulit.

Interpretationes:
a) Qua de causa Callisto primo Iovem non fugit?
b) Cur Diana Callistonem gravidam esse intellexit?
c) Cur Callisto Iunonis odium commovit?
d) Quis Callistonem paene interfecit?

1 **Callisto**,-onis f.: „Kallisto"
2 **praefero**,-ferre,-tuli,-latum: „vorziehen"
3 **osculum**,-i n.: „Kuss"
4 **complector** 3, complexus sum: „umarmen"
5 **occulto** 1: „verbergen"
6 **venor** 1: „jagen"
7 **rivus**,-i m.: „Bach"
8 **gravidus** 3: „schwanger"
9 **immineo** 2: „bevorstehen"
10 **ursa**,-ae f.: „Bärin"
11 **astrum**,-i n.: „Stern"

DE ROMANIS

Die Rolle der Frau bei den Römern

Diana hatte unter den römischen Göttinnen eine Sonderrolle, da sie sich aufgrund ihrer Jungfräulichkeit ausschließlich mit weiblichen Wesen, den schönen Nymphen (sterbliche Mädchen, die Wälder, Berge und Gewässer bevölkerten), umgab. Auf keinen Fall durfte sich ihr – wie das Schicksal des Aktäon zeigt – ein männliches Wesen nähern. Im „wirklichen" Leben war die Frau bei den Römern weitgehend der Gewalt des Vaters bzw. des Gatten unterstellt. Sie durfte aber (im Gegensatz zu den Griechinnen) durchaus am gesellschaftlichen Leben teilnehmen und z.B. Theater und Tempel besuchen. Alles in allem unterschied sich die Stellung der römischen Frauen doch deutlich von unserer Gegenwart:

▸ Nur Töchter aus reichem Haus hatten die Möglichkeit, sich mit Hilfe von Privatlehrern eine höhere (meist literarische oder musische) Ausbildung anzueignen.
▸ Römische Frauen waren in erster Linie für die Leitung des Haushaltes und die Erziehung der Kinder zuständig.
▸ Nur wenige Römerinnen übten Berufe aus (meist Näherinnen oder Hebammen).
▸ Frauen durften bei Gastmählern weder wie die Männer bei Tisch liegen noch Wein trinken.
▸ Sie besaßen keinerlei politische Rechte.

Scheidungen waren hingegen schon damals möglich – zunächst nur auf Betreiben des Mannes, in spätrepublikanischer Zeit auch auf Wunsch der Frau.

Vocabularium

forma,-ae f.	Gestalt; Schönheit	frz. forme, ital. forma
ave!	sei gegrüßt!	= salve!
valde	sehr	
talis,-e	so (beschaffen), solch	frz. tel(le), ital. tale
qualis,-e	wie (beschaffen), welch	vgl. Qualität (= Beschaffenheit)
sentio 4, sensi, sensum	fühlen	vgl. sensibel, sensitiv
eripio M, eripui, ereptum	entreißen	aus e(x) + rapio =
polliceor 2, pollicitus sum	versprechen	
turpis,-e	schändlich	ital. turpe
factum,-i n.	Tat	vgl. Fakt(um), Fakten
mensis,-is m.	Monat	vgl. Menstruation; ital. il mese
labor,-oris m.	Arbeit; Mühe	engl. Labour Party =
ergo	also, folglich, daher	Cogito, ergo sum (siehe unten)
abeo,-is,-ire, abii, abitum	weggehen	vgl. Abitur
nascor 3, natus sum	geboren werden	frz. naitre, ital. nàscere
odium,-i n.	Hass	ital. odio; vgl. odios = „verhasst"
mater,-tris f.	Mutter	frz. mère, ital. madre
nescio 4, nescivi	nicht wissen	↔ scio =

PROVERBIUM

COGITO, ERGO SUM.

„Ich denke, also bin ich." Dieser Grundsatz stammt von dem französischen Philosophen René Descartes (1596–1650). Er wollte damit ausdrücken: Die erste und sicherste Erkenntnis ist, dass das Vorhandensein der Denkfähigkeit (*cogitare*) unsere Existenz (*esse*) beweist.

PROVERBIUM

PER ASPERA AD ASTRA

„Auf rauen Wegen zu den Sternen." – Diese Worte bedeuten, dass der Weg zum Erfolg meist hart und mühsam ist. Nach antiker Vorstellung wurden nämlich nur Menschen, die Außergewöhnliches geleistet hatten, von den Göttern als Sternbilder in den Himmel gehoben. Die Redewendung – diesmal ganz wörtlich verstanden – findet sich übrigens auch als Inschrift im amerikanischen Raumfahrtszentrum Cape Canaveral.

Römische Frauen trugen kunstvolle Frisuren, die mit Hilfe des calamistrum (einer Brennschere) verfertigt wurden.

Unter Kaiser Nero hatte (zumindest in der Oberschicht) schon eine gewisse Emanzipation Einzug gehalten, wie sein Erzieher Seneca berichtet: „Nicht weniger (als die Männer) bringen sie ganze Nächte wach zu, nicht weniger saufen sie. (…) Wie diese geben sie die Speisen, die den Verdauungsorganen gegen ihren Willen eingeflößt worden sind, durch den Mund wieder von sich. An Liebesgier schließlich stehen sie den Männern nicht nach."

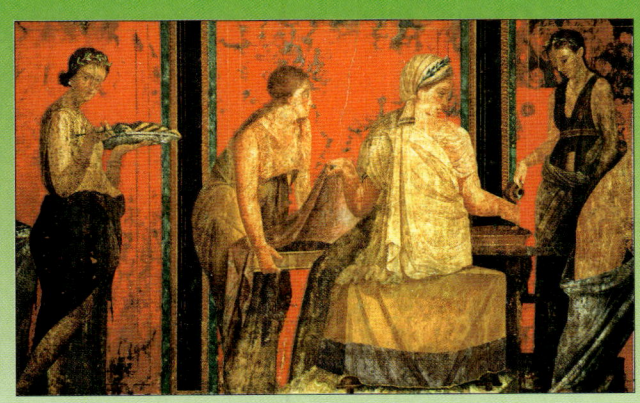

Eine Patrizierin wird für ein Fest vorbereitet (Gemälde aus Pompeji, um 50 v. Chr.)

In der Kaiserzeit lockerten sich die strengen Sitten und Beschränkungen für die Frauen. Augustus' Gattin Livia hatte die Rolle einer „First Lady" inne, und besaß auch politischen Einfluss.

GRAMMATICA

KONJUNKTIV PRÄSENS

Das Erkennungszeichen des Konjunktiv Präsens ist -**a**-. Eine Ausnahme ist die **a-Konjugation**: Da sie das -**a**- ja bereits im Stamm hat, wird es durch -**e**- ersetzt.

▶ Konj. Präsens aktiv:

	a-Konj.	e-Konj.	kons. Konj.	i-Konj.	Mischkonj.
Sg.	ámem	móneam	míttam	aúdiam	cápiam
	ámes	móneas	míttas	aúdias	cápias
	ámet	móneat	míttat	aúdiat	cápiat
Pl.	amémus	moneámus	mittámus	audiámus	capiámus
	amétis	moneátis	mittátis	audiátis	capiátis
	áment	móneant	míttant	aúdiant	cápiant

▶ Konj. Präsens passiv:

	a-Konj.	e-Konj.	kons. Konj.	i-Konj.	Mischkonj.
Sg.	ámer	mónear	míttar	aúdiar	cápiar
	améris	moneáris	mittáris	audiáris	capiáris
	amétur	moneátur	mittátur	audiátur	capiátur
Pl.	amémur	moneámur	mittámur	audiámur	capiámur
	amémini	moneámini	mittámini	audiámini	capiámini
	améntur	moneántur	mittántur	audiántur	capiántur

▶ Konj. Präsens der unregelmäßigen Verba:

esse	posse	ire	ferre	velle	nolle
sim	possim	eam	feram	velim	nolim
sis	possis	eas	feras	velis	nolis
↓	↓	↓	↓	↓	↓
sint	possint	eant	ferant	velint	nolint

KONJUNKTIV PRÄSENS IM HAUPTSATZ

Im Gegensatz zum Indikativ (= „Wirklichkeitsform") drückt der Konjunktiv (= „Möglichkeitsform") Präsens im Hauptsatz aus, dass etwas geschehen **soll** (→ Wunsch, Begehren) oder geschehen **könnte** (→ Möglichkeit). Daraus ergeben sich folgende Übersetzungsvarianten:

a) „soll"
   Audiat ipse! = „Er soll es selbst hören!" (→ Begehren)
   Quid nunc faciam? = „Was soll ich nun tun?" (→ zweifelnde Frage)

b) „lasst uns", „wir wollen" (bei der 1.P. Pl.)
   Hic maneamus! = „Lasst uns hier bleiben!", „Wir wollen hier bleiben!" (→ Aufforderung)

c) „könnte"
   Quis Iovem superet? = „Wer könnte Jupiter übertreffen?" (→ Möglichkeit)

> **NOTA BENE!**
>
> Welche Übersetzung für den Konjunktiv die richtige ist, kannst du nur aus dem Zusammenhang erkennen!

EXERCITATIONES

I. Setze in den Konjunktiv Präsens:

1. cupio: ....
2. liberamus: ....
3. tenes: ....
4. quaerit: ....
5. abis: ....
6. utitur: ....
7. desunt: ....

II. Ordne die folgenden Verba in Futur, Indikativ Präsens und Konjunktiv Präsens! Übersetze die Formen auch!

cogitas, conemur, debetis, delectemur, discet, dormient, exspectes, fruantur, inveniat, iuvamini, manemus, negleges, oratis, postulat, queremur, scribent, tolletur, trahant

III. Setze die Formen im Konjunktiv Präsens ein und übersetze:

1. Discipuli pensa domi ....! (faciunt)
2. Pensum diligenter ....! (scribimus)
3. Cur pensum solus ....? (facio)
4. Magister .... te pensum non ipsum fecisse. (animadvertit)

IV. Übersetze die folgenden Redewendungen:

1. Audiatur et[1] altera pars[2]! (Rechtsgrundsatz)
2. Requiescat[3] in pace! (Grabinschrift; Abk.: R.I.P.)
3. Vivat, crescat, floreat[4]! (Glückwunschformel)
4. Gaudeamus igitur[5]! (Titel eines bekannten Studentenliedes)
5. Fiat[6] lux! (Aus der Genesis)
6. Prosit!
7. Referat!

[1] **et** = etiam; [2] **pars**, partis f.: hier: „Seite"; [3] **requiesco** 3: „ruhen"; [4] **floreo** 2: „blühen"; [5] **igitur**: „also"; [6] **fiat**: zu *fieri* = „werden"

V. Wer sagte was?

1. Marcus Aurelius exercitum a hostibus circumventum hortatus est: ...
2. Roma incendio ingenti vastata Nero imperavit: ...
3. Apollo iratus ad Cassandram dixit: ...
4. Troiani equuo invento clamabant: ...
5. Iunone, Venere, Minerva certantibus Iuppiter imperavit: ...
6. Caesare more regis regnante Cassius et Brutus constituerunt: ...

a) „Caesarem interficiamus!" b) „Christiani comprehendantur ac puniantur!" c) „Donum Graecorum in oppidum trahamus!" d) „Fortissime pugnemus!" e) „Nemo verbis tuis credat!" f) „Paris pulcherrimam vestrum deligat!"

VI. De Ariadna relicta

Minotauro interfecto Theseus cum Ariadna in Delum[1] insulam navigavit. Ibi autem Ariadna dormiente clam navem ascendit et, quamquam se eam in matrimonium ducturum esse promiserat, solus in patriam profectus est. Illa, ubi magno cum dolore animadvertit se a Theseo relictam esse, questa est: „Theseum adiuvi, quod speraveram me eius uxorem fore. Nonne hoc promiserat? Quis talia verba non credat? Di istum virum turpem puniant! Quid faciam? Maneamne hic? Quis me hac insula auferat? Quo eam? Domumne revertar?"
Tum autem intellexit se propter odium patris reverti non posse et flere coepit: „Quis me miserior est? Ubi patriam novam inveniam?"
Deinde haec accidisse dicitur: Bacchus, deus vini, hanc virginem pulcherrimam multis cum lacrimis querentem vidit.
Et misericordia et amore commotus Ariadnam in matrimonium duxit. Ad maximum eius honorem coronam[2], qua illius caput ornatum erat, ad astra[3] sustulit, ubi nostris quoque temporibus spectari potest.

[1] **Delus**,-i f.: „Delos"; [2] **corona**,-ae f.: „Krone"; [3] **astrum**,-i n.: „Stern"

De Herone[1] et Leandro[2]

Hero war eine junge Priesterin der Aphrodite in der thrakischen Stadt Sestos (europäische Türkei). Sie verliebte sich in Leander, einen jungen Mann aus Abydos, das auf der kleinasiatischen Seite des Hellespont (der Meerenge der Dardanellen) lag. Da die Eltern beider gegen diese Liebe waren, mussten sie sich heimlich treffen.

Hero et Leander, qui suos parentes nuptias[3] numquam **concessuros** esse sciebant, tamen parentibus **invitis** convenire et amore clam frui statuerunt. **Cottidie** Leander **noctu** per mare ad Heronem natabat[4], quae **lumen** in turri[5], ubi habitabat, ponere solebat. Quo lumine **duce** Leander natans semper **cursum rectum** tenere et ad puellam amatam pervenire potuit. Hieme autem **nonnumquam** ventis[6] in mari saevientibus[7] ab amica prohibebatur. Iam novem noctes **afuerat**, tum per **nautam epistulam** misit: „**Quanto** desiderio[8] tui teneor! Quam libenter ipse pro[9] litteris **aliqua** nave ad te pervenirem! Sed **aliquis** me in **portu** navem ascendentem videat. Nemo amorem nostrum animadvertat! **Utinam** Daedalus mihi alas[10] daret! Omnia paterer, si corpus in caelum tollere mihi liceret. Utinam tecum essem! At spero me mox ad te venturum esse."
Quod autem venti saevire non desierunt, Leander **extrema** audere constituit. Amor enim Heronis superaverat **rationem**. „Brevi tempore aut tecum ero **aut moriar**!", clamavit, deinde per mare natabat. At subito lumen, quod cursum monstrabat, vento exstinctum[11] est. Itaque Leander, quod neque hoc neque illud litus videre potuit, cursu decessit[12] et postremo medio in mari mersus[13] est.
Ea quoque nocte Hero **adventum** adulescentis amati frustra exspectaverat. At tum eius corpus exanime[14] ad litus pelli vidit. Statim, quod sine Leandro vivere nolebat, se ipsam de turri deiecit[15].

Interpretationes:

a) Quo in aedificio Hero habitabat?
b) Cur Leander diu ad Heronem venire non potuit?
c) Qua de causa Leander nave usus non est?
d) Quae erat causa mortis Leandri?

---

1 **Hero**,-onis f.: „Hero"
2 **Leander**,-dri m.: „Leander"
3 **nuptiae**,-arum f. (Pl.): „Hochzeit"
4 **nato** 1: „schwimmen"
5 **turris**,-is f.: „Turm"
6 **ventus**,-i m.: „Wind"
7 **saevio** 4: „toben"
8 **desiderium**,-i n.: „Sehnsucht"
9 **pro** (+ Abl.): hier: „an Stelle"
10 **ala**,-ae f.: „Flügel"
11 **exstinguo** 3,-tinxi,-tinctum: „auslöschen"
12 **decedo** 3,-cessi: „abkommen"
13 **mergor** 3, mersus sum: „ertrinken"
14 **exanimis**,-e: „leblos"
15 **deicio** M,-ieci,-iectum: „herabstürzen"

De Romanis

Navigare necesse est!

Im Gegensatz zu den Griechen und den Phönikern waren die Römer ursprünglich kein seefahrendes Volk. Erst in den punischen Kriegen wurden sie gezwungen, Schiffe zu bauen.
Da es – im Gegensatz zu römischen Handelsschiffen (*naves onerariae*) – keine Wrackfunde von Kriegsschiffen (*naves longae*) gibt, muss ihr Aussehen mit Hilfe bildlicher Darstellungen und literarischer Quellen rekonstruiert werden. Typisches Merkmal und gleichzeitig die Hauptwaffe war der Sporn (*rostrum*). Mit ihm wurde das gegnerische Schiff gerammt und anschließend mittels Brücke geentert. So konnten die römischen Soldaten ihre Stärke, den Nahkampf, auch auf hoher See umsetzen. Eine Eigenheit römischer Schiffe war, dass die Ruderer auf mehrere Reihen aufgeteilt waren; in einer Triere (= Trireme, „Dreiruderer") saßen z.B. die Ruderer auf drei Reihen von Ruderbänken übereinander.
Da die Schiffe weder Laderaum noch Schlaf- und Aufenthaltsräume besaßen, waren sie auf Häfen oder begleitende Transportschiffe angewiesen. Die römische Kriegsflotte war fast ausschließlich mit Römern bemannt. Nur auf Handelsschiffen kamen Griechen und Afrikaner zum Einsatz, aber Ruderer und Matrosen wurden entgegen einschlägigen Klischees weder gefesselt noch geschlagen.
In der Kaiserzeit gab es zwei Hauptstützpunkte der römischen Flotte (mit je ca. 250 Schiffen): am tyrrhenischen Meer Misenum (bei Neapel), an der Adria Ravenna. Daneben gab es weitere selbstständige Flotten, u.a. am Schwarzen Meer, am Bodensee, an der Donau etc.

VOCABULARIUM

concedo 3, concessi, concessum	erlauben	vgl. Konzession =
invitus,-a,-um	unwillig, gegen den Willen	
vobis invitis	gegen euren Willen	
cottidie (Adv.)	täglich	vgl. dies
noctu	nachts	vgl. nox
lumen,-inis n.	Licht	vgl. il-luminiert =
dux, ducis m.	Führer, Feldherr	ital. duce; vgl. ducere
cursus,-us m.	Lauf, Kurs, Bahn	frz. cours, ital. corso; vgl. Kurs
rectus,-a,-um	richtig, gerade	vgl. kor-rekt
nonnumquam	manchmal	↔ numquam =
absum, abes, abesse, afui	abwesend sein	vgl. Absenz, engl. absent
nauta,-ae m.	Seemann	vgl. Astro-naut =
epistula,-ae f.	Brief	vgl. Epistel
quantus,-a,-um	wie groß	vgl. Quantum =
aliqui, aliqua, aliquod	(irgend)ein	Deklination wie qui, quae, quod
aliquis, aliquid	(irgend)jemand, (irgend)etwas	Deklination wie quis, quid
portus,-us m.	Hafen	engl. (air)port, frz. port, ital. porto
utinam	wenn doch	(siehe Grammatica)
extremus,-a,-um	äußerster, letzter	vgl. extrem, Extremitäten
ratio,-onis f.	Vernunft	vgl. rational =
aut – aut	entweder – oder	
morior M, mortuus sum	sterben	frz. mourir, ital. morire
adventus,-us m.	Ankunft	aus ad + venire; vgl. Advent

PROVERBIUM

Ave, Caesar, morituri te salutant!
"Sei gegrüßt, Kaiser, die Todgeweihten grüßen dich!" Mit diesen Worten begrüßten die Gladiatoren beim Betreten der Arena den Kaiser. (Caesar war der Titel, den jeder Kaiser in seinem Namen trug.)

? Wieso bedeutet *morituri* „die Todgeweihten"?

VOKABELLERN-TIPP

esse & Co.
Vom Hilfsverb *esse* gibt es jede Menge Komposita. Was bedeuten die folgenden?

adesse: _____
abesse: _____ prodesse: _____
interesse: _____ deesse: _____
_____ inesse: _____

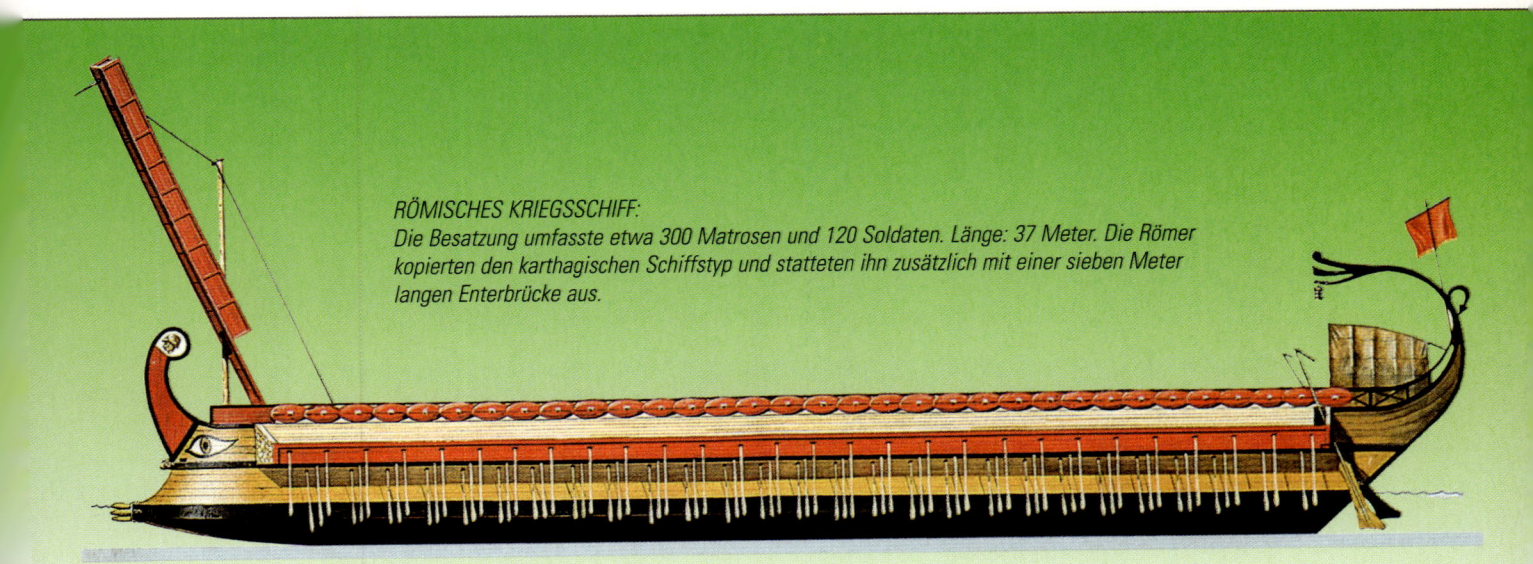

RÖMISCHES KRIEGSSCHIFF:
Die Besatzung umfasste etwa 300 Matrosen und 120 Soldaten. Länge: 37 Meter. Die Römer kopierten den karthagischen Schiffstyp und statteten ihn zusätzlich mit einer sieben Meter langen Enterbrücke aus.

GRAMMATICA

KONJUNKTIV IMPERFEKT

Der Konjunktiv Imperfekt ist im Vergleich zum Konjunktiv Präsens leichter zu bilden und vor allem leichter zu erkennen: In ihm steckt immer der **aktive Infinitiv Präsens** (erweitert um die üblichen aktiven oder passiven Endungen des Präsensstammes)!

▸ **Konj. Imperfekt aktiv:**

	a-Konj.	e-Konj.	kons. Konj.	i-Konj.	Mischkonj.
Sg.	amárem	monérem	mítterem	audírem	cáperem
	amáres	monéres	mítteres	audíres	cáperes
	amáret	monéret	mítteret	audíret	cáperet
Pl.	amarémus	monerémus	mitterémus	audirémus	caperémus
	amarétis	monerétis	mitterétis	audirétis	caperétis
	amárent	monérent	mítterent	audírent	cáperent

▸ **Konj. Imperfekt passiv:**

	a-Konj.	e-Konj.	kons. Konj.	i-Konj.	Mischkonj.
Sg.	amárer	monérer	mítterer	audírer	cáperer
	amaréris	moneréris	mitteréris	audiréris	caperéris
	amarétur	monerétur	mitterétur	audirétur	caperétur
Pl.	amarémur	monerémur	mitterémur	audirémur	caperémur
	amarémini	monerémini	mitterémini	audirémini	caperémini
	amaréntur	moneréntur	mitteréntur	audiréntur	caperéntur

▸ **Konj. Imperfekt der unregelmäßigen Verba:**

esse	posse	ire	ferre	velle	nolle
essem	possem	irem	ferrem	vellem	nollem
esses	posses	ires	ferres	velles	nolles
↓	↓	↓	↓	↓	↓
essent	possent	irent	ferrent	vellent	nollent

KONJUNKTIV IMPERFEKT IM HAUPTSATZ

Der Konjunktiv Imperfekt bezeichnet – im Gegensatz zum Konjunktiv Präsens – eine **Unmöglichkeit** aus der Sicht der Gegenwart. Er wird daher mit **„würde"** wiedergegeben.

a) „würde" als **unerfüllbarer Wunsch** (mit *utinam*):

    Utinam Daedalus mihi alas daret! = „Wenn Dädalus mir doch Flügel gäbe (= geben würde)!"
    (→ aber er kann sie mir jetzt nicht geben)
    Utinam tecum essem! = „Wenn ich doch bei dir wäre (= sein würde)!"
    (→ aber ich bin jetzt nicht bei dir)

b) „würde" als **Irrealis (Unmöglichkeit) der Gegenwart** (kombiniert mit einem *si*-Satz*):

    Omnia paterer, si corpus in caelum tollere mihi liceret! = „Ich würde alles ertragen, wenn es mir möglich wäre, meinen Körper in den Himmel zu erheben!"
    (→ aber es ist mir jetzt nicht möglich)

* Zu den *si*-Sätzen vgl. Seite 144

EXERCITATIONES

I. Setze in den Konjunktiv Imperfekt:

1. intrat: ....
2. pares: ....
3. punimini: ....
4. laudor: ....
5. cedimus: ....
6. tollitur: ....
7. refers: ....
8. pollicetur: ....

II. Setze in den Konjunktiv Präsens und Imperfekt und übersetze beide Formen:

1. errat   2. ducitur   3. credimus
4. sequuntur   5. abest   6. abit

III. Lauter unerfüllbare Wünsche:

1. Utinam pensa nostra faciliora essent!
2. Utinam nunc domum proficisci liceret!
3. Utinam schola hora quarta inciperet!
4. Utinam a Iulia amarer!
5. Utinam aestas iam adesset!
6. Utinam pluribus horis Latinis delectaremur!

IV. Setze die Infinitive in die passenden Sätze ein und übersetze:

aucturam esse – liberaturas esse – profectum esse – secuturum esse – venturum esse – fruituros esse

1. Epistula accepta Hero speravit adulescentem amatum mox ipsum ad se ....
2. Vercingetorix exercitu Romano circumventus arbitrabatur copias ceterorum Gallorum se ....
3. Icarus, qui pollicitus erat se patrem semper ...., tamen soli appropinquavit.
4. Legimus Theseum Ariadna dormiente clam ....
5. Cleopatra, mulier clarissima pulchritudine, sperabat se regnum suum auxilio Antonii ....
6. Sabini a Romulo invitati se Romae spectaculis pulcherrimis ....putabant.

V. Setze die angegebenen Verbalformen an richtiger Stelle in den folgenden Liebesbrief ein und übersetze:

ambularem – amet – exspectem – intellegerent – narret – puniant – venirem

Quintus Corinnae salutem dicit.

Sentio te iratam esse. Quae est causa irae tuae? Num iterum ab aliquo audivisti me cum alia amica visum esse? Di .... eum, qui talia narrat! Querebaris me iam diu non apud te fuisse. Noli putare me te non amare! Quis te magis ....? Libenter ad te ...., sed parentes tui numquam absunt. Num nescis illos me venire nolle? Noctune veniam? Sed etiam media nocte me certe audirent. Utinam parentes .... numquam finem amoris nostri fore! Si mihi liceret, cottidie tecum per forum .... Sed aliquis nos videat et parentibus tuis de nobis .... Ergo clam parentibus invitis conveniamus! Ubi te ....?

34

DE MIDA[1] REGE

Als der Gott Bacchus einst mit seinem Gefolge auf Reisen war, hatte der bockfüßige und gehörnte Satyr Silenus wieder einmal dem Wein zu sehr zugesprochen und den Anschluss an die Gruppe verpasst. In seinem ramponierten Zustand versuchte er Bacchus wieder zu finden.

Silenus iam diu per campos errabat. Bacchum numquam invenisset, nisi viri, qui tum haec **loca incolebant**, eum conspexissent et ad Midam regem tulissent. Midas, qui Silenum **comitem** Bacchi esse **noverat**, illum ad deum duxit. Bacchus **reditu** socii maxime delectatus se Midae praemium magnum daturum esse pollicitus est. „Dic, amice", inquit, „quae est **voluntas** tua? Omnia, **quaecumque optaveris**, tibi dabo!" Midas autem, qui hoc dono male usurus erat, dixit: „Quidquid corpore tetigero, in aurum mutetur!" „Utinam meliora petivisses!", Bacchus secum cogitavit, neque tamen regi optatum **negavit**.
Hoc **malo** gaudens Midas abiit et statim donum **experiri** constituit. Saxum tollit: Statim aurum **factum** est. Laetus ille vir auri cupidissimus ad **sedem regiam** revertit. „Nunc divitiis magnis **opes** maiores **addere** possum", cogitavit seque hominem **beatissimum** putavit. At tum cena apposita[2] est. **Panem** sumpsit – statim aurum factus est. Ceteros quoque **cibos**, ubi eos lingua **vel** dentibus tetigit, aurum fieri sensit. Ne vinum quidem bibere potuit. Tum donum a se ipso optatum **odisse** coepit. „Utinam **sapientior** fuissem!", dixit. „Si melius praemium optavissem, non ita punitus essem." Manibus ad caelum sublatis clamavit: „Da veniam[3], Bacche! Peccavi[4]!" Quibus verbis auditis deus misericordia commotus dixit: „I ad fontem Pactoli[5] fluminis! Cuius aqua crimen tuum elues[6]." Midas egit, ut erat imperatum, et illo malo liberatus est. In Pactolo autem flumine usque ad tempora nostra aurum inveniri dicitur.

Interpretationes:

a) Cur Silenus Bacchum secutus non est?
b) Cur Bacchus Midae regi praemium promisit?
c) Cur Midas donum Bacchi odisse coepit?
d) Quomodo Midas illo malo liberatus est?

1 **Midas**,-ae m.: „Midas"
2 **appono** 3,-posui,-positum: „vorsetzen"
3 **venia**,-ae f.: „Verzeihung"
4 **pecco** 1: „sündigen"
5 **Pactolus**,-i m.: „Pactolus" (Fluss in Kleinasien)
6 **eluo** 3, elui, elutum: „abwaschen"

DE ROMANIS

Das liebe Geld

Das lateinische Wort für Geld lautet *pecunia* (vgl. Lec. 38). Dieser Begriff kommt von *pecus* („Kleinvieh"), woraus man sieht, dass die Römer ursprünglich Hühner, Schafe, Schweine etc. als Zahlungsmittel verwendeten. Im 3. Jh. v. Chr. begann man die ersten Münzen zu prägen. Eine Münzprägestelle wurde neben dem Tempel der *Iuno Moneta* („die Mahnerin", da sie durch ihre Warnung das Kapitol vor den Galliern gerettet haben soll) auf dem Kapitol eingerichtet. Daher stammen übrigens die Begriffe „Moneten" und „Münzen", sowie engl. „money" und frz. „monnaie"! Die gängigsten römischen Münzen waren der **As** (aus Kupfer), der **sestertius** (Messing, = 2 1/2 Asse) der **denarius** (Silber, = 4 Sesterzen) und der **aureus** (Gold, = 25 Denare; der Metallwert dieser Münze entspricht nach heutiger Währung ungefähr 80 Euro). Im 4. Jh. n. Chr. führte Kaiser Konstantin als neue Goldmünze den **solidus** (wörtl.: „fest", „massiv") ein, wovon die Begriffe „Sold" und „Söldner" abgeleitet sind.

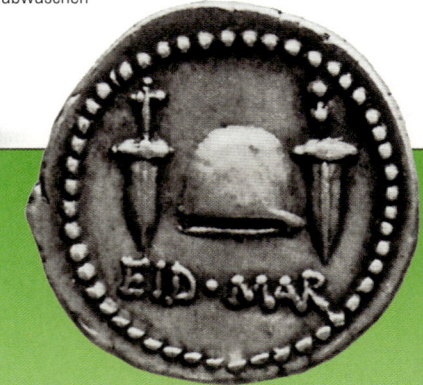

Rückseite eines Denars, der auf der Vorderseite das Bildnis des Brutus, auf der abgebildeten die Dolche der Verschwörer mit der Freiheitsmütze zeigt. Aufschrift: EID(ibus) MART(iis). Nach 44 v. Chr.

Bei der Bildgestaltung der Münzen gab es große Freiheiten, häufig wurden sie für Public Relations der Mächtigen genützt.

Vocabularium

loca,-orum n. (Pl. zu locus,-i m.)	Gegend	
incolo 3, incolui, incultum	bewohnen	vgl. incola,-ae =
comes,-itis m.	Begleiter	vgl. Komtess, Komitee
nosco 3, novi, notum	kennen lernen; Pf.: kennen	novi (Perfekt) = ich kenne (Präsens!)
reditus,-us m.	Rückkehr	vgl. redire =
voluntas,-atis f.	Wille, Wunsch	vgl. volo, vis, velle =
quicumque, quae-, quodcumque	welcher (-e,-es) auch immer	Deklination wie qui, quae, quod
opto 1,-avi,-atum	wünschen	vgl. Option =
nego 1,-avi,-atum	verweigern; verneinen	vgl. Negation =
malum,-i n.	Übel, Unheil	vgl. malus,-a,-um =
experior 4, expertus sum	erproben, versuchen	vgl. Experiment
fio, fis, fieri, factus sum	(gemacht) werden; geschehen	dient als Passiv zu facere
sedes,-is f.	Sitz; Wohnsitz	vgl. sedeo 2 =
regius,-a,-um	königlich	vgl. rex, regina, regnare
(ops) opis f.	Hilfe	
opes,-um f. (Pl.)	Reichtum; Schätze	vgl. opulent =
addo 3, addidi, additum	hinzufügen	aus ad + do; vgl. Addition
beatus,-a,-um	glücklich	vgl. Beate
panis,-is m.	Brot	frz. pain, ital. pane; vgl. Panier
cibus,-i m.	Speise, Nahrung	ital. cibo
vel	oder	
odi, odisti, odisse (Perfekt!)	hassen	odi (Perfekt) = ich hasse (Präsens!)
sapiens (m.,f.,n.), sapientis (2.F.)	weise, klug	vgl. Homo sapiens

Latein im Alltag

Mathe & Latein

Viele mathematische Begriffe stammen aus dem Lateinischen. Gib zu den folgenden Fachausdrücken die zugrunde liegenden lateinischen Wörter an!

addieren: _____

multiplizieren: _____

dividieren: _____

Tangente: _____

subtrahieren: _____

Summe*: _____

* Die Römer schrieben beim Addieren das Ergebnis nicht unter, sondern über die addierten Zahlen!

Proverbium

Panem et circenses

„Brot und Spiele" (gemeint ist: Essen und seichte Unterhaltung) mussten die römischen Kaiser dem Volk bieten, um es bei Laune zu halten.

Si tacuisses, philosophus mansisses.

„Wenn du geschwiegen hättest, wärest du ein Philosoph geblieben." Der Satz bedeutet: Wer trotz Unwissenheit nicht den Mund hält, hat gute Chancen sich zu blamieren (vgl. das deutsche Sprichwort „Reden ist Silber, Schweigen ist Gold").

Der Euro und die alten Römer

Wie einst die römischen Münzen sind auch Euro und Cent (von *centesima pars* = „hundertster Teil") heute im Großteil Europas die Einheitswährung. Mehrere dieser Münzen zeigen antike Motive:

Italien

Griechenland

Griechenland

GRAMMATICA

KONJUNKTIV PLUSQUAMPERFEKT

Auch der Konjunktiv Plqpf. wird bei allen Konjugationen gleich gebildet:

▸ **Konj. Plusquamperfekt aktiv:**
aktiver Infinitiv Perfekt + die Endungen *-m/-s/-t; -mus/-tis/-nt*

		a-Konj.	e-Konj.	kons. Konj.	i-Konj.	Mischkonj.
Sg.		amav*isse*m	monu*isse*m	mis*isse*m	audiv*isse*m	cep*isse*m
		amav*isse*s	monu*isse*s	mis*isse*s	audiv*isse*s	cep*isse*s
		amav*isse*t	monu*isse*t	mis*isse*t	audiv*isse*t	cep*isse*t
Pl.		amav*issé*mus	monu*issé*mus	mis*issé*mus	audiv*issé*mus	cep*issé*mus
		amav*issé*tis	monu*issé*tis	mis*issé*tis	audiv*issé*tis	cep*issé*tis
		amav*isse*nt	monu*isse*nt	mis*isse*nt	audiv*isse*nt	cep*isse*nt

▸ **Konj. Plusquamperfekt passiv:**
Diese Formen sind – wie alle Formen des passiven Perfektstammes – zweiteilig: Sie bestehen aus dem **PPP** und dem Konj. Imperfekt von *esse* (*essem/esses/esset; essemus/essetis/essent*):

	a-Konj.	e-Konj.	kons. Konj.	i-Konj.	Mischkonj.	
Sg.	amátus 3*	mónitus 3	míssus 3	audítus 3	cáptus 3	*essem* *esses* *esset*
Pl.	amáti 3*	móniti 3	míssi 3	audíti 3	cápti 3	*essemus* *essetis* *essent*

* Die Ziffer 3 steht im Singular für die Endungen *-us, -a, -um*, im Plural für *-i, -ae, -a*.

KONJUNKTIV PLUSQUAMPERFEKT IM HAUPTSATZ

Der Konj. Plqpf. drückt aus, dass etwas **in der Vergangenheit unmöglich** war:

a) „wäre" / „hätte" + Mittelwort der Vgh. als **unerfüllter Wunsch** (mit *utinam*):
   Utinam sapientior fuissem! = „Wenn ich doch klüger gewesen wäre!"
   (➔ aber ich war es nicht)

b) „wäre" / „hätte" + Mittelwort der Vgh. als **Irrealis (Unmöglichkeit) der Vergangenheit** (+ *si*-Satz):
   Silenus Bacchum numquam invenisset, nisi viri eum conspexissent.
   = „Silen hätte Bacchus niemals gefunden, wenn ihn die Männer nicht gesehen hätten."
   (➔ aber sie hatten ihn gesehen)

BEDINGUNGSSÄTZE (Konditionalsätze)

Bedingungssätze sind eingeleitet durch *si* („wenn") oder *nisi* („wenn nicht"). Steht ein Konjunktiv, **muss** er nach den Regeln für den Konjunktiv im Hauptsatz folgendermaßen übersetzt werden:

a) **Konj. Präsens:** „sollte", „könnte" („angenommen, dass …") ➔ Möglichkeit *(Potentialis)*:
   Si taceas, philosophus maneas. = Solltest du schweigen, könntest du ein Philosoph bleiben.

b) **Konj. Imperfekt:** „würde" ➔ Unmöglichkeit *(Irrealis)* der Gegenwart:
   Si taceres, philosophus maneres. = Wenn du schweigen würdest, würdest du ein Philosoph bleiben.
   (Du schweigst aber nicht.)

c) **Konj. Plqpf.:** „wäre / hätte (ge-)" ➔ Unmöglichkeit *(Irrealis)* der Vergangenheit:
   Si tacuisses, philosophus mansisses. = Wenn du geschwiegen hättest, wärest du ein Philosoph geblieben. (Du hast aber nicht geschwiegen.)

Exercitationes

I. Übersetze:

1. Quosdam discipulos linguam Latinam odisse certe verum non est.
2. Cives Romani Tarquinium regem propter eius facinora oderant.
3. Caesar, quod virtutem militum noverat, proelium committere non dubitavit.
4. Nemo nostrum omnia novisse potest.
5. Quintus, quem bene novistis, iterum scholam clam reliquit.

II. Übersetze:

1. Quid deinde factum est?
2. Quidam homines numquam prudentiores fiunt.
3. Tu numquam consul fies.
4. Dixitque Deus: „Fiat lux!" – Et facta est lux.
5. Oppido occupato multi homines, ut in bellis fieri solebat, in servitutem ducti sunt.
6. Uterque frater rex oppidi novi fieri voluit.
7. Multa scelera atrocissima non fierent, nisi homines tam cupidi opum alienarum essent.

III. Setze in den Konjunktiv Plusquamperfekt und übersetze:

1. spectat   2. intellegitis   3. possunt
4. decernitur   5. vocamini   6. sequeris

IV. Setze die folgenden Verba in den Konjunktiv (derselben Zeit) und übersetze dann nach den Regeln des Konj. im Haupsatz:

1. laborabant   2. fugerat   3. incipimus
4. factum erat   5. exsistebat   6. scit
7. verebaris   8. legitur   9. raptae erant

V. Verbinde die Satzhälften und übersetze:

1. Icarus, nisi verba patris neglexisset, …
2. Nisi Ulixes consilium prudens cepisset, …
3. Nisi Patroclus mortuus esset, …
4. Si Troiani verbis Cassandrae credidissent, …

a) Achilles semper proeliis abstinuisset.
b) in mare non cecidisset.
c) oppidum deletum non esset.
d) viri Graeci a Polyphemo necati essent.

VI. Übersetze:

1. Si semper pensa vestra ipsi faceretis, a magistro laudaremini.
2. Si Romam veniatis, certe magno cum gaudio illa templa pulcherrima spectetis.
3. Si me amares, non semper cum aliis puellis ambulares.
4. Si hunc librum legissemus, magistro quaerenti respondere potuissemus.
5. Nisi nobis pensum magnum esset, cum amicis otio frueremur.

VII. De auribus regiis

Olim Pan[1] dixerat suum tibiae cantum[2] ne carminibus Apollinis[3] quidem superari posse. Ergo Apollo et Pan certamen[4] artis fecerunt. Casu Midas[5] rex huic certamini intererat. Utroque carmine audito clamavit: „Pan huius certaminis victor est!" – Utinam tacuisset! Apollo enim his verbis maxime iratus locutus est: „Omnes homines videant tibi aures asini[6] esse!" Et statim e Midae capite aures asini exstiterunt. Rex valde territus erat et ab hoc tempore aures tiara[7] tegebat. Ita nemo praeter eum, qui regis capillos[8] resecare[9] solebat, aures a deo mutatas conspexit. Is vir poenam timens de auribus regis loqui non audebat, sed tamen tacere non potuit. „Cui id, quod vidi, narrem?", secum cogitabat. Deinde hoc fecit: Scrobem[10] effodit[11], cui parva voce de auribus regis rettulit. Postea scrobe operto[12] domum revertit. At nonnullis mensibus post ibi arundines[13] creverunt, quae hominibus, quicumque (in) his locis ambulabant, verba terrae mandata referebant.

1 **Pan**, Panos m.: „Pan" (Waldgottheit mit Ziegenfüßen); 2 **tibiae cantus**,-us m.: „Flötenspiel";
3 **Apollo**,-inis m.: „Apollo" (Gott der Musik); 4 **certamen**,-inis n.: „Wettstreit"; 5 **Midas**,-ae m.: „Midas";
6 **asinus**,-i m.: „Esel"; 7 **tiara**,-ae f.: „Tiara" (Kopfbedeckung); 8 **capillus**,-i m.: „Haar"; 9 **reseco** 1: „schneiden"; 10 **scrobis**,-is m.: „Grube"; 11 **effodio** M,-fodi,-fossum: „aufgraben"; 12 **operio** 4, operui, opertum: „verschließen"; 13 **arundo**,-inis f.: „Schilf(pflanze)"

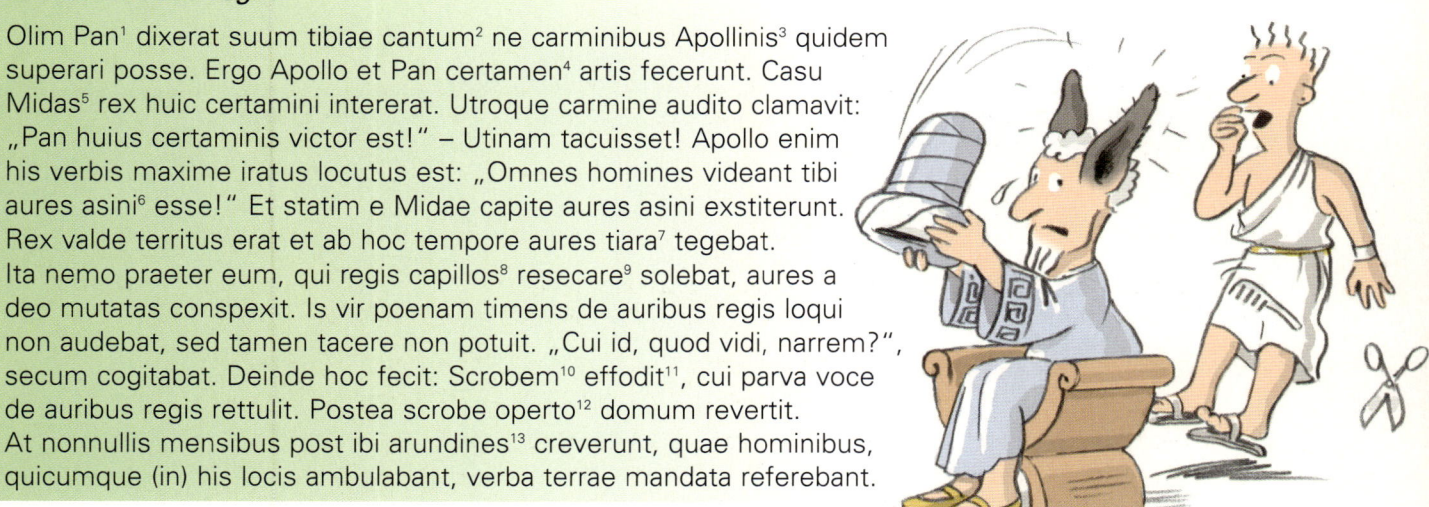

35

DE AMORE ET PSYCHE[1]

Das einzige erhaltene Märchen der Antike berichtet von der schönen Königstochter Psyche, in die sich Amor, der Sohn der Venus, unsterblich verliebte.

Erant in quadam civitate rex et regina. Hi tres filias pulchras habuerunt, quarum pulcherrima erat Psyche. Quam etiam Venerem pulchritudine superare multi homines **censebant**. Hac fama audita Venus **invidia** commota Amorem filium his verbis ad Psychen mittit: „Hoc, mi fili, sagittis[2] tuis **effice**: Virgo ista amore hominis turpissimi afficiatur!" Statim Amor profectus est, sed ubi formam illius puellae conspexit, ipse amore victus verba matris neglexit.
Proxima autem nocte cubiculum[3] Psyches intravit amoreque fruebatur non sine eius voluntate. Nam cui puellae ab Amore amari non placuerit? Pollicitus est se Psychen cottidie **visitaturum** esse. Hoc autem eam **vetuit**: „Ne formam meam spectare studueris! Si me **adspexeris**, amor noster **finitus** erit."
Ita Amor cottidie post lucem veniebat puellamque sole **oriente** iterum relinquebat. Quodam autem die Psyche curiositatem[4], quae **vitium** multarum mulierum esse dicitur, reprimere[5] non iam potuit: Amore dormiente lucernam[6] incendere ausa est. Utinam **ne** hoc fecisset! Manus enim puellae, dum **vultum** et corpus pulcherrimum **admiratur**, trepidaverunt[7] et oleum[8] fervens[9] de lucerna in corpus Amoris cecidit. Qui excitatus[10] est statimque avolavit[11].
Magnus erat dolor Psyches, multis cum lacrimis deum amatum **ubique** quaerebat. Denique etiam Venerem sibi **inimicam** adiit. Quae eam varios labores ac pericula **perferre** iussit. Postremo autem Iuppiter concilio deorum **immortalium** convocato Psychen uxorem Amoris facere constituit.

Interpretationes:

a) Cur Venus Psychen odit?
b) Qua de causa Amor matri non paruit?
c) Quid Amor Psychen facere vetuit?
d) Cur Amor Psychen reliquit?
e) Quis Psychen Amori reddidit?

1 **Psyche**,-es (Akk.: Psychen): „Psyche"
2 **sagitta**,-ae f.: „Pfeil"
3 **cubiculum**,-i n.: „Schlafzimmer"
4 **curiositas**,-atis f.: „Neugier"
5 **reprimo** 3: „unterdrücken"
6 **lucerna**,-ae f.: „Lampe"
7 **trepido** 1: „zittern"
8 **oleum**-i n.: „Öl"
9 **fervens**,-entis: „heiß"
10 **excito** 1: „aufwecken"
11 **avolo** 1: „davonfliegen"

DE ROMANIS ET GRAECIS

Amor und Psyche

Die Geschichte von Amor und Psyche ist das einzige vollständig erhaltene Märchen aus der Antike (es ist ein Teil des Romans „Der Goldene Esel" des römischen Autors Apuleius). Der griechische Name *Psyche* („Seele") ist ein Hinweis darauf, dass die Erzählung ursprünglich aus dem griechischen Raum stammte. Apuleius erweitert den Märchenstoff in seiner lateinischen Fassung noch um das Element der Götterparodie: Venus versucht die Verbindung von Psyche mit ihrem Sohn Amor nicht nur deshalb zu hintertreiben, weil sie auf Psyches Schönheit eifersüchtig ist, sondern auch, weil sie Angst davor hat, demnächst Großmutter zu werden – und das als Göttin der Liebe! Auf Betreiben Jupiters kommt es aber dennoch zur Hochzeit, und auch der Nachwuchs lässt nicht lange auf sich warten: Die Tochter der beiden bekommt den sprechenden Namen *Voluptas* („Wollust") …

Psyche und Amor, der Kuss (Antonio Canova, 1793)

Vocabularium

censeo 2, censui, censum	schätzen, meinen	vgl. zensurieren =
invidia, -ae f.	Neid	
efficio M, effeci, effectum	bewirken	vgl. Effekt =
visito 1, -avi, -atum	besuchen	frz. visiter, ital. visitare; vgl. Visite
veto 1, vetui, vetitum (+ Akk.)	verbieten	ital. vietare; vgl. Vetorecht (s. unten)
adspicio M, adspexi, adspectum	anschauen, betrachten	vgl. Aspekt =
finio 4, -ivi, -itum	beenden	frz. finir, ital. finire; vgl. finis =
orior, oreris, oriri, ortus sum	aufgehen, entstehen	vgl. Orient (wo die Sonne aufgeht)
vitium, -i n.	Laster, Fehler	↔ vita =
ne (beim Konjunktiv im Hauptsatz)	nicht	
vultus, -us m.	Gesicht, Miene	
admiror 1, admiratus sum	bewundern; sich wundern	engl. admire, frz. admirer
ubique	überall	
inimicus, -a, -um	feindlich (gesinnt)	aus in + amicus
perfero, -ferre, pertuli, perlatum	(er)tragen	
immortalis, -e	unsterblich	engl. immortal, frz. immortel

Latein im Alltag

Vetorecht

Darunter versteht man politisch gesehen das Einspruchsrecht gegen gesetzliche Maßnahmen (z. B. des Nationalrats gegen Regierungsvorlagen). Bei den Römern war diese wirksame politische Waffe dem Volkstribun vorbehalten: Er konnte jeden Beschluss des Senats durch den Ausruf *Veto!* („Ich verbiete!") zu Fall bringen.

Praxistipp

Lexikonform gesucht!

Nur selten wird ein Vokabel in einem Text in genau der Form vorkommen, die im Vokabelverzeichnis steht. Du musst daher nicht nur bei den Stammformen bzw. den Genetiven sattelfest sein, sondern auch mit dem Wörterbuch gut umgehen können.

Wenn du z.B. auf die Form *legum* stößt, wirst du sie so nicht im Lexikon finden. Also musst du dir überlegen, wie der Nominativ zu diesem Wort heißen könnte: *legus, -i* wäre naheliegend, ist aber falsch; folglich muss das Wort zur 3. Deklination gehören und den Genetiv Sg. *leg-is* haben. Der Schluss liegt nahe (und ist richtig!), dass es *lex* (analog zu *regis* → *rex*) heißt.

? Wie lauten die Lexikonformen (= 1. + 2. Fall Sg.) zu
a) *opibus*, b) *pedum*, c) *itinera*?

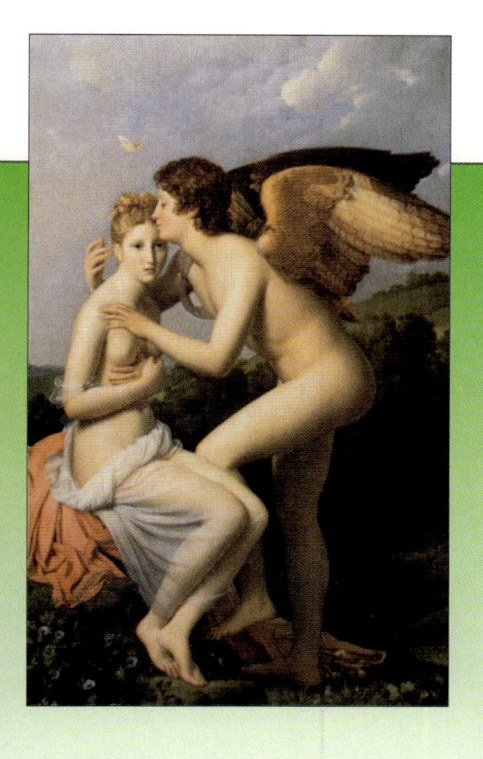

Psyche und Amor (François Gérard, Paris, 1798)

Das Amor-und-Psyche-Motiv wurde von vielen Dichtern und bildenden Künstlern weiterverarbeitet. Hier ein Beispiel für die literarische Rezeption („Wiederaufnahme", „Übernahme") des Stoffes:

Psyche (Heinrich Heine, 1797–1856)

In der Hand die kleine Lampe,
In der Brust die große Glut,
Schleichet Psyche zu dem Lager,
Wo der holde Schläfer ruht.

Sie errötet und sie zittert,
Wie sie seine Schönheit sieht –
Der enthüllte Gott der Liebe,
Er erwacht und er entflieht.

Achtzehnhundertjährge Buße!
Und die Ärmste stirbt beinah!
Psyche fastet und kasteit sich,
Weil sie Amorn nackend sah.

GRAMMATICA

KONJUNKTIV PERFEKT

▶ **Konj. Perfekt aktiv:**
Die Formen sind identisch mit dem Futurum Exactum (Ausnahme: 1.P. Sg. *-erim* statt *-ero*):

	a-Konj.	e-Konj.	kons. Konj.	i-Konj.	Mischkonj.
Sg.	amáv**erim**	monú**erim**	mís**erim**	audív**erim**	cép**erim**
	amáv**eris**	monú**eris**	mís**eris**	audív**eris**	cép**eris**
	amáv**erit**	monú**erit**	mís**erit**	audív**erit**	cép**erit**
Pl.	amav**érimus**	monu**érimus**	mis**érimus**	audiv**érimus**	cep**érimus**
	amav**éritis**	monu**éritis**	mis**éritis**	audiv**éritis**	cep**éritis**
	amáv**erint**	monú**erint**	mís**erint**	audív**erint**	cép**erint**

▶ **Konj. Perfekt passiv:**
Er wird aus dem PPP und dem Konj. Präsens von *esse* (*sim/sis/sit; simus/sitis/sint*) gebildet:

	a-Konj.	e-Konj.	kons. Konj.	i-Konj.	Mischkonj.	
Sg.	amátus 3	mónitus 3	míssus 3	audítus 3	cáptus 3	**sim**
						sis
						sit
Pl.	amáti 3	móniti 3	míssi 3	audíti 3	cápti 3	**simus**
						sitis
						sint

KONJUNKTIV PERFEKT IM HAUPTSATZ

Der Konjunktiv Perfekt drückt zwei völlig verschiedene Dinge aus (die nichts mit der Vergangenheit zu tun haben!):

a) (+ *ne*): Verbot (Coni. Prohibitivus): **verneinter Imperativ**
   Ne formam meam spectare studueris! = „Versuche nicht meine Schönheit zu betrachten!"
   (Nota bene: Das Verbot kann auch durch *noli* + Infinitiv ausgedrückt werden, vgl. Lec. 24)

b) Möglichkeit (Coni. Potentialis) in der Gegenwart: **„könnte"**
   Cui puellae ab Amore amari non placuerit? = „Welchem Mädchen könnte es nicht gefallen, von Amor geliebt zu werden?"

ÜBERBLICK: KONJUNKTIV IM HAUPTSATZ

In Hauptsätzen drückt der lateinische Konjunktiv ein **Begehren**, eine **Möglichkeit** oder eine **Unmöglichkeit** aus. Der Konjunktiv **muss** übersetzt werden!

Konj. Präsens:	▶ „soll" (Begehren bzw. zweifelnde Frage)
	▶ „lasst uns", „wir wollen" (Aufforderung)
	▶ „könnte" (Möglichkeit)
Konj. Imperfekt:	▶ „würde" (Unmöglichkeit in der Gegenwart)
Konj. Perfekt:	▶ (+ *ne*:) verneinter Imperativ (Verbot)
	▶ „könnte" (Möglichkeit) – wie Konj. Präsens!
Konj. Plqpf.:	▶ „wäre" / „hätte" + Mittelwort der Vgh. (Unmöglichkeit in der Vergangenheit)

EXERCITATIONES

I. Setze in den Konjunktiv Perfekt:

1. premunt: ....
2. concedis: ....
3. tollit: ....
4. consulitur: ....
5. punior: ....
6. fungimur: ....

II. Übersetze:

1. Quis talia verba crediderit?
2. Nemo negaverit Iuliam pulchram esse.
3. Cui haec puella non placuerit?
4. Ne semper alias puellas adspexeris!
5. Ne me vinum bibere vetueris!
6. Ne ante adventum meum profecti sitis!

III. Drücke die folgenden Verbote mit dem Konjunktiv Perfekt aus und übersetze:

1. Noli me tangere!
2. Noli reverti!
3. Nolite timere!
4. Noli me admirari!
5. Nolite in schola dormire!

IV. Setze in alle Konjunktive und übersetze:

1. veto 2. ducitur 3. hortamur 4. est

V. In jedem der folgenden Sätze findet sich ein (inhaltlicher) Fehler. Stelle die Sätze richtig!

1. Amor Psychen cottidie post lucem reliquit.
2. Midas, quod Ulixem vini plenum in silvis invenerat, donum ab eo accepit.
3. Callisto, quod Dianam nudam adspexerat, a dea irata in animal mutata est.
4. Christus e Petro, qui Roma fugit, quaesivit: „Quo vadis?"

VI. Führe die folgenden französischen Vokabel auf lateinische Wörter zurück und gib ihre Bedeutung an:

le frère – le nom – la lettre – tout – la partie – montrer – majeur – meilleur – faire – le temps – l'amour – le corps – l'altitude – devoir – nous – populaire – entre – l'édifice – clos – cinq

VII. Welche Form passt nicht zu den anderen?

1. ❏ duxeris 2. ❏ legeritis 3. ❏ sequitur
   ❏ sceleris   ❏ moverit   ❏ hortatur
   ❏ dederis   ❏ tegerem   ❏ mutatur
   ❏ redieris   ❏ solveris   ❏ admiratur

4. ❏ iacio   5. ❏ tanget   6. ❏ novi
   ❏ facio   ❏ optet   ❏ novisse
   ❏ capio   ❏ cadet   ❏ noverit
   ❏ ratio   ❏ includet   ❏ novem

VIII. De amore Veneris

Olim Amor puer Venerem matrem casu sagittis[1] suis laesisse dicitur. Qua de causa Venus, dea amoris, ipsa amore ardere coepit. Itaque Adonidem[2], qui tum forte aderat, ab hoc tempore maxime amabat. Propter hunc adulescentem pulcherrimum dea etiam Cyprum[3], patriam suam, reliquit et eum, qui venari[4] amabat, per silvas sequebatur.
At metu maximo commota adulescenti persuadere studebat: „Ne extrema ausus sis, cum leonem[5] vel aprum[6] sequeris! Nam si incautior[7] sis, ab animali irato interficiaris." Utinam ne Adonis haec verba neglexisset! Paucis enim diebus post per silvas ambulans aprum ingenti magnitudine conspexit et venabulum[8] in eum iecit. Aper autem mortuus non erat, sed dolore ac ira adductus Adonidem adiit et dentibus occidit. Quo viso Venus multis cum lacrimis adulescentem amatum flebat[9]. Ita Proserpina, regina Tartari[10], dolore Veneris commota haec concessit: Adonis sex menses in Tartaro agere debet, sex autem menses in terra apud Venerem esse ei licet.

1 **sagitta**,-ae f.: „Pfeil"; 2 **Adonis**,-idis m.: „Adonis" (ein schöner Jüngling); 3 **Cyprus**,-i f.: „Zypern"; 4 **venor** 1: „jagen";
5 **leo**, leonis m.: „Löwe"; 6 **aper**, apri m.: „Eber"; 7 **incautus** 3: „unvorsichtig"; 8 **venabulum**,-i n.: „Jagdspieß";
9 **fleo** 2, flevi, fletum (+ Akk.): „jem. beweinen"; 10 **Tartarus**,-i m.: „Tartarus", „Unterwelt"

De Dionysio tyranno

Dionysius war im 4. Jh. v. Chr. Tyrann (Alleinherrscher) von Syrakus, der bedeutendsten griechischen Stadt auf Sizilien. Er galt als kluger, kunstsinniger, aber auch grausamer Herrscher. Über ihn werden seit der Antike zahlreiche Anekdoten erzählt.

Unus e comitibus Dionysii, Damocles[2], in **sermone** divitias eius magnificas admiratus est negavitque umquam **quemquam** beatiorem fuisse. Quo audito Dionysius, tyrannus **potentissimus**, dixit: „Visne **igitur**, o Damocles, **quoniam** te talis vita delectat, fortunam meam experiri?" **Cum** ille se id cupere dixisset, tyrannus Damoclem in triclinium[3] auro **argento**que ornatum duxit ac eum considere iussit. Deinde servis imperavit, **ut** epulas[4] optimas **apponerent**[5]. Damocles beatissimus esse sibi videbatur. At tum Dionysius, ut ei pericula tyranni **demonstraret**, gladium saeta equina[6] **supra** eius caput demitti[7] iussit. Inde Damocles gladium maxime timens neque epulas neque divitias adspiciebat. Denique a Dionysio postulavit: „Peto a te, ut abire mihi liceat! Fortunam tuam **satis** expertus sum."

***

Damon[8] **quondam**, cum Dionysium interficere vellet, a militibus captus et **capitis** damnatus est. Tum a Dionysio petivit, ut in patriam ire et sororem collocare[9] sibi liceret. „Tertio die", inquit, „certe redibo. Tibi amicum **obsidem** relinquo, **ne** me fugiturum esse credas." Quod cum **permissum** esset, Damon profectus est et sorore collocata **quam** celerrime reverti studebat. At tempestate[10] repente orta flumen ita increvit[11], ut **transiri** non posset. Damon consedit coepitque orare, ne amicus pro **se** interficeretur. Interea, cum dies tertius advenisset, Dionysius Damone **absente** amicum eius ad supplicium[12] ducere iussit. Iam apud crucem erat, cum subito vox Damonis audita est: „Ne illum interfeceritis! Me occidite!" Quibus verbis auditis Dionysius vitam utrique reddidit eosque rogavit, ut se tertium amicum reciperent.

Interpretationes:

a) Quomodo Dionysius Damocli pericula tyranni demonstravit?
b) Cur Damon supplicio affectus est?
c) Qua de causa tyrannus Damonem non punivit?

1 **tyrannus**,-i m.: „Tyrann"
2 **Damocles**,-is m.: „Damokles"
3 **triclinium**,-i n.: „Speisezimmer"
4 **epulae**,-arum f. (Pl.): „Speisen"
5 **appono** 3,-posui,-positum: „auftischen"
6 **saeta** (-ae) **equina** f.: „Pferdehaar"
7 **demitto** 3: pass. „herabhängen lassen"
8 **Damon**,-onis m.: „Damon"
9 **colloco** 1: „verheiraten"
10 **tempestas**,-atis f.: „Unwetter"
11 **incresco** 3,-crevi: „anschwellen"
12 **supplicium**,-i n.: „Todesstrafe"

De Graecis

Der Tyrann von Syrakus

Dionysios, seiner Herkunft nach Grieche, regierte in Syrakus auf Sizilien fast 40 Jahre lang (405 bis 367 v. Chr.) und baute die Stadt zur damals größten der Welt (1 Million Einwohner!) aus. Trotz (oder gerade wegen) seiner ungeheuren Macht und seines grenzenlosen Reichtums war er von ständigen Ängsten erfüllt: Reden pflegte er aus Sicherheitsgründen von einem Turm aus zu halten, seine Rasur ließ er nur von seinen Töchtern vornehmen (vgl. den Text auf S. 165), beim Schlafen schützte er sich durch einen um sein Bett gezogenen Wassergraben. Selbst die Gefangenen, die er in den berüchtigten Steinbrüchen von Syrakus eingekerkert hatte, belauschte er (vgl. Abb. links).

Das so genannte „Ohr des Dionysios" ist eine 65 m tiefe, 23 m hohe und 5–11 m breite, s-förmig gewundene Höhle mit der akustischen Besonderheit, dass auch sehr leise gesprochene Worte von einer am Eingang stehenden Person belauscht werden können. Die Klänge werden zirka 16fach verstärkt.

Vocabularium

sermo,-onis m.	Gespräch, Rede	vgl. „einen Sermon halten"
quisquam, quidquam	irgendjemand, -etwas	Deklination wie quis/quid + -quam
potens (m.,f.,n.), potentis (2.F.)	mächtig	engl. potent; vgl. Potenz
igitur	also, daher	= itaque, ergo
quoniam	weil (ja)	= quod, quia
cum (+ Konj.)	als; weil; obwohl	(siehe Grammatica)
argentum,-i n.	Silber	vgl. chem. Zeichen für Silber: Ag
ut (+ Konj.)	dass, damit, sodass	(siehe Grammatica)
demonstro 1,-avi,-atum	zeigen	vgl. demonstrieren
supra (+ Akk.)	über, oberhalb	ital. sopra; vgl. Supraleiter
satis	genug	engl. satisfaction =
quondam	einst	↔ quoniam (s.o.) =
damno 1,-avi,-atum	verurteilen	engl. to damn =
capitis damnare	zum Tod verurteilen	
obses, obsidis m.	Geisel	
ne (+ Konj.)	dass nicht, damit nicht	(siehe Grammatica)
permitto 3, permisi, permissum	erlauben	engl. to permit
quam (vor Superlativ)	möglichst	
quam celerrime	möglichst schnell	
transeo,-is,-ire,-ii,-itum	hinübergehen, überqueren	(siehe unten)
se (im *ut*-Satz)	ihn / sie	sonst =
absens (m.,f.,n.), absentis (2.F.)	abwesend	engl. absent, vgl. Absenz
patre absente	in Abwesenheit des Vaters	Abl. abs. mit Adjektiv statt Partizip

Latein im Alltag

TRANS-

Die Vorsilbe *trans-* (bzw. *tra-*) bedeutet meistens „über" bzw. „jenseits". So werden z.B. in Wien jene Bezirke, die nördlich der Donau gelegen sind, im Volksmund als „Transdanubien" bezeichnet. Aber auch in unzähligen Fremdwörtern kehrt dieser Wortbestandteil wieder.

❓ Was bedeuten die folgenden Begriffe:

Transport: _____ Transvestit: _____
Transfer: _____ Transplantation: _____
Transfusion: _____ Transzendenz: _____
Translation: _____ Transit: _____

❓ Gib die Bedeutung der folgenden Vokabel an:

traduco = _____ trado = _____

Von diesem Verfolgungswahn getrieben, errichtete er schließlich eine grausame Gewaltherrschaft. Der Begriff „Tyrann", der zunächst nur „Alleinherrscher" bedeutet hatte, bekam erst durch ihn seine gänzlich negative Bedeutung. Die Persönlichkeit des Dionysios faszinierte unter anderem Friedrich Schiller, der ihn in den Mittelpunkt seiner Ballade „Die Bürgschaft" stellte:

„Zu Dionys, dem Tyrannen, schlich
Damon, den Dolch im Gewande.
Ihn schlugen die Häscher in Bande.
‚Was wolltest du mit dem Dolche, sprich!'
entgegnet ihm finster der Wüterich.
‚Die Stadt vom Tyrannen befreien!'
‚Das sollst du am Kreuze bereuen!'"…

Heute sind in Syrakus nicht nur die kolossalen antiken Bauwerke (u.a. das griechische Theater) einen Besuch wert, sondern auch die idyllisch gelegene Quelle der Arethusa: Sie ist eine der wenigen Stellen Europas, wo Papyrus wächst.

Grammatica

UT-SÄTZE

ut ist eines der häufigsten lateinischen Bindewörter. Die Bedeutung dieses vielseitigen Wörtchens hängt davon ab, ob der dazugehörige Gliedsatz im Indikativ oder Konjunktiv steht:

1) *ut* + **INDIKATIV**: „wie" (vgl. Lec. 16)

   Ut iam saepe audivimus, Caesar Idibus Martiis mortuus est.
   = Wie wir schon oft gehört haben, ist Cäsar an den Iden des März gestorben.

2) *ut* + **KONJUNKTIV**:

   a) „dass" (begehrendes *ut*) – Verneinung: ne („dass nicht")
      Dionysius servis imperavit, ut epulas optimas apponerent.
      = Dionysius befahl den Sklaven, dass sie die besten Speisen auftischten (= die besten Speisen aufzutischen).
   b) „damit" / „um ... zu" (bezweckendes *ut*) – Verneinung: ne („damit nicht", „um nicht ... zu")
      Tibi amicum obsidem relinquo, ne me fugiturum esse credas.
      = Ich lasse dir den Freund als Geisel zurück, damit du nicht glaubst, dass ich fliehen werde.
   c) „(so)dass" (folgerndes *ut*) – Verneinung: ut non („(so)dass nicht"); im Hauptsatz oft sic, ita, tam („so")
      Flumen ita increvit, ut transiri non posset.
      = Der Fluss schwoll so an, dass er nicht durchquert werden konnte.

Nota Bene!

Konjunktivische *ut*-Sätze sind immer gleichzeitig, d. h. es können nur Konj. Präsens oder Konj. Imperfekt vorkommen. Welcher Konjunktiv steht, hängt vom **Hauptsatz** ab:

▸ Hauptsatz im **Präsens** oder **Futur** → *ut*-Satz im Konj. **Präsens**
▸ Hauptsatz im **Imperfekt** oder **Perfekt** → *ut*-Satz im Konj. **Imperfekt**

TIPP:

Gib zunächst den lateinischen Konjunktiv in der entsprechenden Zeit des Indikativs wieder (Konj. Präsens → Präsens, Konj. Imperfekt → Imperfekt). Wenn möglich, verwandle diesen „dass"- bzw. „damit"-Satz dann in eine Infinitivgruppe.

CUM-SÄTZE

Auch bei *cum* hängt die Bedeutung davon ab, ob das Prädikat im Indikativ oder Konjunktiv steht:

1) *cum* + **INDIKATIV**: „wenn", „sooft", „als" (vgl. Lec. 14)

   Cum magister de Dionysio narrat, bene dormire possum.
   = Wenn der Lehrer über Dionysius erzählt, kann ich gut schlafen.

2) *cum* + **KONJUNKTIV**:

   In *cum*-Sätzen können alle vier Konjunktive vorkommen. Sie drücken entweder Gleichzeitigkeit (→ Konj. Präsens und Imperfekt) oder Vorzeitigkeit (→ Konj. Perfekt und Plqpf.) aus (vgl. dazu S. 156).

   a) „als" (zeitlich)
      Damon, cum Dionysium necare vellet, captus est.
      = Als Damon Dionysius töten wollte, wurde er gefasst.
   b) „weil" (begründend)
      Damon, cum sororem collocare vellet, amicum obsidem dedit.
      = Weil Damon die Schwester verheiraten wollte, gab er einen Freund als Geisel.
   c) „obwohl" (einräumend); Signalwort im Hauptsatz oft tamen („dennoch")
      Damocles, cum fortunam Dionysii experiri posset, tamen beatus non erat.
      = Obwohl Damokles das Los des Dionysius erproben konnte, war er dennoch nicht glücklich.

Nota Bene!

In *cum*-Sätzen **darfst** du den Konjunktiv **nicht übersetzen**, sondern musst ihn als Indikativ wiedergeben. Da *cum*-Sätze gleich- oder vorzeitig sein können, musst du bei ihnen besonders die Zeit des Konjunktivs beachten (Zeitverhältnis!).

TIPP:

Als Erstübersetzung für *cum* ist „als" meistens gut brauchbar.

Exercitationes

I. Setze die passende Form des Adjektivs oder das Adverb ein und übersetze:

1. Scimus Orpheum .... cecinisse. (pulcher)
2. Midas se hominem .... putavit. (beatus)
3. Nero Christianos .... interfici iussit. (crudelis)

II. Was kann „quam" alles bedeuten?

Quam puellam maxime admiraris, Quinte? – Iulia, quam ibi vides, mihi maxime placet. Quam amici quoque amant. Quam pulchra Iulia est! Eam pulchriorem esse quam ceteras discipulas constat. Saepe ei epistulas verbis quam dulcissimis scriptas mitto. Quam beatus essem, si mihi responderet!

III. Verbinde die Satzhälften und übersetze:

1. Cum Psyche Amorem dormientem adspexisset, …
2. Cum Diana nuda aqua frueretur, …
3. Cum Christiani iussu imperatoris ad Deum oravissent, …
4. Cum ceteri homines virum pauperem neglegerent, …
5. Cum ante moenia summa vi pugnaretur, …

a) Achilles iratus in castris sedebat.
b) Actaeon illi fonti appropinquavit.
c) deus celerrime eius domum reliquit.
d) Martinus eum adiuvare non dubitavit.
e) miraculum factum est.

IV. Welche Übersetzung für „cum" ist die beste: „als", „weil" oder „obwohl"?

1. Milites Romani, cum aqua iam diu carerent, summo in periculo erant.
2. Cum Cassandra magna voce moneret, Troiani equum in oppidum traxerunt.
3. Midas, cum Bacchum reliquisset, statim eius donum experiri constituit.
4. Petrus, cum mortem minime timeret, tamen amicis hortantibus Roma fugere constituit.

V. Ist in den folgenden Sätzen „ut" mit „dass", „damit" oder „sodass" zu übersetzen?

1. Magister a discipulis postulabat, ut pensa quam diligentissime facerent.
2. Igitur nonnulli discipuli post meridiem domi manserunt, ut pensa diligenter facerent.
3. Gaius autem pensum iterum diligenter non fecit, ut postero die a magistro moneretur.
4. Ergo non iam fit, ut Gaius sine penso diligenter scripto in scholam veniat.
5. Quod autem non eo consilio facit, ut prudentior fiat, sed ne iterum moneatur.

VI. Setze „ut" oder „ne" ein:

1. Actaeon a Diana in animal mutatus est, ... de dea nuda narrare posset.
2. Paris, ... mulierem pulcherrimam domum duceret, navem ascendit.
3. Cleopatra, ... serva Romam duceretur, se ipsam necavit.
4. Romani a dis orabant, ... Hannibal Romam quoque expugnaret.

VII. De tyranno¹ crudelissimo

Olim milites Dionysii mulierem quandam conspexerunt, quae magna voce a dis petivit, ut isti tyranno vitam longam darent. Cum ceteri homines Dionysium maxime timerent neque pro eius salute orarent, milites hanc mulierem Dionysium illudere² arbitrati sunt. Ita eam comprehenderunt ac ad tyrannum duxerunt.
Ibi mulier a tyranno interrogata haec narravit: „Olim tyranno crudeliter regnante optabam, ut ab isto viro atroci liberaremur. Quod cum factum esset, tyrannus crudelior secutus est. Iterum orabam, ut ille moreretur. At post eius mortem tu, tyrannus crudelissimus, regnum occupavisti. Quod tyrannum, qui te crudelior est, ferre non possum, a dis orare coepi, ut vitam longissimam tibi donarent." Quibus verbis auditis omnes, qui aderant, censebant Dionysium eam nunc capitis damnaturum esse. Ille autem mulierem, quoniam veritatem dicere verita non erat, sine ulla poena domum misit.

primus tyrannus

secundus tyrannus

tertius tyrannus

1 **tyrannus**,-i m.: „Tyrann"; 2 **illudo** 3,-lusi,-lusum: „verspotten"

37

DE CROESO REGE

Auch Krösus, der wegen seiner unermesslichen Schätze sprichwörtlich gewordene König von Lydien (6. Jh. v. Chr.), musste erkennen, dass Reichtum allein noch keine Garantie für ein glückliches Leben ist.

Croesus olim Solonem[1], **senem** sapientissimum **iustissimumque**, invitavit ac per suam domum regiam duxit. Deinde, cum ei omnes divitias ingentes **ostendisset**, e Solone quaesivit, quem hominem beatissimum putaret. Croeso enim **persuasum** erat: „Certe Solon **ob** opes meas me hominem beatissimum dicet!" Ille autem respondit Croesum sine **dubio** divitem esse et populum magnum **regere**. „**Num** autem beatissimus sis", inquit, „dicere non potero, priusquam mortuus eris. Nam nemo ante mortem beatus appelletur." Nonnullis annis post Croesus summa **diligentia** bellum contra Cyrum[2], Persarum[3] regem, paravit. **Timens, ne** ab hostibus vinceretur, oraculum consulere constituit. Cum autem nesciret, cui oraculo maxime **confidi** posset, varias **legationes** ad **singula** oracula misit. Omnibus imperavit, ut **certo** tempore ex oraculo quaererent, quid ipse eo tempore ageret. Cum[4] cetera oracula id **ignorarent, legatis** Delphis[5] hoc dictum est: „Rex vester eo ipso momento[6] carnem[7] agni[8] testudinisque[9] coquit[10]."
Croesus, qui id re vera[11] egerat, post illud responsum[12] iterum legatos Delphos misit, ut quaererent, num Persas victurus esset. Responsum est eum illo bello regnum magnum deleturum esse. Rex, cum illud imperium sine dubio imperium Cyri fore putaret, copias in fines Persarum duxit ac hostes **aggressus est**. Paulo autem post exercitu superato multisque militibus amissis Croesus verborum oraculi **meminerat** intellexitque se non Cyri, sed suum regnum delevisse.

Interpretationes:

a) Quocum bellum gerere Croesus in animo habebat?
b) Cur Croesus legationes complura oracula adire iussit?
c) Cui oraculo denique maxime confisus est?
d) Quid illud oraculum ei respondit?

1 **Solon**,-onis m.: „Solon" (athenischer Gesetzgeber, 6. Jh. v. Chr.)
2 **Cyrus**,-i m.: „Kyros" (Perserkönig, 6. Jh. v.)
3 **Persae**,-arum m.: „die Perser"
4 **cum**: „während" (Gegensatz)
5 **Delphi**,-orum m. (Pl.): „Delphi"
6 **momentum**,-i n.: „Augenblick"
7 **caro**, carnis f.: „Fleisch"
8 **agnus**,-i m.: „Lamm"
9 **testudo**,-inis f.: „Schildkröte"
10 **coquo** 3, coxi, coctum: „kochen"
11 **re vera**: „tatsächlich"
12 **responsum**,-i n.: „Antwort"

DE GRAECIS ET ROMANIS

Eindeutig zweideutig

Delphi war in der Antike nicht die einzige, aber die bei weitem bekannteste Orakelstätte. Der Ort galt als Heiligtum des Apoll, der den dort lebenden Drachen Python getötet hatte. Wer privaten oder politischen Rat brauchte, begab sich zur Orakel-Priesterin Pythia, die in einer Kammer auf einem Dreifuß über einer Erdspalte auf inspirierende Dämpfe wartete. Dieser Riss wurde, nachdem er aufgrund eines Erdbebens jahrhundertelang verschwunden war, erst vor kurzem

Das Theater in Delphi

154

VOCABULARIUM

senex, senis m.	Greis	vgl. senil =
iustus,-a,-um	gerecht	engl. just, frz. juste, ital. giusto
ostendo 3, ostendi, ostentum	zeigen	
mihi persuasum est	ich bin überzeugt	
ob (+ Akk.)	wegen	= propter
dubium,-i n.	Zweifel	engl. doubt, frz. doute, ital. dubbio
rego 3, rexi, rectum	regieren, lenken, leiten	vgl. rex, regina etc. (Lec. 20)
num (im Nebensatz)	ob	↔ num im Hauptsatz =
diligentia,-ae f.	Sorgfalt	vgl. diligens =
ne (nach Verben des Fürchtens)	dass	sonst: ne =
timeo, ne …	ich fürchte, dass …	
confido 3, confisus sum	vertrauen	(Semideponens, vgl. Seite 132)
legatio,-onis f.	Gesandtschaft	
singuli,-ae,-a (Pl.)	einzelne, je ein	vgl. Singular
certus,-a,-um	sicher; bestimmt	engl. certain, frz. certain, ital. certo
ignoro 1,-avi,-atum	nicht wissen, nicht kennen	vgl. Ignoranz =
legatus,-i m.	Gesandter	
aggredior M, aggressus sum	angreifen	vgl. aggressiv =
memini,-isse (+ Gen.)	sich erinnern (an)	
memini (Perfekt)	ich erinnere mich (Präsens!)	

VOKABELLERN-TIPP

Nur der Plural zählt!
Wie auch in anderen Sprachen (vgl. im Englischen *news* und *jeans*) gibt es auch im Lateinischen Wörter, die nur Pluralformen aufweisen.

? Gib zu den folgenden Substantiva Genetiv, Geschlecht und Bedeutung an:

arma _____   moenia _____
castra _____   preces _____
divitiae _____   res gestae _____
liberi _____   vires _____

PROVERBIUM

In dubio pro reo
„Im Zweifel für den Angeklagten" ist ein altrömischer Rechtsgrundsatz, der bis heute Gültigkeit besitzt: Wenn bei einem Prozess die Schuld des Angeklagten nicht eindeutig festgestellt werden kann, muss er freigesprochen werden.

Der Omphalos – das Zeichen für Delphi als „Nabel der Welt"

wieder entdeckt. Die Dämpfe dürften in der dazugehörigen Quelle freigesetzt worden sein: Das Wasser enthielt das Gas Äthylen, das die Priesterin in eine Art Rauschzustand versetzte. Ihre gestammelten Laute wurden von Priestern für die Ratsuchenden „übersetzt". Dabei waren die meisten Auskünfte zweideutig formuliert – jeder konnte also seine Wahrheit darin finden (und sich dabei auch, so wie Krösus, kräftig täuschen).
Die Auskünfte waren übrigens nicht gratis. Die aus ganz Griechenland herbeigereisten Bittsteller brachten Weihegeschenke, die in so genannten Schatzhäusern im heiligen Bezirk von Delphi deponiert wurden.
Obwohl das antike Griechenland in viele voneinander unabhängige und teilweise auch verfeindete Stadtstaaten (*Poleis*) zerfiel, wurde das Orakel von Delphi doch von allen Griechen als gemeinsame Kultstätte betrachtet. Deshalb wurden hier auch alle vier Jahre die „Pythischen Spiele" (musische und sportliche Wettkämpfe) veranstaltet, die ähnlich wie die Olympischen Spiele einen einigenden Einfluss auf ganz Griechenland ausübten. Auch die Römer holten in Delphi Rat ein und ließen das dortige Theater renovieren. Delphi galt in der Antike als „Nabel der Welt": Der Sage zufolge ließ Zeus zwei Adler in entgegengesetzter Richtung um die Welt fliegen. Sie trafen einander in Delphi, woran der sog. *Omphalos* („Nabel"), ein heiliger Stein, erinnert.

GRAMMATICA

CONSECUTIO TEMPORUM

Welcher Konjunktiv jeweils in lateinischen Nebensätzen verwendet wird, ist durch die **Consecutio temporum** (= Zeitenfolge) exakt geregelt:

Übergeordneter Satz steht im ...	Untergeordneter Satz ist ...		
	vorzeitig	gleichzeitig	nachzeitig
Präsens, Futur	Konj. Perf.	Konj. Präs.	-urus sim (sis...)*
Imperfekt, Perfekt	Konj. Plqpf.	Konj. Impf.	-urus essem (esses...)*

* Die Formen **-urus sim** (sis, sit ...) und **-urus essem** (esses, esset ...) bestehen aus dem Futurpartizip (vgl. Lec. 31) und dem Konj. Präsens bzw. Imperfekt von *esse*. Sie bilden eine Art Futur-Konjunktiv und werden ausschließlich in **nachzeitigen Gliedsätzen** verwendet.

Die Consecutio temporum zeigt dir beim Übersetzen, welches **Zeitverhältnis** der Gliedsatz zum Hauptsatz hat: Konj. Präsens und Imperfekt drücken die Gleichzeitigkeit, Konj. Perfekt und Plqpf. die Vorzeitigkeit, *-urus sim* bzw. *essem* die Nachzeitigkeit aus.

> **TIPP:** Gib den Konjunktiv beim Übersetzen zunächst in der entsprechenden Zeit des Indikativs wieder!

Die *Consecutio temporum* gilt für folgende Gliedsätze:
- *ut*-Sätze (→ immer gleichzeitig)
- *cum*-Sätze (→ gleich- oder vorzeitig)
- indirekte Fragesätze (→ gleich-, vor- oder nachzeitig)

Sie gilt aber nicht für **Konditionalsätze**. Diese werden nach den Regeln des Konjunktivs im Hauptsatz übersetzt (siehe Seite 144).

INDIREKTE FRAGESÄTZE

Indirekte Fragesätze sind abhängige Gliedsätze, die von einem Fragewort eingeleitet werden. Sie stehen im Lateinischen mit dem Konjunktiv, der übersetzt werden kann (aber nicht muss):

Legati ex oraculo quaesiverunt, quid Croesus eo tempore ageret.
= Die Gesandten fragten das Orakel, was Krösus in diesem Moment machte (mache).

Indirekte Fragesätze können **gleich-, vor-** oder **nachzeitig** sein und richten sich nach der Consecutio temporum:

Rogo te,	quid facias. (→ Konj. Präs.)	Ich frage dich,	was du machst. (→ glz.)
	quid feceris. (→ Konj. Perf.)		was du gemacht hast. (→ vz.)
	quid facturus(-a) sis.		was du machen wirst. (→ nz.)
Rogavi te,	quid faceres. (→ Konj. Impf.)	Ich fragte dich,	was du machtest. (→ glz.)
	quid fecisses. (→ Konj. Plqpf.)		was du gemacht hattest. (→ vz.)
	quid facturus(-a) esses.		was machen wirst (werdest). (→ nz.)

ÜBERSICHT: KONJUNKTIVÜBERBESETZUNG

Der lateinische Konjunktiv **muss** übersetzt werden:
- in Hauptsätzen
- in Konditionalsätzen

Er **kann** übersetzt werden:
- in *ut*-Sätzen (Ausnahme: Folge-*ut* = „sodass")
- in indirekten Fragesätzen

Er **darf nicht** übersetzt werden:
- in *cum*-Sätzen
- in Folge-*ut*-Sätzen („sodass")

EXERCITATIONES

I. Übersetze:

1. Magister nobis narravit, quomodo Graeci decimo anno Troiam occupavissent.
2. Quintus ignorat, cum quo adulescente Iulia nunc per forum ambulet.
3. Amici mihi rettulerunt, quae artificia clarissima Romae spectavissent.
4. Credo vos omnes scire, quo anno Roma condita sit.
6. Claudia nescit, num amici Graeci se aestate visitaturi sint.

II. Verwandle die direkten Fragesätze in indirekte! Achte auf die Zeitenfolge!

1. Magister rogat / rogavit: „Quis pensum non fecit?"
2. Magister rogat / rogavit: „Cur Quintus non adest?"
3. Magister discipulos rogat / rogavit: „Legetisne hunc librum?"

III. Wie ist „ne" in den folgenden Sätzen zu übersetzen?

1. Milites Romani ab hostibus circumventi timebant, ne omnes interficerentur.
2. Daedalus filium hortatus est, ne soli appropinquaret.
3. Magnus erat timor Romanorum, ne Hannibal Romam quoque aggrederetur.
4. Theseus cum Minotauro pugnare constituit, ne plures liberi ab illo occiderentur.
5. Audivistisne de Spartaci rebus gestis?
6. Ne quemquam ante mortem beatum dixeris!

IV. Achte bei den folgenden Sätzen darauf, ob es sich um konjunktivische oder indikativische „ut"- bzw. „cum"-Sätze handelt:

1. Cum Orpheus voce dulci caneret, animalia ac arbores e silvis venisse dicuntur, ut eius carmina audirent.
2. Caesar paucis annis, ut in eius libris legimus, totam Galliam occupavit.
3. Europa, cum in Cretam insulam advenisset, intellexit se a Iove raptam esse.
4. Cum Dionysius complures annos crudelissime regnavisset, quidam homines, ut saepe fit, eum interficere constituerunt.

V. Welches Prädikat ist das richtige?

1. Parentes, priusquam iter trium dierum fecerunt, Quintum monuerunt, ne iterum domum *vastaret / vastavisset / vastavit*.
2. Cum parentes navem *ascendissent / ascenderint / ascenderunt*, Quintus statim plurimos amicos invitavit.
3. Ita factum est, ut posteram noctem multi amici magna voce clamantes ac vinum bibentes apud Quintum *egerunt / agebant / agerent*.
4. Prima autem luce parentes redierunt et filium interrogaverunt, quid in domo sua *accidit / accidisset / acciderit*.

VI. Was heißt was?

1. addis – adis
2. reliquos – relictos
3. quidam – quisquam
4. quondam – quendam
5. quaeritur – queritur
6. equus – eques
7. alienus – alius
8. alter – altus

VII. Croesus verborum Solonis meminit

Croesus, cum eius copiae a Cyro rege victae essent, se celeriter e terra hostis recepit. Cyrus autem spe victoriae adductus exercitum ingentem in eius fines duxit et Croesum aggressus est. Quo in proelio Cyrus iterum victor erat. Croesus autem comprehensus et capitis damnatus est. Tum Croesus, cum iam in rogo[1] esset, verborum Solonis meminerat. Valde dolebat, quod eius verba neglexerat, et magna voce Solonem appellavit. Cyrus, cum hoc audiret, Croesum adiit interrogavitque, cur nomen illius hominis sapientissimi vocaret. Is respondit: „Olim, cum me hominem beatissimum esse crederem, Solon dixit neminem ante mortem beatum esse. Nunc, quoniam hoc atroci modo moriturus sum, intellego eum veritatem dixisse." Quibus verbis commotus Cyrus Croeso vitam donavisse dicitur.

[1] **rogus**,-i m.: „Scheiterhaufen"

38 De Graecis claris

Obwohl die Römer Griechenland im 2. Jh. v. Chr. unterwarfen und zur Provinz machten, wurden sie doch durch die griechische Kultur stark beeinflusst und geprägt. Die folgenden Anekdoten handeln von drei griechischen Denkern, die auf sehr unterschiedliche Weise zu Berühmtheit gelangt sind.

Cum Athenienses[1] olim ex oraculo quaesivissent, quis esset vir sapientissimus, iis responsum est neminem Socrate[2] sapientiorem esse. Socrates, ubi id audivit, statim profectus est ad hominem sapientiorem quaerendum. Nonnullos homines, qui sapientes **habebantur**, adiit, ut eorum prudentiam **disputando exploraret**. At sua arte interrogandi demonstravit illos, cum se sapientes putarent, tamen multa nescire. Ita intellexit: „Hac in re prudentior sum quam isti: Scio me nihil scire!"

***

Diogenes[3] **philosophus** semper **operam** dabat, **ne quid** supervacuum[4] possideret. Vitam **tanta modestia**[5] egisse dicitur, ut non solum **pecunia** divitiisque, sed etiam domo carens in magno dolio[6] habitaret. Nam ei persuasum erat solum pauperem hominem esse **liberum** felicemque. Notissima est haec **fabula**: Alexander, imperator magnus, olim Diogenem, qui sole fruendi **causa** ante dolium consederat, visitavit. Postquam **salutavit**, eum hortatus est, ut diceret, **si quid** optaret. Ille autem respondisse dicitur: „I paululum[7] a sole!"

***

Archimedes[8], mathematicus[9] magni **ingenii**, hoc modo mortuus esse dicitur: Milites Romani, cum Syracusas[10] expugnavissent, statim **initium** diripiendi[11] fecerunt. Abstulerunt omnia, quae **quisque** rapere potuit. Miles quidam etiam ad Archimedem venit, qui more suo cogitandi causa in hortum[12] se **contulerat**. Intentus[13] formis, quas in pulvere[14] scripserat, periculum neglexit et, cum militem conspexisset, clamavit: „Noli turbare[15] circulos[16] meos!" Miles autem, quod eum **superbia** adductum loqui arbitratus est, Archimedem interfecit.

Interpretationes:

a) Qua re Socrates sapientior quam ceteri erat?
b) Ubi Diogenes habitavisse dicitur?
c) Quis Diogenem visitavit?
d) Quid fecit Archimedes, cum Syracusae expugnarentur?

1 **Athenienses**,-ium m.: „die Athener"
2 **Socrates**,-is m.: „Sokrates"
3 **Diogenes**,-is m.: „Diogenes"
4 **supervacuus** 3: „überflüssig"
5 **modestia**,-ae f.: „Bescheidenheit"
6 **dolium**,-i n.: „Fass"
7 **paululum**: „ein wenig"
8 **Archimedes**,-is m.: „Archimedes"
9 **mathematicus**,-i m.: „Mathematiker"
10 **Syracusae**,-arum f.: „Syrakus"
11 **diripio** M: „plündern"
12 **hortus**,-i m.: „Garten"
13 **intentus** 3 + Abl.: „vertieft in …"
14 **pulvis**,-eris m.: „Staub"
15 **turbo** 1: „(zer)stören"
16 **circulus**,-i m.: „Kreis"

De Graecis

Antike Philosophen

Sokrates

Der wohl berühmteste Philosoph der Antike (469–399 v. Chr.) muss seinen athenischen Mitbürgern durch seine bohrenden Fragen, durch die er ihre Unwissenheit entlarvte, gehörig auf die Nerven gegangen sein. Dementsprechend wurde er wegen Gottlosigkeit (er pflegte „beim Hund" zu schwören) und wegen seiner „jugendgefährdenden" Gespräche zum Tod durch den Schierlingsbecher (Giftbecher) verurteilt. Seine Verteidigungsrede („Apologie") ist uns, wie auch der Großteil seiner Lehre, durch seinen Schüler Platon überliefert – Sokrates selbst hinterließ nämlich keine schriftlichen Aufzeichnungen.

Sokrates

Diogenes

Dieser etwas unkonventionelle Philosoph gehört zur Philosophenschule der Kyniker („Hundsphilosophen"), die ein „hündisches", das heißt bedürfnisloses, Leben bevorzugten. Indem Diogenes in einem Fass wohnte, wollte er seine Zivilisationsverweigerung zur Schau

VOCABULARIUM

habeo 2,-ui,-itum (+ dopp. Akk.)	halten für	
habeo te amicum	ich halte dich für einen Freund	
disputo 1,-avi,-atum	erörtern, diskutieren	vgl. Disput =
exploro 1,-avi,-atum	ausforschen, erforschen	engl. to explore; vgl. Internet-Explorer
philosophus,-i m.	Philosoph	
opera,-ae f.	Mühe	
operam dare	sich bemühen	wörtl.: Mühe geben
ne quis / ne quid	dass (damit) niemand / nichts	quis/quid nach ne = aliquis
tantus,-a,-um	so groß	↔ quantus =
pecunia,-ae f.	Geld	vgl. pekuniär =
liber,-era,-erum	frei	vgl. Libero; ↔ liber,-bri =
fabula,-ae f.	Erzählung, Geschichte	vgl. Fabel
causa (nach Gen.)	wegen; um zu	(siehe Grammatica)
saluto 1,-avi,-atum	(be)grüßen	vgl. salutieren =
si quis / si quid	wenn jemand / wenn etwas	quis/quid nach si = aliquis
ingenium,-i n.	Geist; Talent	vgl. Ingenieur, Genie
initium,-i n.	Anfang	vgl. Initialen
quisque, quidque	jeder	(Deklination wie quis, quid)
confero,-ferre, contuli, collatum	zusammentragen; vergleichen	cf. = confer („vergleiche")
se conferre	sich begeben	
superbia,-ae f.	Stolz	ital. superbia

VOKABELLERN-TIPP

Frage oder Antwort?

Nicht immer bereitet das Vokabellernen ungetrübte Freude – besonders dann nicht, wenn es sich um die berüchtigten „kleinen Wörter" handelt. Hier eine Hilfe, die dir das Leben bei den Pronomina leichter machen könnte:

qu- → Frage (dt.: „wie ..."), t- → Antwort (dt.: „so ...")

? Was bedeuten die folgenden Pronomina?

fragend: QU-
qualis,-e = _____ talis,-e = _____ antwortend: T-
quantus 3 = _____ tantus 3 = _____
quam = _____ tam = _____

PROVERBIUM

Pecunia non olet

Die Wendung „Geld stinkt nicht" geht auf folgende Anekdote zurück: Kaiser Vespasian (68–79 n. Chr.) hatte für die öffentlichen Bedürfnisanstalten eine neue Steuer eingeführt. Als ihm sein Sohn Titus deswegen Vorwürfe machte, soll ihm Vespasian eine Münze unter die Nase gehalten und gefragt haben, ob sie stinke. Als Titus verneinte, meinte der Kaiser, dennoch stamme sie vom Urin.

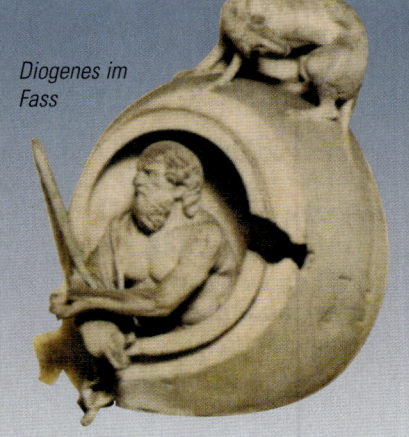

Diogenes im Fass

stellen. Er war somit einer der ersten Vertreter der „Zurück-zur-Natur"-Bewegung. Vom Begriff „kynisch" leitet sich übrigens „zynisch" („spöttisch", „bissig") ab: Die Kyniker lebten zwar anspruchslos, andererseits fielen sie aber gleichsam die Menschen an, um ihnen ihre Lehre aufzudrängen.

Archimedes

Die Heimatstadt des berühmten Mathematikers und Physikers war die sizilianische Metropole Syrakus (vgl. Lec. 36). Als sich die Syrakusaner im zweiten punischen Krieg auf die Seite Karthagos schlugen, konstruierte Archimedes diverse Kriegsmaschinen, darunter auch riesige Sonnenspiegel, die die römische Flotte in Brand setzen sollten – was die Eroberung der Stadt und seine Ermordung im Jahr 212 v. Chr. allerdings nicht verhindern konnte. Bekannt ist auch die Anekdote von der Entdeckung des spezifischen Gewichts: Nachdem Archimedes durch den Vergleich einer echten und einer gefälschten Goldkrone in der Badewanne erkannt hatte, dass verschiedene Metalle unterschiedlichen Auftrieb haben, soll er nackt durch die Stadt gelaufen sein und ausgerufen haben: „*Heureka!*" („Ich hab's gefunden!").

GRAMMATICA

GERUNDIUM

Das Gerundium entspricht dem **hauptwörtlich gebrauchten Zeitwort**. Abgesehen vom Nominativ, der dem Infinitiv entspricht, dekliniert es wie ein neutrales Substantiv (der o-Deklination) im Singular. Erkennungszeichen des Gerundiums ist die Buchstabengruppe *-nd-*:

1. F.	*(dormire)*	das Schlafen
2. F.	*dormiendi*	des Schlafens
	dormiendi causa	um zu schlafen
3. F.	*dormiendo*	dem Schlafen*
4. F.	*ad dormiendum*	um zu schlafen, zum Schlafen
6. F.	*dormiendo*	durch das Schlafen
	in dormiendo	beim Schlafen

ebenso:
 ama-nd-i (etc.)
 mone-nd-i
 mitte-nd-i
 audie-nd-i
 capie-nd-i

* Der Dativ des Gerundiums kommt nur selten vor.

Beispiele:
1. F.: *Dormire mihi semper placet.* = (Zu schlafen =) Das Schlafen gefällt mir immer.
2. F.: *Mea cupiditas dormiendi magna est.* = Meine Begierde (des Schlafens =) zu schlafen ist groß.
4. F.: *Ad dormiendum domum venio.* = Ich komme nach Hause, um zu schlafen.
6. F.: *Dormiendo iram magistri commoveo.* = Durch das Schlafen errege ich den Zorn des Lehrers.
  In dormiendo nihil audio. = Beim Schlafen höre ich nichts.

NOTA BENE!

causa (nach Gerundium im 2. F.) und
ad (vor Gerundium im 4. F.)
drücken **finalen Sinn** (= einen Zweck) aus → Übersetzung mit „**um zu**":
  discendi causa (= *ad discendum*) = „um zu lernen"

ÜBERSETZEN – GEWUSST WIE! (I)

Wie du (vermutlich zu deinem Leidwesen) schon bemerkt hast, kommen in den Texten nun öfter längere Sätze vor, bei denen man leicht den Überblick verlieren kann. Deshalb ist es wichtig, die Struktur eines Satzes zu „durchleuchten", damit du Haupt- und Gliedsätze, Ablativi absoluti, Sperrungen, ACI etc. erkennst.
Die einfachste und am wenigsten aufwändige Methode ist die so genannte „**Unterstreichmethode**".
Zentraler Punkt dabei sind die Verba, die ja den Kern eines Satzes darstellen.
Bevor du zu übersetzen anfängst, solltest du den Satz zur Gänze durchlesen und Folgendes tun:

1) Unterstreiche die Verba des Hauptsatzes doppelt;
2) setze alle unterordnenden Bindewörter in ein Kästchen;
3) unterstreiche die Verba von Gliedsätzen einfach;
4) unterstreiche „Sonderkonstruktionen" (Abl. abs., Part. coni., ACI) strichliert.

NOTA BENE!

▶ Ob es sich um einen Hauptsatz oder einen Nebensatz handelt, erkennst du daran, ob am Anfang ein unterordnendes **Bindewort** (*cum, ut, dum, ubi, postquam* etc.) steht oder nicht. Solche Bindewörter (Konjunktionen) sollten dir also immer sofort ins Auge stechen! Ebenfalls wichtig zur Strukturierung sind die Satzzeichen, besonders die Beistriche.

▶ Wenn du nach dem Unterstreichen mit dem Übersetzen beginnst, beginne immer **von vorne** und übersetze Satzglied für Satzglied nach hinten. Lediglich das Prädikat des Hauptsatzes muss im Deutschen immer an die zweite Stelle im Satz vorgezogen werden (Prädikate von Gliedsätzen stehen im Deutschen immer an letzter Stelle):

  Cum Athenienses quaesivissent, quis esset vir sapientissimus, iis responsum est neminem Socrate sapientiorem esse.

  ❓ a) Wie lautet hier der Hauptsatz? b) Wie viele Gliedsätze gibt es?

Exercitationes

I. Übersetze:
1. Quidam discipuli dormiendi causa in scholam venire videntur.
2. Nisi isti pueri ridendo magistrum a docendo prohibuissent, ille nobis pensum magnum non dedisset.
3. Facite finem loquendi!
4. Utinam mihi tempus discendi esset!
5. Magistri discipulos magis laudando quam monendo ad discendum adducere possunt.
6. Legistisne iam illum clarissimum librum Latinum de arte amandi?
7. Quidam viri mulieresque non ad spectandum in theatrum veniunt, sed ut ipsi spectentur.
8. Quam magna est mea cupiditas dormiendi!

II. Setze das Gerundium im richtigen Fall ein:
1. Cleopatra, cum intellegeret sibi occasionem .... non esse, se ipsa necavit. (fugio)
2. Marcus Aurelius a Christianis petivit, ut .... exercitum Romanum periculo magno liberarent. (oro)
3. Scimus Caesarem cupidissimum .... fuisse. (regno)

III. Übersetze die folgenden Wortgruppen und achte besonders darauf, ob es sich um ein Partizip (Präsens oder Perfekt) oder ein Gerundium handelt!

1. occasio fugiendi
2. spes redeundi
3. hosti dormienti
4. viri docti
5. viri docentes
6. cupiditas docendi
7. studium legendi
8. discipulo legenti
9. discipuli legentes
10. libri lecti
11. diligenter legendo
12. salutandi causa

IV. Achte auf die richtige Übersetzung der Konjunktive:

Claudia nonnullos amicos interrogavit, num secum diem natalem[1] celebrare vellent. Quintus, cum hoc audivisset, respondit se magno cum gaudio ad eam venturum esse. Deinde cogitavit: „Certe Claudia optat, ne quis sine dono veniat. Quid ei donem? Quis hoc sciat?" Tum intellexit: „Claudia certe valde gaudeat, si coculum[2] accipiat!" Ita Quintus, cum illud consilium sibi optimum esse videretur, postero die cum coculo ad Claudiam venit. Quae illo dono minime gaudens irataque puero coculum in caput iecit. „Utinam Claudiae flores[3] donavissem!", Quintus cogitavit. „Si mihi flores in caput iecisset, dolores minores essent."

[1] **dies natalis**: „Geburtstag"; [2] **coculum**, -i n.: „Kochtopf"; [3] **flos**, floris m.: „Blume"

V. Gliedere im folgenden Text die Sätze mit der Unterstreichmethode und übersetze:

Quondam, cum Diogenes philosophus meridie cum lumine per forum iret, homines ex eo quaesiverunt, cur illud lumen secum portaret, cum sol medio in caelo esset. Ille respondit: „Spero me auxilio illius luminis melius videre posse. Hominem enim quaero, sed solum animalia, non homines, qui hoc nomine digni sunt, conspicio." Vir quidam olim in ambulando casu Diogenem conspexit, qui, ut erat eius consuetudo, sibi cenam modicam[1] paravit. Ille, cum ipse vitam sine cenis magnificis beatam non esse arbitraretur, ad Diogenem, quem hominem miserum putabat, haec locutus est: „Si regi verba blanda[2] diceres, te cenam tam modicam edere[3] necesse non esset." Ille autem, qui semper dabat operam, ut liber esset, respondit: „Si tu quoque cenam modicam ederes, te regi verba blanda dicere necesse non esset."

[1] **modicus** 3: „bescheiden"; [2] **blandus** 3: „schmeichelnd"; [3] **edo** 3, edi, esum: „essen"

39

DE VIDUA¹ ET MILITE

Eine bekannte antike Novelle (= kurze Erzählung) handelt von der für ihre Keuschheit berühmten Witwe von Ephesos.

Mulier quaedam Ephesi² maritum amatum amiserat. In eius **memoriam monumentum** aedificari iussit et corpus in conditorio³ positum more **maiorum** custodire⁴ coepit. At propter dolorem maximum diutius in conditorio mansit, quam **pietas religio**que poposcerunt⁵. Dies noctesque vidua flens et cibo abstinens ibi agebat. Interea autem fiebat, ut duo latrones⁶ prope illud conditorium crucibus affigerentur⁷. Ne quis sepeliendi⁸ causa corpora auferret, miles ad cruces custodiendas positus est. Qui proxima nocte vocem audivit et, cum animadvertisset, **unde** oriretur haec vox, conditorium intravit. Statim intellexit, quae esset causa flendi, et mulieris consolandae⁹ causa cibum vinumque **attulit**. At viduam dolore superatam frustra ad cibum capiendum hortabatur. Denique ancilla¹⁰, quae aderat, militem in vidua hortanda adiuvit effecitque, ut illa finem querendi faceret et militis dona acciperet. Cum mulier post cenam iam **multo minus** doleret, miles eam ceteris quoque **voluptatibus** abstenturam non esse speravit. Qua in re iterum victor erat: Portis conditorii clausis totam noctem apud viduam manebat.

Diligens ille custos, cum proximo die conditorium relinqueret, conspexit ex una cruce corpus ablatum esse. Poenam gravem timens ad viduam **cucurrit** rettulitque, quid accidisset. „Quid faciam?", clamavit. „**Sententiam iudicis** non exspectabo, sed gladio me interficiam!" Illa autem, cum post maritum hunc quoque virum amatum amittere nollet, militis servandi causa consilium prudens cepit. Ita factum est, ut paulo post in nulla cruce corpus deesset – conditorium autem **vacuum** esset.

Interpretationes:

a) Cur miles conditorium petivit?
b) Qua re miles viduam consolari voluit?
c) Cur miles corpus de cruce auferri non animadvertit?
d) Quomodo vidua militem servavit?

1 **vidua**,-ae f.: „Witwe"
2 **Ephesus**,-i m.: „Ephesos"
3 **conditorium**,-i n.: „Gruft"
4 **custodio** 4: „bewachen"
5 **posco** 3, poposci: „verlangen", „fordern"
6 **latro**,-onis m.: „Räuber"
7 **affigo** 3,-fixi,-fixum: „befestigen", „schlagen"
8 **sepelio** 4, sepelivi, sepultum: „bestatten"
9 **consolor** 1: „trösten"
10 **ancilla**,-ae f.: „Magd"

DE GRAECIS ET ROMANIS

Eine antike Weltstadt

Ephesos, der Schauplatz der oben erzählten Geschichte, war die größte Metropole des antiken Kleinasien (heutige Türkei). Hier befand sich das von König Krösus erbaute Artemision, ein Artemis-Tempel, der als eines der sieben Weltwunder galt. Seine Grundfläche soll sechsmal so groß wie die des Parthenon-Tempels in Athen gewesen sein. Er wurde im Jahr 356 v. Chr. von einem gewissen Herostratos, der Berühmtheit erlangen wollte, angezündet und zerstört. (Der Brandstifter erreichte dadurch sein Ziel: Noch heute wird ein Verbrecher aus Ehrgeiz „Herostrat" genannt.)
Neben König Krösus machten noch viele andere „Promis" der damaligen Weltstadt ihre Aufwartung: Alexander der Große, Kleopatra, die Gottesmutter Maria, Johannes der Täufer und der Apostel Paulus hielten sich zeitweilig hier auf. Seit 1895 ist das Österreichische Archäologische Institut damit beschäftigt, die Reste der einst blühenden Stadt auszugraben. Aus diesem Grund wurde in Wien auch ein eigenes Ephesos-Museum (1. Bezirk, Heldenplatz) eingerichtet.

Celsus-Bibliothek in Ephesos

Vocabularium

memoria,-ae f.	Erinnerung	engl. memory; vgl. Memoiren
in memoriam (+ 2.F.)	zur Erinnerung (an)	
monumentum,-i n.	Denkmal	vgl. Monument
maiores,-um m. (Pl.)	Vorfahren	wörtl. =
pietas,-atis f.	Pflichtgefühl, Frömmigkeit	vgl. Pietät = Ehrfurcht, Rücksicht
religio,-onis f.	Religion	engl. religion, frz. religion
unde	woher	↔ inde =
affero, afferre, áttuli, allátum	heranbringen	aus ad + ferre
multo (beim Komparativ)	viel, um vieles	z.B. multo melius = viel besser
minus (Adv.)	weniger	vgl. Minus-Zeichen
voluptas,-atis f.	Vergnügen, Lust	↔ voluntas =
curro 3, cucurri, cursum	laufen	vgl. Kurier, Cursor
sententia,-ae f.	Meinung; Satz	engl. sentence
iudex,-icis m.	Richter	vgl. iudicium, iudicare
vacuus,-a,-um	leer; frei	vgl. Vakuum

Vokabellern-Tipp

Vorsilbe mit vielen Gesichtern: *ad-*

Analog zur Präposition *ad* („zu", „an", bei") hat die Vorsilbe *ad-* die Bedeutung „hin-", „heran-".

? Was bedeuten die folgenden Fremdwörter?

Advent = _____ Adhäsion = _____

Adduktoren = _____ Advokat = _____

Die Vorsilbe *ad-* hat fallweise chamäleonartige Eigenschaften: Sie passt sich an ihre Umgebung an. Konkret bedeutet das, dass sich z. B. *ad*-ferre in *af*-ferre verwandelt. Dieser Vorgang heißt (wie auch in der Biologie) **Assimilation** („Angleichung")*.

? Wie haben die folgenden Verben ursprünglich gelautet? Gib auch ihre Bedeutung an!

aggredior = _____ afficio = _____

accipio = _____ appropinquo = _____

*) Eine besondere Vorliebe für Assimilationen hat auch das Italienische: z.B. lat. *optimus* → ital. *ottimo*

Sieben Weltwunder

Neben dem Artemision von Ephesus wurden in der Antike noch sechs weitere Bauwerke als Weltwunder bezeichnet:

1. Die Pyramiden von Gizeh
2. Der Koloss von Rhodos
3. Die Zeusstatue von Olympia
4. Das Grabmal des Königs Mausolos in Halikarnassos
5. Die hängenden Gärten der Semiramis in Babylon
6. Der Leuchtturm von Alexandria

GRAMMATICA

ATTRIBUTIVES GERUNDIV

Wie das Gerundium ist auch das Gerundiv von einem Verbum abgeleitet und ebenfalls an den Buchstaben -nd- zu erkennen. Im Gegensatz zum Gerundium ist es allerdings kein Substantiv, sondern ein **Adjektiv** (und kann daher auch im Plural stehen):

*ama**nd**us 3; mone**nd**us 3; mitte**nd**us 3; audie**nd**us 3; capie**nd**us 3*

Es ist immer mit einem Nomen übereingestimmt (d.h. es ist Attribut → attributives Gerundiv) und wird **wie das Gerundium übersetzt**:

tempus cibi capiendi (2. F. Sg.) = die Zeit eine Speise einzunehmen
tempus ciborum capiendorum (2. F. Pl.) = die Zeit Speisen einzunehmen
in cibo capiendo (6. F. Sg.) = beim Einnehmen einer Speise
cibis capiendis (6. F. Pl.) = durch das Einnehmen von Speisen

Am weitaus häufigsten ist auch beim attributiven Gerundiv die finale Verwendung mit *ad* oder *causa* (vgl. Seite 160):

ad cibum capiendum (= *cibi capiendi causa*) = um eine Speise einzunehmen
ad cibos capiendos (= *ciborum capiendorum causa*) = um Speisen einzunehmen

ÜBERSETZEN – GEWUSST WIE! (II)

Eine Alternative zur „Unterstreichmethode" (vgl. Lec. 38), besonders bei Satzgefügen mit mehreren untergeordneten Gliedsätzen, ist die so genannte „**Einrückmethode**". Sie ist zwar etwas aufwändiger, weil du den Satz noch einmal aufschreiben musst, bietet dir aber eine wirkungsvolle optische Hilfe beim Erfassen der Satzstruktur.
Auch hier geht es wieder in erster Linie darum, Haupt- und Gliedsätze voneinander zu unterscheiden. Um die Hierarchie der einzelnen Sätze zu verdeutlichen, musst du Folgendes machen:

▸ Schreibe **Hauptsätze** (HS) an den **linken Rand** der Seite;
▸ rücke **Gliedsätze erster Ordnung** (GS 1; hängen vom Hauptsatz ab) nach **rechts** ein;
▸ rücke **Gliedsätze zweiter Ordnung** (GS 2; hängen von Gliedsätzen ab) **noch weiter nach rechts** ein;
▸ rücke auch jene lateinischen „Sonderkonstruktionen" ein, die im Deutschen zu Gliedsätzen umgeformt werden, also **ACI**, **Ablativus absolutus** und **Participium coniunctum**.

Zur Veranschaulichung:

Jeder,
     der einen Satz nach der Einrückungsmethode aufgeschrieben hat,
kann,
     wenn er die Satzglieder,
          die ganz links stehen,
     betrachtet,
leicht erkennen,
     was der Hauptsatz ist.

HS   GS 1   GS 2

Diese Methode kannst du noch zusätzlich mit der Unterstreichmethode kombinieren. Versuche das anhand des folgenden Satzes und beantworte die Fragen:

Denique ancilla, quae aderat, militem in vidua hortanda adiuvit effecitque, ut illa finem querendi faceret et militis dona acciperet.

? a) Wie lautet der Hauptsatz?
b) Wie viele Verben hat der Hauptsatz?
c) Wie viele Gliedsätze gibt es?

NOTA BENE!

Entscheidend beim Übersetzen ist, dass du die einzelnen Satzglieder nicht vertauschst, sondern immer der Reihe nach **von vorne nach hinten** übersetzt! Nur das erste Verbum des Hauptsatzes (im Beispiel links *adiuvit*) musst du im Deutschen an die **zweite Stelle** (hier also zwischen *denique* und *ancilla*) vorziehen.

Exercitationes

I. Übersetze:
1. in currendo 2. explorandi causa 3. docendo 4. spes vincendi 5. ad scribendum 6. ad epistulam scribendam 7. in periculis perferendis 8. voluntas fabulae Latinae audiendae 9. ad puellas terrendas 10. vini fruendi causa 11. obsidibus dandis

II. Übersetze:
1. Croesus bellum parans nonnullas legationes ad oracula consulenda misit.
2. Marcus Aurelius hostium vincendorum causa magnum exercitum in eorum fines traduxit.
3. Cum Roma condita esset, cives Romani virginibus rapiendis sibi uxores paraverunt.
4. Leander puellae visitandae causa ne maxima quidem pericula timebat.
5. Midas, quia cupidissimus auri possidendi erat, donum malum a Baccho deo optavit.

III. Drücke die „ut"-Sätze mit Gerundiva aus! (Jeweils mit „ad" und „causa")

Bsp.: Proficiscor, ut Iuliam visitem.
= Proficiscor ad Iuliam visitandam.
= Proficiscor Iuliae visitandae causa.

1. Gaius domum contendit, ut pensum faciat.
2. Romam veni, ut artificia clara spectarem.
3. Complures menses in Graecia eram, ut linguam Graecam discerem.
4. Discipuli, ut magistrum delectarent, pensa summa cum diligentia scripserunt.

IV. Setze die Gerundiva ein:
1. Martinus vestem gladio divisit ad virum pauperem .... (iuvo)
2. Diana aquae .... causa vestem deposuit. (fruor)
3. Theseus Minotauri .... causa in Cretam navigare constituit. (occido)
4. In Troia .... multi viri fortissimi laesi aut occisi sunt. (oppugno)
5. Utinam ne Psyche tam cupida Amoris .... fuisset! (adspicio)

V. Führe die folgenden englischen Vokabel auf lateinische Wörter zurück und gib ihre Bedeutung an:

to admire – confident – to punish – ridiculous – trade – to finish – to add – contents – anniversary (2 Wörter) – cruel – inhabitant – library – prime time (2 W.) – mortal – pressure – question – to use – invisible – voluntary – to possess

VI. Bei den folgenden Verba haben sich die Vorsilben durch Assimilation verändert. Wie lauteten die Verba ursprünglich? Was bedeuten sie?

1. accedo   4. alloquor   7. effugio
2. effero   5. appono   8. immitto
3. attraho   6. acclamo   9. appeto

VII. Gliedere im folgenden Text die Sätze mit der Einrückmethode und übersetze:

Dionysius tyrannus, cum crudelissime regnaret, non sine causa semper timebat, ne quis se interficeret. Quod etiam verebatur, ne a tonsore[1] ferro[2] occideretur, filias suas barbam[3] tondere[4] docuit. Quae cum adultae[5] essent, ne iis quidem confidebat, sed iis ferrum abstulit imperavitque, ut ab illo tempore candentibus[6] iuglandium putaminibus[7] barbam sibi adurerent[8].
Cum olim, ut erat eius consuetudo, pila[9] ludere vellet vestemque deponeret, adulescenti, quem amabat, gladium tradidit. Cum quidam ex eius comitibus iocans[10] dixisset eum nunc huic adulescenti vitam committere[11] risissetque adulescens, utrumque iussit interfici: Alterum capitis damnavit, quia viam tyranni occidendi demonstravisset, alterum, quia ea verba ridendo approbavisset[12].

[1] **tonsor**,-oris m.: „Frisör"; [2] **ferrum**,-i n: hier: „Messer"; [3] **barba**,-ae f.: „Bart"; [4] **tondeo** 2, totondi, tonsum: „schneiden"; [5] **adultus** 3: „erwachsen"; [6] **candens**,-entis: „glühend"; [7] **iuglandium putamen**,-inis n.: „Nussschale"; [8] **aduro** 3,-ussi,-ustum: „versengen"; [9] **pila**,-ae f.: „Ball"; [10] **iocor** 1: „scherzen"; [11] **committo** hier: „anvertrauen"; [12] **approbo** 1: „gutheißen"

Lingua Latina adhuc vivit

Nicht nur die alten Römer haben Lateinisch geschrieben, sondern auch heute noch werden Texte in Latein verfasst. Bei den folgenden zwei Kostproben handelt es sich um „Nuntii Latini" (Lateinische Nachrichten), die regelmäßig in einer großen österreichischen Tageszeitung erscheinen.

Polonia[1] appellat!

In **Germanica** urbe Zittau litterae **falsae** Saxonii[2] ministerii rerum internarum[3] animos civium commoverunt. Omnes incolae illius oppidi, quod in **Germania** prope fines Poloniae **situm** est, in suis receptaculis cursualibus[4] epistulam invenerant, qua nuntiatum erat oppidum eorum ab anno 2002 partem rei publicae Poloniae futurum esse. Qua in epistula hoc scriptum erat: „Cum hac in regione fines **nuper** iterum terminati sint[5], Zittau oppidum mox in agris Polonicis[6] situm erit. Qua de causa civibus usque ad mensem Martium[7] anni 2001 diploma civium[8] rei publicae Polonicae petendum est. Praeterea omnibus quam celerrime cursus linguae Polonicae visitandus est."
Jürgen Kloß, summus **magistratus** urbis Zittau, dixit hanc epistulam sine dubio falsam esse cunctaque, quae scripta essent, minime veritati respondere[9]. **Interim** custodes publici auctores litterarum quaerere coeperunt – exempli gratia[10] in quadam officina linguae[11] Polonicae urbis Zittau.

Palaeolithicum[1] vivit!

Qui adhuc putavit familiam Lapisfulminarem[2] solum in televisione[3] aut in cinemate[4] videri posse, erravit. Iuvavi[5] enim femina habitat, cui non solum nomen Wilma Lapisfulminaris, sed etiam capilli[6] rubri[7] sunt. Quamquam neque maritum nomine Alfredi habet neque inter eius amicos quidam Barnie Ruderadomumis[8] est, vera Wilma interim cognovit nomen tam clarum **haudquaquam** semper **commodo** esse: „Nuper ad secretariam[9] psychoanalystae[10] cuiusdam telephonavi[11]. Cum nomen meum dixissem, illa me his verbis sedare[12] conata est: '**Quieta** maneas! Tibi domus relinquenda non est! Currus valetudinarius[13] mox apud te erit!'"

---

1 **Polonia**,-ae f.: „Polen"
2 **Saxonius** 3: „sächsisch"
3 **ministerium** (-i) **rerum internarum** n.: „Innenministerium"
4 **receptaculum** (-i) **cursuale** n.: „Postkasten"
5 **termino** 1: „abgrenzen"
6 **Polonicus** 3: „polnisch"
7 **mensis** (-is) **Martius** m.: „März"
8 **diploma** (-atis) **civium** n. = „Staatsbürgerschaft"
9 **respondeo** 2: hier: „entsprechen"
10 **exempli gratia**: „zum Beispiel" (vgl. engl. e.g.)
11 **officina** (-ae) **linguae** f.: „Sprachinstitut"

1 **palaeolithicum**,-i n.: „Steinzeit"
2 **Lapisfulminaris**,-is m.: „Feuerstein"
3 **televisio**,-onis f.: „Fernsehen"
4 **cinema**,-atis n.: „Kino"
5 **Iuvavum**,-i n.: „Salzburg"
6 **capillus**,-i m.: „Haar"
7 **ruber**,-bra,-brum: „rot"
8 **rudera**,-um n.: „Geröll"
9 **secretaria**,-ae f.: „Sekretärin"
10 **psychoanalysta**,-ae m.: „Psychiater"
11 **telephono** 1: „telefonieren"
12 **sedo** 1: „beruhigen"
13 **currus** (-us) **valetudinarius** m.: „Krankenwagen"

De Romanis

Latein – eine tote Sprache?

Die lateinische Sprache ist ca. 2500 Jahre alt und hat sich in diesem Zeitraum gewaltig verändert. Als Inbegriff des „guten" Latein gelten auch heute noch die berühmten Autoren des 1. Jh. v. Chr. wie Cäsar und Cicero. Für sie wurde der Begriff des **„Goldenen Latein"** geprägt, da sie selbst für ihre Zeitgenossen das stilistisch beste Latein sprachen (und schrieben).
Mit dem Ende des römischen Reiches im 5. Jh. n. Chr. kam es auch zu einem Verfall der lateinischen Hochsprache. Stattdessen setzte sich die Volkssprache (das sog. **„Vulgärlatein"**, von *vulgus,-i* = „niedriges Volk") immer mehr durch, in der kompliziertere Konstruktionen wie ACI, Ablativus absolutus etc. nach und nach verschwanden. Aus dem Vulgärlatein entwickelten sich zwischen 800 und 1000 n. Chr. schließlich die romanischen Sprachen (siehe Karte ganz vorne). Gleichzeitig blieb aber Latein im Mittelalter (**„Mittellatein"**) die Sprache der Kirche sowie der Gelehrten.
Einen Boom erlebte Latein in der Renaissance (15./16. Jh.), da man sich zu dieser Zeit wieder intensiv mit der griechisch-römischen Antike zu beschäftigen begann. Das Latein von dieser Zeit bis in die Gegenwart nennt man **„Neulatein"**.
Bis ins 18. Jh. wurden fast alle wissenschaftlichen Arbeiten in lateinischer Sprache verfasst (so schrieben z.B. Kopernikus, Galilei, Newton, Kepler u.a. ihre Traktate ausschließlich in Latein), und auch heute noch sind die Fachausdrücke in vielen Wissenschaften

Vocabularium

Germanicus,-a,-um	deutsch; germanisch	
falsus,-a,-um	falsch	ital. falso
Germania,-ae f.	Deutschland; Germanien	engl. Germany
situs,-a,-um	gelegen	
nuper	neulich, vor kurzem	
magistratus,-us m.	Beamter	vgl. Magistrat
interim	inzwischen	vgl. interimistisch =
haudquaquam	keineswegs	
commodum,-i n.	Vorteil	vgl. kommod =
quietus,-a,-um	ruhig	engl. quiet

Proverbium

Ceterum censeo Carthaginem esse delendam
„Im Übrigen bin ich der Meinung, dass Karthago zerstört werden muss!", soll der konservative römische Politiker Cato der Ältere am Ende jeder seiner Senatsreden gerufen haben, egal ob es gerade zum Thema passte oder nicht. Seine stereotype Forderung hatte Erfolg: Im Jahr 146 v. Chr. zerstörten die Römer die Hauptstadt des Erzrivalen bis auf die Grundmauern. Cato selbst war allerdings schon drei Jahre zuvor gestorben.

Latein im Alltag

quod erat demonstrandum (q.e.d.)
„Was zu beweisen war" (= Was man beweisen musste) hat deine Mathematiklehrerin/dein Mathematiklehrer sicher schon das eine oder andere Mal unter das Ergebnis eines Rechenbeispiels geschrieben – und dir dabei schon früher, ohne dass du es wusstest, das Gerundiv an den Kopf geworfen.

Pacta sunt servanda
„Verträge sind einzuhalten" (= Verträge müssen eingehalten werden) ist ein nicht ganz unbekannter juristischer Grundsatz, den schon die alten Römer formuliert haben.

? In dieser Lektion hast du zum ersten Mal in das so genannte **Neulatein** (siehe auch unten) hineingeschnuppert. Sicher wird es dir mit Hilfe deines nunmehr schon ganz passablen lateinischen Wortschatzes nicht schwer fallen, die Bedeutung der folgenden neulateinischen Wörter zu erschließen! Ordne die Übersetzungen richtig zu!

Landstraße, CD, Striptease, Single, Polizist, Kaugummi, Spital, Computer, Flughafen, Außerirdischer, Fußball, Wohnwagen

pediludium = _____
cummis Americana = _____
computatrum = _____
extraterrestris = _____
vir solitarius = _____
custos publicus = _____
discus compactus = _____
via transregionalis = _____
valetudinarium = _____
clausura tractilis = _____
aeriportus = _____
nudatio delicata = _____

(besonders der Medizin) größtenteils lateinischen Ursprungs. Darüber hinaus ist Latein bis heute die offizielle Sprache der römisch-katholischen Kirche. Päpstliche Rundschreiben (Enzykliken) werden nach wie vor in lateinischer Sprache verfasst. Deshalb ist im Vatikan eine eigene Kommission damit beschäftigt, alle Begriffe unserer Zeit ins Lateinische zu übersetzen. Dabei wird aber versucht, nicht willkürlich vorzugehen, sondern von klassischen lateinischen Begriffen auszugehen. Einige Beispiele dafür findest du oben!

GRAMMATICA

PRÄDIKATIVES GERUNDIV („müssen-Gerundiv")

Das Gerundiv hat noch eine zweite Bedeutung, die von der ersten dir bekannten (vgl. Lec. 39) deutlich abweicht. Wenn es mit dem Subjekt übereingestimmt ist (d.h. im Nominativ steht) und gemeinsam mit einer Form von *esse* das Prädikat bildet, drückt es aus, dass etwas **gemacht werden muss**:

Domus relinquenda est. =
(das Haus ist zu verlassen →)   a) Das Haus muss verlassen werden
                                         b) Man muss das Haus verlassen.

Tibi* domus relinquenda est. =
(dir ist das Haus zu verlassen →)   Du musst das Haus verlassen.

* Der Dativ, der beim Gerundiv denjenigen bezeichnet, der etwas tun muss, heißt **Dativus auctoris** (Dativ des Urhebers).

TIPP: Vorgangsweise beim Übersetzen:
- Ein prädikatives Gerundiv erkennst du daran, dass es im 1. Fall (im ACI: im 4. Fall) und gemeinsam mit einer Form von *esse* steht.
- Übersetze das prädikative Gerundiv zunächst mit „zu".
- Forme diesen Hilfssatz anschließend zu einem „muss"-Satz um!

NOTA BENE!

Wenn das prädikative Gerundiv durch *non* **verneint** ist, musst du es mit **„darf nicht"** übersetzen (vgl. engl. *must not* = „nicht dürfen")!

Tibi domus relinquenda non est. =
(dir ist das Haus nicht zu verlassen →) Du **darfst** das Haus **nicht** verlassen.

ZUSAMMENFASSUNG: GERUNDIUM + GERUNDIV

In der Praxis ist der Umgang mit Gerundium und Gerundiv gar nicht so kompliziert, wenn du dir die folgenden Regeln gut einprägst:

HAUPTREGEL:

Versuche es bei jeder „ND"-Form zunächst mit der **Erstübersetzung** „zu" (Ausnahme: 6.F., s.u.):

- Gerundium: *tempus scribendi* → „die Zeit **zu** schreiben"
- attributives Gerundiv: *tempus pensi scribendi* → „die Zeit, die Aufgabe **zu** schreiben"
- prädikatives Gerundiv: *pensum scribendum est* → („die Aufgabe ist **zu** schreiben"=) „man **muss** die Aufgabe schreiben"

AUSNAHMEN:

„ND"- Form mit *causa* (+ 2.F.) oder *ad* (+ 4.F.) = „um zu"

- Gerundium: *scribendi causa (= ad scribendum)* → „**um zu** schreiben"
- attributives Gerundiv: *pensi scribendi causa (= ad pensum scribendum)* → „**um** die Aufgabe **zu** schreiben"

Gerundium/Gerundiv im **Ablativ** → „durch" (mit *in*: → „bei")

- Gerundium: *scribendo* → „**durch** das Schreiben"
              in scribendo → „**beim** Schreiben"
- attributives Gerundiv: *penso scribendo* → „**durch** das Schreiben der Aufgabe"
              in penso scribendo → „**beim** Schreiben der Aufgabe"

Exercitationes

I. Übersetze:

1. studium discendi 2. in discendo 3. ad discendum 4. discendi causa 5. studium linguae Graecae discendae 6. linguis alienis discendis 7. ad multa discenda 8. in his verbis discendis 9. Nunc est discendum. 10. Lingua Latina discenda est. 11. Discipulis multum discendum est. 12. Cur mihi lingua Graeca discenda non est? 13. Scimus nobis multas res difficiles discendas esse.

II. Übersetze:

1. Silenus, quod multum vini biberat, domum ducendus erat.
2. Croesus rex arbitratus est sibi ante bellum oraculum consulendum esse.
3. Cassandra monuit: „Hic equus in oppidum trahendus non es!"
4. Tantalo, quod filium necavit, semper fames sitisque tolerandae sunt.

III. Welche Form passt nicht zu den anderen?

1. ❑ petendi   2. ❑ ducet   3. ❑ accedis
   ❑ delendi   ❑ docet   ❑ confidis
   ❑ petenti   ❑ dicet   ❑ concedis
   ❑ fugiendi   ❑ discet   ❑ obsidis

4. ❑ fruitur   5. ❑ fero   6. ❑ disputat
   ❑ oritur   ❑ fere   ❑ currat
   ❑ sequitur   ❑ fers   ❑ ignorat
   ❑ finitur   ❑ ferent   ❑ explorat

IV. Gib an, um welche der drei Arten von „ND"-Formen es sich bei den fett gedruckten Wörtern handelt, und übersetze:

In aliquo gymnasio urbis Americanae Chicago iam complures menses carmina Francisci Sinatrae, cantatoris[1] clarissimi, audiri possunt. Illis autem carminibus magistri non ad discipulos **delectandos**, sed ad eos **puniendos** utuntur. Si quis aliquod facinus commisit, includitur et totum diem carmina velut „Peregrini[2] nocturni[3]" audire cogitur. Magistri hunc modum **puniendi** laudant: „Nemo nos crudeles dicat, quod in discipulis **educandis**[4] iis carminibus pulchris utimur. Liberi autem illa carmina oderunt. Discipuli, quibus ea **audienda** erant, postea semper magistris parent, ne sibi iterum haec poena crudelis **solvenda** sit."

1 **cantator**,-oris m.: „Sänger"; 2 **peregrinus**,-i m: „Fremder";
3 **nocturnus** 3: „nächtlich", „in der Nacht"; 4 **educo** 1: „erziehen"

V. Drücke mit dem prädikativen Gerundiv aus und übersetze:

Bsp.: Discipuli multum perferre debent.
      Discipulis multum perferendum est.

1. Hora prima discipuli verba nova discere debent.
2. Hora secunda pueri et puellae librum Graecum legere debent.
3. Hora tertia omnes fabulam brevem scribere debent.
4. Hora quarta Quintus res gestas Caesaris referre debet.
5. Etiam hora quinta scholam relinquere discipulis non licet.
6. Post meridiem liberi pensum facere debent.

VI. Eine weitere Kostprobe aus den Nuntii Latini (Die unbekannten Vokabel kannst du dir sicher selbst herleiten!)

Illi magistri, qui aestate superiore[1] in quodam oppido Britanniae cursum ferialem[2] instituerunt[3], valde admirati sunt. Nam non, ut exspectaverant, quinquaginta[4], sed plus quam centum discipuli nomina dederunt[5]. At illi quoque, qui cursui, cui titulus „Audio, Video, Disco" erat, intererant, valde admirati sunt: Nam contra exspectationem iis neque musicam audire neque spectaculis cinematographicis[6] interesse neque discothecas frequentare[7] licuit, sed cottidie iis complures lectiones Latinae perferendae erant. Interim causam erroris[8] sui intellexerunt: „Audio", „Video", „Disco" verba Latina sunt …

1 **superior**,-oris: „der vorige"; 2 **cursus** (-us) **ferialis**: „Ferialkurs"; 3 **instituo** 3,-stitui,-stitutum: „veranstalten";
4 **quinquaginta**: „fünfzig"; 5 **nomen dare**: „sich anmelden"; 6 **spectaculum** (-i) **cinematographicum** n.: „Filmvorführung";
7 **frequento** 1: „besuchen"; 8 **error**,-oris m: „Irrtum"

Repetitiones 1–5

I. Bestimme Fall und Zahl und übersetze!
1. aquam: ....
2. spectacula ....
3. vitae: ....
4. oculorum: ....
5. gladii: ....

II. Setze die angegebenen Verba in der richtigen Form ein!
1. Quid ...., pueri? – Templum novum .... (specto)
2. Quis post Iuliam ....? – Gaius Quintusque post Iuliam .... (sedeo)
3. Cur ...., Quinte? – ...., quod pensum non habeo. (gaudeo)
4. Placetne vobis puellas ....? – Libenter puellas .... (terreo)
5. Ubi amicas ...., puellae? – In foro amicas .... (exspecto)

III. Ergänze die Endungen und übersetze!
Claudia cum amic.......... (Pl.) ad schol.......... properat. Ante schol.......... Iulia iam amicam exspectat. Numquam¹ sine amic.......... (Sg.) in aedifici.......... intrat. Tum magister multum de vir.......... clar.......... narrat. Discipuli iam diu in schol.......... sunt. Postremo a schol.......... domum² properare licet. Post schol.......... otium discipulos exspectat. Alii cum magn.......... gaudi.......... spectacula vident, aliis diu per Rom.......... pulch.......... ambulare placet.

1 **numquam**: „niemals"; 2 **domum**: „nach Hause"

IV. Ergänze die fehlenden Endungen der Imperative und Vokative und übersetze!
1. Proper.......... ad scholam, Quint.......... et Iuli..........!
2. Narr.......... nobis de viris claris, Gai..........!
3. Pugn.......... pro vita vestra, vir..........!
4. Respond.......... magistro, Claud..........!
5. Monstr.......... nobis aedificia clara, amic..........! (Sg.)
6. Laud.......... discipulos tuos, magist..........!
7. Gaud.......... et rid.........., puer..........! (Pl.)

V. De nova amica Quinti

Quintus cum puella pulchra per vias Romae ambulat. Tum Gaius amicum videt clamatque: „Salve, Quinte! Ambulatisne ad forum? Certe mihi vobiscum ambulare licet!" Nunc Gaius amicum interrogat: „Quis est haec¹ puella?" „Haec puella est Corinna, amica mea", Quintus inquit. „Nonne Corinna puella pulchra est?" Gaius puellam spectat respondetque: „Certe Corinna puella pulchra est, sed cunctae² amicae tuae mihi placent."
Verba Gaii puellam minime delectant. „Cur Gaius dicit ‚cunctae'?", Corinna clamat. „Num multas amicas habes, Quinte?" „Minime, solum te amo. Aliae puellae mihi non placent!" Sed Corinna Gaium quoque interrogat: „Responde, Gai: Habetne Quintus alias amicas?" „Non habet. Claudia Iuliaque amicae Quinti non sunt. Etiam Cornelia Quinto non placet et Lydia …" „Nunc Gaio nobiscum ambulare non iam³ licet – habet enim⁴ multa pensa!", Quintus iratus clamat et cum Corinna ad forum properat.

1 **haec**: „diese(s)"; 2 **cuncti**,-ae,-a: „alle"; 3 **non iam**: „nicht mehr"; 4 **enim**: „denn"

Repetitiones 1–5

VI. Übersetze die folgenden Sätze! Überlege jeweils, ob „suus" mit „sein" oder „ihr" zu übersetzen ist!

1. Discipuli magistro pensa sua monstrant.
2. Puellae Gaium et magistrum suum in foro vident.
3. Discipuli saepe de schola et magistro suo narrant.
4. Gaius iam diu Iuliam et amicam suam exspectat.
5. Iulia et Claudia amicos suos exspectant.

VII. Setze die Pronomina im richtigen Fall ein!

1. Nonne spectacula .... delectant? (tu)
2. Cur magister .... non laudat? (ego)
3. Narra .... de ....! (ego/tu)
4. Cur statuae deorum .... non placent? (tu)
5. Amici .... Romam pulchram monstrant. (nos)

VIII. Welches Wort passt nicht zu den anderen? Warum?

1. ❏ puella ❏ monstra ❏ aqua ❏ vita
2. ❏ nos ❏ nobiscum ❏ nostris ❏ nobis
3. ❏ deas ❏ feminas ❏ linguas ❏ donas
4. ❏ delecto ❏ animo ❏ cogito ❏ narro
5. ❏ vita ❏ copia ❏ gaudia ❏ statua
6. ❏ terris ❏ terres ❏ terrae ❏ terra

IX. Übersetze ins Lateinische!

1. Claudia zeigt dem Lehrer ihre Aufgabe.
2. Quintus hat seine Aufgabe nicht bei sich.
3. Der Lehrer fragt: „Warum arbeitest du nicht, Quintus?"
4. Der Bub antwortet: „Ich liebe es zu arbeiten. Unsere Aufgaben erfreuen mich."
5. Die Mädchen lachen über die Worte des Buben.
6. Der Lehrer gibt[1] nun Quintus viele Aufgaben.
7. „Sicher sind dir die Aufgaben eine große Freude!"

[1] **er gibt**: „dat"

X. Kreuze die richtige Antwort an!

1. Quis est primus[1] magister discipulorum Romanorum?
   ❏ grammaticus ❏ rhetor
   ❏ litterator ❏ professor

2. Ubi gladiatores pugnant?
   ❏ in circo ❏ in theatro
   ❏ in thermis ❏ in amphitheatro

3. Quid Romani in theatris plerumque[2] spectant?
   ❏ comoedias ❏ gladiatores
   ❏ tragoedias ❏ puellas nudas[3]

4. Quid in foro Romano non est?
   ❏ basilica ❏ templum
   ❏ curia ❏ theatrum

[1] **primus**,-a,-um: „der erste"; [2] **plerumque**: „meistens"; [3] **nudus**,-a,-um: „nackt"

XI. Setze die gesuchten Formen ein!

Die Lösung ist ein Schimpfwort, mit dem, wie wir aus Kritzeleien an den Wänden einer Schule in Pompeji wissen, Schüler ihren Lehrer bedacht haben (auf Deutsch etwa: „Weichling", „Weichei", „Warmduscher").

1. schau an!
2. den Freundinnen
3. du kämpfst
4. (zu) arbeiten
5. ihr freut euch
6. das andere
7. wir haben
8. die Buben (Akk.)

Repetitiones 6–10

I. Ordne die Adjektiva bzw. Pronomina den passenden Substantiva zu:

1. virtute ....
2. vocum ....
3. militibus ....
4. imperatorem ....
5. timore ....
6. hostis ....
7. parti ....
8. vocem ....

a) ceteris b) magna c) magnae d) magno
e) multarum f) nostrum g) sui h) tuam

II. Setze die bei Übung I. gebildeten Wortpaare in die folgenden Sätze ein und übersetze:

1. Manlius, vir ...., Gallos Capitolio prohibere potest.
2. Quod Romani multos milites occidunt, hostes cum .... fugiunt.
3. Dum foro appropinquamus, clamorem .... audimus.
4. Copiae hostium nocte castra expugnant et .... occidunt.
5. Neque imperatori neque .... in castris manere placet.
6. Scipio quoque virtutem .... laudat.
7. .... discipulorum otium placet.

III. Setze die angegebenen Verben in der richtigen Form in den Text ein und übersetze:

amo – contendo – interrogo – maneo – monstro – placeo – possum – specto – venio

Quintus Alexandrum, amicum Graecum, ...: „Placetne tibi mecum in circum[1] ....?" Alexander autem respondet: „Amicus equorum[2] non sum." Quintus nunc dicit: „Multi homines, quamquam equos non ...., tamen in circo sunt. Nam ibi non solum equos, sed etiam multas puellas pulchras .... potes." Ita Alexander paulo post ad Lydiam dicit: „Hora decima Quintus mihi circum .... in animo habet." – „Bene!", Lydia inquit. „Ego quoque libenter tecum venio, Quinte!" – „Pulchrum ibi non est", Alexander clamat, „.................... domi! Clamor multorum hominum tibi certe non ...." – „Si ibi pulchrum non est, cur vos in circum ....?", Lydia interrogat. „Vobiscum venire certe necesse est!" Ita Alexander, quod amicam circo prohibere non ...., cum Quinto et Lydia in circum properat.

1 **circus**,-i m.: „Zirkus", „Rennbahn"; 2 **equus**,-i m.: „Pferd"

IV. De Carthagine[1]

Regi[2] Tyri[3] duo liberi sunt, Dido[4] et Pygmalion[5]. Post mortem[6] regis populus Pygmalionem regem facit. Sychaeus, vir summo honore, Didonem in matrimonium ducit[7]. At paulo post Pygmalion Sychaeum, cui[8] magna copia auri[9] est, occidit. Itaque Dido magno in timore est et cum multis aliis hominibus e patria in Africam ad alium regem fugit, ubi urbem novam aedificare in animo habet.
Rex autem de consilio hominum alienorum audit et Didoni terram non donat. Itaque Dido, femina summa prudentia[10], ad regem dicit: „Donasne nobis terram, quae[11] corio taurino[12] tegi[13] potest?" Rex respondet: „Terram tam parvam vobis libenter dono!" Deinde autem Dido corium taurinum in tenues[14] partes secat[15]. Quod ita corium taurinum magnam partem terrae continet[16], Dido auxilio ceterorum hominum Carthaginem, magnificam urbem, aedificare potest.

1 **Carthago**,-inis f.: „Karthago"; 2 **rex**, regis m.: „König"; 3 **Tyrus**,-i f.: „Tyrus" (Stadt in Phönikien); 4 **Dido**,-onis f.: „Dido"; 5 **Pygmalion**,-onis m.: „Pygmalion"; 6 **mors**, mortis f.: „Tod"; 7 **in matrimonium ducere**: „heiraten"; 8 **cui**: wörtl. „dem" (Relativpronomen); 9 **aurum**,-i n.: „Gold"; 10 **prudentia**,-ae f.: „Klugheit"; 11 **quae**: „die" (Relativpronomen); 12 **corium taurinum**: „Rinderhaut"; 13 **tegi** (Infinitiv passiv): „bedeckt werden"; 14 **tenues** (Akk. Pl.): „dünn"; 15 **seco** 1: „schneiden"; 16 **contineo** 2: „einschließen"

Repetitiones 6–10

V. Rätsel zur Konjugation:

Waagrecht: 1. ich sehe 4. du siehst 5. sagt!
7. sie sieht 10. sie kommen 11. ich komme
12. du bist
Senkrecht: 1. ihr seht 2. (zu) sagen 3. (zu) sein
4. du kommst 6. ihr kommt 8. du sagst
9. ich sage

Die Lösung ergibt einen berühmten Römer, dessen Name übersetzt „Kichererbse" heißt:

| A | B | C | D | E | F |

VI. Kreuze die richtige Antwort an:

1. Quis est pater[1] Romuli?
   ❏ Remus   ❏ Iuppiter
   ❏ Mars   ❏ Numitor

2. Quis Hannibalem vincit?
   ❏ Alexander ❏ Dido
   ❏ Scipio   ❏ Caesar

3. Quot[2] reges[3] Romae[4] regnant?
   ❏ quattuor ❏ decem
   ❏ septem   ❏ centum

4. Quis est primus rex[3] Romanorum?
   ❏ Tarquinius ❏ Romulus
   ❏ Amulius   ❏ Procas

1 **pater**,-tris: „Vater"; 2 **quot**: „wie viele"; 3 **rex**, regis m.: „König"; 4 **Romae**: „in Rom"

VII. Welche lateinischen Wörter stecken hinter den folgenden Begriffen?

1. Marinade: ....
2. Honorar: ....
3. Triangel: ....
4. renovieren: ....
5. Armee: ....
6. Partei: ....

VIII. Setze die fehlenden Endungen ein und übersetze:

De Romulo

Amulius Romulum et Remum, fili.......... Rheae Silviae, in flum.......... exponit[1]. Sed pastores[2] liber.......... vident et secum domum portant. Ita pueri diu apud pastores habit........... . Multis annis post Romulus Remusque pastores relinqu........... . Arma cap.......... et Amulium occidunt. Deinde oppidum novum aedific.......... in animo habent. Dum autem Romulus vallum[3] oppid.......... nov.......... aedificat, Remus venit et de vall.......... parv.......... ridet. Itaque Romulus iratus Remum gladi.......... necat. Quod in oppid.......... nov.......... feminae non sunt, Romulus consilium capit: Sabinos[4] in oppid.......... su.......... invitat[5]. Dum autem spectacul.......... pulchr.......... exspectant, Romani filias Sabinorum rap........... . Ita Romulus Romanis femin.......... parat. Sabini autem irati in patriam contendunt et filias arm.......... liberare constituunt. Itaque paulo post milit.......... Sabinorum ad urb.......... veniunt. Quod autem viri Romani puell.......... placent, Sabini et Romani pac.......... faciunt. Romulus deinde diu magna iustitia[6] regn........... . Post mult.......... ann.......... autem, dum orationem[7] ad milit.......... suos habet, subito magn.......... nube[8] ex oculis hominum evanescit[9]. Paulo post Romulus non iam inter homines, sed apud deos est.

1 **expono** 3: „aussetzen"; 2 **pastor**,-oris m.: „Hirte"; 3 **vallum**,-i n.: „Wall"; 4 **Sabini**,-orum m.: „die Sabiner"; 5 **invito** 1: „einladen"; 6 **iustitia**,-ae f.: „Gerechtigkeit"; 7 **orationem habere**: „eine Rede halten"; 8 **nubes**,-is f.: „Wolke"; 9 **evanesco** 3: „verschwinden"

Repetitiones 11–15

I. Verbinde die Pronomina mit den passenden Substantiva und übersetze:

1. quoddam
2. eandem
3. illius
4. hac
5. ipsis
6. quo
7. illi
8. eae
9. hos
10. eorundem

a) metu
b) virgines
c) dies
d) domum
e) adulescenti
f) re
g) carminum
h) animal
i) periculi
j) parentibus

II. Setze die richtigen Formen von „idem, eadem, idem" ein, ordne den Hauptsätzen die passenden Relativsätze zu und übersetze:

1. Quidam homines semper .... oppida petunt, ...
2. Gaius .... die multos amicos invitavit, ...
3. Quintus pulchritudinem Iuliae .... verbis laudat, ...
4. Liberi iam multas horas .... carmen canunt, ...
5. Ibi venit .... puella, ...
6. Amici .... nave domum navigant, ...

a) qua venerunt b) quibus Claudiam laudare solet c) quae iam saepe spectaverunt d) quam iam in foro vidimus e) quo parentes urbem reliquerunt f) quod magister eos docuit

III. Übersetze die folgenden Sätze! Beachte, dass „quam" und „quod" nicht nur von „qui, quae, quod" kommen können!

1. Audivistisne iam de facinore, quod Tantalus commisit?
2. Quod facinus ille amicus deorum commisit?
3. Tantalus illud facinus commisit, quod prudentiam deorum probare[1] in animo habebat.
4. Quam improbum hoc facinus fuit!
5. Quam poenam Tantalus solvere debet?
6. Quod Tantalus tam improbum facinus commisit, poena, quam di ei dederunt, magna erat.

[1] **probo** 1: „auf die Probe stellen"

IV. Setze die folgenden Verba ins Imperfekt und Perfekt:

1. quaerit: ....
2. neglegitis: ....
3. do: ....
4. stas: ....
5. reddimus: ....
6. sunt: ....

V. Welches Wort passt nicht zu den anderen?

1. ❑ reddis
   ❑ sitis
   ❑ tangis
   ❑ facis

2. ❑ cani
   ❑ nomini
   ❑ inveni
   ❑ virgini

3. ❑ vivimus
   ❑ ludimus
   ❑ petimus
   ❑ movimus

4. ❑ regi
   ❑ misi
   ❑ iuvi
   ❑ vici

5. ❑ rapit
   ❑ vidit
   ❑ cupit
   ❑ ducit

6. ❑ viri
   ❑ vires
   ❑ viros
   ❑ viris

VI. Hercules[1] quoque Tartarum[2] petit

Non solum Orpheo, sed etiam Herculi ante mortem Tartarum intrare licuit. Nam ille vir magnae virtutis duodecim opera, quae ei Eurystheus[3] rex imperavit, conficere debuit. Postquam Hercules iam nonnulla animalia summa magnitudine interfecit, Eurystheus ei hoc quoque imperavit: „Descende[4] in Tartarum et apporta[5] Cerberum canem!" Ille canis, cui tria capita sunt, ad portam Tartari mortuos custodit[6]. Ita nemo Tartarum relinquere potest. Hercules, qui ne hoc quidem periculum timebat, paruit atque Tartarum petivit. Ibi a Plutone petivit: „Da mihi Cerberum! Quem ad Eurystheum portare debeo!" Is respondit: „Cerberum tibi dare non possum. Si autem illum sine armis superare potes, Cerberum tecum ducere tibi licet." Et Hercules, postquam diu summa vi cum illo cane pugnavit, eum manibus superavit et ad Eurystheum portavit. Quod is autem Cerberum maxime timebat, Hercules illum paulo post Plutoni reddidit.

[1] **Hercules**,-is m.: „Herkules"; [2] **Tartarus**,-i m.: „Tartarus" (Unterwelt); [3] **Eurystheus**,-ei m.: „Eurystheus" (König von Mykene);
[4] **descendo** 3, descendi: „hinabsteigen"; [5] **apporto** 1: „herbeibringen"; [6] **custodio** 4: „bewachen"

Repetitiones 11–15

VII. Setze die Interrogativpronomina ein und übersetze den Brief:

cui – qua – quae – quae – quas – quem – quis – quid – quocum – quos

Iulia Claudiae salutem[1] dicit.

Certe gaudes, quod tibi nunc cum parentibus in insulis Graecis esse licet. .... nostrum iter in Graeciam facere non placet? .... ad mare ludere et templa clara spectare non delectat? .... insulas visistis[2]? .... insula tibi maxime placuit? In .... insula nunc estis? .... ibi facitis? .... montes ascenditis? .... oppida spectatis? .... vobis aedificia clara monstrat? Suntne ibi adulescentes pulchri? .... nocte ambulare soles? Certe non solum cum parentibus! Te iam exspecto! Certe multum narrare potes.

1 **salus**,-utis f.: „Gruß"; 2 **viso** 3, visi: „besichtigen"

VIII. Übungssätze zur Kasuslehre:

1. Quis amicorum me hac cura liberat?
2. Ne magnis quidem poenis magister illos pueros facinoribus prohibere potest.
3. Magister nos semper pensis huius generis delectat.
4. Nemo adulescentium Iuliam, virginem et magnae pulchritudinis et summae prudentiae, non amat.
5. Cui vestrum hoc die pulchro in schola esse placet?
6. Illum virum, cui uxor summo honore est, iam saepe cum quibusdam puellis vidimus.

IX. Worum handelt es sich bei den folgenden Begriffen?

1. Pönale
   - ❏ Endspiel   ❏ Filmfestival
   - ❏ Strafsumme   ❏ Haarfett

2. Diäten (2 Möglichkeiten)
   - ❏ Taggelder   ❏ fremde Währungen
   - ❏ Vorwürfe   ❏ Ernährungsvorschriften

3. Auditorium
   - ❏ Wagnis   ❏ Prophezeiung
   - ❏ Zuhörerschaft   ❏ Hoheitsgebiet

4. Akklamation
   - ❏ Beschwerde   ❏ Anpassung
   - ❏ Zuruf   ❏ Eingewöhnung

X. Setze die gesuchten Begriffe im Nominativ Sg. (außer bei Pluralwörtern) ein!

Waagrecht: 1. Ii in scholam venire debent, si facinus commisisti. 5. Romani multos eorum habebant, nos unum habemus. 7. Duodecim earum dies apud Romanos habebat. 9. Ea post vitam nos exspectat. 11. Iis videmus. 14. Ea iter per mare facimus. 15. Ea milites semper secum habent. 16. Ibi multa templa sunt.

Senkrecht: 1. Eam solvimus, si scelus commisimus. 2. Ea post diem venit. 3. Tres et quattuor sunt … 4. Eam tolerare debemus, si diu nihil bibimus. 6. Eo in aedificio liberi ante meridiem esse solent. 8. Per eam domum intramus. 10. Ea est uxor regis. 12. Is meridie summo in caelo est. 13. Id discipuli post meridiem sine magno gaudio faciunt.

Lösung: Eine (zumindest in den Asterix-Bänden) häufige Frage nach dem geistigen Gesundheitszustand des anderen

A	B	C	D	E	F	G	H	I

?

Repetitiones 16–20

I. Ergänze den Lückentext zur Grammatik:

1. Zeiten
Das Imperfekt erkennt man an der Silbe ....
Die Endungen des Perfekts lauten: ....
....
Das Plusquamperfekt besteht aus Perfektstamm und den Endungen ...., ... etc.

2. „qui, quae, quod"
- bedeutet als Fragepronomen: ....
- als Relativpronomen: ....
- als relativer Anschluss: ....

3. Steigerung
- Den Komparativ erkennt man der Silbe .... nach dem Stamm bzw. der Endung .... im 1. und 4. Fall Neutrum Sg.
- Der Superlativ hat meist die Endung ...., gelegentlich aber auch .... oder ....

4. Kasuslehre
Der Genetiv der Eigenschaft und der Teilungsgenetiv werden mit .... übersetzt. Beim Genetivus obiectivus ist jeweils eine passende .... zu suchen.
Der Zweckdativ wird mit .... übersetzt.
Der Mittelsablativ wird mit .... oder .... wiedergegeben, der Ablativ der Eigenschaft und der Trennungsablativ mit .... Der Vergleichsablativ (steht beim ....) wird mit .... übersetzt, der Zeitablativ steht auf die Frage ....

II. Welches Prädikat passt in den Satz?

1. Orpheus, quod uxorem *amiserat / amisit / amittebat / amittit*, diu flebat.
2. Quid mihi de Caesare, qui septem annos bellum in Gallia *gerebat / gerit / gesserat / gessit*, narrare potestis?
3. Hannibal, qui Romanos nonnullis proeliis *vicerat / vicit / vincebat / vincit*, denique copias suas in patriam ducere debuit.
4. Caesar nonnullos libros de bellis suis scripsit, quos nostris quoque temporibus discipuli *legerant / legerunt / legebant / legunt*.
5. Tantalus, quod facinus atrocissimum *commiserat / commisit / committebat / committit*, semper famem sitimque tolerare debet.

III. Ordne die Adjektiva den passenden Substantiva zu und übersetze:

1. manu
2. iudicium
3. civis
4. legis
5. senatoribus
6. exercitui
7. rerum
8. virum
9. litteras

a) prudentem
b) novae
c) peius
d) breves
e) atrocium
f) honestis
g) improbus
h) fortiori
i) celeriore

IV. Setze die folgenden Pronomina an passender Stelle ein und übersetze:

cui – eam – haec – ille – illius – istas – quendam

Caesar, ... imperator clarissimus, priusquam bellum in Gallia gessit, a senatu Hispaniam provinciam acceperat. Dum iter per montes in .... provinciam facit, cum nonnullis sociis ad vicum[1] .... minimum venit, ubi pauci homines vivebant. Unus e sociis, ..., Caesaris cupiditas potestatis ignota non erat, risit dixitque: „Vide, Caesar, ... domus miserrimas! Incolis .... vici potestas honoresque certe curae non sunt." Cui Caesar .... respondit: „Malo[2] in eo vico primus esse, quam Romae secundus."

[1] **vicus**,-i m.: „Dorf", [2] **malo**: „ich will lieber"

Repetitiones 16–20

V. Übersetze die folgenden Begriffe und setze sie in den Komparativ und Superlativ:

1. dono grato
2. verbis acribus
3. oppida parva
4. classis magnae

VI. Ein Übungstext zur Kasuslehre:

Cui discipulorum horae Latinae non maxime placent? Nemo nostrum horas Latinas non amat. Nihil nos horis Latinis prohibere potest. Horae Latinae enim, quae omnibus ceteris horis pulchriores sunt, nobis semper magno gaudio sunt. Magister noster, vir summae prudentiae, nos semper pulchris libris Latinis delectat. Post meridiem quoque et nocte, cum nobis otium est, libenter libros Latinos legimus.

VII. Was kann „qui, quae, quod" alles bedeuten?

Qui orator clarior erat quam Cicero? Qui dum consul est, rem publicam servavit, quae erat summo in periculo. Nam Catilinam, qui consules interficere constituerat, Romam relinquere coegit. In senatu, quem ipse convocaverat, hanc orationem habuit: „Quod scelus non commisisti, Catilina? Omnia, quae fecisti, vidimus. Quam improba facinora tua sunt! Consilia quoque, quae cum sociis tuis improbissimis cepisti, nobis ignota non sunt. Libera rem publicam, quam sceleribus tuis iam diu terrebas, timore magno!" Ita Catilina sponte sua Roma exiit et ad copias se recepit, quas ante urbem coegerat.

VIII. Jeder der folgenden Sätze beinhaltet einen inhaltlichen Fehler. Stelle sie richtig!

1. Verres, qui multa artificia pulcherrima e Sicilia provincia abstulerat, oratione Ciceronis adductus Romam fugere constituit.
2. Iuppiter, quod Tantalus prudentior erat, facinus atrocissimum intellexit.
3. Cives Romani, quos Hannibal maxime timebat, magno cum metu clamaverunt: „Hannibal ante portas!"
4. Sabini, quod iis uxores non erant, feminas rapere constituerunt.
5. Caesar, qui paucis annis omnes fere civitates Germanorum vicerat, legiones suas Romam duxit.
6. Sisyphus, cuius carmina pulcherrima erant, uxorem in Tartaro quaerebat.

IX. Welche lateinischen Wörter stecken hinter den folgenden Begriffen?

1. isolieren: ....
2. Brief: ....
3. Kommissar: ....
4. Manager (2 Wörter!): ....
5. Reklame: ....
6. Kapitän: ....

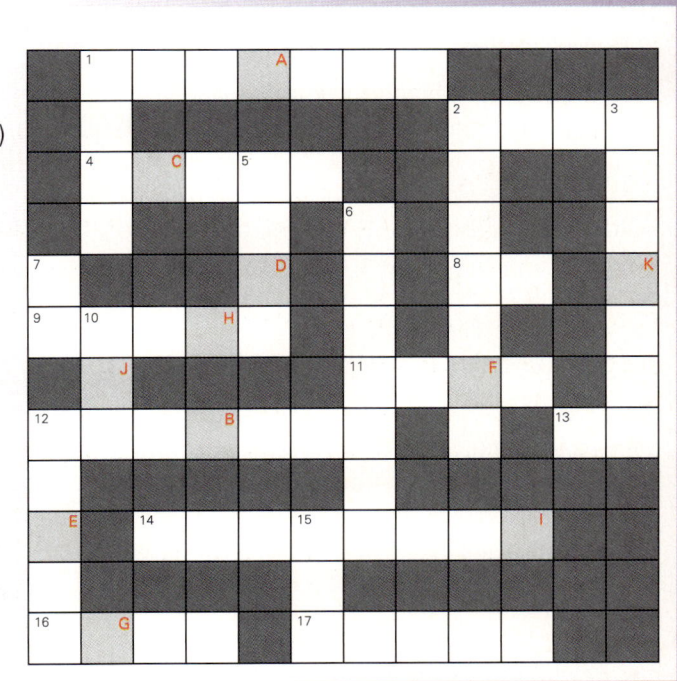

X. Setze die gesuchten Formen von „ire" und „ferre" ein:

Waagrecht: 1. ihr wart gegangen **2.** ich trug (Perf.) **4.** ihr gingt (Perf.) **8.** ich gehe **9.** wir gingen (Perf.) **11.** er ging (Imperf.) **12.** ich trug (Imperf.) **13.** du gehst **14.** ihr trugt (Perf.) **16.** sie gehen **17.** sie trug (Perf.)

Senkrecht: 1. ihr geht **2.** du hattest getragen **3.** wir waren gegangen **5.** du gingst (Imperf.) **6.** wir trugen (Perf.) **7.** ich ging (Perf.) **10.** geht! **12.** tragt! **15.** sie ging (Perf.)

Lösung: So hieß die spanische Stadt Saragossa in der Antike:

C	A	B	C	D	E	–
F	G	G	H	I	J	K

Repetitiones 21–25

I. Setze ins Futur, Imperfekt, Perfekt und Plusquamperfekt:

1. orat 2. ponis 3. scio 4. adsumus 5. vis

II. Bilde die Infinitive Präsens aktiv und Perfekt aktiv und passiv:

1. augeo 2. tollo 3. punio 4. rapio 5. do

III. Ergänze die fehlenden aktiven bzw. passiven Formen:

1. sumpsit – ....
2. .... – visus sum
3. receperant – ....
4. .... – territa es
5. servavimus – ....
6. .... – doctus erat
7. quaesiverat – ....
8. .... – victi estis
9. tulisse – ....
10. .... – caesum esse

IV. Ordne den Substantiva die passenden Partizipia zu und übersetze:

1. libertatis   a) caesi
2. rem   b) conspectorum
3. pulchritudo   c) consumptum
4. tempus   d) incensis
5. domibus   e) invitatus
6. fratris   f) neglecta
7. exitui   g) cognitam
8. animalium   h) promissae
9. poeta   i) sperato

V. Bilde von den angegebenen Verba die Partizipia, setze sie im richtigen Fall ein und übersetze:

1. Apollo virgini .... (amo) donum maximum promisit.
2. Illa, postquam rem .... (promitto) accepit, deum celeriter reliquit.
3. „Donum sine usu .... (spero) erit", deus iratus dixit.
4. Dum Paris mulierem .... (rapio) domum ducit, Cassandra Troianos iterum ac iterum de periculo monuit.
5. At homines ab ea .... (moneo) eius verbis credere noluerunt.

VI. Setze die gesuchten Fremdwörter für die folgenden Begriffe ein! (Sie sind alle von lateinischen Perfektpartizipia abgeleitet.)

Waagrecht: 3. Tatsachen; Vorgänge, die wirklich geschahen (= **gemacht wurden**) (Pl.) 5. Satzungen, **festgesetzte** Grundregeln (Pl.) 7. anvertrautes Geld; **Glaube** an die Bereitschaft eines anderen, dieses Geld zurückzuzahlen 9. Auftrag, der anderen (meist Politikern) **anvertraut** wurde 11. jemand, der in Rechtsstreitigkeiten **herbeigerufen** wird 12. **Auszug** aus pflanzlichen Stoffen 13. Anweisung, welche Arzneien man **(auf-)nehmen** soll

Senkrecht: 1. Forderung 2. ursprünglich die Angabe, wann ein Schriftstück heraus**gegeben** wurde 4. etwas (meist süß) Zubereitetes (= **Ausgeführtes**) 6. **Sicht**vermerk im Reisepass 8. etwas in vergangenen Zeiten **Zurückgelassenes** 10. schriftlicher Beschluss

Lösung: lateinischer Name von Preußen: B _ _ _ _ _ _ _

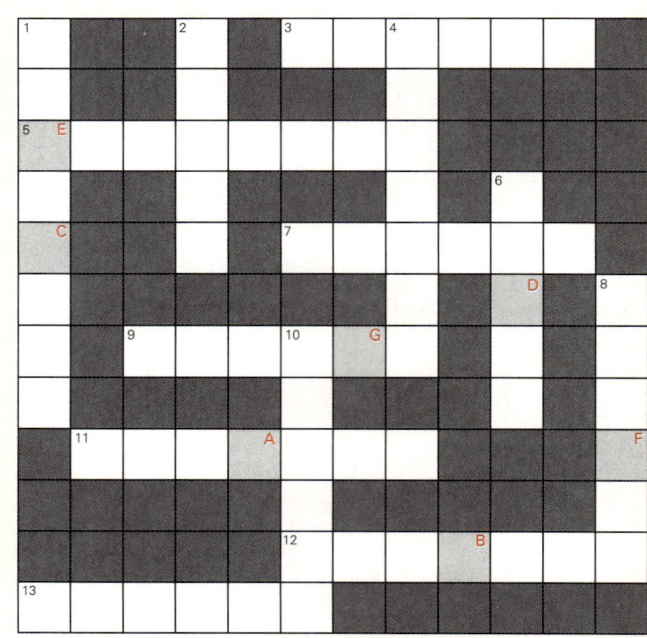

Repetitiones 21–25

VII. Unterstreiche Subjektsakkusativ und Infinitiv und übersetze:

1. Magister discipulos sibi de feriis[1] suis narrare iubet.
2. Quintus se feriis cum nonnullis puellis pulcherrimis convenisse narrat.
3. Gaius dicit se multum discere voluisse, sed semper ab amicis prohibitum esse.
4. Claudia dicit se summo gaudio ad insulas Graecas navigavisse.
5. Iulia se clam cum amico novo iter ad mare fecisse non narrat.
6. Nemo autem discipulorum magistro dicit se scholam et magistros iam magno cum gaudio exspectavisse.
7. Plurimos discipulos ferias tempus pulcherrimum putare constat.

[1] **feriae**,-arum f.: „Ferien"

VIII. Forme die folgenden Sätze jeweils zu einem ACI um (Achte dabei auf das Zeitverhältnis!):

1. Daedalus videt: „Filius meus mortuus est."
2. Theseus audit: „Minotaurus liberos interficit."
3. Constat: „Cleopatra se ipsam necavit."
4. Troiani putant: „Graeci domum navigant."
5. Legimus: „Galli a Caesaris copiis victi sunt."
6. Orpheus intellegit: „Uxorem iterum amisi."

IX. Bilde aus den folgenden Adjektiva Adverbia und setze dann beide Formen in den Komparativ und Superlativ:

1. clarus 2. acer 3. facilis 4. malus

X. Setze die angegebenen Wörter an passender Stelle ein und übersetze:

acerrime – atrocius – celerrime – fortes – fortissimus – iratus – magnifica – magnae – optimi

Scimus apud Troiam .... pugnatum esse. Graeci, quamquam iis vires .... erant, tamen oppidum frustra oppugnabant. Achilles enim, ... omnium Graecorum, ... proeliis abstinebat. Postquam autem de morte Patrocli, amici ...., audivit, iram magmam deposuit. Nova arma .... accepit et .... in pugnam contendit. Proelium omnibus prioribus proeliis .... coepit. Quo in proelio Achilles multos Troianos .... occidit.

XI. Übersetze:

1. reddis – redis
2. tamen – tandem
3. terras – terres
4. summus – sumus
5. manui – mansi
6. fere – ferre
7. intereo – interea
8. virium – virum
9. habeo – habito
10. liberi – libri

XII. Ergänze die fehlenden Endungen und übersetze:

Penelopa[1], uxor Ulixis, multos annos maritum amat............ exspectare debuit. Saepe, cum de mortibus quorundam virorum fort............ audiverat, metu magn............ affecta est. Speraba............ deos Ulixem adiuvare. Post decem annos magno cum gaudi............ a nuntiis audivit Troiam tandem expugnat............ esse. Iidem dixerunt Ulixem cum ceter............ Graec............ navem ascendisse et illam terram alienam reliquisse. Penelopa valde gaudebat, sed tamen Ulixes non redi............ . Itaque nuntios ad alios reg............ Graecos, qui interea domum redi............, misit. Nemo autem Ulixem post illud bellum atro............ viderat.
Plurimi homin............ Ulixem interfectum esse putabant. Itaque multi viri apud Penelopam conven............, qui hanc feminam pulchram et divit............ in matrimonium ducere volebant. At fides illius mulier............ maxima erat. Nemo ei persuadere potuit Ulixem mortu............ esse.

[1] **Penelopa**,-ae f.: „Penelope"

Repetitiones 26–30

I. Ordne die folgenden Wörter in Adjektiva und Adverbia und übersetze sie! (Einige Formen können sowohl Adjektiva als auch Adverbia sein)

acerrimis, altius, celeribus, cupide, diligenter, dulciora, feliciter, facile, fortius, grave, humaniores, laetissimam, notissimum, pauperiori, peius, pulchre, sanos, simillime

II. Setze in alle Zeiten:

1. accusamus   2. scis   3. sunt   4. hortatur

III. Bilde von den folgenden Verba alle Infinitive, die Imperative und die Partizipia:

1. nuntio   2. scribo   3. tollo   4. patior

IV. Deponens oder echtes Passiv? Ordne die Formen in zwei Gruppen und übersetze auch!

hortamini, superamini, traditur, ornatum, referetur, dubitatur, rogari, metuebamur, sequi, locuti sunt, queruntur, quaeruntur, passa erat, divisum est, sequor, ducor, iuvaris, loquere

V. Unterstreiche die passenden Prädikate und übersetze:

1. Nero, quod multos homines crudeliter interfici iusserat, a plurimis civibus Romanis maxime *laudabatur / timebatur / verebatur*.
2. Orpheus, qui uxorem amatam amiserat, multis cum lacrimis de fortuna sua *fletus est / narratus est / questus est*.
3. Europa, quae a Iove rapta erat, a fratribus diu *quaerebatur / querebatur / spectabatur*.
4. Milites Romani ab exercitu hostium circumventi sitim vix *feruntur / patiuntur / tolerantur*.
5. Timore militum animadverso imperator *dictus est / locutus est / clamatus est*: „Nolite copias hostium *metui / timeri / vereri*!"

VI. Setze die folgenden Formen ins Passiv:

1. misi → _____
2. amat → _____
3. invitabit → _____
4. includebant → _____
5. laudaverat → _____
6. ducimus → _____

VII. Setze die gesuchten Fremdwörter für die folgenden Begriffe ein! (Sie sind diesmal alle von lateinischen Präsenspartizipia gebildet.)

Waagrecht: 1. widerstandsfähig (sich widersetzend) **4.** ein Leidender **7.** vieles ertragend **9.** ein Verb, das die aktiven Formen ablegt **10.** ein Vortragender, Berichtender **11.** vieles erkennend

Senkrecht: 2. den Kreis berührende Linie **3.** zusammenhaltendes Festland **5.** ein Verbrauchender **6.** ein Studierender **8.** ein Lehrender

Lösung: ein (die Klasse) Wiederholender:

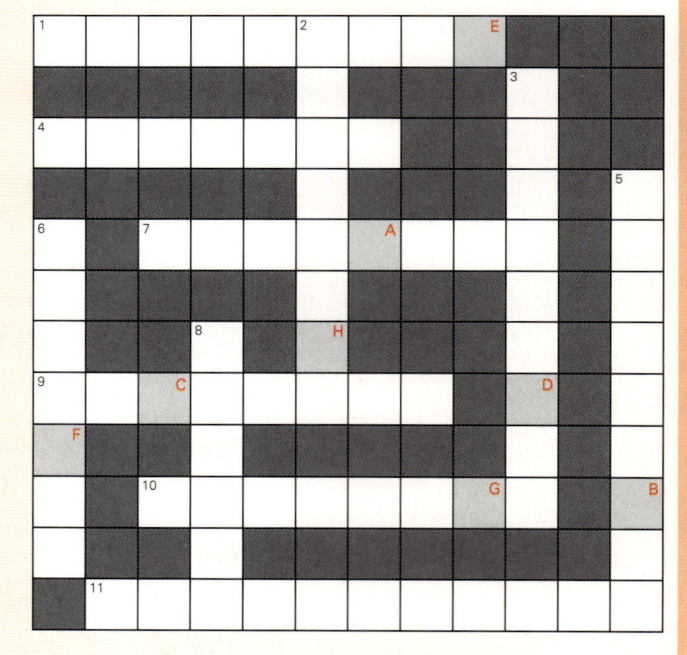

A	B	C	D	E	F	G	H

Repetitiones 26–30

VIII. Unterstreiche die Partizipia und deren Bezugsworte und übersetze:

1. Discipuli magno cum gaudio magistrum novos libros Latinos ferentem conspiciunt.
2. Nihil enim pulchrius est quam libros lingua Latina scriptos legere.
3. At libros ante nonnullos dies a magistro acceptos iam legerunt.
4. Nam discipulis linguam Latinam maxime amantibus eos libros non solum in schola, sed etiam domi legere placebat.

IX. Ordne den folgenden Sätzen jeweils den richtigen Ablativus absolutus zu und übersetze:

1. ... Petrus deo gratias agens in urbem redire constituit.
2. ... equus in oppidum trahitur.
3. ... Maxentius metu mortis commotus Romam relinquere verebatur.
4. ... subito miraculum accidisse dicitur.
5. ... Graeci hostes vincere non possunt.
6. ... princeps Christianos comprehendi ac puniri iussit.
7. ... Ulixes decem annos patria prohibetur.
8. ... Spartacus cum copiis Romanis pugnare non dubitavit.
9. ... Galli Capitolium ascendere coeperunt.

a) Achille proelio abstinente b) Christo viso c) Militibus sitim vix tolerantibus d) Multis servis coactis e) Oraculo consulto f) Romanis dormientibus g) Troia occupata h) Urbe incendio vastata i) Verbis Cassandrae neglectis

X. In den folgenden Sätzen kommt jeweils ein ACI vor. Unterstreiche Subjektsakkusativ und Infinitiv und übersetze:

1. Daedalus cum Icaro per caelum fugiens intellexit filium se non iam sequi.
2. Legimus Helenam, mulierem pulcherrimam, raptam et Troiam ductam esse. Quam rem causam belli atrocis fuisse constat.
3. Marco Aurelio nuntiatum est Christianos ad deum suum orantes saepe periculis maximis liberatos esse.
4. Maxentius, quod animadverterat exercitum suum a copiis Constantini vinci, fugae se mandavit.
5. Martinus, qui virum pauperem a ceteris hominibus non adiuvari vidit, vestem suam gladio divisit.

XI. Die folgenden Wörter können verschiedene Bedeutungen haben:

1. consulis: ....
2. leges: ....
3. quo: ....
4. eo: ....
5. vis: ....

XII. Ergänze die fehlenden Endungen und übersetze:

Magister, qui nonnull.......... discipul.......... pensa iterum non fecisse animadvertit, eos verbis acerrim.......... monet. Magistro locuto quidam discipul.......... interrogare audent: „Scripsistine ips.......... semper pensa tua?" – Magister respondet: „Nonne scitis me discipul.......... optim.......... fuisse? Numquam sine pensis diligentissim.......... scriptis in scholam veni. Nam pensa facere mihi magn.......... gaudio erat. Itaque saepe plur.......... ac difficilior.......... pensa a magistris postulabam. Iam puer¹ enim intellexeram nos non scholae, sed vitae disc.......... . Itaque pens.......... factis saepe tot.......... noctem libros lingua Latina aut Graeca script.......... legebam. Aestat.......... quoque amicis itinera facientibus magno studio disc.......... solebam. Ita semper a magistris laudaba.......... et omnibus discipulis exemplo eram." – Quibus verbis audit.......... Quintus intellegit magistro iam puero mentem sanam non fuisse.

1 **iam puer**: „schon als Bub"

Repetitiones 31–35

I. Von welchen Vokabeln stammen die folgenden Wörter? Gib die vollständigen Formen an, wie sie im Vokabelverzeichnis angeführt sind!

1. aderas
2. ducum
3. secutus es
4. canam
5. fugam
6. sedis
7. divitibus
8. incolas
9. viribus

II. Ersetze die fett gedruckten Verba durch die angegebenen (Semi-)Deponentia und übersetze:

arbitramini – locutus est – ortus est – pati – pollicitus erat – revertar – veritos esse

1. Ulixes, postquam Troia profectus est, multa **perferre** / .... debebat.
2. Virginibus raptis magnus clamor **exstitit** / ....
3. Amor, priusquam Psychen reliquit, haec **dixit** / .... : „Post lucem ad te **redibo** / ...."
4. Bacchus praemium, quod **promiserat** / ...., non negavit.
5. Legimus Troianos Achillem maxime **timuisse** / ....
6. Quem virum prudentissimum Graecorum **putatis** / .... ?

III. Ordne die folgenden Verba in indikativische und konjunktivische Formen und übersetze sie! (Einige Formen können sowohl Indikativ als auch Konjunktiv sein!)

perveneras, visitavisset, mandata sunt, sedemus, trahes, toleratis, venisti, vetet, tegeretis, rapuerit, responsum esset, sentiam, quaerebat, reddatur, questus sit, vicit, riseritis, tacebunt, usus erat, paterer

IV. Suche aus den angegebenen Verbformen die richtige aus und übersetze:

1. Si Spartacus exercitum Romanum iterum vincat, imperium magno in periculo *esset / sit / est*.
2. Nisi rex nobis navem dabit, alio modo hanc insulam *relinquimus / relinquemus / reliquimus*.
3. Hannibal, si Romam adisset, urbem certe *expugnavisset / expugnaret / expugnata esset*.
4. Midas, si sapientior esset, praemium melius *petat / petivisset / peteret*.
5. Nisi miraculum accidisset, Marcus Aurelius cladem *acciperet / accipiet / accepisset*.
6. Nisi Paris Helenam rapuisset, illud bellum atrox ortum non *erat / esset / sit*.

V. Setze die gesuchten Verbalformen ein! (Zusammengesetzte Formen sind als ein Wort einzutragen.)

Waagrecht: 1. ich hätte geführt **3.** sie soll geführt werden **4.** führe! **5.** du führst **7.** ich werde geführt **8.** sie wird geführt werden **9.** er wäre geführt worden **10.** geführt (zu) werden **11.** sie werden führen

Senkrecht: 1. er wurde geführt (Perf.) **2.** du wirst geführt werden **4.** er würde geführt werden **6.** sie führen

Lösung: So wurde Amor auch genannt. (Wenn du den letzten Buchstaben weglässt, erhältst du seinen englischen Namen.)

A	B	P	C	D	E
		P			

Repetitiones 31–35

VI. Achte in den folgenden Sätzen auf die richtige Übersetzung der Konjunktive:

1. Hoc spectaculum crudele finiamus!
2. Utinam Iulia me visitaret!
3. Quis hoc patiatur?
4. Semper beatus sis!
5. Utinam ne hoc expertus essem!
6. Pensa diligentissime faciamus!
7. Ne iussa magistri neglexeritis!
8. Quid Claudiae donem?
9. Hoc vobis usui sit!
10. Utinam ne hanc domum umquam intravisses!

VII. Bilde von den angegebenen Verba alle Infinitive, setze sie in die Sätze ein und übersetze:

1. Constat Gallos saepe … (vinco)
2. Scio te saepe … (interrogo)
3. Putamus vos omnia … (conor)

VIII. Unterstreiche Subjektsakkusativ und Infinitiv und übersetze:

1. Theseus audiverat iam multos liberos a Minotauro occisos esse.
2. Itaque dixit se ipsum cum liberis in Cretam navigaturum esse.
3. Homines, qui Theseum virum fortissimum esse sciebant, eum Minotaurum occisurum esse arbitrabantur.
4. In Creta Theseus vidit Minotaurum in aedificio ingenti inclusum esse.
5. Ab Ariadna audivit iam nonnullos viros fortes Minotaurum interficere frustra conatos esse.
6. Virgo autem se Theseum iuturam esse pollicita est.

IX. Unterstreiche Partizip und Bezugswort, stelle fest, ob es sich um ein Participium Coniunctum oder einen Ablativus Absolutus handelt, und übersetze:

1. Casu homines in agris laborantes Silenum vini plenum conspexerunt.
2. Midas rex cum Sileno ad Bacchum amicum iam diu quaerentem profectus est.
3. Bacchus reditu amici valde delectatus promisit se regi magnum praemium daturum esse.
4. Quibus verbis auditis Midas statim postulavit: „Omnes res a me tactae aurum fiant!"
5. Baccho relicto Midas praemium statim expertus est.
6. Tum vidit nonnullas res manibus sublatas aurum fieri.
7. Mox autem intellexit hoc praemium a se ipso postulatum sibi non diu usui fore.
8. Nam comitibus laetis bibentibus Midas animadvertit vinum quoque in ore suo statim aurum fieri.

X. Aus der lateinischen Liturgie:

1. Oremus!
2. Credo in unum deum, patrem omnipotentem[1], factorem[2] caeli et terrae.
3. Sedet ad dexteram[3] patris, et iterum venturus est cum gloria iudicare vivos[4] et mortuos.
4. Adveniat regnum tuum, fiat voluntas tua!
5. Dominus vobiscum (ergänze: sit)!
6. Agnus[5] dei, qui tollis peccata[6] mundi, dona nobis pacem!
7. Gratias agamus domino, deo nostro!

[1] **omnipotens**,-entis: „allmächtig"; [2] **factor**,-oris m.: „Schöpfer"; [3] **dextera**,-ae f.: „die rechte (Hand)"; [4] **vivus 3**: lebend; [5] **agnus**,-i m.: „Lamm"; [6] **peccatum**,-i n.: „Sünde"

XI. Übersetze und gib die grammatikalische Bezeichnung des Falles an, in dem die fett gedruckten Worte stehen (z.B. Teilungsgenetiv etc.):

De magistro Latino

Magistrum nostrum, virum **magnae auctoritatis**, nos omnes virum prudentissimum putamus. Quantus est eius amor **linguae Latinae**, quanta eius scientia **rerum antiquarum**! Quis **discipulorum** iam hominem **eo viro** prudentiorem vidit? Nos omnes hunc virum **summa prudentia** admiramur. Horas Latinas semper magno cum gaudio exspectamus. **Pensis** eius, quae **nobis** difficilia non sunt, valde delectamur. Quae nobis **magno gaudio** sunt. Praeterea magistrum semper **iniuria** abstinere constat. Nemo nostrum magistrum Latinum umquam **magna voce** clamare audivit. Semper laetus est. **Hora prima** quoque **aliis magistris oculos vix aperientibus**, magister noster **magno gaudio** docet. Is vir ceteris magistris **exemplo** sit! Utinam **nobis** plures magistri **huius modi** essent! – Nunc Iulia, quae bene dormivit, lectum[1] relinquit et secum cogitat: „Utinam haec omnia vera essent!"

[1] **lectus**,-i m.: „Bett"

Repetitiones 36–40

I. Setze in alle Zeiten (im Indikativ und Konjunktiv) und übersetze:

1. venis 2. faciunt 3. visitatur 4. sunt

II. Bilde alle (fünf bzw. drei) Infinitive und (drei) Partizipia:

1. libero 2. capio 3. pono 4. vereor

III. Bestimme die fett gedruckten Verbalformen und ihre Verwendung und übersetze:

1. Quintus e Iulia quaesivit: „Ubi te **exspectem**?"   Konj. Präsens, zweifelnde Frage
2. Magna enim erat eius voluntas Iuliae **exspectandae**.
3. Iulia saepe a Quinto frustra **exspectari** dicitur.
4. Quintus dixit: „Si id optares, te etiam multas horas **exspectarem**."
5. Iulia Quintum hortata est, ne se ante scholam **exspectaret**.
6. Iulia dixit: „Ne me ante scholam **exspectaveris**!"
7. Tamen puer ad Iuliam **exspectandam** meridie ante scholam fuit.
8. Nonnulli amici Quintum interrogaverunt, quem **exspectaret**.
9. Quintus respondit sibi nunc puellam quandam **exspectandam esse**.
10. Sciebant autem omnes Quintum Iuliam **exspectare**.
11. Sciebant quoque Quintum eam iam saepe frustra **exspectavisse**.
12. Quinto Iuliam **exspectante** amici domum contenderunt.
13. Iuliae **exspectandae** causa Quintus diu ad portam scholae stabat.
14. In **exspectando** Quintus etiam multas alias puellas pulchras vidit.
15. At Quintus Iuliam **exspectans** illas puellas non spectavit.
16. Iulia, cum **exspectaretur**, tamen pensa in schola scribere constituit.
17. Ita fiebat, ut Quintus Iuliam frustra **exspectaret**.
18. Iulia unam horam **exspectata** Quintus domum profectus est.
19. Secum cogitavit: „Utinam ne Iuliam tam diu **exspectavissem**!"
20. Denique Iulia a Quinto diu **exspectata** scholam reliquit.
21. Amici Iuliae referunt eam a Quinto diu **exspectatam esse**.
22. Postero die Quintum rogant, num Iuliam frustra **exspectaverit**.
23. Quintus dicit se Iuliam non iam **exspectaturum esse**.
24. Amici autem sciunt, quis postero die Iuliam iterum **exspectaturus sit**.

IV. Setze die angegebenen Verbalformen in die passenden Sätze ein und übersetze:

oppugnanda – oppugnandae – oppugnandam – oppugnandum – oppugnari – oppugnata

1. Graeci ad Troiam .... patriam multis navibus reliquerunt.
2. Troia decem annos .... Ulixes consilium prudentissimum cepit.
3. Exercitu Romano victo Hannibali occasio Romae .... data est.
4. Galli in Roma .... multa aedificia delebant.
5. Caesar oppidum Gallorum .... iussit.
6. Militibus Romanis oppidum hostium diu .... erat.

Repetitiones 36–40

V. Die folgenden Wörter können jeweils zwei verschiedene Bedeutungen haben:

1. regno: ..../.........................
2. dona: ..../.........................
3. regis: ..../.........................
4. soli: ..../.........................
5. opera: ..../.........................
6. vivis: ..../.........................

VI. De rumoribus[1] non malis

Dominus quidam laetus ex oppido alieno redibat, cum subito servum suum sibi obviam venire vidit. Quia timuit, ne servus aliquos rumores, ut mos eius erat, diceret, eum hortatus est: „Ne mihi rumores malos dixeris!" Ille respondit: „Non dicam rumores malos, sed canis noster parvus mortuus est." Dominus de ea re non valde dolens tamen interrogavit, quomodo canis interisset. Statim servus narravit: „Mulus[2] noster territus est et, cum fugeret, sub pedibus suis canem occidit." Cum dominus ex eo quaesivisset, quid mulo accidisset, servus respondit eum in puteum[3] cecidisse et mortuum esse.
Dominus tum maiore cura commotus scire voluit, quomodo mulus territus esset. Servus rettulit: „Filius tuus de solario[4] cecidit – ita, ut moreretur, et ea re territus est mulus."
Deinde dominus, cum rogavisset, quid uxor ageret, accepit eam dolore filii mortui ipsam mortuam esse. Postremo dominus interrogavit, quis nunc domum custodiret[5]. Servus dixit: „Nemo, quoniam domus et, quidquid in ea erat, combusta[6] est. Eadem enim nocte, qua domina[7] mortua est, serva, quae vigilabat[8] pro domina, oblita[9] est candelam[10] in thalamo[11], et ita tota domus flammis deleta est."

1 **rumor**,-oris m.: „Gerücht"; 2 **mulus**,-i m.: „Maultier"; 3 **puteus**,-i m.: „Brunnen"; 4 **solarium**,-i n.: „Balkon"; 5 **custodio** 4: „bewachen"; 6 **comburo** 3,-ussi,-ustum: „einäschern"; 7 **domina**,-ae f.: „Herrin"; 8 **vigilo** 1: „wachen"; 9 **obliviscor** 3, oblitus sum: „vergessen"; 10 **candela**,-ae f.: „Kerze"; 11 **thalamus**,-i m.: „Schlafzimmer"

VII. Setze die gesuchten Namen im 1. Fall ein:

Waagrecht: 1. Ea mulier a Diana in animal mutata et postea a Iove in caelum sublata est. **4.** Is a fratre irato necatus est. **5.** Is vir voce dulcissima canebat. **6.** Eum Iuppiter deam pulcherrimam deligere iussit. **9.** Ea puella pulchra ab Amore amabatur. **12.** Id oppidum Graeci decem annos frustra oppugnabant. **13.** Virgines eius gentis Romani rapuerunt. **14.** Eo in oppido clarissimum oraculum Graecorum erat. **15.** Is deus pater Romuli Remique habebatur.

Senkrecht: 1. Ea in insula Minotaurus habitavisse dicitur. **2.** Is vir fortissimus multitudinem servorum ducens exercitum Romanum nonnullis proeliis vicit. **3.** Ille erat primus rex Romanus. **7.** Is est summus deorum. **8.** Ea puella multas noctes adulescentem amatum frustra exspectabat. **10.** Eam deam sequi solum virginibus licebat. **11.** Is erat rex Cretae insulae.

Lösung: Ille vir clarissimus praeter alia opera etiam librum de grammatica Latina scripsit.

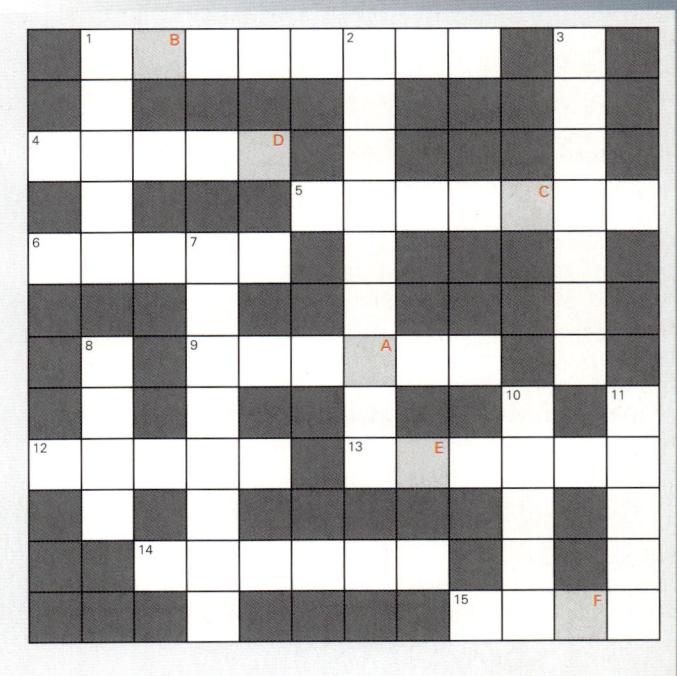

Stammformen der unregelmäßigen Verba der Lektionen 1–13

ZUR WIEDERHOLUNG

	Präsensstamm	aktiver Perfektstamm
a-Konjugation (1)	amo,-as, amáre	am**av**-
e-Konjugation (2)	moneo,-es, monére	mon**u**-
i-Konjugation (4)	audio,-is, audíre	aud**iv**-
konsonantische K. (3)	mitto,-is, míttere	mis-*
Mischkonjugation (M)	capio,-is, cápere	cep-*

* Bei konsonantischer und Mischkonjugation wird der Perfektstamm unterschiedlich gebildet.

ascendo,-is,-ere 3, ascendi	besteigen, hinaufsteigen
audeo,-es,-ére 2*	wagen
cado,-is,-ere 3, cécidi	fallen
capio,-is,-ere M, cepi	fassen, fangen, nehmen
accipio,-is,-ere M, accepi	erhalten, aufnehmen
conspicio,-is,-ere M, conspexi	erblicken
constituo,-is,-ere 3, constitui	beschließen, festsetzen
contendo,-is,-ere 3, contendi	eilen; kämpfen
cupio,-is,-ere M, cupivi	verlangen, wünschen
deleo,-es,-ére 2, delevi	zerstören
dico,-is,-ere 3, dixi	sagen
do, das, dare 1, dedi	geben
duco,-is,-ere 3, duxi	führen
expello,-is,-ere 3, expuli	vertreiben
facio,-is,-ere M, feci	tun, machen
conficio,-is,-ere M, confeci	ausführen, beenden
interficio,-is,-ere M, interfeci	töten
fugio,-is,-ere M, fugi	flüchten
gaudeo,-es,-ére 2*	sich freuen
gero,-is,-ere 3, gessi	(Krieg) führen
iuvo,-as,-are 1, iuvi	unterstützen, helfen
adiuvo,-as,-are 1, adiuvi	unterstützen, helfen
lego,-is,-ere 3, legi	lesen
licet 2, licuit	es ist erlaubt
ludo,-is,-ere 3, lusi	spielen
maneo,-es,-ére 2, mansi	bleiben
mitto,-is,-ere 3, misi	schicken
amitto,-is,-ere 3, amisi	verlieren
neglego,-is,-ere 3, neglexi	missachten, ignorieren
occído,-is,-ere 3, occídi	töten
peto,-is,-ere 3, petivi	aufsuchen, anstreben; bitten
possum, potes, posse, potui	können
quaero,-is,-ere 3, quaesivi	suchen; fragen
rapio,-is,-ere M, rapui	reißen, rauben
relinquo,-is,-ere 3, reliqui	ver-, zurücklassen
resisto,-is,-ere 3, restiti	sich widersetzen
respondeo,-es,-ére 2, respondi	antworten
rideo,-es,-ére 2, risi	lachen
sedeo,-es,-ére 2, sedi	sitzen
soleo,-es,-ére 2*	gewohnt sein, pflegen
solvo,-is,-ere 3, solvi	(auf)lösen; büßen
sum, es, esse, fui	sein
tango,-is,-ere 3, tetigi	berühren
venio,-is,-ire 4, veni	kommen
invenio,-is,-ire 4, inveni	finden; erfinden
video,-es,-ére 2, vidi	sehen
vinco,-is,-ere 3, vici	(be)siegen

* Die Perfektform zu diesem Verb lernst du in Lec. 31 kennen.

Stammformen der unregelmäßigen Verba der Lektionen 1–22

ago,-is,-ere 3, egi, actum	tun; verbringen
ascendo,-is,-ere 3, ascendi, ascensum	besteigen, hinaufsteigen
audeo,-es,-ére 2*	wagen
augeo,-es,-ére, auxi 2, auctum	vermehren, vergrößern
bibo,-is,-ere 3, bibi, —	trinken
cado,-is,-ere 3, cécidi,—	fallen
caedo,-is,-ere 3, cecídi, caesum	fällen, töten
occído,-is,-ere 3, occídi, occisum	töten
cano,-is,-ere 3, cecini, —	singen
capio,-is,-ere M, cepi, captum	fassen, fangen, nehmen
accipio,-is,-ere M, accepi, acceptum	erhalten, aufnehmen
recipio,-is,-ere M, recepi, receptum	aufnehmen
cedo,-is,-ere 3, cessi, cessum	weichen, weggehen
accedo,-is,-ere 3, accessi, accessum	herankommen, sich nähern
claudo,-is,-ere 3, clausi, clausum	einschließen
includo,-is,-ere 3, inclusi, inclusum	einschließen
cognosco,-is,-ere 3, cognovi, cognitum	erfahren, erkennen
cogo,-is,-ere 3, coegi, coactum	(ver)sammeln; zwingen
comprehendo,-is,-ere 3, comprehendi, comprehensum	ergreifen; erfassen
conspicio,-is,-ere M, conspexi, conspectum	erblicken
contendo,-is,-ere 3, contendi, contentum	eilen; kämpfen
cupio,-is,-ere M, cupivi, cupitum	verlangen, wünschen
decerno,-is,-ere 3, decrevi, decretum	beschließen
defendo,-is,-ere 3, defendi, defensum	verteidigen
deleo,-es,-ére 2, delevi, deletum	zerstören
desino,-is,-ere 3, desii, desitum	aufhören, ablassen
dico,-is,-ere 3, dixi, dictum	sagen
disco,-is,-ere 3, didici, —	lernen
do, das, dare 1, dedi, datum	geben
reddo,-is,-ere 3, reddidi, redditum	zurückgeben
trado,-is,-ere 3, tradidi, traditum	ausliefern; überliefern
duco,-is,-ere 3, duxi, ductum	führen
eo, is, ire, ii, itum	gehen
exeo,-is,-ire, exii, exitum	hinausgehen
intereo,-is,-ire, interii, interitum	untergehen, sterben
expello,-is,-ere 3, expuli, expulsum	vertreiben
facio,-is,-ere M, feci, factum	tun, machen
afficio,-is,-ere M, affeci, affectum (+ Abl.)	versehen mit
conficio,-is,-ere M, confeci, confectum	ausführen, beenden
interficio,-is,-ere M, interfeci, interfectum	töten
fero, fers, ferre, tuli, latum	tragen, bringen; ertragen
aufero,-fers,-ferre, ábstuli, ablátum	wegtragen, wegnehmen
fleo,-es,-ére 2, flevi, fletum	(be)weinen
fugio,-is,-ere M, fugi, — (+ Akk.)	flüchten
gaudeo,-es,-ére 2*	sich freuen
gero,-is,-ere 3, gessi, gestum	(Krieg) führen
iacio,-is,-ere M, ieci, iactum	werfen, schleudern
incendo,-is,-ere 3, incendi, incensum	anzünden
incipio,-is,-ere M, coepi, coeptum	beginnen
iubeo,-es,-ére 2, iussi, iussum (+ Akk.)	befehlen; lassen
iungo,-is,-ere 3, iunxi, iunctum	verbinden
coniungo,-is,-ere 3, coniunxi, coniunctum	verbinden
iuvo,-as,-are 1, iuvi, iutum	unterstützen, helfen
adiuvo,-as,-are 1, adiuvi, adiutum	unterstützen, helfen
lego,-is,-ere 3, legi, lectum	lesen
deligo,-is, deligere 3, delegi, delectum	auswählen
intellego,-is, intellegere 3, intellexi, intellectum	erkennen, einsehen
neglego,-is, neglegere 3, neglexi, neglectum	missachten, ignorieren
licet 2, licuit	es ist erlaubt
ludo,-is,-ere 3, lusi, lusum	spielen
maneo,-es,-ére 2, mansi, mansum	bleiben

* Die Perfektform zu diesem Verb lernst du in Lec. 31 kennen.

mitto,-is,-ere 3, misi, missum	schicken
amitto,-is,-ere 3, amisi, amissum	verlieren
moveo,-es,-ére 2, movi, motum	bewegen
peto,-is,-ere 3, petivi, petitum	aufsuchen, anstreben; bitten
pono,-is,-ere 3, posui, positum	setzen, legen, stellen
depono,-is,-ere 3, deposui, depositum	ablegen
persuadeo,-es,-ére 2, persuasi, persuasum	überzeugen; überreden
possum, potes, posse, potui, —	können
quaero,-is,-ere 3, quaesivi, quaesitum	suchen; fragen
rapio,-is,-ere M, rapui, raptum	reißen, rauben
relinquo,-is,-ere 3, reliqui, relictum	ver-, zurücklassen
resisto,-is,-ere 3, restiti, —	sich widersetzen
respondeo,-es,-ére 2, respondi, responsum	antworten
rideo,-es,-ére 2, risi, risum	lachen
sedeo,-es,-ére 2, sedi, sessum	sitzen
consido,-is,-ere 3, consedi, consessum	sich setzen, sich niederlassen
soleo,-es,-ére 2*	gewohnt sein, pflegen
solvo,-is,-ere 3, solvi, solutum	(auf)lösen; büßen
statuo,-is,-ere 3, statui, statutum	beschließen; aufstellen
constituo,-is,-ere 3, constitui, constitutum	beschließen, festsetzen
sto,-as,-are 1, steti, statum	stehen
sum, es, esse, fui, —	sein
adsum,-es, adesse, adfui, —	da sein, anwesend sein
intersum,-es, interesse, interfui, —	beiwohnen
tango,-is,-ere 3, tetigi, tactum	berühren
teneo,-es,-ére, tenui, —	halten
abstineo,-es,-ére 2, abstinui, abstentum (+ Abl.)	sich fernhalten (von)
contineo,-es,-ére 2, continui, contentum	zusammenhalten
obtineo,-es,-ére 2, obtinui, obtentum	festhalten, innehaben
traho,-is,-ere 3, traxi, tractum	ziehen
venio,-is,-ire 4, veni, ventum	kommen
advenio,-is,-ire 4, adveni, adventum	hinkommen, ankommen
circumvenio,-is,-ire 4, circumveni, circumventum	umzingeln
convenio,-is,-ire 4, conveni, conventum	zusammenkommen, (zusammen)treffen
invenio,-is,-ire 4, inveni, inventum	finden; erfinden
verto,-is,-ere 3, verti, versum	wenden
animadverto,-is,-ere 3, animadverti, animadversum	bemerken
video,-es,-ére 2, vidi, visum	sehen
vinco,-is,-ere 3, vici, victum	(be)siegen
vivo,-is,-ere 3, vixi, —	leben

* Die Perfektform zu diesem Verb lernst du in Lec. 31 kennen.

Vocabularium

A

4	a, ab (+ Abl.)	von
32	abeo,-is,-ire,-ii,-itum	weggehen
36	absens,-entis	abwesend
22	abstineo 2,-ui,-tentum (+ Abl.)	(sich) fernhalten (von)
33	absum,-es,-esse, afui	abwesend sein
12	ac (= atque)	und
15	accedo 3,-cessi,-cessum	herankommen, sich nähern
28	accido 3, accidi	geschehen
9	accipio M,-cepi,-ceptum	erhalten, aufnehmen
26	accuso 1,-avi,-atum	anklagen
18	acer, acris, acre	heftig
3	ad (+ Akk.)	zu, an, bei
34	addo 3,-didi,-ditum	hinzufügen
29	adduco 3,-duxi,-ductum	hinführen; veranlassen
16	adductus 3	veranlasst
17	adeo,-is,-ire,-ii,-itum	hingehen; angreifen
28	adhuc	bis jetzt, bisher
7	adiuvo 1,-iuvi,-iutum (+ Akk.)	unterstützen, helfen
35	admiror 1, admiratus sum	bewundern, sich wundern
35	adspicio M,-spexi,-spectum	anschauen
19	adsum,-es,-esse, adfui	da sein, anwesend sein
12	adulescens,-entis m.	junger Mann
18	advenio 4,-veni,-ventum	hinkommen, ankommen
33	adventus,-us m.	Ankunft
3	aedificium,-i n.	Gebäude
6	aedifico 1,-avi,-atum	(er)bauen
28	aestas,-atis f.	Sommer
18	aetas,-atis f.	Alter; Zeitalter, Zeit
39	affero,-fers,-ferre, attuli, allatum	heranbringen
17	afficio M,-feci,-fectum (+ Abl.)	versehen mit
15	ager, agri m.	Feld; Pl.: Gebiet(e)
37	aggredior M, aggressus sum	angreifen
16	ago 3, egi, actum	tun
25	gratias agere	danken
16	vitam agere	das Leben verbringen
4	alienus 3	fremd
33	aliqui,-qua,-quod	(irgend)ein
33	aliquis, aliquid	(irgend)jemand, (irgend)etwas
4	alius,-a,-ud	ein anderer
4	alius - alius	der eine - der andere
30	alter,-era,-erum	der andere (von zweien)
30	alter - alter	der eine - der andere
22	altus 3	hoch, tief
3	ambulo 1,-avi,-atum	gehen, spazieren
1	amica,-ae f.	Freundin
18	amicitia,-ae f.	Freundschaft
1	amicus,-i m.	Freund
10	amitto 3,-misi,-missum	verlieren
2	amo 1,-avi,-atum	lieben
13	amor,-oris m.	Liebe
20	animadverto 3,-verti,-versum	bemerken
15	animal,-alis n.	Tier
5	animus,-i m.	Sinn, Geist; Mut
5	in animo habere	vorhaben
6	annus,-i m.	Jahr
2	ante (+ Akk.)	vor
20	antea	vorher
17	antiquus 3	alt
23	aperio 4, aperui, apertum	öffnen
22	Apollo,-inis m.	Apoll(o)
23	appareo 2, apparui	erscheinen
26	appello 1,-avi,-atum	nennen, rufen
6	appropinquo 1,-avi,-atum	sich nähern
7	apud (+ Akk.)	bei
5	aqua,-ae f.	Wasser
31	arbitror 1, arbitratus sum	glauben
14	arbor, oris f.	Baum
24	ardeo 2, arsi, (arsurus)	brennen
36	argentum,-i n.	Silber
7	arma,-orum n. (Pl.)	Waffen
13	ars, artis f.	Kunst
13	artificium,-i n.	Kunstwerk
23	arx, arcis f.	Burg
9	ascendo 3,-scendi,-scensum	besteigen, hinaufsteigen
18	at	aber
12	atque (= ac)	und
16	atrox,-ocis	wild, grässlich
26	auctor,-oris m.	Autor; Urheber, Anstifter
18	auctoritas,-atis f.	Ansehen
10;31	audeo 2, ausus sum	wagen
7	audio 4,-ivi,-itum	hören
20	aufero,-fers,-ferre, abstuli, ablatum	wegtragen, wegnehmen
20	augeo 2, auxi, auctum	vermehren, vergrößern
31	auris,-is f.	Ohr
22	aurum,-i n.	Gold
18	aut	oder
33	aut – aut	entweder - oder
6	autem (nachgestellt)	aber
6;18	auxilium,-i n.	Hilfe; Pl.: Hilfstruppen
	auxilio venire/mittere	zu Hilfe kommen/schicken
21	ave!	sei gegrüßt!

B

34	beatus 3	glücklich
7	bellum,-i n.	Krieg
4	bene (Adv.)	gut
30	beneficium,-i n.	Wohltat
14	bibo 3, bibi	trinken
1	bonus 3	gut
16	brevis,-e	kurz

C

13	cado 3, cecidi, (casurus)	fallen
22	caedo 3, cecidi, caesum	fällen, töten
19	caedes,-is f.	Ermordung, Mord
13	caelum,-i n.	Himmel; Wetter
28	campus,-i m.	Feld
9	canis,-is m.	Hund
15	cano 3, cecini	singen
7	capio M, cepi, captum	fassen, ergreifen, fangen
12	caput, capitis n.	Kopf; Haupt
36	capitis damnare	zum Tod verurteilen
9	careo 2,-ui, (-iturus) (+ Abl.)	frei sein (von ...), entbehren
15	carmen,-inis n.	Lied
8	castra,-orum n. (Pl.)	Lager
13	casus,-us m.	Fall; Zufall; Unglück(sfall)
29	causa,-ae f.	Grund, Ursache
38	causa (nach Gen.)	wegen; um zu
20	cedo 3, cessi, cessum	weichen, weggehen
23	celebro 1,-avi,-atum	feiern
16	celer,-eris,-ere	schnell
14	cena,-ae f.	Mahl, Mahlzeit
35	censeo 2, censui, censum	schätzen, meinen
8	centum	hundert
3	certe (Adv.)	sicherlich
21	certo 1,-avi,-atum	streiten, wetteifern
37	certus 3	sicher, bestimmt
9	ceteri,-ae,-a	die übrigen
26	Christiani,-orum m. (Pl.)	Christen
34	cibus,-i m.	Speise, Nahrung
18	circumvenio 4,-veni,-ventum	umzingeln
29	civilis,-e	bürgerlich, Bürger-
19	civis,-is m.	Bürger
18	civitas,-atis f.	Stamm; Gemeinde; Staat
20	clades,-is f.	Niederlage
9	clam	heimlich
1	clamo 1,-avi,-atum	rufen, schreien
9	clamor,-oris m.	Geschrei, Lärm
3	clarus 3	berühmt
20	classis,-is f.	Flotte
20	claudo 3, clausi, clausum	einschließen
18	coepi	(siehe: incipio)
2	cogito 1,-avi,-atum	denken, überlegen
16	cognosco 3, cognovi, cognitum	erfahren, erkennen
17	cogo 3, coegi, coactum	(ver)sammeln; zwingen
32	comes,-itis m.(f.)	Begleiter(in)
8	committo,-is,-ere,-misi,-missum	begehen, beginnen
40	commodum,-i n.	Vorteil
27	commoveo 2,-movi,-motum	bewegen, veranlassen
22	complures,-a (Pl.)	mehrere
17	comprehendo 3,-endi,-ensum	ergreifen; erfassen
33	concedo 3,-cessi,-cessum	erlauben
18	concilium,-i n.	Versammlung
15	condicio,-onis f.	Bedingung
26	condo 3,-didi,-ditum	gründen
38	confero,-fers,-ferre, contuli, collatum	zusammentragen; vergleichen

38	se conferre	sich begeben		2	doceo 2, docui, doctum	lehren
11	conficio M,-feci,-fectum	ausführen, beenden		15	doleo 2, dolui	trauern, Schmerz empfinden
37	confido 3, confisus sum	vertrauen		15	dolor,-oris m.	Schmerz
13	coniungo 3,-iunxi,-iunctum	verbinden		27	dominus,-i m.	Herr
31	conor 1, conatus sum	versuchen		15	domus,-us f.	Haus
15	consido 3,-sedi,-sessum	sich setzen, sich niederlassen		7	domi	zu Hause
7	consilium,-i n.	Plan; Rat, Beschluss		7	domum	nach Hause
11	conspicio M,-spexi,-spectum	erblicken		4	dono 1,-avi,-atum	(be)schenken
25	constat, constitit (+ ACI)	es steht fest (dass)		20	donum,-i n.	Geschenk
9	constituo 3,-ui,-utum	beschließen, festsetzen		8	dormio 4,-ivi,-itum	schlafen
17	consul,-is m.	Konsul		27	dubito 1,-avi,-atum (de)	zögern; zweifeln (an)
29	consulo 3,-sului,-sultum (+ Akk.)	um Rat fragen, befragen		37	dubium,-i n.	Zweifel
23	consumo 3,-sumpsi,-sumptum	vernichten, verbrauchen		10	duco 3, duxi, ductum	führen
7	contendo 3,-tendi,-tentum	eilen; kämpfen		25	dulcis,-e	süß
16	contineo 2,-tinui,-tentum	zusammenhalten		7	dum (+ Präs.)	während
14	contra (+ Akk.)	gegen		6;8	duo, duae, duo	zwei
21	controversia,-ae f.	Auseinandersetzung		6	duodecim	zwölf
20	convenio 4,-veni,-ventum	zusammenkommen, -treffen		33	dux, ducis m.	Führer, Feldherr
17	convoco 1,-avi,-atum	zusammenrufen				
4;10	copia,-ae f.	Menge, Vorrat; Pl.: Truppen			**E**	
11	corpus,-oris n.	Körper		4	e, ex (+ Abl.)	aus, von
33	cottidie	täglich		28	ecce	siehe
24	credo 3,-didi,-ditum	glauben		35	efficio M,-feci,-fectum	bewirken
31	cresco 3, crevi, cretum	wachsen		5	ego	ich
26	crimen,-inis n.	Verbrechen; Vorwurf		11	eius	dessen, deren
16	crudelis,-e	grausam		21	eiusmodi	derartig
16	crux, crucis f.	Kreuz		20	enim (nachgestellt)	denn, nämlich
9	cui	wem		21	eo (Adv.)	dorthin
8	culpa,-ae f.	Schuld		17	eo, is, ire, ii, itum	gehen
27	cultus,-us m.	Verehrung		11	eorum	deren
4	cum (+ Abl.)	mit		33	epistula,-ae f.	Brief
14	cum (+ Ind.)	wenn, sooft, als		28	eques,-itis m.	Reiter, Ritter
36	cum (+ Konj.)	als; weil; obwohl		22	equus,-i m.	Pferd
15	cuncti,-ae,-a	alle		32	ergo	also, folglich, daher
16	cupiditas,-atis f.	Begierde, Gier		32	eripio M,-ripui,-reptum	entreißen
26	cupidus 3 (+ Gen.)	gierig (nach ...)		24	erro 1,-avi,-atum	(sich) irren
13	cupio M, cupivi, cupitum	verlangen, wünschen		1	et	und
1	cur	warum		15	et – et	sowohl - als auch
12	cura,-ae f.	Sorge		2	etiam	auch, sogar
39	curro 3, cucurri, cursum	laufen		23	etsi	wenn auch, obwohl
33	cursus,-us m.	Lauf, Kurs, Bahn		8	exemplum,-i n.	Beispiel
20	custos,-odis m.	Wächter		17	exeo,-is,-ire,-ii,-itum	hinausgehen
				16	exerceo 2,-ui,-itum	trainieren, üben
	D			16	exercitus,-us m.	Heer
36	damno 1,-avi,-atum	verurteilen		17	exilium,-i n.	Exil, Verbannung
36	capitis damnare	zum Tod verurteilen		25	exitus,-us m.	Ausgang; Ende; Tod
4	de (+ Abl.)	über, von		8	expello 3,-is,-ere,-pulsi,-pulsum	vertreiben
3	dea,-ae f.	Göttin		34	experior 4, expertus sum	erfahren, erproben
12	debeo 2,-ui,-itum	müssen		38	exploro 1,-avi,-atum	ausforschen, erforschen
8	decem	zehn		9	expugno 1,-avi,-atum	erobern
21	decerno 3,-crevi,-cretum	beschließen		26	exsisto 3,-stiti	entstehen, auftauchen
8	decimus 3	der zehnte		2	exspecto 1,-avi,-atum	erwarten
19	defendo 3,-fendi,-fensum	verteidigen		29	extra (+ Akk.)	außerhalb
6	deinde	dann		33	extremus 3	äußerster, letzter
5	delecto 1,-avi,-atum	erfreuen				
9	deleo 2, delevi, deletum	zerstören			**F**	
21	deligo 3,-legi,-lectum	auswählen		38	fabula,-ae f.	Erzählung, Geschichte
36	demonstro 1,-avi,-atum	zeigen		19	facilis,-e	leicht
13	denique	schließlich		14	facinus,-oris n.	Tat, Untat
22	depono 3,-posui,-positum	ablegen		8;10	facio M, feci, factum	tun, machen
31	dens, dentis m.	Zahn		15	iter facere	reisen, marschieren
15	desino 3, desii, desitum	aufhören, ablassen		32	factum,-i n.	Tat
28	desum,-es,-esse,-fui	fehlen		40	falsus 3	falsch
3	deus,-i m.	Gott		26	fama,-ae f.	Gerücht; Ruf
7	dico 3, dixi, dictum	sagen; nennen		14	fames,-is f.	Hunger
27	dicitur / dicuntur (+ Inf.)	er/sie soll(en); man sagt, dass ...		8	familia,-ae f.	Familie, Hausgemeinschaft
19	dictator,-oris m.	Diktator		23	faveo 2, favi, fautum (+ Dat.)	begünstigen
13	dies,-ei m.	Tag		28	felix,-icis	glücklich, erfolgreich
16	difficilis,-e	schwierig		4	femina,-ae f.	Frau
27	dignus 3 (+ Abl.)	würdig		17	fere	fast; ungefähr
25	diligens,-entis	sorgfältig, genau		17	fero, fers, ferre, tuli, latum	tragen, bringen; ertragen
37	diligentia,-ae f.	Sorgfalt		28	fessus 3	erschöpft
1	discipula,-ae f.	Schülerin		21	fides,-ei f.	Treue, Vertrauen
1	discipulus,-i m.	Schüler		6	filia,-ae f.	Tochter
16	disco 3, didici	lernen		6	filius,-i m.	Sohn
21	discordia,-ae f.	Zwietracht, Streit		35	finio 4	beenden
38	disputo 1,-avi,-atum	erörtern, diskutieren		20	finis,-is m.	Ende, Grenze; Pl.: Gebiet(e)
1	diu	lange		34	fio, fis, fieri, factus sum	(gemacht) werden; geschehen
21	dives,-itis	reich		23	firmus 3	stark
28	divido 3,-visi,-visum	teilen, trennen		23	flamma,-ae f.	Flamme
28	divinus 3	göttlich		15	fleo 2, flevi, fletum	(be)weinen
17	divitiae,-arum f. (Pl.)	Reichtum		9	flumen,-inis n.	Fluss
13	do 1, dedi, datum	geben		31	fons, fontis m.	Quelle

31	fore (= futurum esse)	sein werden	
32	forma,-ae f.	Gestalt; Schönheit	
25	forte (Adv.)	zufällig	
16	fortis,-e	tapfer	
21	fortitudo,-inis f.	Tapferkeit	
28	fortuna,-ae f.	Schicksal, Glück	
3	forum,-i n.	Forum (Marktplatz)	
22	frater,-tris m.	Bruder	
25	frons, frontis f.	Stirn, Front	
31	fruor 3, (fruiturus) (+ Abl.)	genießen	
18	frumentum,-i n.	Getreide	
15	frustra	vergeblich	
27	fuga,-ae f.	Flucht	
9	fugio M, fugi, (fugiturus) (+ Akk.)	flüchten	
31	fungor 3, functus sum (+ Abl.)	verrichten, erfüllen	
19	futurus 3	zukünftig	

G

9	Galli,-orum m. (Pl.)	die Gallier
18	Gallia,-ae f.	Gallien
1;31	gaudeo 2, gavisus sum (+ Abl.)	sich freuen (über)
4	gaudium,-i n.	Freude
28	gens, gentis f.	Volk
14	genus,-eris n.	Geschlecht; Art
40	Germania,-ae f.	Germanien; Deutschland
40	Germanicus 3	germanisch; deutsch
7	gero 3, gessi, gestum	(aus)führen
7	bellum gerere	Krieg führen
16	gladiator,-oris m.	Gladiator
4	gladius,-i m.	Schwert
9	gloria,-ae f.	Ruhm, Ehre
5	Graeci,-orum m. (Pl.)	Griechen
2	Graecus 3	griechisch
21	Graecia,-ae f.	Griechenland
25	gratia,-ae f.	Dank; Anmut
25	gratias agere	danken
6	gratus 3	dankbar; lieb, angenehm
26	gravis,-e	schwer; schwerwiegend

H

2;38	habeo 2,-ui,-itum	haben, besitzen; halten für
7	habito 1,-avi,-atum	(be)wohnen
40	haudquaquam	keineswegs
1	hic (Adv.)	hier
14	hic, haec, hoc	dieser, diese, dieses
30	hiems, hiemis f.	Winter
29	hodie	heute
9	homo,-inis m.	Mensch
18	honestus 3	ehrenhaft, ehrenvoll
10	honor/os,-oris m.	Ehre; Ehrenamt
8	hora,-ae f.	Stunde
30	hortor 1, hortatus sum	auffordern, ermuntern
10	hostis,-is m.	Feind
30	humanus 3	menschlich

I

14	iacio M, ieci, iactum	werfen, schleudern
2	iam	schon
12	ibi	dort
11	idem, eadem, idem	derselbe, dieselbe, dasselbe
36	igitur	also, daher
25	ignis, -is m.	Feuer
37	ignoro 1,-avi,-atum	nicht wissen, nicht kennen
15	ignotus 3	unbekannt
15	ille, illa, illud	jener, jene, jenes
35	immortalis,-e	unsterblich
10	imperator,-oris m.	Feldherr; Kaiser
22	imperium, -i	Befehl; Herrschaft; Reich
11	impero 1,-avi,-atum	befehlen
14	improbus 3	schlecht, böse
5	in (+ Abl.)	in, auf; bei (Frage: wo?)
5	in (+ Akk.)	in, nach, gegen (Frage: wohin?)
22	incendo 3,-cendi,-censum	anzünden
26	incendium,-i n.	Brand, Feuer
18	incipio M, coepi, coeptum	beginnen
22	includo 3,-clusi,-clusum	einschließen
17	incola,-ae m.	Bewohner, Einwohner
34	incolo 3,-colui,-cultum	bewohnen
24	inde	von da an; von dort
25	ineo,-is,-ire,-ii,-itum	hineingehen, betreten
38	ingenium,-i n.	Geist, Talent
20	ingens,-entis	riesig, gewaltig
35	inimicus 3	feindlich (gesinnt)
38	initium,-i n.	Anfang
7	iniuria,-ae f.	Unrecht
5	inquit	er, sie, es sagt(e)
11	insula,-ae f.	Insel
14	intellego 3,-lexi,-lectum	erkennen, einsehen
7	inter (+ Akk.)	zwischen
23	interea	inzwischen
24	intereo,-is,-ire,-ii,-itum	untergehen, sterben
12	interficio M,-feci,-fectum	töten
40	interim	inzwischen
1	interrogo 1,-avi,-atum	fragen
22	intersum,-es,-esse,-fui	beiwohnen
23	intra (+ Akk.)	innerhalb
2	intro 1,-avi,-atum	betreten
12	invenio 4,-veni,-ventum	finden; erfinden
35	invidia,-ae f.	Neid
14	invito 1,-avi,-atum	einladen
33	invitus 3	unwillig; gegen den Willen
15	ipse, ipsa, ipsum	(er, sie, es) selbst
22	ira,-ae f.	Zorn
2	iratus 3	erzürnt, zornig
11	is, ea, id	dieser, -e,-es; er, sie, es
19	iste, ista, istud	dieser(-e,-es) da
5	ita	so
1	itaque	deshalb, daher
15	iter, itineris n.	Weg; Reise
15	iter facere	reisen, marschieren
5	iterum	wieder
17	iubeo 2, iussi, iussum (+ Akk.)	befehlen; lassen
39	iudex,-icis m.	Richter
17	iudicium, -i n.	Urteil; Meinung
21	iudico 1,-avi,-atum	urteilen
21	iungo 3, iunxi, iunctum	verbinden
9	Iuno,-onis f.	Juno
11	Iuppiter, Iovis	Jupiter
17	ius, iuris n.	Recht
11	iussum,-i n.	Befehl
26	iussu	auf Befehl
17	iustitia,-ae f.	Gerechtigkeit
37	iustus 3	gerecht
17	iuvenis,-is m.	junger Mann
12	iuvo 1, iuvi, iutum	unterstützen, helfen

L

32	labor,-oris m.	Arbeit, Mühe
1	laboro 1,-avi,-atum	sich anstrengen, arbeiten
27	lacrima,-ae f.	Träne
25	laedo 3, laesi, laesum	verletzen
1	laetus 3	froh
2	Latinus 3	lateinisch
16	latus 3	weit, breit
1	laudo 1,-avi,-atum	loben
37	legatio,-onis f.	Gesandtschaft
37	legatus,-i m.	Gesandter
18	legio,-onis f.	Legion
7	lego 3, legi, lectum	lesen
19	lex, legis f.	Gesetz
1	libenter (Adv.)	gern
38	liber,-era,-erum	frei
5	liber, libri m.	Buch
6	liberi,-orum m. (Pl.)	Kinder
10	libero 1,-avi,-atum	befreien
19	libertas,-atis f.	Freiheit
5	licet 2,-uit	es ist möglich, erlaubt
2	lingua,-ae f.	Zunge; Sprache
17	littera,-ae f.	Buchstabe; Pl.: Wissenschaft; Brief
11	litus,-oris n.	Küste
11	locus,-i m.	Ort
34	loca,-orum n. (Pl.)	Gegend
15	longus 3	lang
30	loquor 3, locutus sum	sprechen
11	ludo 3, lusi, lusum	spielen
33	lumen,-inis n.	Licht
15	lux, lucis f.	Licht

M

22	magis	mehr
2	magister,-tri m.	Lehrer
40	magistratus,-us m.	Beamter; Behörde
6	magnificus 3	großartig
26	magnitudo,-inis f.	Größe
1	magnus 3	groß

19	maior, maius	größer	16	nobilis,-e	vornehm
39	maiores,-um m. (Pl.)	Vorfahren	17	nobilitas,-atis f.	Adel
34	malum,-i n.	Übel, Unheil	33	noctu	nachts
1	malus 3	schlecht	24	nolo, nolle, nolui	nicht wollen
21	mando 1,-avi,-atum	anvertrauen	9	nomen,-inis n.	Name
5	maneo 2, mansi, (mansurus)	bleiben	1	non	nicht
13	manus,-us f.	Hand	8	non iam	nicht mehr
10	mare,-is n.	Meer	2	non solum – sed etiam	nicht nur - sondern auch
21	maritus,-i m.	Gatte, Ehemann	5	nonne?	nicht (in der Frage)
32	mater,-tris f.	Mutter	6	nonnulli,-ae,-a (Pl.)	einige
15	matrimonium,-i n.	Ehe	33	nonnumquam	manchmal
15	in matrimonium ducere	heiraten	8	nonus 3	der neunte
8	maxime	am meisten, sehr	5	nos	wir; uns
19	maximus 3	der größte	34	nosco 3, novi, notum	kennen lernen; Pf.: kennen
12	medius 3	der mittlere; in der Mitte	5	noster,-tra,-trum	unser
12	medio in labyrintho	mitten im Labyrinth	29	notus 3	bekannt
19	melior, melius	besser	8	novem	neun
37	memini,-isse (+ Gen.)	sich erinnern (an)	4	novus 3	neu
39	memoria,-ae f.	Erinnerung	9	nox, noctis f.	Nacht
39	in memoriam (+ Gen.)	zur Erinnerung an	30	nudus 3	nackt
30	mens, mentis f.	Sinn	8	nullus 3	kein
32	mensis,-is m.	Monat	5;37	num	etwa; ob
13	meridies,-ei m.	Mittag	26	numerus,-i m.	Zahl, Anzahl
29	metuo 3, metui	(sich) fürchten	23	numquam	niemals
13	metus,-us m.	Furcht, Angst	1	nunc	jetzt, nun
1	meus 3	mein	29	nuntio 1,-avi,-atum	melden
9	miles,-itis m.	Soldat	7	nuntius,-i m.	Bote, Nachricht
30	militaris,-e	militärisch, Militär-	40	nuper	neulich, vor kurzem
8	mille (Pl.: milia,-ium)	tausend			
5	minime	keineswegs		**O**	
19	minimus 3	der kleinste	37	ob (+ Akk.)	wegen
19	minor, minus	kleiner	36	obses,-sidis m.	Geisel
39	minus (Adv.)	weniger	22	obtineo 2,-tinui,-tentum	festhalten, innehaben
28	miraculum,-i n.	Wunder	27	obviam	entgegen
12	miser,-era,-erum	arm, elend	21	occasio,-onis f.	Gelegenheit
30	misericordia,-ae f.	Mitleid, Barmherzigkeit	10	occido 3,-cidi,-cisum	töten
7	mitto 3, misi, missum	schicken	9	occupo 1,-avi,-atum	besetzen
11	modus,-i m.	Art, Weise	8	octavus 3	der achte
22	moenia,-ium n. (Pl.)	Stadtmauern	8	octo	acht
2	moneo 2,-ui,-itum	ermahnen; warnen	2	oculus,-i m.	Auge
11	mons, montis m.	Berg	34	odi, odisse	hassen
3	monstro 1,-avi,-atum	zeigen	32	odium,-i n.	Hass
39	monumentum,-i n.	Denkmal	31	officium,-i n.	Pflicht, Dienst
33	morior M, mortuus sum	sterben	15	olim	einst
14	mors, mortis f.	Tod	18	omnis,-e	jeder, ganz; Pl.: alle
13	mortuus 3	gestorben, tot	38	opera,-ae f.	Mühe
19	mos, moris m.	Sitte, Brauch, Art	38	operam dare	sich bemühen
15	moveo 2, movi, motum	bewegen	34	(ops) opis f.	Hilfe
11	mox	bald	34	opes,-um f. (Pl.)	Reichtum
20	mulier,-eris f.	Frau	36	oportet,-uit	es ist nötig
3	multi,-ae,-a (Pl.)	viele	6	oppidum,-i n.	Stadt
11	multitudo,-inis f.	Menge	9	oppugno 1,-avi,-atum	bestürmen, belagern
39	multo	viel, um vieles	19	optimus 3	der beste
3	multum	viel	34	opto 1,-avi,-atum	wünschen
27	mundus,-i m.	Welt	13	opus,-eris n.	Werk
31	muto 1,-avi,-atum	verändern, verwandeln	29	oraculum,-i n.	Orakel(spruch)
			17	oratio,-onis f.	Rede
	N		17	orator,-oris m.	Redner
7	nam	denn, nämlich	35	orior 4, ortus sum	aufgehen, entstehen
4	narro 1,-avi,-atum	erzählen	26	orno 1,-avi,-atum	schmücken
32	nascor 3, natus sum	geboren werden	24	oro 1,-avi,-atum	beten, bitten
16	natio,-onis f.	Volk	31	os, oris n.	Mund; Gesicht
14	natura,-ae f.	Natur	37	ostendo 3,-tendi	zeigen
16	natus 3 (+ Abl.)	geboren, abstammend; alt	5	otium,-i n.	Muße, Freizeit
33	nauta,-ae m.	Seemann			
12	navigo 1,-avi,-atum	segeln, mit dem Schiff fahren		**P**	
10	navis,-is f.	Schiff	14	paene	fast, beinahe
3	-ne	(Fragepartikel, unübersetzt)	34	panis,-is m.	Brot
35;36	ne (+ Konj.)	dass/damit nicht; (im HS:) nicht	12	paratus 3	bereit
38	ne quis/quid	dass (damit) niemand/nichts	12	parentes,-um m. (Pl.)	Eltern
10	ne ... quidem	nicht einmal ...	8	pareo 2,-ui, (-iturus)	gehorchen
4	nec = neque	und nicht, auch nicht	7	paro 1,-avi,-atum	bereiten; erwerben
7	necesse est	es ist notwendig	10	pars, partis f.	Teil; Seite; Richtung
4	neco 1,-avi,-atum	töten	6	parvus 3	klein
13	neglego 3,-lexi,-lectum	missachten, ignorieren	12	pater,-tris m.	Vater
34	nego 1,-avi,-atum	verneinen, verweigern	30	patior M, passus sum	leiden, (er)dulden
12	nemo	niemand	10	patria,-ae f.	Heimat
4	neque (= nec)	und nicht	18	pauci,-ae,-a (Pl.)	wenige
8	neque - neque (= nec - nec)	weder - noch	6	paulo post	wenig später
32	nescio 4,-ivi,-itum	nicht wissen	30	pauper,-eris	arm
12	nihil	nichts	10	pax, pacis f.	Friede
12	nihil nisi	nichts außer	38	pecunia,-ae f.	Geld
8;12	nisi	wenn nicht, (nach Verneinung:) außer	19	peior, peius	schlechter

29	pello 3, pepuli, pulsum	schlagen, stoßen	36	quam (vor Superlativ)	möglichst
1	pensum.-i n.	Aufgabe	9	quamquam	obwohl
3	per (+ Akk.)	durch	33	quantus 3	wie groß
35	perfero,-fers,-ferre,-tuli,-latum	(er)tragen	8	quartus 3	der vierte
12	periculum,-i n.	Gefahr	26	quasi	gleichsam (als), wie
36	permitto 3,-misi,-missum	erlauben	8	quattuor	vier
19	perpetuus 3	ununterbrochen	3	-que	und
19	persuadeo 2,-suasi,-suasum (+ Dat.)	überzeugen; überreden	9	quem?	wen?
37	mihi persuasum est	ich bin überzeugt	30	queror 3, questus sum	klagen
25	pervenio 4,-veni,-ventum	kommen, gelangen	12	qui, quae, quod (rel.)	welcher?, der; dieser
31	pes, pedis m.	Fuß	21	quia	weil
19	pessimus 3	der schlechteste	34	qui-, quae-, quodcumque	wer auch immer
13	peto 3, petivi, petitum	aufsuchen, anstreben	2	quid?	was?
13	petere a (+ Abl)	bitten	14	quidam, quaedam, quoddam	ein (gewisser), Pl.: einige
38	philosophus,-i m.	Philosoph	19	quidem	zwar, freilich
39	pietas,-atis f.	Pflichtgefühl, Frömmigkeit	10	ne ... quidem	nicht einmal ...
4	placeo 2,-ui,-itum	gefallen	40	quietus 3	ruhig
29	plebs, plebis f.	(niedriges) Volk	8	quinque	fünf
25	plenus 3	voll	8	quintus 3	der fünfte
19	plures,-a	mehr, mehrere	2	quis, quid	wer, was
19	plurimi,-ae,-a	die meisten, sehr viele	5	quis nostrum / vestrum	wer von uns / euch
19	plus	mehr	36	quisquam, quidquam	irgendjemand, -etwas
14	poena,-ae f.	Strafe	38	quisque, quidque	jeder
25	poeta,-ae m.	Dichter	30	quisquis, quidquid	wer auch immer, was auch immer
32	polliceor 2, pollicitus sum	versprechen	27	quo	wohin
20	pono 3, posui, positum	setzen, legen, stellen	2	quod	weil; dass; (relativ:) was
29	pons, pontis m.	Brücke	12	quomodo	wie
7	populus,-i m.	Volk	36	quondam	einst
10	porta,-ae f.	Tor	36	quoniam	weil ja
6	porto 1,-avi,-atum	tragen, bringen	5	quoque (nachgestellt)	auch
33	portus,-us m.	Hafen			
30	possideo 2,-sedi,-sessum	besitzen		**R**	
6	possum, posse, potui	können	7	rapio M, rapui, raptum	rauben
3	post (+ Akk.)	nach; hinter	33	ratio,-onis f.	Vernunft
6	post (nach Abl.)	nachher	16	recipio M,-cepi,-ceptum	aufnehmen
26	postea	später, danach	16	se recipere	sich zurückziehen
25	posterus 3	der nächste	33	rectus 3	richtig, gerade
15	postquam (+ Ind. Perf.)	nachdem	14	reddo 3,-didi,-ditum	zurückgeben
4	postremo	schließlich	23	redeo,-ire,-ii,-itum	zurückkehren
25	postulo 1,-avi,-atum	fordern	34	reditus,-us m.	Rückkehr
36	potens,-entis	mächtig	27	refero, referre, rettuli, relatum	zurückbringen; berichten
19	potestas,-atis f.	Macht, Gewalt	15	regina,-ae f.	Königin
24	praebeo 2,-ui,-itum	bieten, anbieten	26	regio,-onis f.	Gegend
21	praemium,-i n.	Belohnung, Preis	34	regius 3	königlich
21	praeter (+ Akk.)	außer	6	regno 1,-avi,-atum	herrschen, regieren
21	praeterea	außerdem	20	regnum,-i n.	(König)Reich; Herrschaft
22	preces,-um f. (Pl.)	Bitten	37	rego 3, rexi, rectum	regieren, lenken, leiten
29	premo 3, pressi, pressum	drücken, bedrängen	39	religio,-onis f.	Religion
11	primo	zuerst	7	relinquo 3,-liqui,-lictum	ver-, zurücklassen
8	primus 3	der erste	30	reliquus 3	übrig
26	princeps,-cipis (Adj./Subst.)	der erste / Prinzeps, Kaiser	27	repente	plötzlich
18	prior, prius	früher	13	res,-rei f.	Sache
17	priusquam	bevor	17	res publica f.	Staat
26	privatus 3	privat	8	resisto 3,-stiti	sich widersetzen
4	pro (+ Abl.)	für	1	respondeo 2,-spondi,-sponsum	antworten
18	proelium,-i n.	Schlacht	31	revertor 3,-verti,-versum	zurückkehren
31	proficiscor 3,-fectus sum	aufbrechen	11	rex, regis m.	König
10	prohibeo 2,-ui,-itum	ab-/fernhalten, (ver)hindern	1	rideo 2, risi, risum	(ver)lachen
24	promitto 3,-misi,-missum	versprechen	28	rogo 1,-avi,-atum	bitten, fragen
29	prope (+ Akk.)	nahe bei	3	Roma,-ae f.	Rom
5	propero 1,-avi,-atum	eilen	3	Romanus 3	römisch
31	propter (+ Akk.)	wegen	5	Romani,-orum m. (Pl.)	die Römer
25	prosum, prodes, prodesse, profui	nützen			
17	provincia,-ae f.	Provinz		**S**	
27	proximus 3	der nächste	9	sacer,-cra,-crum	heilig, geweiht
18	prudens,-entis	klug	1	saepe	oft
14	prudentia,-ae f.	Klugheit	27	salus,-utis f.	Heil, Rettung, Gruß
26	publicus 3	öffentlich	38	saluto 1,-avi,-atum	(be)grüßen
2	puella,-ae f.	Mädchen	2	salve! / salvete!	sei(d) gegrüßt!
2	puer,-eri m.	Knabe	27	sanctus 3	heilig
10	pugna,-ae f.	Kampf	30	sanus 3	gesund, vernünftig
4	pugno 1,-avi,-atum	kämpfen	34	sapiens,-entis	weise, klug
2	pulcher,-chra,-chrum	schön	36	satis	genug
11	pulchritudo,-inis f.	Schönheit	14	saxum,-i n.	Fels
19	punio 4,-ivi,-itum	bestrafen	14	scelus,-eris n.	Verbrechen
22	puto 1,-avi,-atum	glauben; halten für	1	schola,-ae f.	Schule
			24	scientia,-ae f.	Wissen, Kenntnis
	Q		11	scio 4, scivi, scitum	wissen
12	quaero 3, quaesivi,-situm	suchen; (+ ex/a:) fragen	29	scribo 3, scripsi, scriptum	schreiben
29	qua de causa	deshalb; weshalb	5	se	sich (im ACI: dass er/sie)
32	qualis,-e	wie (beschaffen)	2	secum	mit sich, bei sich
2	quam (vor Grundstufe)	wie	8	secundus 3	der zweite; günstig
18	quam (nach Komparativ)	als	1	sed	aber; sondern

Nr.	Latein	Deutsch
1	sedeo 2, sedi, sessum	sitzen
34	sedes,-is f.	Sitz; Wohnsitz
1	semper	immer
17	senator,-oris m.	Senator
16	senatus,-us m.	Senat
37	senex, senis m.	Greis
39	sententia,-ae f.	Meinung; Satz
32	sentio 4, sensi, sensum	fühlen
8	septem	sieben
8	septimus 3	der siebente
30	sequor 3, secutus sum (+ Akk.)	folgen
36	sermo,-onis m.	Gespräch, Rede
20	serva,-ae f.	Sklavin
18	servitus,-utis f.	Sklaverei
30	servio 4	dienen
9	servo 1,-avi,-atum	retten, bewahren
8	servus,-i m.	Sklave
21	seu – seu (= sive – sive)	sei es (dass) ... sei es (dass)
6	sex	sechs
8	sextus 3	der sechste
4	si	wenn
38	si quis/quid	wenn jemand/etwas
27	sic	so
29	signum,-i n.	Zeichen; Statue
31	silva,-ae f.	Wald
30	similis,-e	ähnlich
4	sine (+ Abl.)	ohne
37	singuli,-ae,-a	einzelne, je ein
14	sitis,-is f.	Durst
21	sive - sive	sei es (dass) ... sei es (dass)
17	socius,-i m.	Gefährte
13	sol, solis m.	Sonne
11;31	soleo 2, solitus sum	gewohnt sein, pflegen
3	solum	nur
8	solus 3	allein
13;14	solvo 3, solvi, solutum	(auf)lösen; büßen
14	poenas solvere	(Strafe zahlen =) büßen
3	spectaculum,-i n.	Schauspiel
2	specto 1,-avi,-atum	anschauen
24	spero 1,-avi,-atum	hoffen, erhoffen
28	spes,-ei f.	Hoffnung
17	sponte (mea / tua / sua)	freiwillig
9	statim	sogleich, sofort
3	statua,-ae f.	Standbild
19	statuo 3, statui, statutum	beschließen; aufstellen
14	sto 1, steti, statum	stehen
17	studeo 2, -ui (+ Dat.)	sich bemühen (um), streben (nach)
29	studium, -i n.	Eifer; Begeisterung
5	sub (+ Abl.)	unter (Frage: wo?)
5	sub (+ Akk.)	unter (Frage: wohin?)
7	subito	plötzlich
6	sum, es, esse, fui	sein
25	sumo 3, sumpsi, sumptum	nehmen
10	summus 3	der höchste, sehr hoch
14	summo in monte	auf der Spitze des Berges
38	superbia,-ae f.	Stolz
4	supero 1,-avi,-atum	besiegen, übertreffen
36	supra (+ Akk.)	über; oberhalb von
4	suus 3	sein, ihr

T

Nr.	Latein	Deutsch
24	taceo 2,-ui	schweigen
32	talis,-e	so beschaffen, solch
3	tam	so
6	tamen	dennoch
25	tandem	endlich, schließlich
11	tango 3, tetigi, tactum	berühren
38	tantus 3	so groß
11	taurus,-i m.	Stier
30	tego 3, texi, tectum	bedecken
3	templum,-i n.	Tempel
16	tempus,-oris n.	Zeit
32	teneo 2,-ui	halten
4	terra,-ae f.	Land, Erde
5	terreo 2,-ui,-itum	erschrecken
36	terror,-oris m.	Schrecken
8	tertius 3	der dritte
3	theatrum,-i n.	Theater
9	timeo 2,-ui	fürchten
37	timeo, ne ...	fürchten, dass ...
10	timor,-oris m.	Furcht
7	tolero 1,-avi,-atum	ertragen
24	tollo 3, sustuli, sublatum	(auf)heben; beseitigen
18	totus 3	ganz
18	trado 3,-didi,-ditum	ausliefern; überliefern
28	traduco 3,-duxi,-ductum	hinüberführen
22	traho 3, traxi, tractum	ziehen
6	trans (+ Akk.)	jenseits von, über
36	transeo,-is,-ire,-ii,-itum	hinübergehen, überqueren
8	tres, tria	drei
21	Troia,-ae f.	Troja
22	Troiani,-orum m. (Pl.)	die Trojaner
23	Troianus 3	trojanisch
5	tu	du
1	tum	damals, dann
32	turpis,-e	schändlich, hässlich
31	tutus 3	sicher
2	tuus 3	dein

U

Nr.	Latein	Deutsch
2;18	ubi	wo; sobald
35	ubique	überall
23	Ulixes,-is m.	Odysseus
28	ullus 3	(irgend)ein
18	ultimus 3	letzter
31	umquam	jemals
39	unde	woher
23	universi, -ae,-a (Pl.)	alle (zusammen)
8	unus 3	ein(s), einzig
10	urbs, urbis f.	(Haupt-) Stadt
26	usque ad (+ Akk.)	bis zu
24	usus,-us m.	Gebrauch, Nutzen
24	usui esse	nützlich sein
16	ut (+ Ind.)	wie
36	ut (+ Konj.)	dass, damit, sodass
29	uterque, utraque, utrumque	jeder von beiden
33	utinam	wenn doch
31	utor 3, usus sum (+ Abl.)	gebrauchen, benützen
15	uxor,-oris f.	Gattin

V

Nr.	Latein	Deutsch
39	vacuus 3	leer; frei
27	vado 3, –	gehen
32	valde	sehr
16	varius 3	verschieden
	vasto 1,-avi,-atum	verwüsten
34	vel	oder
7	venio 4, veni, ventum	kommen
21	Venus,-eris f.	Venus
2	verbum,-i n.	Wort
30	vereor 2, veritus sum	fürchten
24	veritas,-atis f.	Wahrheit
25	vero	aber
15	verto 3, verti, versum	wenden
24	verus 3	wahr, echt
5	vester, vestra, vestrum	euer
30	vestis,-is f.	Kleidung
35	veto 1,-ui,-itum (+ Akk.)	verbieten
3	via,-ae f.	Weg
29	victor,-oris m.	Sieger
23	victoria,-ae f.	Sieg
3	video 2, vidi, visum	sehen
27	videor 2 (+ Inf.)	scheinen
10	vinco 3, vici, victum	(be)siegen
23	vinum,-i n.	Wein
3	vir, viri m.	Mann
14	vires,-ium f. (Pl.)	Kräfte; Streitkräfte
11	virgo,-inis f.	Mädchen, Jungfrau
10	virtus,-utis f.	Tapferkeit, Tugend
14	vis, vim vi f.	Kraft, Gewalt
35	visito 1,-avi,-atum	besuchen
4	vita,-ae f.	Leben
35	vitium,-i n.	Laster, Fehler
19	vivo 3, vixi, (victurus)	leben
28	vix	kaum
11	voco 1,-avi,-atum	rufen
24	volo, vis, velle, volui	wollen
34	voluntas,-atis f.	Wille, Wunsch
39	voluptas,-atis f.	Vergnügen, Lust
5	vos	ihr; euch
9	vox, vocis f.	Stimme
19	vulnus,-eris n.	Wunde
35	vultus,-us m.	Gesicht, Miene

DIE GRIECHISCH-RÖMISCHEN GÖTTER

	Griechischer Name	Römischer Name	Zuständigkeit	Attribute
1	Artemis	Diana	Jagd, Natur	Pfeil und Bogen
2	Apollo	Apollo	Musik, Weissagung	Lyra
3	Dionysos	Bacchus	Wein	Trauben
4	Ares	Mars	Krieg	Helm, Waffen
5	Hera	Iuno	Ehe	Pfau
6	Zeus	Iupiter	Himmel, Recht	Blitze, Adler
7	Demeter	Ceres	Ackerbau	Getreideähren
8	Athene	Minerva	Weisheit, Kunst	Helm, Lanze, Schild; Eule
9	Poseidon	Neptunus	Meer	Dreizack
10	Hephaistos	Vulcanus	Feuer, Schmiedekunst	Hammer und Amboss
11	Hermes	Mercurius	Götterbote, Handel	Heroldsstab (mit 2 Schlangen) Flügelschuhe, Hut
12	Aphrodite	Venus	Liebe	Muschel (die „Meerentstiegene")
13	Nike	Victoria	Sieg	Flügel, Palmzweig
14	Eros	Amor	Liebe	Flügel, Pfeil und Bogen

Latein in der Werbung

Du fragst dich, was das „alte" Latein mit moderner Werbung zu tun hat? –
Mehr als man denkt! Bestimmt kannst du die lateinischen Wurzeln dieser Produktnamen entschlüsseln!

Kennst du selbst noch weitere Produkte, deren Namen sich aus dem Lateinischen herleiten?